中华人民共和国行业标准

公路土工试验规程

Test Methods of Soils for Highway Engineering

JTG E40—2007

主编单位:交通部公路科学研究院
批准部门:中华人民共和国交通部
实施日期:2007 年 10 月 01 日

人民交通出版社

图书在版编目(CIP)数据

公路土工试验规程 ：JTG E40—2007 / 交通部公路科学研究院主编. --北京：人民交通出版社，2007.9

ISBN 978-7-114-06794-5

Ⅰ. 公… Ⅱ. 交… Ⅲ. 道路工程－试验－规程－中国 Ⅳ. U41－65

中国版本图书馆 CIP 数据核字(2007)第 136231 号

中华人民共和国行业标准

公路土工试验规程

JTG E40—2007

交通部公路科学研究院　主编

人民交通出版社出版发行

（100011　北京市朝阳区安定门外外馆斜街 3 号）

各地新华书店经销

北京市密东印刷有限公司印刷

开本：880×1230　1/16　印张：26.5　字数：583 千

2007 年 9 月　第 1 版

2020 年 1 月　第 21 次印刷

定价：90.00 元

ISBN 978-7-114- 06794-5

中华人民共和国交通部公告

2007 年第 21 号

关于公布《公路土工试验规程》(JTG E40—2007)的公告

现公布《公路土工试验规程》(JTG E40—2007),自 2007 年 10 月 1 日起施行,原《公路土工试验规程》(JTJ 051—93)同时废止。

该规程的管理权和解释权归交通部,日常解释和管理工作由主编单位交通部公路科学研究院负责。请各有关单位在实践中注意总结经验,若有修改意见,请函告交通部公路科学研究院(地址:北京市海淀区西土城路 8 号,邮政编码:100088),以便修订时研用。

特此公告。

中华人民共和国交通部

二〇〇七年七月十一日

主题词:公路　规程　公告

交通部办公厅　　2007 年 7 月 16 日印发

前　言

《公路土工试验规程》(JTJ 051—93)(以下简称《93 规程》)自 1993 年实施以来,在我国公路工程建设中发挥了积极的作用。20 世纪 90 年代后期,随着我国高等级公路建设的迅速发展,以及国家科技水平的提高和基本建设条件的改善,《93 规程》的内容已不能满足公路交通建设的要求。为此,交通部下达修订《93 规程》的修订任务,并由交通部公路科学研究院主编。编写单位以两个现行国家标准《土工试验方法标准》(GB/T 50123—1999)和《土的分类标准》(GBJ 145—90)为基础,参照水利部、铁道部等相关行业的土工试验规程进行了修订。

本次修订按照尽可能与国标统一,并满足公路行业需求的原则进行。

修订的主要内容有:

1. 增加了“术语、符号”一章。对各章内容及条文说明进行了局部修改和有效性确认。

2. 土的工程分类中,对塑性图进行了部分调整。

3. 将“含水量”名称修改为“含水率”。删除了“碳化钙气压法”。

4. 比重试验增加了浮力法。

5. 颗粒分析试验增加了对密度计法的“刻度及弯月面的校正”依据标准。

6. 界限含水率试验增加了 76g 锥入土 17mm 的液限试验方法和液限碟式仪试验方法。

7. 渗透试验修订了变水头渗透试验方法。

8. 规定了击实试验的土类和击实筒的匹配以及击实功能等。

9. 增加了标准吸湿含水率试验方法。

10. 黄土湿陷试验方法中增加了自重湿陷系数试验、溶滤变形系数试验和湿陷起始压力试验。

11. 增加了冻土密度试验、冻结温度试验、冻土导热系数试验、未冻含水率试验、冻胀率试验和冻土融化压缩试验的冻土类试验方法。

12. 增加了湿化试验方法。

13. 在土的直接剪切试验中增加了排水反复直接剪切试验方法。

14. 在细粒土三轴压缩试验的固结不排水试验中,增加了固结后的土样几何尺寸计算方法;增加了“一个试样多级加荷三轴压缩试验”。

15. 增加了粗粒土直接剪切试验方法。

本规程由交通部公路科学研究院负责具体解释。希望各单位在使用中注意总结经验,有何意见和建议,请及时函告交通部公路科学研究院。地址:北京市海淀区西土城路

8 号,邮政编码:100088;联系人:王园,电话:010 - 62078519,传真:010 - 62079556,电子信箱:y. wang@ rioh. cn 或 wybjcn@ sohu. com。

主 编 单 位:交通部公路科学研究院

主要起草人:王　园　冯瑞玲　陈　耀　甘　雨　谭春海　李　辉
商庆森　梁向前　柏松平　折学森　刘书套　张立新
刘怡林　杨世基　武小平

目　　录

1 总　　则

1.0.1 为测定土的基本工程性质,统一试验方法,并为公路工程设计和施工提供可靠的计算指标和参数,制定本规程。

1.0.2 本规程适用于各类公路工程的地基土、路基土及其他路用土的基本工程性质试验。

1.0.3 各项工程应编制合理的试验方案,采集代表性的试样,测算准确的数据和进行正确的资料分析整理,为设计和施工提供反映实际情况的各种土性指标。

1.0.4 土工试验资料的分析整理按附录 A 进行,通过对样本(试验测得的数据)的研究,来估计总体(土体单元)的特征及其变化的规律性。

1.0.5 土工试验检测报告,对不同类型和级配特征的土,应提供土的基本颗粒级配、液限和塑限指标;对于特殊土,还应提供描述特殊土基本特征的试验测试指标。

1.0.6 公路土工试验除应符合本规程要求外,尚应符合国家和行业现行相关标准的规定。

条文说明

本规程包括 87 个测定土的基本工程性质的试验项目。修订本规程的目的是使公路系统的试验室在进行土工试验时有一个统一的试验准则,使所有的试验及试验结果具有一致性和可比性。

共性技术要求系指土的物理、水理、力学和化学性质试验中带共性的要求或标准,内容涉及土性指标的选择、成果整理、指标换算和试验报告等,系参考其他部门经验并结合公路工程特点而制定。

本规程中土的工程分类系以国家标准《土的分类标准》(GBJ 145—90)最新修订报批稿为基础并依照公路建设特性要求进行编制。各项基本试验遵照《土工试验方法标准》(GB/T 50123—1999),对《公路土工试验规程》(JTJ 051—93)进行了修订。

2 术语、符号

2.1 术 语

2.1.1 含水率 water content

土中水的质量与土颗粒质量的比值,以百分率表示。

2.1.2 密度 density

单位体积土的质量。

2.1.3 孔隙率 porosity

土的孔隙体积与土总体积的比值,以百分率表示。

2.1.4 孔隙比 void ratio

土的孔隙体积与固体颗粒体积的比值。

2.1.5 土粒比重 specific gravity of soil particle

土颗粒的质量与同体积4℃时蒸馏水的质量的比值。

2.1.6 级配 gradation

土料按颗粒粗细的不同,将粒径相似、工程性质相近的颗粒划分为若干个粒组,土中各粒组的相对含量,即为土颗粒的级配。它是以不均匀系数 C_u 和曲率系数 C_c 来评价构成土的颗粒粒径分布曲线形态的一种概念。

2.1.7 稠度界限 consistency limit

黏性土随含水率的变化从一种状态变为另一种状态时的界限含水率。

2.1.8 固结 consolidation

饱和土体在外荷载作用下,土体孔隙中水分逐渐排出,使土体体积减小、密度增长的过程。

2.1.9 压缩系数 coefficient of compressibility

在 K_0 固结试验中,土试样的孔隙比减小量与有效压力增加量的比值。即 $e—p$ 压缩曲线上某压力段的割线斜率,以绝对值表示。

2.1.10 压缩指数 compression index

压缩试验所得土孔隙比与有效压力对数值关系曲线上直线段的斜率。即 $e—\lg p$ 压缩曲线上大于先期固结压力后的直线段斜率。

2.1.11 压缩模量 constrained modulus

土体在侧限条件下受压时,竖向有效压力与竖向应变的比值。

2.1.12 回弹模量 modulus of resilience

土体在部分侧限条件下,卸载过程中的竖向压力与回弹应变的比值。

2.1.13 渗透系数 coefficient of permeability

土中水渗流呈层流状态时,其流速与作用水力梯度成正比关系的比例系数。

2.1.14 抗剪强度 shear strength

土体在剪切面上所能承受的极限剪应力。

2.1.15 无侧限抗压强度 unconfined compression strength

土体在无侧限条件下,抵抗轴向压力的极限强度。

2.1.16 有机质土 organic soil

土中有机质含量多于或等于总质量的5%且少于总质量的10%的土。

2.1.17 黄土 loess

主要由粉粒组成,呈棕黄或黄褐色,具有大孔隙和垂直节理特征的土。受水浸湿后产生湿陷的黄土,称为湿陷性黄土。

2.1.18 膨胀土 expansive soil

富含亲水性矿物并具有明显的吸水膨胀与失水收缩特性的高塑性黏土。

2.1.19 冻土 frozen soil

具有负温或零温度,并含有冰晶的土(石)。

2.1.20 红土 laterite

石灰岩或其他岩浆岩经风化后形成的富含铁铝氧化物的褐红色粉土或黏土。

2.1.21 盐渍土 saline soil

不同程度盐渍化土的总称。在公路工程中,一般指地表下1.0m内土中易溶盐含量平均大于0.3%的土。

条文说明

本章节内容为新增内容。术语解释参考了《岩土工程基本术语标准》(GB/T 50279—98)和《公路工程名词术语》(JTJ 002—87)进行编写。

2.2 符 号

本规程相关符号见表2-1。

表2-1 符号和单位

名词、术语	符 号	单 位	名词、术语	符 号	单 位
时间	t	d,min,s	单位渗透流量	q	cm³/s
温度(摄氏制)	t	°C	承载比	CBR	%
含水率	w	%	压缩系数	a	kPa^{-1}
湿土质量	m	g,kg	体积压缩系数	a_v	kPa^{-1}
干土质量	m_s	g,kg	压缩模量	E_s	kPa
湿密度	ρ	g/cm³	回弹模量	E_0	kPa
干密度	ρ_d	g/cm³	固结系数	C_v	cm²/s
土粒密度	ρ_s	g/cm³	固结度	U	%
土粒比重	G_s 或 G		时间因数	T_v	
孔隙比	e		相对下沉系数	i_m	
孔隙率	n	%	自重湿陷系数	δ_{zs}	
饱和度	S_r	%	溶滤变形系数	δ_{wt}	
土粒直径	d	mm	湿陷起始压力	p_{sh}	kPa
水的动力黏滞系数	η	kPa·s	垂直压力	p	kPa
砂的相对密度	D_r		轴向应变	ε_1	%
最大孔隙比	e_{max}		大主应力	σ_1	kPa
最小孔隙比	e_{min}		周围压力	σ_3	kPa
最大干密度	ρ_{dmax}	g/cm³	正应力	σ	kPa
最小干密度	ρ_{dmin}	g/cm³	孔隙水压力	u	kPa
液限	w_L	%	凝聚力	c	kPa
塑限	w_P	%	内摩擦角	φ	(°)
塑性指数	I_P		剪应力	τ	kPa

续上表

名词、术语	符　号	单　位	名词、术语	符　号	单　位
缩限	w_s	%	崩解量	A_t	%
稠度	w_c		抗剪强度	S	kPa
体缩率	e_s	%	原状土无侧限抗压强度	q_u	kPa
最佳含水率	w_{op}	%	重塑土无侧限抗压强度	q'_u	kPa
自由膨胀率	δ_{ef}	%	灵敏度	S_t	
无荷载膨胀率	δ_e	%	冻土密度	ρ_f	g/cm^3
有荷载膨胀率	δ_{ep}	%	冻结温度	T	℃
膨胀力	p_e	kPa	冻土导热系数	λ	W/(m·K)
渗透系数	k	cm/s	未冻含水率	w_n	%
渗透速度	v	cm/s	冻胀率	η_f	%
t时间内渗透水量	Q	cm^3	冻土融化压缩系数	a	MPa^{-1}

条文说明

本表内容主要为《93规程》中目录前的一页内容。由于修订后的规程增加了相关冻土、膨胀土、粗粒土和黄土以及湿化的试验方法,因此在修订后表中增加了无荷载膨胀率、有荷载膨胀率、膨胀力、崩解量、自重湿陷系数、溶滤变形系数、湿陷起始压力、冻土密度、冻结温度、冻土导热系数、未冻含水率、冻胀率和冻土融化压缩系数的名词、术语、符号和单位等的内容。

3 土的工程分类

3.1 一般规定

3.1.1 土的工程分类(简称"分类")适用于公路工程用土的鉴别、定名和描述,以便对土的性状作定性评价。

3.1.2 应以土的下列特征作为土的分类依据:

(1)土颗粒组成特征。

(2)土的塑性指标:液限(w_L)、塑限(w_P)和塑性指数(I_P)。

(3)土中有机质存在情况。

3.1.3 本"分类"应按筛分法(T 0115—1993)确定各粒组的含量;按液限塑限联合测定法(T 0118—2007)确定液限和塑限;按本方法3.4.8判别有机质存在情况。

3.1.4 土的颗粒应根据图3-1所列粒组范围划分粒组。

200　60　20　5　2　0.5　0.25　0.075　0.002 (mm)

巨粒组		粗粒组						细粒组	
漂石(块石)	卵石(小块石)	砾(角砾)			砂			粉粒	黏粒
		粗	中	细	粗	中	细		

图3-1 粒组划分图

3.1.5 本"分类"将土分为巨粒土、粗粒土、细粒土和特殊土,分类总体系见图3-2。

3.1.6 土颗粒组成特征应以土的级配指标的不均匀系数(C_u)和曲率系数(C_c)表示:

不均匀系数 C_u 反映粒径分布曲线上的土粒分布范围,按下式计算:

$$C_u = \frac{d_{60}}{d_{10}} \tag{3-1}$$

曲率系数 C_c 反映粒径分布曲线上的土粒分布形状,按下式计算:

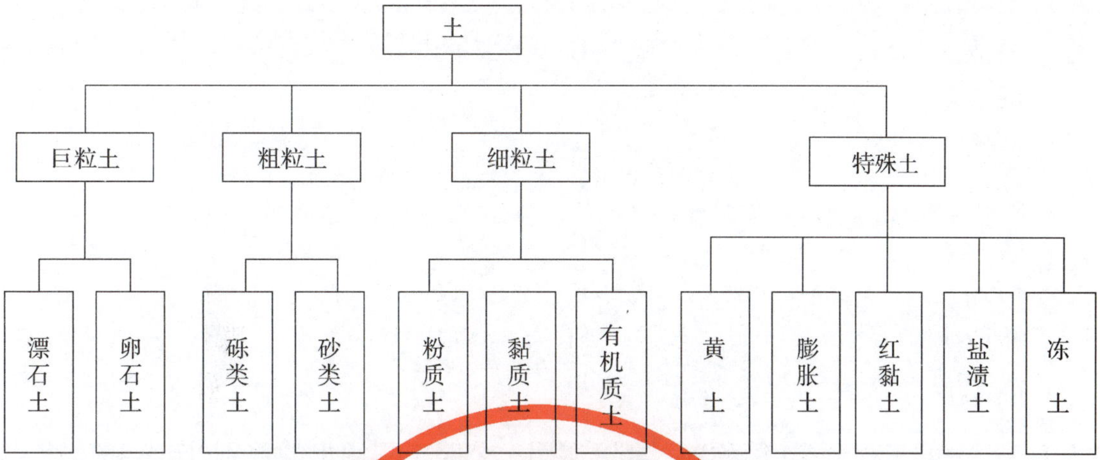

图 3-2　土分类总体系

$$C_c = \frac{d_{30}^2}{d_{10} \times d_{60}} \tag{3-2}$$

以上两式中：d_{10}、d_{30}和d_{60}——土的特征粒径(mm)，在土的粒径分布曲线上，小于该粒径的土粒质量分别为总土质量的10%、30%、60%。

3.1.7　细粒土应根据塑性图分类。土的塑性图以液限(w_L)为横坐标、塑性指数(I_P)为纵坐标构成。

3.1.8　土的成分、级配、液限和特殊土等基本代号应按下列规定构成：

(1)土的成分代号

漂石	B
块石	B_a
卵石	C_b
小块石	Cb_a
砾	G
角砾	G_a
砂	S
粉土	M
黏土	C
细粒土(C 和 M 合称)	F
(混合)土(粗、细粒土合称)	Sl
有机质土	O

(2)土的级配代号

级配良好	W
级配不良	P

(3)土液限高低代号

高液限 H

低液限 L

(4)特殊土代号

黄土 Y

膨胀土 E

红黏土 R

盐渍土 St

冻土 Ft

3.1.9 土类名称可用一个基本代号表示。

当由两个基本代号构成时,第一个代号表示土的主成分,第二个代号表示副成分(土的液限或土的级配)。

当由三个基本代号构成时,第一个代号表示土的主成分,第二个代号表示液限的高低(或级配的好坏),第三个代号表示土中所含次要成分。

土类的名称和代号见表3-1。

表3-1 土类的名称和代号

名 称	代 号	名 称	代 号	名 称	代 号
漂石	B	级配良好砂	SW	含砾低液限黏土	CLG
块石	B_a	级配不良砂	SP	含砂高液限黏土	CHS
卵石	C_b	粉土质砂	SM	含砂低液限黏土	CLS
小块石	Cb_a	黏土质砂	SC	有机质高液限黏土	CHO
漂石夹土	BSl	高液限粉土	MH	有机质低液限黏土	CLO
卵石夹土	CbSl	低液限粉土	ML	有机质高液限粉土	MHO
漂石质土	SlB	含砾高液限粉土	MHG	有机质低液限粉土	MLO
卵石质土	SlCb	含砾低液限粉土	MLG	黄土(低液限黏土)	CLY
级配良好砾	GW	含砂高液限粉土	MHS	膨胀土(高液限黏土)	CHE
级配不良砾	GP	含砂低液限粉土	MLS	红土(高液限粉土)	MHR
细粒质砾	GF	高液限黏土	CH	红黏土	R
粉土质砾	GM	低液限黏土	CL	盐渍土	St
黏土质砾	GC	含砾高液限黏土	CHG	冻土	Ft

3.2 巨粒土分类

3.2.1 巨粒土应按图3-3定名分类。

(1)巨粒组质量多于总质量 75% 的土称漂(卵)石。

(2)巨粒组质量为总质量 50% ~75%(含 75%)的土称漂(卵)石夹土。

(3)巨粒组质量为总质量 15% ~50%(含 50%)的土称漂(卵)石质土。

(4)巨粒组质量少于或等于总质量 15% 的土,可扣除巨粒,按粗粒土或细粒土的相应规定分类定名。

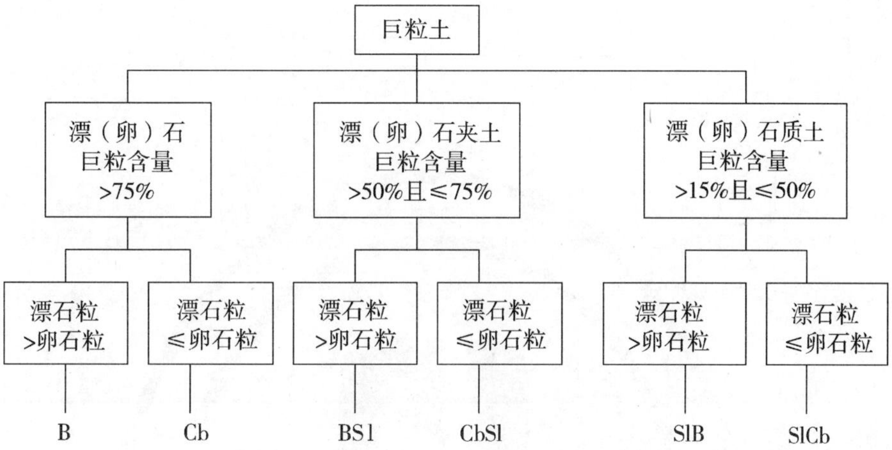

图 3-3　巨粒土分类体系

注:1. 巨粒土分类体系中的漂石换成块石,B 换成 B_a,即构成相应的块石分类体系。

2. 巨粒土分类体系中的卵石换成小块石,C_b 换成 Cb_a,即构成相应的小块石分类体系。

3.2.2　漂(卵)石按下列规定定名:

(1)漂石粒组质量多于卵石粒组质量的土称漂石,记为 B。

(2)漂石粒组质量少于或等于卵石粒组质量的土称卵石,记为 Cb。

3.2.3　漂(卵)石夹土按下列规定定名:

(1)漂石粒组质量多于卵石粒组质量的土称漂石夹土,记为 BSl。

(2)漂石粒组质量少于或等于卵石粒组质量的土称卵石夹土,记为 CbSl。

3.2.4　漂(卵)石质土应按下列规定定名:

(1)漂石粒组质量多于卵石粒组质量的土称漂石质土,记为 SlB。

(2)漂石粒组质量少于或等于卵石粒组质量的土称卵石质土,记为 SlCb。

(3)如有必要,可按漂(卵)石质土中的砾、砂、细粒土含量定名。

3.3　粗粒土分类

3.3.1　试样中巨粒组土粒质量少于或等于总质量 15%,且巨粒组土粒与粗粒组土粒质量之和多于总土质量 50% 的土称粗粒土。

3.3.2 粗粒土中砾粒组质量多于砂粒组质量的土称砾类土。砾类土应根据其中细粒含量和类别以及粗粒组的级配进行分类。分类体系见图 3-4。

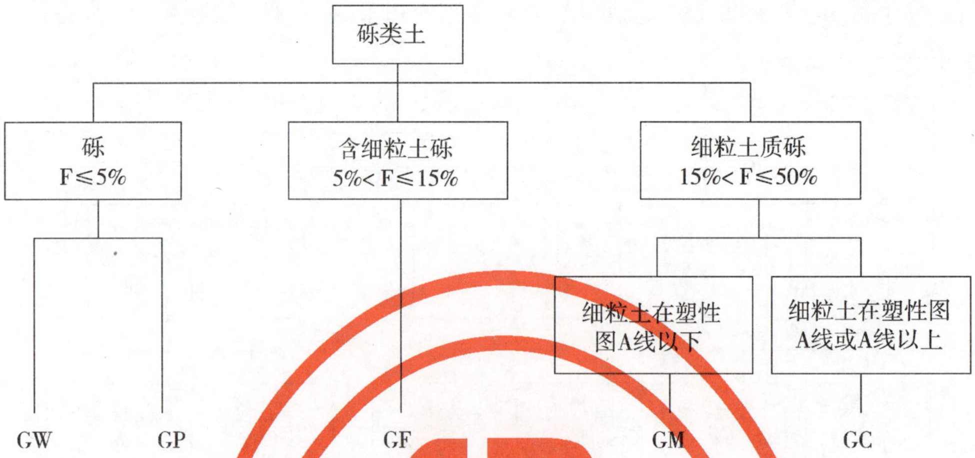

图 3-4 砾类土分类体系

注:砾类土分类体系中的砾石换成角砾,G 换成 G_a,即构成相应的角砾土分类体系。

(1)砾类土中细粒组质量少于或等于总质量 5% 的土称砾,按下列级配指标定名:

①当 $C_u \geq 5$,且 $C_c = 1 \sim 3$ 时,称级配良好砾,记为 GW。

②不同时满足 3.3.2(1)中的①条件时,称级配不良砾,记为 GP。

(2)砾类土中细粒组质量为总质量 5% ~15%(含 15%)的土称含细粒土砾,记为 GF。

(3)砾类土中细粒组质量大于总质量的 15%,并小于或等于总质量的 50% 的土称细粒土质砾,按细粒土在塑性图中的位置定名:

①当细粒土位于塑性图 A 线以下时,称粉土质砾,记为 GM。

②当细粒土位于塑性图 A 线或 A 线以上时,称黏土质砾 ,记为 GC。

3.3.3 粗粒土中砾粒组质量少于或等于砂粒组质量的土称砂类土。砂类土应根据其中细粒含量和类别以及粗粒组的级配进行分类。分类体系见图 3-5。

根据粒径分组由大到小,以首先符合者命名。

(1)砂类土中细粒组质量少于或等于总质量 5% 的土称砂,按下列级配指标定名:

①当 $C_u \geq 5$,且 $C_c = 1 \sim 3$ 时,称级配良好砂,记为 SW。

②不同时满足本方法 3.3.3(1)中的①条件时,称级配不良砂,记为 SP。

(2)砂类土中细粒组质量为总质量 5% ~15%(含 15%)的土称含细粒土砂,记为 SF。

(3)砂类土中细粒组质量大于总质量的 15%,并小于总质量的 50% 的土称细粒土质砂,按细粒土在塑性图中的位置定名:

①当细粒土位于塑性图 A 线以下时,称粉土质砂 ,记为 SM。

②当细粒土位于塑性图 A 线或 A 线以上时,称黏土质砂 ,记为 SC。

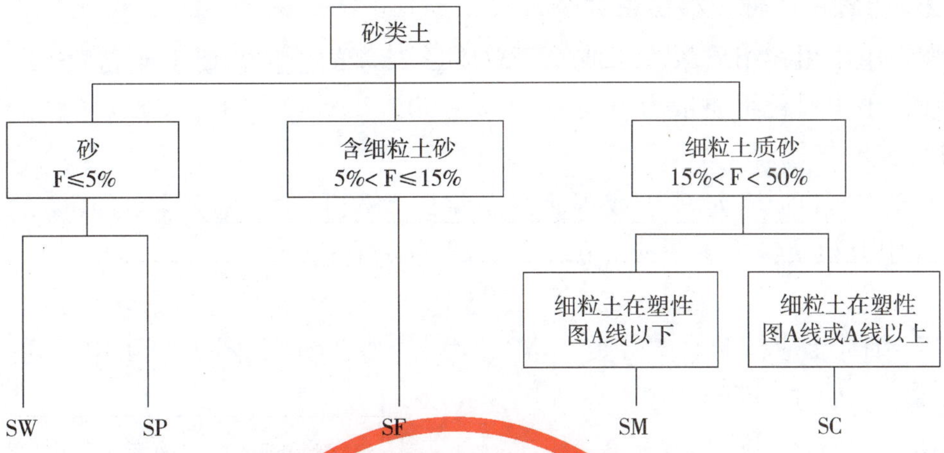

图 3-5　砂类土分类体系

注:需要时,砂可进一步细分为粗砂、中砂和细砂。

粗砂——粒径大于 0.5mm 颗粒多于总质量 50%；

中砂——粒径大于 0.25mm 颗粒多于总质量 50%；

细砂——粒径大于 0.075mm 颗粒多于总质量 75%。

3.4　细粒土分类

3.4.1　试样中细粒组土粒质量多于或等于总质量 50% 的土称细粒土。分类体系见图 3-6。

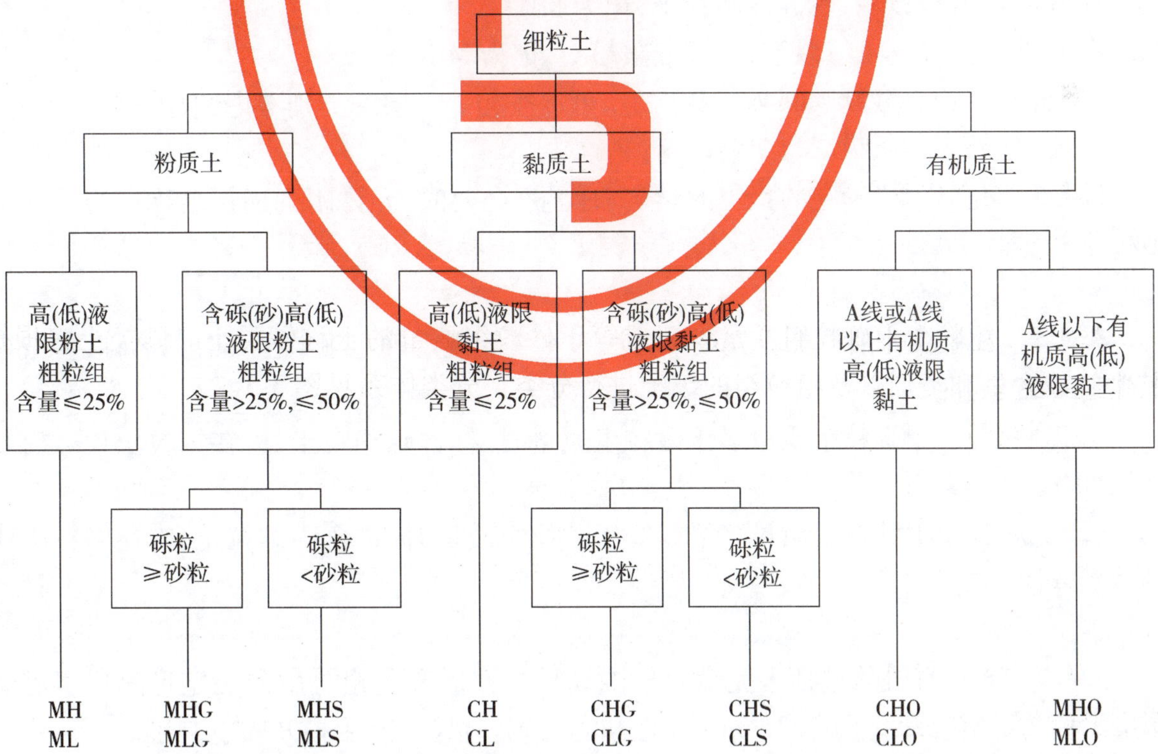

图 3-6　细粒土分类体系

3.4.2 细粒土应按下列规定划分:

(1)细粒土中粗粒组质量少于或等于总质量25%的土称粉质土或黏质土。

(2)细粒土中粗粒组质量为总质量25% ~50%(含50%)的土称含粗粒的粉质土或含粗粒的黏质土。

(3)试样中有机质含量多于或等于总质量的5%,且少于总质量的10%的土称有机质土。试样中有机质含量多于或等于10%的土称为有机土。

3.4.3 细粒土应按塑性图分类。本"分类"的塑性图(见图3-7)采用下列液限分区:

低液限 $w_L < 50\%$

高液限 $w_L \geq 50\%$

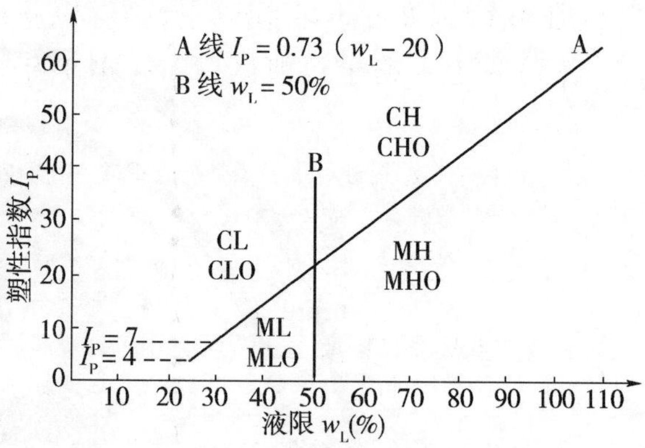

图3-7 塑性图

3.4.4 细粒土应按其在图3-7中的位置确定土名称:

(1)当细粒土位于塑性图A线或A线以上时,按下列规定定名:

在B线或B线以右,称高液限黏土,记为CH;

在B线以左,$I_P = 7$线以上,称低液限黏土,记为CL。

(2)当细粒土位于A线以下时,按下列规定定名:

在B线或B线以右,称高液限粉土,记为MH;

在B线以左,$I_P = 4$线以下,称低液限粉土,记为ML。

(3)黏土~粉土过渡区(CL~ML)的土可以按相邻土层的类别考虑细分。

3.4.5 本"分类"确定的是土的学名和代号,必要时,允许附列通俗名称或当地习惯名称。

3.4.6 含粗粒的细粒土应先按本方法3.4.4的规定确定细粒土部分的名称,再按以下规定最终定名:

(1)当粗粒组中砾粒组质量多于砂粒组质量时,称含砾细粒土,应在细粒土代号后缀以代号"G"。

(2)当粗粒组中砂粒组质量多于或等于砂粒组质量时,称含砂细粒土,应在细粒土代号后缀以代号"S"。

3.4.7 土中有机质包括未完全分解的动植物残骸和完全分解的无定形物质。后者多呈黑色、青黑色或暗色;有臭味;有弹性和海绵感。借目测、手摸及嗅感判别。

当不能判定时,可采用下列方法:将试样在105~110℃的烘箱中烘烤。若烘烤24h后试样的液限小于烘烤前的四分之三,则该试样为有机质土。当需要测有机质含量时,按有机质含量试验(T 0151—1993)进行。

3.4.8 有机质土应根据图 3-7 按下列规定定名:

(1)位于塑性图 A 线或 A 线以上时:

在 B 线或 B 线以右,称有机质高液限黏土,记为 CHO;

在 B 线以左,I_P =7 线以上,称有机质低液限黏土,记为 CLO。

(2)位于塑性图 A 线以下:

在 B 线或 B 线以右,称有机质高液限粉土,记为 MHO;

在 B 线以左,I_P =4 线以下,称有机质低液限粉土,记为 MLO。

(3)黏土~粉土过渡区(CL~ML)的土可以按相邻土层的类别考虑细分。

3.5 特殊土分类

3.5.1 本“分类”给出黄土、膨胀土和红黏土在塑性图中的位置及其学名,以及盐渍土的含盐量标准和冻土的分类标准。

3.5.2 黄土、膨胀土和红黏土按图 3-8 定名。

(1)黄土:低液限黏土(CLY),分布范围:大部分在 A 线以上,w_L <40%。

(2)膨胀土:高液限黏土(CHE),分布范围:大部分在 A 线以上,w_L >50%。

(3)红黏土:高液限粉土(MHR),分布范围:大部分在 A 线以下,w_L >55%。

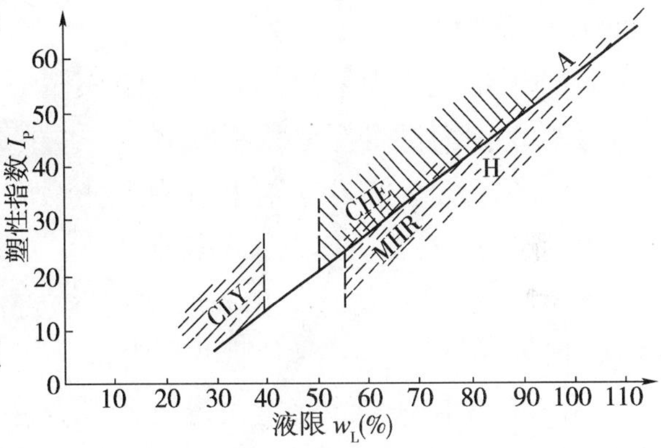

图 3-8 特殊土塑性图

3.5.3 盐渍土按表 3-2 规定分类。

表 3-2 盐渍土工程分类

土层中平均总盐量(质量%) / Cl^-/SO_4^{2-} 比值 / 名称	氯盐渍土	亚氯盐渍土	亚硫酸盐渍土	硫酸盐渍土
	>2.0	1.0~2.0	0.3~1.0	<0.3
弱盐渍土	0.3~1.5	0.3~1.0	0.3~0.8	0.3~0.5
中盐渍土	1.5~5.0	1.0~4.0	0.8~2.0	0.5~1.5
强盐渍土	5.0~8.0	4.0~7.0	2.0~5.0	1.5~4.0
过盐渍土	>8.0	>7.0	>5.0	>4.0

3.5.4 根据冻土冻结状态持续时间的长短,我国冻土可分为多年冻土、隔年冻土和季节冻土三种类型(表 3-3)。

表 3-3 冻土按冻结状态持续时间分类

类 型	持续时间 t(年)	地面温度(℃)特征	冻融特征
多年冻土	$t \geqslant 2$	年平均地面温度≤0	季节融化
隔年冻土	$2 > t \geqslant 1$	最低月平均地面温度≤0	季节冻结
季节冻土	$t < 1$	最低月平均地面温度≤0	季节冻结

3.6 土的简易鉴别、分类和描述

3.6.1 土的简易鉴别方法是指用目测法代替筛分法确定土粒组成及其特征的方法;用干强度、手捻、韧性和摇振反应等定性方法代替用液限仪测定细粒土塑性的方法。

3.6.2 确定土粒组含量时,可将研散的风干试样摊成一薄层,凭目测估计土中巨、粗、细粒组所占的比例。再按本方法3.2~3.4的有关规定确定其为巨粒土、粗粒土或细粒土。

3.6.3 干强度试验:将一小块土捏成土团,风干后用手指捏碎、掰断及捻碎,根据用力大小区分为:

(1)很难或用力才能捏碎或掰断者为干强度高。

(2)稍用力即可捏碎或掰断者为干强度中等。

(3)易于捏碎和捻成粉末者为干强度低。

3.6.4 手捻试验:将稍湿或硬塑的小土块在手中揉捏,然后用拇指和食指将土捻成片状,根据手感和土片光滑度可分为:

(1)手感滑腻,无砂,捻面光滑者为塑性高。

(2)稍有滑腻感,有砂粒,捻面稍有光泽者为塑性中等。

(3)稍有黏性,砂感强,捻面粗糙者为塑性低。

3.6.5 搓条试验:将含水率略大于塑限的湿土块在手中揉捏均匀,再在手掌上搓成土条,根据土条不断裂而能达到的最小直径可区分为:

(1)能搓成小于1mm土条者为塑性高。

(2)能搓成1~3mm土条而不断者为塑性中等。

(3)能搓成直径大于3mm的土条即断裂者为塑性低。

3.6.6 韧性试验:将含水率略大于塑限的土块在手中揉捏均匀,然后在手掌中搓成直径为3mm的土条,再揉成土团,根据再次搓条的可能性可区分为:

(1)能揉成土团,再成条,捏而不碎者为韧性高。

(2)可再成团,捏而不易碎者为韧性中等。

(3)勉强或不能揉成团,稍捏或不捏即碎者为韧性低。

3.6.7 摇振反应试验:将软塑至流动的小土块,捏成土球,放在手掌上反复摇晃,并以另一手掌击此手掌,土中自由水渗出,球面呈现光泽;用两手指捏土球,放松后水又被吸入,光泽消失。根据上述渗水和吸水反应快慢可区分为:

(1)立即渗水和吸水者为反应快。

(2)渗水和吸水中等者为反应中等。

(3)渗水吸水慢及不渗不吸者为无反应。

3.6.8 巨粒土和粗粒土可根据本方法3.6.2条的目估,按本方法3.2和3.3中有关规定进行分类定名。

3.6.9 细粒土可根据本方法3.6.3~3.6.7的试验结果,按表3-4进行分类定名。

表3-4 细粒土简易分类

半固态时的干强度	硬塑~可塑态时的手捻感和光滑度	土在可塑态时		软塑~流塑态时的摇振反应	土类代号
		可搓成最小直径(mm)	韧性		
低~中	灰黑色,粉粒为主,稍黏,捻面粗糙	3	低	快~中	MLO
中	砂粒稍多,有黏性,捻面较粗糙,无光泽	2~3	低~中	快~中	ML
中~高	有砂粒,稍有滑腻感,捻面稍有光泽,灰黑色者为CLO	1~2	中	无~很慢	CL CLO
中	粉粒较多,有滑腻感,捻面较光滑	1~2	中	无~慢	MH
中~高	灰黑色,无砂,滑腻感强,捻面光滑	<1	中~高	无~慢	MHO
高~很高	无砂感,滑腻感强,捻面有光泽,灰黑色者为CHO	<1	高	无	CH CHO

3.6.10 在现场采样和试验开启试样时,应按下列内容描述土的状态。

(1)巨粒土和粗粒土

通俗名称及当地名称;土颗粒最大粒径;漂石粒、卵石粒、砾粒、砂粒组的含量;土颗粒形状(圆、次圆、棱角或次棱角);土颗粒的矿物成分;土的颜色和有机质;细粒土(黏土或粉土);土的代号和名称。

(2)细粒土

通俗名称及当地名称;土颗粒最大粒径;漂石粒、卵石粒、砾粒、砂粒组的含量;潮湿时土的颜色及有机质;土的湿度(干、湿、很湿或饱和);土的状态(流动、软塑、可塑或硬塑);土的塑性(高、中或低);土的代号和名称。

3.6.11 根据土的不同用途分别描述下列内容:

(1)当用作填料时,不同土类的分布层次及范围。

(2)当用作地基时,土的分布层次及范围、结构性和密度。

条文说明

3.1 一般规定

3.1.1 本分类以《土的分类标准》(GBJ 145—90)的最新修订报批稿为基础,为公路岩土工程进行分类而编制,属专门分类标准。内容包括对土类进行鉴别,确定其名称和代号,并给以必要的描述。以统一公路工程用土的名称,并对土的工程性质加以定性。

3.1.2 土的工程分类是土工试验方法的内容之一,故分类试验应遵照本规程有关试验项目中规定的方法和要求进行。

3.1.3 本分类将土分为巨粒土、粗粒土、细粒土和特殊土,可以满足一般的工程需要。由于土分类系按扰动试样进行,因此,土的天然状态如密度的疏、密,含水状态的干、湿,结构状态的成层或各向异性,历史应力为正常固结或超固结等,分类中均无法统筹考虑。为此,如软土等类型的土没有列入本标准。土的地质成因对土的性质有一定影响,但目前还没有反映这种因素的定量指标,而且属于同一成因的土类,其性质也会千差万别,所以绝大多数分类都不按成因划分土类。填土实际上是一种无确定概念的材料,可以是本标准所包括的各种土类,也可以是建筑房渣或工业弃料,遇到这种情况,建议在试样描述中详细记录说明。盐渍土是我国西北地区分布较广的土类,本标准仍将其保留在特殊土中。随着高速公路在华北、西北和青藏高原的建设,冻土病害问题突显出来,本标准将冻土的相关内容写入特殊土中。

3.1.4 粗粒土的性质主要取决于土颗粒的粒径分布和特征,而细粒土的性质却主要取决于土粒和水相互作用的状态,即土的塑性。土中有机质对土的工程性质也有影响。土颗粒的分布特征可用筛分法确定,土的塑性指标易于借常规试验测定。这些特征和指标也可在现场凭目测和触感的经验方法估计,根据这些特征和指标判别土类,即能反映土的主要物理力学性质,操作也方便。

3.1.5 粒组划分界限系反映土的某些性质改变的粒径值,如具有分子运动、毛细管水上升、亲水性、渗透性等。本分类采用的粒组范围主要是根据国外标准并结合国内各相邻行业的实际应用而规定的。关于粗粒与细粒的分界粒径,目前国内相关行业和《土的分类标准》(GBJ 145—90)的最新修订报批稿均采用0.075mm 作为细粒上限。对目前使用的0.075mm 和0.074mm 土壤筛的筛孔进行40倍的放大测量表明,筛孔实测孔径为0.065 ~0.095mm,鉴于此0.075mm 和0.074mm 土壤筛的筛孔尺寸精度没有本质的区别,此次修订后按0.075mm 作为土的粗粒与细粒的分界粒径。关于黏粒与粉粒的分界粒径,目前国内相关行业和《土的分类标准》(GBJ 145—90)采用0.005mm 作为黏粒上限。同时鉴于《93 规程》对0.074mm 以下土颗粒分析试验中不进行刻度及弯月面校正,而本次修订已同其他行业一致进行了刻度及弯月面校正等,再考虑到实际试验中的不可控制误差因素以及国标和相邻行业标准,同时考虑到小于0.075mm以下土的颗粒分析试验精度也无法达到可靠的0.003mm精度，因此在修订初期考虑将0.005mm作为黏粒与粉粒的分界粒径。但在规程修订的征求意见和审查阶段业内专家提出了不同的意见，规程修订审查会最后决定，此次修订后的土的工程分类仍按0.002mm作为黏粒与粉粒的分界粒径。

3.1.6 粗粒土的可压实性、强度、压缩性和渗透性等均与土的级配有关。C_u 和 C_c 两指标是国际通用指标。

3.1.7 塑性图是美、英、日、德等国长期用于细粒土分类的标准，国际上称它为卡氏(Gasagrande)塑性图。图中的液限是由国外广泛应用的卡氏碟式仪测定的。鉴于国标《土的分类标准》(GBJ 145—90)的最新修订报批稿采用了质量为76g、锥角为30°、入土深度为17mm的液限标准 w_L 和 w_{L10}，w_L 与碟式仪液限时的不排水强度等效，为此，本规程中测定土的液限采用碟式仪或相当于76g锥入土深度17mm的方法。考虑到100g锥入土深度20mm是公路交通系统的研究成果，并且该两种方法的试验结果等效，在本次修订中将两种方法同时列出，均可采用图3-7的塑性图进行分类。为了不使分类过细，仍如《土的分类标准》(GBJ 145—90)一样，塑性图只采用A、B两条线，A线上有机土分别用CHO和CLO表示。

3.1.8 本分类采用的各种代号与国外相同。只是几种特殊土的代号系本标准所规定，以免与其他代号相混。国际上对漂石与块石、卵石与小块石、砾石与角砾均用同一代号表示，不易区分，建议用棱角形“angular”的第一个字母“a”作为B、Cb和G的脚标加以区分，即块石为 B_a，小块石为 Cb_a，角砾为 G_a。

3.2 巨粒土分类

3.2.1 与国外分类相比，巨粒土分类体系是我国分类标准的特色之一。本分类仍沿用《93规程》并参考国标《土的分类标准》(GBJ 145—90)的最新修订报批稿将含巨粒的土分为三档：

土中巨粒组质量超过总质量50%的土总体称为巨粒土，这时巨粒在上中起骨架作用，决定着土的主要性状。

土中巨粒组质量为总质量15%~50%(含50%)时，土占优势，巨粒部分起骨架作用，部分起充填作用，笼统称为漂(卵)石质土。

土中巨粒组质量少于总质量15%时，巨粒体积将不足试样总体积的10%，可视为散布在土内的零星颗粒，对土的总体性状不致有明显影响，故可舍去不计，扣除巨粒后土样按粗粒土或细粒土的相应规定分类定名。

3.2.2~3.2.4 土中巨粒组质量多于试样总质量75%时，它们在土中所占体积已超过2/3，形成了骨架，对土的性状起主宰作用，这类土应称(纯)巨粒土。

巨粒组为总质量的50%~75%(含75%)，巨粒虽起主要作用，但土料的影响也不可忽视，为简化起见，定名为漂(卵)石夹土。

漂石质量多于卵石质量的土称漂石。

漂石质量少于或等于卵石质量的土称卵石。

漂(卵)石夹土的划分也基于上述考虑。

漂(卵)石质土也是基于上述考虑并根据习惯概念分类定名。

3.3 粗粒土分类

3.3.2 砾类土按其中含细粒组的多少可分为三档。当细粒组含量少于或等于5%时，细粒对砾类土性质无甚影响,应认为是(纯)砾。此时级配对土的性质有明显影响,应予考虑。本分类采用的两个级配指标和界限系根据我国长期工程经验,并参考国外主要标准确定的。

3.3.3 砂类土的分类定名和砾石土一一对应,是符合一般习惯推理的。

3.4 细粒土分类

3.4.1 细粒土可分为以下几种情况:

(1)土内粗粒组含量少于或等于总质量的25%时,粗粒零星散布,对土的性质影响不大,故称(纯)细粒土。

(2)土内粗粒组含量为总质量的25%~50%(含50%)时,粗粒已能起部分骨架作用,对土的性状有相当影响,理应在定名时予以反映。

(3)有机质成分对土的物理力学性质有不同程度的影响,分类时应予以反映。

3.4.2 根据本标准的土分类体系,这里仍将《93规程》原老土名与现分类土名对照表列出,如表3-5,便于大致对照。鉴于老土名系按颗粒组成机械地划分,不同于新的分类体系,要完全套用新土名和代号是有困难的,因此,只能作大致的对照。从表3-5可以看出,一个老土名可能出现两个新土名,表明老分类法的不合理性。

表3-5 新老土名对照表

老土组	老土名	颗粒组成(按质量%计)		塑性指数 I_P	液限(%) w_L	新土名		土名代号	砂粒含量(%)
		砂粒(2~0.074mm)	黏粒(<0.002mm)						
砂土	砂土	>80	0~3				砂 含细粒土砂	S SF	
砂性土	粉质砂土 粗亚砂土 细亚砂土	50~80 >50 粗砂 多于细砂 >50 细砂 多于粗砂	0~3 3~10 3~10			细粒土质砂	粉土质砂	SM	
粉性土	粉质亚砂土 粉土	20~50 <20	0~10 0~10	>2 >2	<50	粉质土	含砂低液限粉土 低液限粉土	MLS ML	
粉性土	粉质轻亚黏土 粉质重亚黏土	<45 <40	10~20 20~30	>10 >18	<50	粉质土	含砂低液限粉土 低液限黏土	MLS CL	>25
黏性土	轻亚黏土 重亚黏土	>45 >40	10~20 20~30	>10 >18	<50	黏质土	黏土质砂 含砂低液限黏土	SC CLS	>50 >25
黏性土	轻黏土 重黏土	<70 <45	30~50 >50	>26 >50	>50	黏质土	高液限黏土质砂 含砂高液限黏土 高液限黏土	SCH CHS CH	>50 >25

3.4.3 利用塑性图进行细粒土分类的依据见本方法3.1.7说明。图中土类划分界限是按国际上广泛应用的碟式液限仪的试验标准和我国以往长期采用的按塑性指数 I_P 分类的标准确定的。图3-7

中 $I_P=7$ 和 $I_P=4$ 两条横虚线之间的区域系过渡区，可能由低液限粉土 ML 过渡为低液限黏土 CL。原规程塑性图中采用的 $I_P=10$ 和 $I_P=6$ 两条横虚线是按理论液限值推算出来的。

3.4.4 分类指标有时正好位于划分界限上，此时应该从工程安全角度出发，确定土名称。

3.4.7 土中有机质成分可能是未完全分解的动植物残骸，也可能是经过完全分解而失去原成分性质的深色无定形物质，通常可由外观识别。目前对有机质含量缺少公认的测试方法，故各国的同类标准都按经验判别，用土烘烤后的液限降低来判别，就是经验方法之一。

3.4.8 根据我国各地 4 000 余组有机质土的塑性指数 I_P 和液限 w_L(76g 锥液限标准)回归分析，得它们在塑性图上的分布如图 3-9，其中沿海和内陆冲积河漫滩相的有机质土位于 A 线以上，而内陆湖泊相沉积的有机质土则位于 A 线以下。A 线以上有机质土的烧失量一般为 5% ~10%，A 线以下的则均在 15% 以上，而且距 A 线愈远，烧失量愈大。1983 年，美国 ASTM 修订土分类标准时，也发现 A 线以上有有机质土存在；英国 BSCS—1981 同样承认了这个事实。我国的杨可铭早在 1981 年就提出了这样的研究成果。A 线以上的有机质仍按细粒土分类，只是在土类代号后缀以有机质代号“O”。

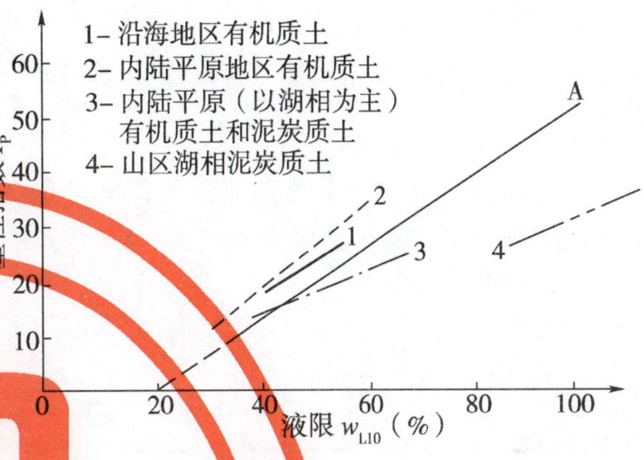

图 3-9 有机质土在塑性图上的分布(杨可铭,1981)

3.5 特殊土分类

3.5.1 特殊土在塑性图上的分布位置是根据我国大量实测资料统计后得到的，国外尚未发现过类似的成果。由于不同特殊土的成因、矿物成分、结构与一般土有别，因此，它们在塑性图上各占据一定的范围是理所当然的。

3.5.2 黄土在粒度上粉粒含量高，其中的黏土矿物成分以次生的高岭石为主，故主要集中于 A 线以上的低液限区。膨胀土是高分散性的黏土，其矿物成分中亲水的蒙脱石含量较其他土为多；根据近 2 000组资料的分析，它们均在 A 线以上。红黏土的黏粒含量一般为 50% ~70%，属黏土。但由于它们富含铁铝，天然状态下呈团粒结构，使按常规方法测得的塑性指数偏低而落于 A 线之下；并且发现，凡是落在 A 线以上的红黏土，其矿物成分中总是混入了一定量的蒙脱石和蛭石等亲水物质。这样的红黏土与 A 线以下的有明显区别，而且有强烈的膨胀性；如果它们位于膨胀土范围内，应当视为膨胀土。

3.5.3 盐渍土根据被利用的土层中平均总盐量可分为四档。盐渍土(salty soil)的代号 S 和砂(sand)的代号相重复，故以代号 St 表示。

3.5.4 根据国内外各行业通常的习惯，冻土按冻结状态持续时间分类，可分为多年冻土(简称“永冻土”)、隔年冻土和季节冻土(简称“季冻土”)。

3.6 土的简易鉴别、分类和描述

3.6.1 ~3.6.7 简易鉴别分类主要是为现场勘察制定的，也可供试验室开启试样时初步判别土类。本标准的简易鉴别分类方法是根据国内外广泛应用的方法，结合多年实践经验确定的。

几种简易鉴别的具体方法是根据我国工程勘察多年实践经验规定的，对每一种鉴别结果均以三个档次表示,由此可以对土类进行较可靠的评价。

3.6.8、3.6.9 细粒土的简易鉴别分类方法是根据8种规程与手册以及国外6种权威性的规程与标准,结合北京市勘察院多年来的工程勘察经验提出的。

3.6.10 单独的土分类名称和代号不能反映其原位状态和某些特殊状态。本条内容为描述土性状的最基本内容,以便为土的利用提供更准确的依据。

3.6.11 土的描述是工程中利用土或评价土的重要依据,故描述的重点应密切结合工程需要。例如,用土作填料时,其天然含水率、有机质含量、粗细粒的搭配情况、土层分布以及厚度等均直接影响到土料的适宜性和蕴藏量的估计等;如土用作建筑物地基,稠度状态和结构等,都与地基承载力、渗透性关系密切。

4　土样采集和试样制备

T 0101—2007　土样的采集、运输和保管

1　土样要求

1.1　采取原状土或扰动土视工程对象而定。凡属桥梁、涵洞、隧道、挡土墙、房屋建筑物的天然地基以及挖方边坡、渠道等，应采取原状土样；如为填土路基、堤坝、取土坑（场）或只要求土的分类试验者，可采取扰动土样。冻土采取原状土样时，应保持原土样温度，保持土样结构和含水率不变。

1.2　土样可在试坑、平洞、竖井、天然地面及钻孔中采取。取原状土样时，必须保持土样的原状结构及天然含水率，并使土样不受扰动。用钻机取土时，土样直径不得小于10cm，并使用专门的薄壁取土器；在试坑中或天然地面下挖取原状土时，可用有上、下盖的铁壁取土筒，打开下盖，扣在欲取的土层上，边挖筒周围土，边压土筒至筒内装满土样，然后挖断筒底土层（或左、右摆动即断），取出土筒，翻转削平筒内土样。若周围有空隙，可用原土填满，盖好下盖，密封取土筒。采取扰动土时，应先清除表层土，然后分层用四分法取样。对于盐渍土，一般应分别在0～0.05m、0.05～0.25m、0.25～0.50m、0.50～0.75m、0.75～1.0m垂直深度处，分层取样。同时，应测记采样季节、时间和气温。

1.3　土样数量按相应试验项目规定采取。

1.4　取土记录和编号：无论采用什么方法取样，均应用“取样记录簿”记录并撕下其一半作为标签，贴在取土筒上（原状土）或折叠后放入取土袋内。“取样记录簿”宜用韧质纸并必须用铅笔填写各项记录。取样记录簿记录内容应包含工程名称、路线里程（或地点）、记录开始日期、记录完毕日期、取样单位、采取土样的特征、试坑号、取样深度、土样号、取土袋号、土样名、用途、要求试验项目或取样说明、取样者、取样日期等。对取样方法、扰动或原状、取样方向以及取土过程中出现的现象等，应记入取样说明栏内。

2　土样包装和运输

2.1　原状土或需要保持天然含水率的扰动土，在取样之后，应立即密封取土筒，即先用胶布贴封取土筒上的所有缝隙，在两端盖上用红油漆写明“上、下”字样，以示土样层位。

在筒壁贴上“取样记录簿”中扯下的标签,然后用纱布包裹,再浇注融蜡,以防水分散失。原状土样应保持土样结构不变;对于冻土,原状土样还应保持温度不变。

2.2 密封后的原状土在装箱之前应放于阴凉处,冻土土样应保持温度不变。不需保持天然含水率的扰动土,最好风干稍加粉碎后装入袋中。

2.3 土样装箱时,应与“取样记录簿”对照清点,无误后再装入,并在记录簿存根上注明装入箱号。对原状土应按上、下部位将筒立放,木箱中筒间空隙宜以稻(麦)草或软物填紧,以免在运输过程中受振、受冻。木箱上应编号并写明“小心轻放”、“切勿倒置”、“上”、“下”等字样。对已取好的扰动土样的土袋,在对照清点后可以装入麻袋内,扎紧袋口,麻袋上写明编号并拴上标签(如同行李签),签上注明麻袋号数、袋内共装的土袋数和土袋号。

2.4 盐渍土的扰动土样宜用塑料袋装。为防止取样记录标签在袋内湿烂,可用另一小塑料袋装标签,再放入土袋中;或将标签折叠后放在盛土的塑料袋口,并将塑料袋折叠收口,用橡皮圈绕扎袋口标签以下,再将放标签的袋口向下折叠,然后再以未绕完的橡皮圈绕扎系紧。每一盐渍土剖面所取的5塑料袋土,可以合装于一个稍大的布袋内。同样在装入布袋前要与记录簿存根清点对照,并将布袋号补记在原始记录簿中。

3 土样的接受与管理

3.1 土样运到试验单位,应主动附送“试验委托书”,委托书内各栏根据“取样记录簿”的存根填写清楚,若还有其他试验要求,可在委托书内注明。土样试验委托书应包括试验室名称、委托日期、土样编号、试验室编号、土样编号(野外鉴别)、取样地点或里程桩号、孔(坑)号、取样深度、试验目的、试验项目等,以及责任人(如主管、主管工程师审核、委托单位及联系人等)。

3.2 试验单位在接到土样之后,即按照“试验委托书”清点土样,核对编号并检查所送土样是否满足试验项目的需要等。同时,每清点一个土样,即在委托书中的试验室编号栏内进行统一编号,并将此编号记入原标签上,以免与其他工程所送土样编号相重而发生错误。

3.3 土样清点验收后,即根据“试验委托书”登记于“土样收发登记簿”内,并将土样交试验负责人员妥善保存,按要求逐项进行试验。土样试验完毕,将余土仍装入原装内,待试验结果发出,并在委托单位收到报告书一个月后,若仍无人查询,即可将土样处理。若有疑问,尚可用余土复试。试验结果报告书发出时,即在原来“土样收发登记簿”内注明发出日期。

条文说明

土样的采集、运输和保管，是完成土工试验极其重要的环节。尤其是对特殊土的采集和运输应特别注意，如对原状冻土在采集和运输的过程中应保持原土样温度和土样的结构以及含水率不变等。如果送到试验室的土样不符合要求，没有代表性，那么，任何精密的仪器和审慎的操作都将毫无意义。故本规程根据公路工程专业的特点和不同的工程性质，分别规定出采样的土体状态、取样方法、土样数量及"取样记录"，并对包装、运输与管理给出具体规定。每项试验所需土样的多少和土样的工程分类、土样状态及土的最大粒径有关，应参照相应试验项目采取。原则上扰动土按质量计，原状土按体积计。

工程（或委托）单位，将土样送到试验室的同时，必须附送"委托试验书"，以便试验室核对验收，从而保证试样的品质，进行有效试验。

T 0102—2007　土样和试样制备

1　细粒土扰动土样的制备程序

1.1　对扰动土样进行土样描述，如颜色、土类、气味及夹杂物等；如有需要，将扰动土样充分拌匀，取代表性土样进行含水率测定。

1.2　将块状扰动土放在橡皮板上用木碾或粉碎机碾散，但切勿压碎颗粒；如含水率较大不能碾散时，应风干至可碾散时为止。

1.3　根据试验所需土样数量，将碾散后的土样过筛。物理性试验如液限、塑限、缩限等试验，需过 0.5mm 筛；常规水理及力学试验土样，需过 2mm 筛；击实试验土样的最大粒径必须满足击实试验采用不同击实筒试验时的土样中最大颗粒粒径的要求。按规定过标准筛后，取出足够数量的代表性试样，然后分别装入容器内，标以标签。标签上应注明工程名称、土样编号、过筛孔径、用途、制备日期和人员等，以备各项试验之用。若系含有多量粗砂及少量细粒土（泥砂或黏土）的松散土样，应加水润湿松散后，用四分法取出代表性试样；若系净砂，则可用匀土器取代表性试样。

1.4　为配制一定含水率的试样，取过 2mm 筛的足够试验用的风干土 1 ~ 5kg，按本方法 2.2 步骤计算所需的加水量；然后将所取土样平铺于不吸水的盘内，用喷雾设备喷洒预计的加水量，并充分拌和；然后装入容器内盖紧，润湿一昼夜备用（砂类土浸润时间可酌量缩短）。

1.5　测定湿润土样不同位置的含水率（至少两个以上），要求差值满足含水率测定的允许平行差值。

1.6 对不同土层的土样制备混合试样时,应根据各土层厚度,按比例计算相应质量配合,然后按本方法1.1~1.4步骤进行扰动土的制备工序。

2 扰动土样制备的计算

2.1 按下式计算干土质量:

$$m_s = \frac{m}{1 + 0.01w_h} \tag{T 0102-1}$$

式中:m_s——干土质量(g);

m——风干土质量(或天然土质量)(g);

w_h——风干含水率(或天然含水率)(%)。

2.2 按下式计算制备土样所需加水量:

$$m_w = \frac{m}{1 + 0.01w_h} \times 0.01(w - w_h) \tag{T 0102-2}$$

式中:m_w——土样所需加水量(g);

m——风干含水率时的土样质量(g);

w_h——风干含水率(%);

w——土样所要求的含水率(%)。

2.3 按下式计算制备扰动土样所需总土质量:

$$m = (1 + 0.01w_h)\rho_d V \tag{T 0102-3}$$

式中:m——制备土样所需总土质量(g);

ρ_d——制备土样所要求的干密度(g/cm^3);

V——计算出的击实土样或压模土样体积(cm^3);

w_h——风干含水率(%)。

2.4 按下式计算制备扰动土样应增加的水量:

$$\Delta m_w = 0.01(w - w_h)\rho_d V \tag{T 0102-4}$$

式中:Δm_w——制备扰动土样应增加的水量(cm^3);

其余符号含义同前。

3 粗粒土扰动土样的制备程序

3.1 无凝聚性的松散砂土、砂砾及砾石等按本方法1.3制备土样,然后取具有代表性足够试验用的土样做颗粒分析使用,其余过5mm筛,筛上筛下土样分别贮存,供做比重及最大、最小孔隙比等试验用,取一部分过2mm筛的土样备力学性质试验之用。

3.2 如砂砾土有部分黏土黏附在砾石上,可用毛刷仔细刷尽捏碎过筛,或先用水浸泡,然后用2mm筛将浸泡过的土样在筛上冲洗，取筛上及筛下具有代表性试样做颗粒分析用。

3.3 将过筛土样或冲洗下来的土浆风干至碾散为止，再按本方法1.1~1.4步骤操作。

4 扰动土样试件的制备程序

根据工程要求，将扰动土制备成所需的试件进行水理、物理力学等试验之用。

根据试件高度要求分别选用击实法和压样法，高度小的采用单层击实法，高度大的采用压样法。

4.1 击实法

4.1.1 根据工程要求，选用相应的夯击功进行击实。

4.1.2 按试件所要求的干质量、含水率，按本方法1和3制备湿土样，并称制备好的湿土样质量，准确至0.1g。

4.1.3 将试验用的切土环刀内壁涂一薄层凡士林，刀口向下，放在试件上，用切土刀将试件削成略大于环刀直径的土柱。然后将环刀垂直向下压，边压边削，至土样伸出环刀上部为止，削平环刀两端，擦净环刀外壁，称环土合质量，准确至0.1g，并测定环刀两端所削下土样的含水率。

4.1.4 试件制备应尽量迅速，以免水分蒸发。

4.1.5 试件制备的数量视试验需要而定，一般应多制备1~2组备用，同一组试件或平行试件的密度、含水率与制备标准之差值，应分别在±0.1g/cm^{3}或2%范围之内。

4.2 压样法

4.2.1 按本方法4.1.2的规定，将湿土倒入压模内，拂平土样表面，以静压力将土压至一定高度，用推土器将土样推出。

4.2.2 按本方法4.1.3~4.1.5的规定进行操作。

5 原状土试件制备程序

按土样上下层次小心开启原状土包装皮，将土样取出放正，整平两端。在环刀内壁涂一薄层凡士林，刀口向下，放在土样上，无特殊要求时，切土方向应与天然土层层面垂直。

按本方法4.1.3的操作步骤切取试件，试件与环刀要密合，否则应重取。

切削过程中,应细心观察并记录试件的层次、气味、颜色,有无杂质,土质是否均匀,有无裂缝等。

如连续切取数个试件,应使含水率不发生变化。

视试件本身及工程要求,决定试件是否进行饱和;如不立即进行试验或饱和时,则将试件暂存于保湿器内。

切取试件后,剩余的原状土样用蜡纸包好置于保湿器内,以备补做试验之用。切削的余土做物理性质试验。平行试验或同一组试件密度差值不大于 $\pm 0.1 g/cm^3$,含水率差值不大于 2%。

冻土制备原状土样时,应保持原土样温度,保持土样的结构和含水率不变。

6 试件饱和

土的孔隙逐渐被水填充的过程称为饱和。孔隙被水充满时的土,称为饱和土。

根据土的性质,决定饱和方法:

砂类土:可直接在仪器内浸水饱和。

较易透水的黏性土:即渗透系数大于 10^{-4}cm/s 时,采用毛细管饱和法较为方便,或采用浸水饱和法。

不易透水的黏性土:即渗透系数小于 10^{-4}cm/s 时,采用真空饱和法。如土的结构性较弱,抽气可能发生扰动,不宜采用。

7 毛细管饱和法

7.1 仪器设备

7.1.1 饱和器:见图 T 0102-1 ~ 图 T 0102-3。

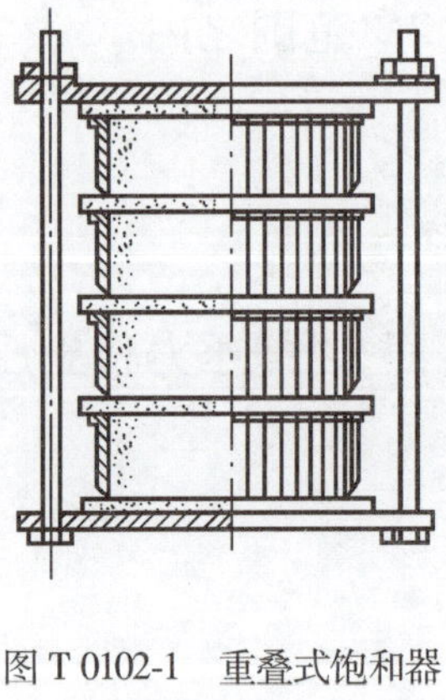

图 T 0102-1 重叠式饱和器

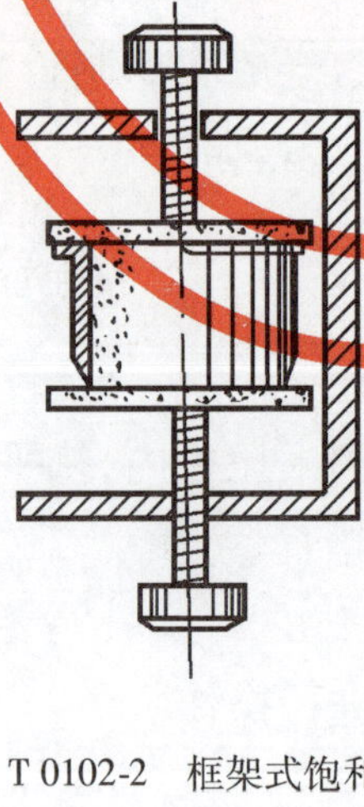

图 T 0102-2 框架式饱和器

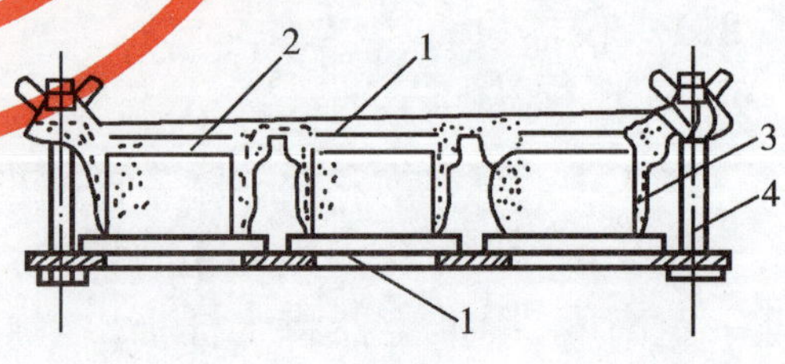

图 T 0102-3 平列式饱和器

1-夹板;2-透水石;3-环刀;4-拉杆

7.1.2 水箱:带盖。

7.1.3 天平:感量 0.1g。

7.2 操作步骤

7.2.1 在重叠式饱和器下正中放置稍大于环刀直径的透水石和滤纸，将装有试件的环刀放在滤纸上，试件上面再放一张滤纸和一块透水石。按这样的顺序重复，由下向上重叠至适当高度，将饱和器上板放在最上部透水石上，旋紧拉杆上端的螺丝，将各个环刀在上下板间夹紧。

7.2.2 如用平列式饱和器时，则将透水石放置于下板各圆孔上，并顺序放置滤纸、装试件的环刀、滤纸、上部透水石及上板，旋紧拉杆上端的螺丝，将各个环刀在上下板间夹紧。

7.2.3 将装好试件的饱和器，放入水箱中(重叠式和框架式饱和器放倒，平列式则平放)，注清水入箱，水面不宜将试件淹没(重叠式和框架式饱和器)或超过试件顶面(平列式饱和器)，以便土中气体得以排出。

7.2.4 关上箱盖，防止水分蒸发，静置数日，借土的毛细管作用，使试件饱和，一般约需 3d。

7.2.5 取出饱和器，松开螺丝，取出环刀，擦干外壁，吸去表面积水，取下试件上下滤纸，称环土合质量，准确至 0.1g，并计算饱和度。

7.2.6 如饱和度小于 95% 时，将环刀装入饱和器，浸入水内，重新延长饱和时间。

8 真空饱和法

8.1 仪器设备

8.1.1 真空饱和法整体装置，如图 T 0102-4 所示。

8.1.2 饱和器：尺寸形式见图 T 0102-1 ~ 图T 0102-3。

8.1.3 真空缸：金属或玻璃制。

8.1.4 抽气机。

8.1.5 真空测压表。

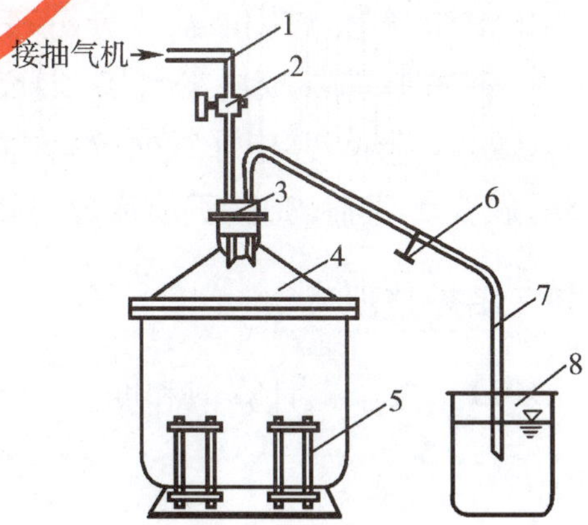

图 T 0102-4 真空饱和法装置
1-排气管；2-二通阀；3-橡皮塞；4-真空缸；5-饱和器；6-管夹；7-引水管；8-水缸

8.1.6 其他:天平、硬橡皮管、橡皮塞、管夹、二路活塞、水缸、凡士林等。

8.2 操作步骤

8.2.1 按本方法7.2.1、7.2.2步骤将试件装入饱和器。

8.2.2 将装好试件的饱和器放入真空缸内,盖口涂一薄层凡士林,以防漏气。

8.2.3 关管夹,开阀门(见图T 0102-4),开动抽气机,抽除缸内及土中气体;当真空压力表达到-101.325kPa(一个负大气压力值)后,稍微开启管夹,使清水从引水管徐徐注入真空缸内。在注水过程中,应调节管夹,使真空压力表上的数值基本上保持不变。

8.2.4 待饱和器完全淹没水中后,即停止抽气,将引水管自水缸中提出,令空气进入真空缸内,静待一定时间,借大气压力使试件饱和。

8.2.5 取出试件称质量,准确至0.1g,计算饱和度。

9 化学试验的土样制备

把土样平铺在搪瓷盘、木板或厚纸上,摊成薄层,放于室内阴凉通风处风干,不时翻拌,并将大块土捏散,促使均匀风干。风干场所力求干燥清洁,并要防止酸碱蒸汽的侵蚀和尘埃落入。

风干土样用木棍压碎,仔细检查砂砾,过2mm孔径的筛,筛出土块重新压碎,使全部通过为止。过筛后的土样经四分法缩减至200g左右,放在瓷研钵中研细,使其全部通过1mm的筛子,取其中3/4(用二次四分法,每次取一半)供一般化学试验之用。其余1/4重又研细,使全部通过0.5mm筛子,由四分法分出1/2,置于105~110℃烘箱中烘至恒温,贮于干燥器中,供碳酸盐等分析之用。

剩余1/2,压成扁平薄层,划成许多小方格,用角匙按分格规律均匀挑取样品10g左右,放入玛瑙研钵中仔细研碎,使其全部通过0.1mm筛子,最后在105~110℃烘箱中烘8h,放在干燥器内,供矿质成分全量分析之用。

10 结果整理

10.1 按下式计算饱和度:

$$S_r = \frac{(\rho - \rho_d) G_s}{e\rho_d} \tag{T 0102-5}$$

或

$$S_r = \frac{wG_s}{e} \tag{T 0102-6}$$

式中:S_r——饱和度(%),计算至0.01;

ρ——饱和后的密度(g/cm^3);

ρ_d——土的干密度(g/cm^3);

e——土的孔隙比;

G_s——土粒比重;

w——饱和后的含水率(%)。

10.2 本试验记录格式如表 T 0102-1。

表 T 0102-1 扰动土试件制备记录

工程名称______________ 计算者______________

制 备 者______________ 校核者______________

土样编号	制备日期	制备标准			所需土质量及增加水量的计算					试件制备							备注
		干密度	含水率	计算的试筒或压模容积	干土质量	含水率	湿土质量	增加的水量	所需土质量	制备方法	环刀质量	环刀加湿土质量	湿土质量	密度	含水率	干密度	
		ρ_d (g/cm^3)	w (%)	V (cm^3)	m_s (g)	w_h (%)	m (g)	Δm_w (mL)	(g)		(g)	(g)	(g)	(g/cm^3)	w (%)	ρ_d (g/cm^3)	
×××		1.70	16	81	137.8	5	144.6	15.2	159.8	击样	40	198.7	158.7	1.96	15.4	1.70	应变剪切试验用
										击样		199.5	159.5	1.97	15.0	1.71	应变剪切试验用
										击样		199.0	159.0	1.96	15.9	1.69	应变剪切试验用
×××		1.70	16	100	170	5	178.4	18.7	197.1	击样	50	248.0	198.0	1.98	16.5	1.70	压缩试验用
×××		天然 1.65	天然 15	100	—	—	—	—	189.7	击样	50	239.3	188.3	1.89	14.8	1.65	压缩试验用天然含水率土样

条文说明

1~4 本规程要求统一土样和试样的制备程序和方法,以提高试验资料的可比性。

本规程适用于扰动土样的预备程序、扰动或原状土样的制备程序。扰动土样的制备,包括风干、碾散、过筛、匀土、分样和贮存等预备程序以及制备试样程序。扰动土样的制备,视实际情况,分别按击实试验规程中标准击实方法制样,对中小型填方工程可按击样法或压样法进行。一般情况下,当试样的总厚度不大于50mm时,可采用压样法。

5 原状土的开土、土样描述及试样制备强调了对土样质量的鉴别。为保证试验结果的可靠性,质量不符要求的原状土样不能做力学性质试验。

6~8 根据土样的渗透性采用浸水(毛细管)饱和法和真空饱和法。一般渗透系数大于10^{-4} cm/s,采用浸水饱和;小于10^{-4}cm/s采用真空饱和。渗透系数可以预估,不一定实测。浸水饱和,费时很多,可考虑使用高水头或负压的方法,减少饱和时间。二氧化碳和反压力饱和是目前较好的饱和方法,但需要一定的仪器设备,故本规程没有列入。在三轴压缩试验中,列有反压力饱和及二氧化碳饱和。

通常毛细饱和法以及浸水饱和法的饱和度只能达到80%~85%。真空饱和法的饱和度可达97%左右。

5 土的含水率试验

T 0103—1993 烘 干 法

1 目的和适用范围

本试验方法适用于测定黏质土、粉质土、砂类土、砂砾石、有机质土和冻土土类的含水率。

2 仪器设备

2.1 烘箱:可采用电热烘箱或温度能保持105~110℃的其他能源烘箱。

2.2 天平:称量200g,感量0.01g;称量1 000g,感量0.1g。

2.3 其他:干燥器、称量盒[为简化计算手续,可将盒质量定期(3~6个月)调整为恒质量值]等。

3 试验步骤

3.1 取具有代表性试样,细粒土15~30g,砂类土、有机质土为50g,砂砾石为1~2kg,放入称量盒内,立即盖好盒盖,称质量。称量时,可在天平一端放上与该称量盒等质量的砝码,移动天平游码,平衡后称量结果减去称量盒质量即为湿土质量。

3.2 揭开盒盖,将试样和盒放入烘箱内,在温度105~110℃恒温下烘干①。烘干时间对细粒土不得少于8h,对砂类土不得少于6h。对含有机质超过5%的土或含石膏的土,应将温度控制在60~70℃的恒温下,干燥12~15h为好。

3.3 将烘干后的试样和盒取出,放入干燥器内冷却(一般只需0.5~1h即可)②。冷却后盖好盒盖,称质量,准确至0.01g。

注①:对于大多数土,通常烘干16~24h就足够。但是,某些土或试样数量过多或试样很潮湿,可能需要烘更长的时间。烘干的时间也与烘箱内试样的总质量、烘箱的尺寸及其通风系统的效率有关。

注②:如铝盒的盖密闭,而且试样在称量前放置时间较短,可以不需要放在干燥器中冷却。

4　结果整理

4.1　按下式计算含水率:

$$w = \frac{m - m_s}{m_s} \times 100 \qquad (T\ 0103\text{-}1)$$

式中:w——含水率(%),计算至0.1;

m——湿土质量(g);

m_s——干土质量(g)。

4.2　本试验记录格式如表T 0103-1。

表T 0103-1　含水率试验记录(烘干法)

工程编号＿＿＿＿＿＿　　　　试验者＿＿＿＿＿＿

土样说明＿＿＿＿＿＿　　　　计算者＿＿＿＿＿＿

试验日期＿＿＿＿＿＿　　　　校核者＿＿＿＿＿＿

盒　号		1	2	3	4
盒质量(g)	(1)	20	20	20	20
盒+湿土质量(g)	(2)	38.87	40.54	40.65	40.45
盒+干土质量(g)	(3)	35.45	36.76	36.16	35.94
水分质量(g)	(4)=(2)-(3)	3.42	3.78	4.49	4.51
干土质量(g)	(5)=(3)-(1)	15.45	16.76	16.16	15.94
含水率(%)	$(6)=\frac{(4)}{(5)}$	22.1	22.6	27.8	28.3
平均含水率(%)	(7)	22.4		28.1	

4.3　精密度和允许差。

本试验须进行二次平行测定,取其算术平均值,允许平行差值应符合表T 0103-2规定。

表T 0103-2　含水率测定的允许平行差值

含水率(%)	允许平行差值(%)	含水率(%)	允许平行差值(%)
5以下	0.3	40以上	≤2
40以下	≤1	对层状和网状构造的冻土	<3

5　报告

5.1　土的鉴别分类和代号。

5.2　土的含水率w值。

条文说明

1　含水率是土的基本物理指标之一，它反映土的状态，它的变化将使土的一系列力学性质随之而异；它又是计算土的干密度、孔隙比、饱和度等项指标的依据，是检测土工构筑物施工质量的重要指标。鉴于目前国内各行业和国家标准将含水量改名为含水率，因此，本标准也改为含水率。含水率试验的烘干法精度高，应用广。

2　烘干法一般采用能控制恒温的电热烘箱。

3　鉴于目前国内外主要土工试验标准多数以105～110℃为标准，故规定烘干温度为105～110℃。

试样烘至恒量所需的时间与土类及取土数量有关。本试验规定土量为15～30g，对砂类土宜烘6～8h，黏质土宜烘8～10h。砂类土、砾类土因持水性差，颗粒大小相差悬殊，水分变化大，所以试样应多取一些，本规程规定取50g。对有机质含量超过5%的土，因土质不均匀，采用烘干法时，除注明有机质含量外，亦应取50g。

有机质土在105～110℃温度下经长时间烘干后，有机质特别是腐殖酸会在烘干过程中逐渐分解而不断损失，使测得的含水率比实际的含水率大，土中有机质含量越高，误差越大。故本规程对有机质含量超过5%的土，应在60～70℃的恒温下进行烘干。

某些含有石膏的土在烘干时会损失其结晶水，用此方法测定其含水率有影响。每1%的石膏对含水率的影响约为0.2%。如果土中有石膏，则试样应该在不超过80℃的温度下烘干，并可能要烘更长的时间。

T 0104—1993　酒精燃烧法

1　目的和适用范围

本试验方法适用于快速简易测定细粒土(含有机质的土除外)的含水率。

2　仪器设备

2.1　称量盒(定期调整为恒质量)。

2.2　天平:感量0.01g。

2.3　酒精:纯度95%。

2.4　滴管、火柴、调土刀等。

3　试验步骤

3.1　取代表性试样(黏质土5～10g，砂类土20～30g)，放入称量盒内，称湿土质量m，准确至0.01g。

3.2 用滴管将酒精注入放有试样的称量盒中,直至盒中出现自由液面为止。为使酒精在试样中充分混合均匀,可将盒底在桌面上轻轻敲击。

3.3 点燃盒中酒精,燃至火焰熄灭。

3.4 将试样冷却数分钟,按本试验3.3、3.4方法再重新燃烧两次。

3.5 待第三次火焰熄灭后,盖好盒盖,立即称干土质量 m_s,准确至0.01g。

4 结果整理

4.1 按下式计算含水率:

$$w = \frac{m - m_s}{m_s} \times 100 \tag{T 0104-1}$$

式中:w——含水率(%),计算至0.1;

m——湿土质量(g);

m_s——干土质量(g)。

4.2 本试验记录格式如表T 0104-1。

表T 0104-1 含水率试验记录(酒精燃烧法)

工程编号________ 试验者________

土样说明________ 计算者________

试验日期________ 校核者________

盒 号		1	2	3	4
盒质量(g)	(1)	20	20	20	20
盒+湿土质量(g)	(2)	38.87	40.54	40.65	40.45
盒+干土质量(g)	(3)	35.45	36.76	36.16	35.94
水分质量(g)	(4)=(2)-(3)	3.42	3.78	4.49	4.51
干土质量(g)	(5)=(3)-(1)	15.45	16.76	16.16	15.94
含水率(%)	$(6)=\frac{(4)}{(5)}$	22.1	22.6	27.8	28.3
平均含水率(%)	(7)	22.4		28.1	

4.3 精密度和允许差。

本试验须进行二次平行测定,取其算术平均值,允许平行差值应符合表T 0104-2规定。

表 T 0104-2　含水率测定的允许平行差值

含水率(%)	允许平行差值(%)	含水率(%)	允许平行差值(%)
5 以下	0.3	40 以上	≤2
40 以下	≤1	对层状和网状构造的冻土	<3

5　报告

5.1　土的鉴别分类和代号。

5.2　土的含水率 w 值。

条文说明

1　在试样中加入酒精,利用酒精在土上燃烧,使土中水分蒸发,将土样烘干,是快速简易测定且较准确的方法之一;适用于在没有烘箱或土样较少的条件下,对细粒土进行含水率测定。

2　酒精纯度要求达 95%。

3　取代表性试样时,砂类土数量应多于黏质土。

T 0105—1993　比　重　法

1　目的和适用范围

本试验方法仅适用于砂类土。

2　仪器设备

2.1　玻璃瓶:容积 500mL 以上。

2.2　天平:称量 1 000g,感量 0.5g。

2.3　其他:漏斗、小勺、吸水球、玻璃片、土样盘及玻璃棒等。

3　试验步骤

3.1　取代表性砂类土试样 200 ~ 300g,放入土样盘内。

3.2　向玻璃瓶中注入清水至 1/3 左右,然后用漏斗将土样盘中的试样倒入瓶中,并用玻璃棒搅拌 1 ~ 2min,直到所含气体完全排出为止。

3.3　向瓶中加清水至全部充满,静置 1min 后用吸水球吸去泡沫,再加清水使其充满,盖上玻璃片,擦干瓶外壁,称质量。

3.4 倒去瓶中混合液,洗净,再向瓶中加清水至全部充满,盖上玻璃片,擦干瓶外壁,称质量,准确至0.5g。

4 结果整理

4.1 按下式计算含水率:

$$w = \left[\frac{m(G_s - 1)}{G_s(m_1 - m_2)} - 1\right] \times 100 \qquad (T\ 0105\text{-}1)$$

式中:w——砂类土的含水率(%),计算至0.1;

m——湿土质量(g);

m_1——瓶、水、土、玻璃片合质量(g);

m_2——瓶、水、玻璃片合质量(g);

G_s——砂类土的比重。

4.2 本试验记录格式如表T 0105-1。

表T 0105-1 含水率试验记录(比重法)

土样编号	瓶号	湿土质量(g)	瓶、水、土、玻璃片合质量(g)	瓶、水、玻璃片合质量(g)	土样比重	含水率(%)	平均值(%)	备注

4.3 精密度和允许差。

本试验须进行二次平行测定,取其算术平均值,允许平行差值应符合表T 0105-2规定。

表T 0105-2 含水率测定的允许平行差值

含水率(%)	允许平行差值(%)	含水率(%)	允许平行差值(%)
5以下	0.3	40以上	≤2
40以下	≤1	对层状和网状构造的冻土	<3

5 报告

5.1 土的鉴别分类和代号。

5.2 土的含水率 w 值。

条文说明

1 通过本法试验,测定湿土体积,估计土粒比重,间接计算土的含水率。由于试验时没有考虑温度的影响,所得结果准确度较差。土内气体能否充分排出,直接影响试验结果的精度,故比重法仅适用于砂类土。

2 本试验需用的主要设备为容积500mL以上的玻璃瓶。

3 土样倒入未盛满水的玻璃瓶中后,用玻璃棒充分搅拌悬液,使空气完全排出,因土内气体能否充分排出会直接影响试验结果的精度。

此外,鉴于碳化钙气压法目前已很少使用,市场上已不多见。过去引用该方法,主要是考虑在边远地区电力供应困难,现场工作条件较差等问题,无法开展正常的含水率试验工作等。现在用酒精燃烧法可完全替代该方法,且酒精资源丰富,更具备现场试验条件。因此,此次修订取消了碳化钙气压法作为含水率的试验方法。

6 土的密度试验

T 0107—1993 环 刀 法

1 目的和适用范围

本试验方法适用于细粒土。

2 仪器设备

2.1 环刀:内径 6 ~8cm,高 2 ~5.4cm,壁厚 1.5 ~2.2mm。

2.2 天平:感量 0.1g。

2.3 其他:修土刀、钢丝锯、凡士林等。

3 试验步骤

3.1 按工程需要取原状土或制备所需状态的扰动土样,整平两端,环刀内壁涂一薄层凡士林,刀口向下放在土样上。

3.2 用修土刀或钢丝锯将土样上部削成略大于环刀直径的土柱,然后将环刀垂直下压,边压边削,至土样伸出环刀上部为止。削去两端余土,使土样与环刀口面齐平,并用剩余土样测定含水率。

3.3 擦净环刀外壁,称环刀与土合质量 m_1, 准确至 0.1g。

4 结果整理

4.1 按下列公式计算湿密度及干密度:

$$\rho = \frac{m_1 - m_2}{V} \tag{T 0107-1}$$

$$\rho_d = \frac{\rho}{1 + 0.01w} \tag{T 0107-2}$$

式中:ρ——湿密度(g/cm^3),计算至 0.01;

m_1——环刀与土合质量(g)；

m_2——环刀质量(g)；

V——环刀体积(cm^3)；

ρ_d——干密度(g/cm^3)，计算至0.01；

w——含水率(%)。

4.2 本试验记录格式如表T 0107-1。

表T 0107-1 密度试验记录(环刀法)

土样编号			1		2		3	
环刀号			1	2	3	4	5	6
环刀容积(cm^3)	(1)		100	100	100	100	100	100
环刀质量(g)	(2)							
土+环刀质量(g)	(3)							
土样质量(g)	(4)	(3)-(2)	178.6	181.4	193.6	194.8	205.8	207.2
湿密度(g/cm^3)	(5)	$\frac{(4)}{(1)}$	1.79	1.81	1.94	1.95	2.06	2.07
含水率(%)	(6)		13.5	14.2	18.2	19.4	20.5	21.2
干密度(g/cm^3)	(7)	$\frac{(5)}{1+0.01(6)}$	1.58	1.58	1.64	1.63	1.71	1.71
平均干密度(g/cm^3)	(8)		1.58		1.64		1.71	

4.3 精密度和允许差。

本试验须进行二次平行测定，取其算术平均值，其平行差值不得大于0.03g/cm^3。

5 报告

5.1 土的鉴别分类和状态描述。

5.2 土的含水率w(%)。

5.3 土的湿密度ρ(g/cm^3)。

5.4 土的干密度ρ_d(g/cm^3)。

条文说明

1 密度是土的基本物理性指标之一，用它可以换算土的干密度、孔隙比、孔隙率、饱和度等指标。无论在室内试验或野外勘察以及施工质量控制中，均须测定密度。

环刀法只能用于测定不含砾石颗粒的细粒土的密度。环刀法操作简便而准确,在室内和野外普遍采用。

2　在室内做密度试验,考虑到与剪切、固结等项试验所用环刀相配合,规定室内环刀容积为60～150cm³。施工现场检查填土压实密度时,由于每层土压实度上下不均匀,为提高试验结果的精度,可增大环刀容积,一般采用的环刀容积为200～500cm³。

环刀高度与直径之比,对试验结果是有影响的。根据钻探机具、取土器的筒高和直径的大小,确定室内试验使用的环刀直径为6～8cm,高2～3cm;野外采用的环刀规格尚不统一,径高比一般以1～1.5为宜。

环刀壁越厚,压入时土样扰动程度也越大,所以环刀壁越薄越好。但环刀压入土中时,须承受相当的压力,壁过薄,环刀容易破损和变形。因此,建议壁厚一般用1.5～2mm。

3　根据工程实际需要,采取原状土或制备所需状态的扰动土。

T 0108—1993　电动取土器法

1　目的和适用范围

本试验方法适用于硬塑土密度的快速测定。

2　仪器设备

2.1　电动取土器由底座、行走轮、立柱、齿轮箱、升降机构、取芯头等组成,如图T 0108-1所示。

2.1.1　底座:由底座平台、定位销(15)、行走轮(14)组成。平台是整个仪器支撑基础;定位销供操作时仪器定位用;行走轮供换点取芯时仪器近距离移动用,当定位时四只轮子可扳起离开地表。

2.1.2　立柱:立柱由立柱(1)与立柱套(11)组成,装在底座平台上,作为升降机构、取芯机构、动力和传动机构的支架。

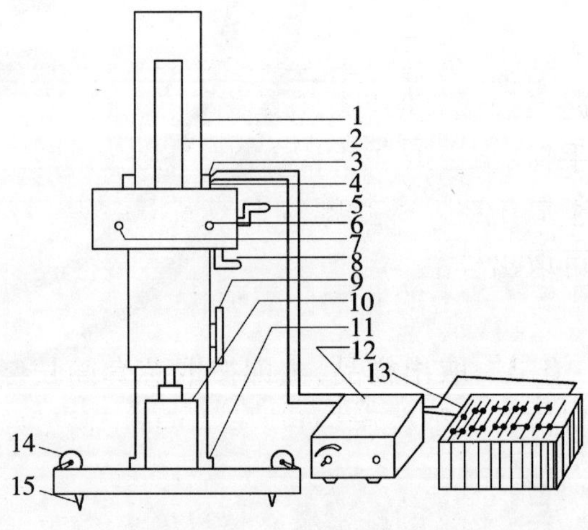

图 T 0108-1　电动取土器

1-立柱;2-升降轴;3-电源输入;4-直流电机;5-升降手柄;6-电源指示;7-电源指示;8-锁紧手柄;9-升降手轮;10-取芯头;11-立柱套;12-调速器;13-电瓶;14-行走轮;15-定位销

2.1.3　升降机构:由升降手轮(9)、锁紧手柄(8)组成,供调整取芯机构高低用。松开锁紧手柄,转动升降手轮,取芯机构即可升降,到所需位置时拧紧手柄定位。

2.1.4　取芯机构:由取芯头(10)、升降轴(2)组成。取芯头为金属圆筒,下口对称焊接两个合金钢切削刀头,上端面焊有平盖,其上焊螺母,靠螺旋接于升降轴上。取芯头有三种规格,即 ϕ50mm×50mm、ϕ70mm×70mm、ϕ100mm×100mm,取芯头为可换式。另配有相应的取芯套筒、扳手、铝盒等。

2.1.5 动力和传动机构:主要由直流电机(4)、调速器(12)、齿轮箱组成,另配电瓶和充电器。当电机工作时,通过齿轮箱的齿轮将动力传给取芯机构,升降轴旋转,取芯头进入旋切工作状态。

2.1.6 电动取土器主要技术参数为:工作电压 DC24V(36A·h);转速 50~70r/min,无级调速;整机质量约 35kg。

2.2 天平:称量 1 000g,感量 1.0g(用于取芯头内径为 10cm 样品的称量);称量 1 000g,感量 0.1g(用于取芯头内径小于 7cm 样品的称量)。

2.3 其他:修土刀、钢丝锯及测定含水率的设备等。

3 试验步骤

3.1 装上所需规格的取芯头。在施工现场,取芯前,选择一块平整的路段,将四只行走轮打起,四根定位销钉采用人工加压的方法,压入路基土层中。松开锁紧手柄,旋动升降手轮,使取芯头刚好与土层接触,锁紧手柄。

3.2 将电瓶与调速器接通,调速器的输出端接入取芯机电源插口。指示灯亮,显示电路已通;启动开关,电动机工作,带动取芯机构转动。根据土层含水率调节转速,操作升降手柄、上提取芯机构,停机。移开机器。由于取芯头圆筒外表有几条螺旋状突起,切下的土屑排在筒外顺螺纹上旋抛出地表,因此,将取芯套筒套在切削好的土芯立柱上,摇动即可取出样品。

3.3 取出样品,立即按取芯套筒长度用手刀或钢丝锯修平两端,制成所需规格土芯,如拟进行其他试验项目,装入铝盒,送试验室备用。

3.4 用天平称量土芯带套筒质量,从土芯中心部分取试样测定含水率。

4 结果整理

4.1 对于所需规格的土芯按下列公式计算湿密度及干密度:

$$\rho = \frac{m_1 - m_2}{V} \qquad (\text{T 0108-1})$$

$$\rho_d = \frac{\rho}{1 + 0.01w} \qquad (\text{T 0108-2})$$

式中:ρ——湿密度(g/cm^3),计算至0.01;

m_1——环刀与土合质量(g);

m_2——环刀质量(g);

V——环刀体积(cm^3);

ρ_d——干密度(g/cm^3);

w——含水率(%)。

4.2 本试验记录格式如表T 0108-1。

表T 0108-1 密度试验记录(电动取土器法)

土样编号			1		2		3	
环刀号			1	2	3	4	5	6
环刀容积(cm^3)	(1)		100	100	100	100	100	100
环刀质量(g)	(2)							
土+环刀质量(g)	(3)							
土样质量(g)	(4)	(3)-(2)	178.6	181.4	193.6	194.8	205.8	207.2
湿密度(g/cm^3)	(5)	$\frac{(4)}{(1)}$	1.79	1.81	1.94	1.95	2.06	2.07
含水率(%)	(6)		13.5	14.2	18.2	19.4	20.5	21.2
干密度(g/cm^3)	(7)	$\frac{(5)}{1+0.01(6)}$	1.58	1.58	1.64	1.63	1.71	1.71
平均干密度(g/cm^3)	(8)		1.58		1.64		1.71	

4.3 精密度和允许差。

本试验须进行二次平行测定,取其算术平均值,其平行差值不得大于0.03g/cm^3。

5 报告

5.1 土的鉴别分类和状态描述。

5.2 土的含水率w(%)。

5.3 土的湿密度ρ(g/cm^3)。

5.4 土的干密度ρ_d(g/cm^3)。

条文说明

1、2 电动取芯机采用电瓶供电，驱动直流电机，使取芯头转动，并配备有调速器。根据路基土的湿度调节该机转速，便可获得最佳效果。取芯头有 ϕ50mm × 50mm、ϕ70mm × 70mm、ϕ100mm × 100mm 三种规格，可根据需要选用。取芯头为可换式。取芯速度快，例如取 ϕ50mm × 50mm 的一只土芯仅需 14s。所取的试件，因不扰动路基的原状结构，故能反映其真实情况。

3 由于取芯头圆筒外表有几条螺旋状凸起，切下的土屑排在筒外顺螺纹上旋抛出地表，因此，将取芯套筒套在切削好的土芯立柱上，摇动即可取出样品。

T 0109—1993 蜡 封 法

1 目的和适用范围

本试验方法适用于易破裂土和形态不规则的坚硬土。

2 仪器设备

2.1 天平：感量 0.01g。

2.2 烧杯、细线、石蜡、针、削土刀等。

3 试验步骤

3.1 用削土刀切取体积大于 30cm^3 的试件，削除试件表面的松、浮土以及尖锐棱角，在天平上称量，准确至 0.01g。取代表性土样进行含水率测定。

3.2 将石蜡加热至刚过熔点，用细线系住试件浸入石蜡中，使试件表面覆盖一薄层严密的石蜡。若试件蜡膜上有气泡，需用热针刺破气泡，再用石蜡填充针孔，涂平孔口。

3.3 待冷却后，将蜡封试件在天平上称量，准确至 0.01g。

3.4 用细线将蜡封试件置于天平一端，使其浸浮在盛有蒸馏水的烧杯中，注意试件不要接触烧杯壁，称蜡封试件的水下质量，准确至 0.01g，并测量蒸馏水的温度。

3.5 将蜡封试件从水中取出，擦干石蜡表面水分，在空气中称其质量。将其与 3.3 中所称质量相比，若质量增加，表示水分进入试件中；若浸入水分质量超过 0.03g，应重做。

4 结果整理

4.1 按下式计算湿密度及干密度：

$$\rho = \frac{m}{\frac{m_1 - m_2}{\rho_{wt}} - \frac{m_1 - m}{\rho_n}} \tag{T 0109-1}$$

$$\rho_d = \frac{\rho}{1 + 0.01w} \tag{T 0109-2}$$

式中:ρ——土的湿密度(g/cm^3),计算至0.01;

ρ_d——土的干密度(g/cm^3),计算至0.01;

m——试件质量(g);

m_1——蜡封试件质量(g);

m_2——蜡封试件水中质量(g);

ρ_{wt}——蒸馏水在t℃时密度(g/cm^3),准确至0.001;

ρ_n——石蜡密度(g/cm^3),应事先实测,准确至0.01g/cm^3;一般可采用0.92g/cm^3;

w——含水率(%)。

4.2 本试验记录格式如表T 0109-1。

表T 0109-1 密度试验记录(蜡封法)

工程名称______ 土样说明______ 试验日期______

试 验 者______ 计 算 者______ 校 核 者______

土样编号	试件质量(g)	蜡封试件质量(g)	蜡封试件水中质量(g)	温度(℃)	水的密度(g/cm^3)	蜡封试件体积(cm^3)	蜡体积(cm^3)	试件体积(cm^3)	湿密度(g/cm^3)	备注
	(1)	(2)	(3)		(4)	(5) $\frac{(2)-(3)}{(4)}$	(6) $\frac{(2)-(1)}{\rho_n}$	(7) (5)-(6)	(8) $\frac{(1)}{(7)}$	
1A	62.79	66.41	27.44	32	0.995	39.10	3.94	35.16	1.79	石蜡密度 0.92 g/cm^3
	63.00	66.37	27.60	32	0.995	39.00	3.64	35.36	1.79	
2A	62.59	65.86	27.84	5	1.000	38.02	3.56	34.46	1.82	
	72.05	76.15	32.00	5	1.000	44.15	4.45	39.70	1.82	
平均									1.81	

土 样 编 号			A
平均湿密度(g/cm^3)	(9)		1.81
平均含水率(%)	(10)		13.5
平均干密度(g/cm^3)	(11)	$\frac{(9)}{1+0.01(10)}$	1.59

4.3 精密度和允许差。

本试验须进行二次平行测定，取其算术平均值，其平行差值不得大于0.03g/cm^3。

5 报告

5.1 土的鉴别分类和状态描述。

5.2 土的含水率w(%)。

5.3 土的湿密度ρ(g/cm^3)。

5.4 土的干密度ρ_d(g/cm^3)。

条文说明

1 不能用环刀切削坚硬易碎、含有粗粒、形状不规则的土，可用蜡封法测定密度。

3 蜡封试样在水中的质量，系指试样在水中的重力与浮力之差；蜡封试样的质量和蜡封试样在纯水中的质量之差，与纯水在t℃时的密度的比值，即为蜡封试样的体积；当再减去试样上蜡的体积之后，即得风干土样的体积。

密度试验中使用的石蜡，选用55号石蜡为宜，其密度以实测为准。如无条件实测，可采用其密度的近似值0.92g/cm^{3}进行计算。测定石蜡的密度，应根据“阿基米德原理”，采用静水力学天平称量法或采用500~1 000mL广口瓶比重法进行。

封蜡时，为避免易碎裂土的扰动和蜡封试样内气泡的产生，本规程采用一次徐徐浸蜡方法。

T 0110—1993 灌 水 法

1 目的和适用范围

本试验方法适用于现场测定粗粒土和巨粒土的密度。

2 仪器设备

2.1 座板：座板为中部开有圆孔，外沿呈方形或圆形的铁板，圆孔处设有环套，套孔的直径为土中所含最大石块粒径的3倍，环套的高度为其粒径的5%。

2.2 薄膜：聚乙烯塑料薄膜。

2.3 储水筒：直径应均匀，并附有刻度。

2.4 台秤：称量50kg，感量5g。

2.5 其他:铁镐、铁铲、水准仪等。

3 试验步骤

3.1 根据试样最大粒径宜按表T 0110-1确定试坑尺寸。

表T 0110-1 试坑尺寸

试样最大粒径(mm)	试坑尺寸	
	直径(mm)	深度(mm)
5~20	150	200
40	200	250
60	250	300
200	800	1 000

3.2 按确定的试坑直径画出坑口轮廓线。将测点处的地表整平,地表的浮土、石块、杂物等应予清除,坑凹不平处用砂铺整。用水准仪检查地表是否水平。

3.3 将座板固定于整平后的地表。将聚乙烯塑料膜沿环套内壁及地表紧贴铺好。记录储水筒初始水位高度,拧开储水筒的注水开关,从环套上方将水缓缓注入,至刚满不外溢为止。记录储水筒水位高度,计算座板部分的体积。在保持座板原固定状态下,将薄膜盛装的水排至对该试验不产生影响的场所,然后将薄膜揭离底板。

3.4 在轮廓线内下挖至要求深度,将落于坑内的试样装入盛土容器内,并测定含水率。

3.5 用挖掘工具沿座板上的孔挖试坑,为了使坑壁与塑料薄膜易于紧贴,对坑壁需加以整修。

将塑料薄膜沿坑底、坑壁密贴铺好。

在往薄膜形成的袋内注水时,牵住薄膜的某一部位,一边拉松,一边注水,使薄膜与坑壁间的空气得以排出,从而提高薄膜与坑壁的密贴程度。

3.6 记录储水筒内初始水位高度,拧开储水筒的注水开关,将水缓缓注入塑料薄膜中。当水面接近环套的上边缘时,将水流调小,直至水面与环套上边缘齐平时关闭注水管,持续3~5min,记录储水筒内水位高度。

4 结果整理

4.1 细粒与石料应分开测定含水率,按下式求出整体的含水率:

$$w = w_f p_f + w_c(1 - p_f) \tag{T 0110-1}$$

式中:w——整体含水率(%),计算至0.01;

w_f——细粒土部分的含水率(%);

w_c——石料部分的含水率(%);

p_f——细粒料的干质量与全部材料干质量之比。

细粒料与石块的划分以粒径 60mm 为界。

4.2 按下式计算座板部分的容积:

$$V_1 = (h_1 - h_2)A_w \tag{T 0110-2}$$

式中:V_1——座板部分的容积(cm^3),计算至 0.01;

A_w——储水筒截面积(cm^2);

h_1——储水筒内初始水位高度(cm);

h_2——储水筒内注水终了时水位高度(cm)。

4.3 按下式计算试坑容积:

$$V_p = (H_1 - H_2)A_w - V_1 \tag{T 0110-3}$$

式中:V_p——试坑容积(cm^3),计算至 0.01;

H_1——储水筒内初始水位高度(cm);

H_2——储水筒内注水终了时水位高度(cm);

A_w——储水筒断面积(cm^2);

V_1——座板部分的容积(cm^3)。

4.4 按下式计算试样湿密度:

$$\rho = \frac{m_p}{V_p} \tag{T 0110-4}$$

式中:ρ——试样湿密度(g/cm^3),计算至 0.01;

m_p——取自试坑内的试样质量(g)。

4.5 灌水法密度试验记录格式如表 T 0110-2。

表 T 0110-2 灌水法密度试验记录

工程名称＿＿＿＿＿＿＿＿　　试 验 者＿＿＿＿＿＿＿＿

土样编号＿＿＿＿＿＿＿＿　　计 算 者＿＿＿＿＿＿＿＿

试坑深度＿＿＿＿＿＿＿＿ m　　校 核 者＿＿＿＿＿＿＿＿

试样最大粒径＿＿＿＿＿＿ mm　　试验日期＿＿＿＿＿＿＿＿

测 点					1	2
座板部分注水前储水筒水位高度	h_1	(cm)	(1)			
座板部分注水后储水筒水位高度	h_2	(cm)	(2)			

续上表

测　　点					1	2
储水筒断面积	A_w	(cm^2)	(3)			
座板部分的容积	$V_1=(h_1-h_2)A_w$	(cm^3)	(4)	[(1)-(2)]×(3)		
试坑注水前储水筒水位高度	H_1	(cm)	(5)			
试坑注水后储水筒水位高度	H_2	(cm)	(6)			
试坑容积	$V_p=(H_1-H_2)A_w-V_1$	(cm^3)	(7)	[(5)-(6)]×(3)-(4)		
取自试坑内的试样质量	m_p	(g)	(8)			
试样湿密度	$\rho=\frac{m_p}{V_p}$	(g/cm^3)	(9)	$\frac{(8)}{(7)}$		
细粒土部分含水率	w_f	(%)	(10)			
石料部分含水率	w_c	(%)	(11)			
细粒料干质量与全部干质量之比	p_f		(12)			
整体含水率	$w=w_f p_f+w_c(1-p_f)$	(%)	(13)	(10)×(12)+(11)×[1-(12)]		
试样干密度	$\rho_d=\frac{\rho}{1+w}$	(g/cm^3)	(14)	$\frac{(9)}{1+w}$		

4.6 精密度和允许差。

灌水法密度试验应进行两次平行测定,两次测定的差值不得大于0.03 g/cm^3,取两次测值的平均值。

5 报告

5.1 试料来源,外观描述。

5.2 试样最大粒径(mm)。

5.3 试坑尺寸(cm)。

5.4 试样干密度 ρ_d(g/cm^3)。

条文说明

1 本试验方法适用于现场测定粗粒土和巨粒土特别是后者的密度,从而可为粗粒土和巨粒土最大干密度试验(表面振动压实仪法和振动台法)提供施工现场检验密实度的手段。

2 以往规程中使用的橡皮囊,尚无定型产品。本试验采用聚氯乙烯塑料薄膜。

3 按试样最大粒径确定试坑尺寸,试验规定试样最大粒径为200mm,一般情况下,可以满足现场检验巨粒土密度的要求。

4 日本灌水法密度试验分开测定细粒料与石料的含水率,这样更符合实际,故本试验采用了这种方法。日本对细粒料与石块的划分以75mm为界,本试验将分界粒径改为60mm,因日本以75mm作为砾粒的上限,而我国则以60mm作为粗粒土和巨粒土的分界粒径。

T 0111—1993 灌 砂 法

1 目的和适用范围

本试验法适用于现场测定细粒土、砂类土和砾类土的密度。试样的最大粒径一般不得超过15mm,测定密度层的厚度为150~200mm。

注:①在测定细粒土的密度时,可以采用 ϕ100mm 的小型灌砂筒。

②如最大粒径超过15mm,则应相应地增大灌砂筒和标定罐的尺寸,例如,粒径达40~60mm的粗粒土,灌砂筒和现场试洞的直径应为150~200mm。

2 仪器设备

2.1 灌砂筒:金属圆筒(可用白铁皮制作)的内径为100mm,总高360mm。灌砂筒主要分两部分:上部为储砂筒,筒深270mm(容积约2 120cm^3),筒底中心有一个直径10mm的圆孔;下部装一倒置的圆锥形漏斗,漏斗上端开口直径为10mm,并焊接在一块直径100mm的铁板上,铁板中心有一直径10mm的圆孔与漏斗上开口相接。在储砂筒筒底与漏斗顶端铁板之间设有开关。开关为一薄铁板,一端与筒底及漏斗铁板铰接在一起,另一端伸出筒身外,开关铁板上也有一个直径10mm的圆孔。将开关向左移动时,开关铁板上的圆孔恰好与筒底圆孔及漏斗上开口相对,即三个圆孔在平面上重叠在一起,砂就可通过圆孔自由落下。将开关向右移动时,开关将筒底圆孔堵塞,砂即停止下落。

灌砂筒的形式和主要尺寸如图 T 0111-1 所示。

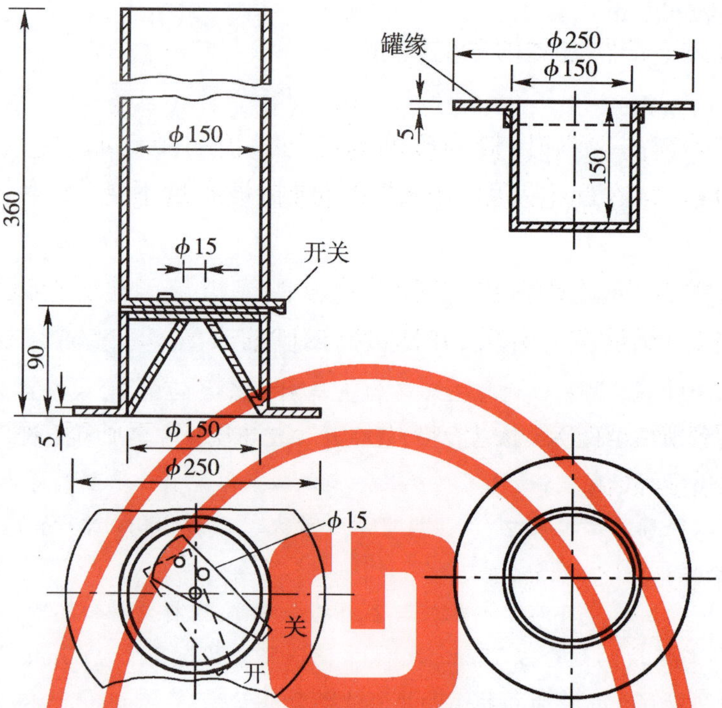

图 T 0111-1 灌砂筒和标定罐(单位:mm)

2.2 金属标定罐:内径 100mm,高 150mm 和 200mm 的金属罐各一个,上端周围有一罐缘。

注:如由于某种原因,试坑不是 150mm 或 200mm 时,标定罐的深度应该与拟挖试坑深度相同。

2.3 基板:一个边长 350mm、深 40mm 的金属方盘,盘中心有一直径 100mm 的圆孔。

2.4 打洞及从洞中取料的合适工具,如凿子、铁锤、长把勺、长把小簸箕、毛刷等。

2.5 玻璃板:边长约 500mm 的方形板。

2.6 饭盒(存放挖出的试样)若干。

2.7 台秤:称量 10 ~ 15kg,感量 5g。

2.8 其他:铝盒、天平、烘箱等。

2.9 量砂:粒径 0.25 ~ 0.5mm、清洁干燥的均匀砂,20 ~ 40kg。应先烘干,并放置足够时间,使其与空气的湿度达到平衡。

3 仪器标定

3.1 确定灌砂筒下部圆锥体内砂的质量

3.1.1 在储砂筒内装满砂，筒内砂的高度与筒顶的距离不超过15mm，称筒内砂的质量 m_1，准确至1g。每次标定及而后的试验都维持该质量不变。

3.1.2 将开关打开，让砂流出，并使流出砂的体积与工地所挖试洞的体积相当（或等于标定罐的容积）；然后关上开关，并称量筒内砂的质量 m_5，准确至1g。

3.1.3 将灌砂筒放在玻璃板上，打开开关，让砂流出，直到筒内砂不再下流时，关上开关，并小心地取走罐砂筒。

3.1.4 收集并称量留在玻璃板上的砂或称量筒内的砂，准确至1g。玻璃板上的砂就是填满灌砂筒下部圆锥体的砂。

3.1.5 重复上述测量，至少三次；最后取其平均值 m_2，准确至1g。

3.2 确定量砂的密度

3.2.1 用水确定标定罐的容积 V。

(1)将空罐放在台秤上，使罐的上口处于水平位置，读记罐质量 m_7，准确至1g。

(2)向标定罐中灌水，注意不要将水弄到台秤上或罐的外壁；将一直尺放在罐顶，当罐中水面快要接近直尺时，用滴管往罐中加水，直到水面接触直尺；移去直尺，读记罐和水的总质量 m_8。

(3)重复测量时，仅需用吸管从罐中取出少量水，并用滴管重新将水加满到接触直尺。

(4)标定罐的体积 V 按下式计算：

$$V = (m_8 - m_7)/\rho_w \qquad (\text{T 0111-1})$$

式中：V——标定罐的容积(cm^3)，计算至0.01；

m_7——标定罐质量(g)；

m_8——标定罐和水的总质量(g)；

ρ_w——水的密度(g/cm^3)。

3.2.2 在储砂筒中装入质量为 m_1 的砂，并将罐砂筒放在标定罐上，打开开关，让砂流出，直到储砂筒内的砂不再下流时，关闭开关；取下罐砂筒，称筒内剩余的砂质量，准确至1g。

3.2.3 重复上述测量,至少三次,最后取其平均值 m_3,准确至1g。

3.2.4 按下式计算填满标定罐所需砂的质量 m_a:

$$m_a = m_1 - m_2 - m_3 \tag{T 0111-2}$$

式中:m_a——砂的质量(g),计算至1;

m_1——灌砂入标定罐前,筒内砂的质量(g);

m_2——灌砂筒下部圆锥体内砂的平均质量(g);

m_3——灌砂入标定罐后,筒内剩余砂的质量(g)。

3.2.5 按下式计算量砂的密度 ρ_s:

$$\rho_s = \frac{m_a}{V} \tag{T 0111-3}$$

式中:ρ_s——砂的密度(g/cm^3),计算至0.01;

V——标定罐的体积(cm^3);

m_a——砂的质量(g)。

4 试验步骤

4.1 在试验地点,选一块约40cm×40cm的平坦表面,并将其清扫干净;将基板放在此平坦表面上;如此表面的粗糙度较大,则将盛有量砂 m_5 的灌砂筒放在基板中间的圆孔上;打开灌砂筒开关,让砂流入基板的中孔内,直到储砂筒内的砂不再下流时关闭开关;取下罐砂筒,并称筒内砂的质量 m_6,准确至1g。

4.2 取走基板,将留在试验地点的量砂收回,重新将表面清扫干净;将基板放在清扫干净的表面上,沿基板中孔凿洞,洞的直径100mm。在凿洞过程中,应注意不使凿出的试样丢失,并随时将凿松的材料取出,放在已知质量的塑料袋内,密封。试洞的深度应与标定罐高度接近或一致。凿洞毕,称此塑料袋中全部试样质量,准确至1g。减去已知塑料袋质量后,即为试样的总质量 m_t。

4.3 从挖出的全部试样中取有代表性的样品,放入铝盒中,测定其含水率 w。样品数量:对于细粒土,不少于100g;对于粗粒土,不少于500g。

4.4 将基板安放在试洞上,将灌砂筒安放在基板中间(储砂筒内放满砂至恒量 m_1),使灌砂筒的下口对准基板的中孔及试洞。打开灌砂筒开关,让砂流入试洞内。关闭开关。小心取走灌砂筒,称量筒内剩余砂的质量 m_4,准确至1g。

4.5 如清扫干净的平坦的表面上,粗糙度不大,则不需放基板,将罐砂筒直接放在已挖好的试洞上。打开筒的开关,让砂流入试洞内。在此期间,应注意勿碰动灌砂筒。直到储砂筒内的砂不再下流时，关闭开关。仔细取走灌砂筒，称量筒内剩余砂的质量 m_4，准确至 1g。

4.6 取出试洞内的量砂，以备下次试验时再用。若量砂的湿度已发生变化或量砂中混有杂质，则应重新烘干，过筛，并放置一段时间，使其与空气的湿度达到平衡后再用。

4.7 如试洞中有较大孔隙，量砂可能进入孔隙时，则应按试洞外形，松弛地放入一层柔软的纱布。然后再进行灌砂工作。

5 结果整理

5.1 按下式计算填满试洞所需砂的质量：

灌砂时试洞上放有基板的情况

$$m_b = m_1 - m_4 - (m_5 - m_6) \tag{T 0111-4}$$

灌砂时试洞上不放基板的情况

$$m_b = m_1 - m'_4 - m_2 \tag{T 0111-5}$$

式中：m_b——砂的质量(g)；

m_1——灌砂入试洞前筒内砂的质量(g)；

m_2——灌砂筒下部圆锥体内砂的平均质量(g)；

m_4、m'_4——灌砂入试洞后，筒内剩余砂的质量(g)；

$(m_5 - m_6)$——灌砂筒下部圆锥体内及基板和粗糙表面间砂的总质量(g)。

5.2 按下式计算试验地点土的湿密度：

$$\rho = \frac{m_t}{m_b} \times \rho_s \tag{T 0111-6}$$

式中：ρ——土的湿密度(g/cm^3)，计算至 0.01；

m_t——试洞中取出的全部土样的质量(g)；

m_b——填满试洞所需砂的质量(g)；

ρ_s——量砂的密度(g/cm^3)。

5.3 按下式计算土的干密度：

$$\rho_d = \frac{\rho}{1 + 0.01w} \tag{T 0111-7}$$

式中：ρ_d——土的干密度(g/cm^3)，计算至 0.01；

ρ——土的湿密度(g/cm^3)；

w——土的含水率(%)。

5.4 本试验的记录格式如表 T 0111-1。

表 T 0111-1　密度试验记录(灌砂法)

工程名称＿＿＿＿＿＿　土样说明　砾类土　试验日期＿＿＿＿＿＿

试 验 者＿＿＿＿＿＿　计 算 者＿＿＿＿＿＿　校 核 者＿＿＿＿＿＿

砂的密度　1.28g/cm³

取样桩号	取样位置	试洞中湿土样质量 m_t (g)	灌满试洞后剩余砂质量 m_4、m'_4 (g)	试洞内砂质量 m_b (g)	湿密度 ρ (g/cm³)	含水率测定							干密度 ρ_d (g/cm³)
						盒号	盒+湿土质量 (g)	盒+干土质量 (g)	盒质量 (g)	干土质量 (g)	水质量 (g)	含水率 (%)	
		4 031		2 233.6	2.31	B_5	1 211	1 108.4	195.4	913	102.6	11.2	2.08
		2 900		1 613.9	2.30	3A	1 125	1 040	195.5	844.1	85	10.1	2.09

5.5　精密度和允许差。

本试验须进行二次平行测定,取其算术平均值,其平行差值不得大于0.03g/cm³。

6　报告

6.1　土的鉴别分类和状态描述。

6.2　土的含水率 w(%)。

6.3　土的湿密度 ρ(g/cm³)。

6.4　土的干密度 ρ_d(g/cm³)。

条文说明

1　灌砂法一般在野外应用。灌砂法是利用均匀颗粒的砂,由一定高度下落到一规定容积的筒或洞内,按其单位重不变的原理来测量试洞的容积。该试验使用的主要设备是灌砂法密度试验仪,包括漏斗、漏斗架、防风筒和套环。鉴于公路部门不常使用这种仪器,而使用最多的是灌砂筒和标定罐,因此,用灌砂筒来测定土的密度。

2～5　这种新的灌砂筒是根据英国标准 BS137 和 BS1924 设计制作的。其特点是,将过去所用的灌砂法密度测定仪的几个分开部件(如漏斗、漏斗架、防风筒、套环和量砂容器)合成一个整体。使用时,储砂筒内量砂处于封闭条件下,完全不受风的影响,因此,其测量精度高,准确性好。例如,用粒径0.25～0.50mm 的量砂,在直径150mm、高170mm 的标定罐(容积3 038cm³)内标定量砂的密度,共标定10次;另外,确定填满灌砂筒下部圆锥体需要的量砂质量,也测定10次。这两种试验的结果如表T 0111-2所示。

表 T 0111-2　灌砂筒的试验精度

试验项目	变化范围	平均值	标准差	变异系数(%)
填满圆锥体的砂(kg)	0.611 ~ 0.617	0.615	0.002 0	0.3
填满标定罐的砂(kg)	3.879 ~ 3.889	3.884	0.003 2	0.08
量砂密度(g/cm^3)	1.277 ~ 1.280	1.278	0.001	0.08

从表列资料可以看出,所得量砂密度的精度很高,变异系数仅0.08%。

用灌砂法测量试洞的容积时,其准确度和精度受下列几个因素的影响:

(1)标定罐的深度对砂的密度有影响。标定罐的深度减2.5cm,砂的密度约降低1%。因此,标定罐的深度应与试洞的深度一致。

(2)储砂筒中砂面的高度对砂的密度有影响。储砂筒中砂面的高度降低5cm,砂的密度约降低1%。因此,现场测量时,储砂筒中的砂面高度应与标定砂的密度时储砂筒中的砂面高度一致。

(3)砂的颗粒组成对试验的重现性有影响。使用的砂应清洁干燥,否则,砂的密度会有明显变化。

用不同粒径的砂标定漏斗的体积和砂的密度时的重现性列在表 T 0111-3 中。从表中所列资料可以看出,使用粒径0.3 ~0.6mm 砂的重现性最好。标定的精度达到0.001kg。

表 T 0111-3　用不同粒径的砂标定时的重现性

砂的粒径(mm)	与平均值的最大偏差	
	在锥形漏斗中(%)	在标定罐中(%)
0.6 ~ 1.2	0.4	0.3
0.3 ~ 0.6	0.2	0.1
0.15 ~ 0.3	0.6	0.2
小于0.15	0.7	0.2

7 土的比重试验

T 0112—1993 比 重 瓶 法

1 目的和适用范围

本试验法适用于粒径小于5mm的土。

2 仪器设备

2.1 比重瓶:容量100(或50)mL。

2.2 天平:称量200g,感量0.001g。

2.3 恒温水槽:灵敏度±1℃。

2.4 砂浴。

2.5 真空抽气设备。

2.6 温度计:刻度为0~50℃,分度值为0.5℃。

2.7 其他:如烘箱、蒸馏水、中性液体(如煤油)、孔径2mm及5mm筛、漏斗、滴管等。

2.8 比重瓶校正。

2.8.1 将比重瓶洗净、烘干,称比重瓶质量,准确至0.001g。

2.8.2 将煮沸后冷却的纯水注入比重瓶。对长颈比重瓶注水至刻度处,对短颈比重瓶应注满纯水,塞紧瓶塞,多余水分自瓶塞毛细管中溢出。调节恒温水槽至5℃或10℃,然后将比重瓶放入恒温水槽内,直至瓶内水温稳定。取出比重瓶,擦干外壁,称瓶、水总质量,准确至0.001g。

2.8.3 以5℃级差，调节恒温水槽的水温，逐级测定不同温度下的比重瓶、水总质量，至达到本地区最高自然气温为止。每级温度均应进行两次平行测定，两次测定的差值不得大于0.002g，取两次测值的平均值。绘制温度与瓶、水总质量的关系曲线。

3 试验步骤

3.1 将比重瓶烘干，将15g烘干土装入100mL比重瓶内（若用50mL比重瓶，装烘干土约12g），称量。

3.2 为排除土中空气，将已装有干土的比重瓶，注蒸馏水至瓶的一半处，摇动比重瓶，土样浸泡20h以上，再将瓶在砂浴中煮沸，煮沸时间自悬液沸腾时算起，砂及低液限黏土应不少于30min，高液限黏土应不少于1h，使土粒分散。注意沸腾后调节砂浴温度，不使土液溢出瓶外。

3.3 如系长颈比重瓶，用滴管调整液面恰至刻度处（以弯月面下缘为准），擦干瓶外及瓶内壁刻度以上部分的水，称瓶、水、土总质量。如系短颈比重瓶，将纯水注满，使多余水分自瓶塞毛细管中溢出，将瓶外水分擦干后，称瓶、水、土总质量，称量后立即测出瓶内水的温度，准确至0.5℃。

3.4 根据测得的温度，从已绘制的温度与瓶、水总质量关系曲线中查得瓶水总质量。如比重瓶体积事先未经温度校正，则立即倾去悬液，洗净比重瓶，注入事先煮沸过且与试验时同温度的蒸馏水至同一体积刻度处，短颈比重瓶则注水至满，按本试验3.3步骤调整液面后，将瓶外水分擦干，称瓶、水总质量。

3.5 如系砂土，煮沸时砂粒易跳出，允许用真空抽气法代替煮沸法排除土中空气，其余步骤与本试验3.3、3.4相同。

3.6 对含有某一定量的可溶盐、不亲性胶体或有机质的土，必须用中性液体（如煤油）测定，并用真空抽气法排除土中气体。真空压力表读数宜为100kPa，抽气时间1～2h（直至悬液内无气泡为止），其余步骤同本试验3.3、3.4。

3.7 本试验称量应准确至0.001g。

4 结果整理

4.1 用蒸馏水测定时，按下式计算比重：

$$G_s = \frac{m_s}{m_1 + m_s - m_2} \times G_{wt} \tag{T 0112-1}$$

式中：G_s——土的比重，计算至0.001；

m_s——干土质量(g);

m_1——瓶、水总质量(g);

m_2——瓶、水、土总质量(g);

G_{wt}——t℃时蒸馏水的比重(水的比重可查物理手册),准确至0.001。

4.2 用中性液体测定时,按下式计算比重:

$$G_s = \frac{m_s}{m'_1 + m_s - m'_2} \times G_{kt} \qquad (T\ 0112\text{-}2)$$

式中:G_s——土的比重,计算至0.001;

m'_1——瓶、中性液体总质量(g);

m'_2——瓶、土、中性液体总质量(g);

G_{kt}——t℃时中性液体比重(应实测),准确至0.001。

4.3 本试验记录格式如表T 0112-1。

表T 0112-1 比重试验记录(比重瓶法)

工程名称＿＿＿＿＿ 试验方法＿＿＿＿＿ 试验日期＿＿＿＿＿

试 验 者＿＿＿＿＿ 计 算 者＿＿＿＿＿ 校 核 者＿＿＿＿＿

试验编号	比重瓶号	温度(℃)	液体比重(g)	比重瓶质量(g)	瓶、干土总质量(g)	干土质量(g)	瓶、液总质量(g)	瓶、液、土总质量(g)	与干土同体积的液体质量(g)	比重	平均比重值	备注
		(1)	(2)	(3)	(4)	(5)	(6)	(7)	(8)	(9)		
						(4)-(3)			(5)+(6)-(7)	$\frac{(5)}{(8)}\times(2)$		
	1	15.2	0.999	34.886	49.831	14.945	134.714	144.225	5.434	2.746	2.75	
	2	15.2	0.999	34.287	49.227	14.940	134.696	144.191	5.445	2.741		

4.4 精密度和允许差。

本试验必须进行二次平行测定,取其算术平均值,以两位小数表示,其平行差值不得大于0.02。

5 报告

5.1 土的鉴别分类和代号。

5.2 土的比重 G_s 值。

条文说明

1　土粒比重是土的基本物理性指标之一，是计算孔隙比和评价土类的主要指标。

关于比重的定义，以往国内《土工试验规程》和常见教科书上一般将比重定义为：土粒在温度100～105℃，烘至恒重时的重量与同体积4℃时蒸馏水重量的比值。近年来，国外某些书刊中给出这样的定义：给定体积材料的质量（或密度）与等体积水的质量（或密度）的比值。

各类科技词典中，多取物理学的定义来解释比重这个词，即物理的重量与其体积的比值。《现代科学技术词典》将材料的比重定义为：材料的密度和其一标准材料密度之比。这一定义更具有科学性和一般性。实际上，国外书刊上已直接用材料比重来定义土的比重了。鉴于以上情况，并考虑到我国法定计量单位中有关"比重"概念给土工试验一些基本公式和计算造成不便的现实，我们仍沿袭使用"比重"这个无量纲名词，作为土工试验中的专用名词来对待。但它有明确的定义：土粒比重是土粒在温度105～110℃下烘至恒量时的质量与同体积4℃时纯水质量的比值，这样既照顾了习惯用法，又有明确的科学定义，符合法定计量的有关规定。

本试验适用于粒径小于5mm的土。

颗粒小于5mm的土用比重瓶法测定。根据土的分散程度、矿物成分、水溶盐和有机质的含量又分别规定用纯水和中性液体测定。排气方法也根据介质的不同分别采用煮沸法和真空抽气法。

2　目前各单位多用100mL的比重瓶，也有采用50mL的。比较试验表明，瓶的大小对比重结果影响不大，但因100mL的比重瓶可以多取些试样，使试样的代表性和试验的精度提高，所以本规程建议采用100mL的比重瓶，但也允许采用50mL的比重瓶。

比重瓶校正一般有两种方法：称量校正法和计算校正法。前一种方法精度比较高，后一种方法引入了某些假设，但一般认为对比重影响不大。本试验以称量校正法为准。

3　关于试样状态，规定用烘干土，但考虑到烘焙对土中胶粒有机质的影响尚无一致意见，所以这次规定一般应用烘干试样，也可用风干或天然湿度试样。一般规定有机质含量小于5%时，可以用纯水测定。

从资料上看，易溶盐含量小于0.5%时，用纯水和中性液体测得的比重几乎无差异。含盐量大于0.5%时，比重值可差1%以上，因此规定含盐量大于0.5%时，用中性液体测定。

排气方法，规程中仍选用煮沸法为主。如需用中性液体时，则采用真空抽气法。

粗、细粒土混合料比重的测定，本规程规定分别测定粗、细粒土的比重，然后取加权平均值。

T 0169—2007　浮　力　法

1　目的和适用范围

本试验目的是测定土颗粒的比重。本试验方法适用于粒径大于或等于5mm的土，且其中粒径大于或等于20mm的土质量应小于总土质量的10%。

2　仪器设备

2.1　浮力仪（含电子天平）：称量1 000g以上，感量0.001g；应附有孔径小于5mm的金属网篮,其直径为10~15cm,高为10~20cm;适合网篮沉入的盛水容器(图T 0169-1)。

2.2 其他:烘箱、温度计、孔径5mm及20mm筛等。

3 试验步骤

3.1 取代表性试样500~1 000g(m_s)。彻底冲洗试样,直至颗粒表面无尘土和其他污物。

3.2 称烧杯和杯中水的质量m_1,将金属网篮缓缓浸没于水中,再称烧杯、杯中水和悬没于水中的金属网篮的总质量,并立即测量容器内水的温度,准确至0.5℃。计算出悬没于水中的金属网篮的浮力质量m_2。

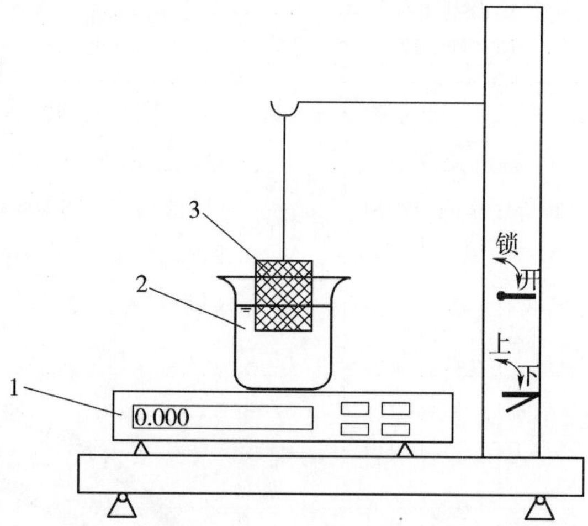

图T 0169-1 浮力仪

1-电子天平;2-盛水容器;3-盛粗粒土的金属网篮

3.3 将试样浸在水中一昼夜取出,立即放入金属网篮,缓缓浸没于水中,并在水中摇晃,至无气泡逸出时为止。

3.4 称烧杯、杯中水和悬没于水中的金属网篮及试样的总质量m_3。并立即测量容器内水的温度,准确至0.5℃。

3.5 取出试样烘干,称量。

4 结果整理

4.1 按下式计算土粒比重:

$$G_s = \frac{m_s}{m_3 - m_2 - m_1} \times G_{wt} \qquad (T\ 0169\text{-}1)$$

式中:G_s——土粒比重,计算至0.001;

m_s——干土质量(g);

m_1——烧杯和杯中水的质量(g);

m_2——悬没于水中的金属网篮的浮力质量(g);

m_3——烧杯、杯中水和悬没于水中的金属网篮及试样的总质量(g);

G_{wt}——t℃时水的比重,准确至0.001。

4.2 本试验记录格式如表T 0169-1。

表 T 0169-1　比重试验记录(浮力法)

工程名称＿＿＿＿＿＿＿＿＿＿＿＿　试验日期＿＿＿＿＿＿

试 验 者＿＿＿＿＿＿　计 算 者＿＿＿＿＿＿　校 核 者＿＿＿＿＿＿

野外编号	室内编号	温度(℃)	某一温度下水的比重	烘干土质量 m_s (g)	烧杯、杯中水和悬没于水中的金属网篮及试样的浮力总质量 m_3 (g)	悬没于水中的金属网篮的浮力质量 m_2 (g)	烧杯和杯中水的质量 m_1 (g)	比重	平均值
		(1)	(2)	(3)	(4)	(5)	(6)	(7)	
	1								
	2								

4.3　按下式计算土料平均比重:

$$G_s = \frac{1}{\frac{P_1}{G_{s1}} + \frac{P_2}{G_{s2}}} \tag{T 0169-2}$$

式中:G_s——土料平均比重,计算至0.01;

G_{s1}——大于5mm土粒的比重;

G_{s2}——小于5mm土粒的比重;

P_1——大于5mm土粒占总质量的百分数(%);

P_2——小于5mm土粒占总质量的百分数(%)。

4.4　精密度和允许差。

本试验必须进行二次平行测定,取其算术平均值,以两位小数表示,其平行差值不得大于0.02。

5　报告

5.1　土的鉴别分类和代号。

5.2　土的比重 G_s 值。

条文说明

颗粒大于5mm的砾石、碎石等粗粒,颗粒本身有孔隙存在。孔隙又分封闭的与开敞的两部分。浸水时开敞部分为水所填充,封闭部分水不能浸入。因此,粗粒比重的种类通常以视比重、干比重、饱和面干比重和比重四种方法来表示。

规程中采用视比重,这样比较方便,因为一般指的孔隙,实际上是指被水充填的孔隙。

浮力法所测结果较为稳定。但大于20mm粗粒较多时,采用本方法将增加试验设备,室内使用不便。因此,规定粒径大于5mm的试样中大于或等于20mm颗粒含量小于10%时用浮力法。

T 0113—1993 浮 称 法

1 目的和适用范围

本试验目的是测定土颗粒的比重。本试验方法适用于粒径大于或等于5mm的土,且其中粒径大于或等于20mm的土质量应小于总土质量的10%。

2 仪器设备

2.1 静水力学天平(或物理天平):称量1 000g以上,感量0.001g;应附有孔径小于5mm的金属网篮,其直径为10 ~ 15cm,高为10 ~ 20cm;适合网篮沉入的盛水容器(图T 0113-1)。

2.2 其他:烘箱、温度计、孔径5mm及20mm筛等。

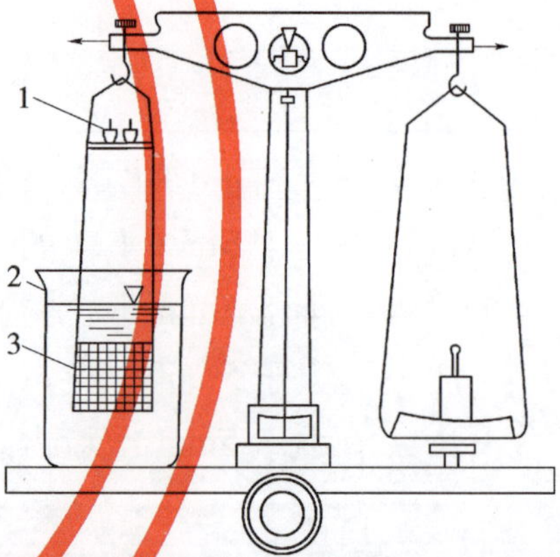

图T 0113-1 浮称天平

1-调平平衡砝码盘;2-盛水容器;3-盛粗粒土的金属网篮

3 试验步骤

3.1 取代表性试样500 ~ 1 000g。彻底冲洗试样,直至颗粒表面无尘土和其他污物。

3.2 将试样浸在水中一昼夜取出,立即放入金属网篮,缓缓浸没于水中,并在水中摇晃,至无气泡逸出时为止。

3.3 称金属网篮和试样在水中的总质量。

3.4 取出试样烘干,称量。

3.5 称金属网篮在水中质量,并立即测量容器内水的温度,准确至0.5℃。

4 结果整理

4.1 按下式计算土粒比重:

$$G_s = \frac{m_s}{m_s - (m'_2 - m'_1)} \times G_{wt} \quad (T\ 0113\text{-}1)$$

式中:G_s——土粒比重,计算至0.001;

m'_1——金属网篮在水中质量(g);

m'_2——试样和金属网篮在水中总质量(g)；

m_s——干土质量(g)；

G_{wt}——t℃时水的比重，准确至0.001。

4.2 本试验记录格式如表T 0113-1。

表 T 0113-1 比重试验记录(浮称法)

工程名称______ 试验日期______

试 验 者______ 计 算 者______ 校 核 者______

野外编号	室内编号	温度(℃)	水的比重	烘干土质量(g)	金属网篮加试样在水中质量(g)	金属网篮在水中质量(g)	试样在水中质量(g)	比重	平均值
		(1)	(2)	(3)	(4)	(5)	(6)	(7)	
							(4) - (5)	$\frac{(3)\times(2)}{(3)-(6)}$	
	1	15.5 15.5	0.999 0.999	989.5 989.5	717.8 717.7	100 100	617.8 617.7	2.659 2.658	2.66
	2	15.0 15.0	0.999 0.999	989.5 989.5	718.5 718.7	100 100	618.5 618.7	2.664 2.665	2.67

4.3 按下式计算土料平均比重：

$$G_s = \frac{1}{\frac{P_1}{G_{s1}} + \frac{P_2}{G_{s2}}} \tag{T 0113-2}$$

式中：G_s——土料平均比重，计算至0.01；

G_{s1}——大于5mm土粒的比重；

G_{s2}——小于5mm土粒的比重；

P_1——大于5mm土粒占总质量的百分数(%)；

P_2——小于5mm土粒占总质量的百分数(%)。

4.4 精密度和允许差。

本试验必须进行二次平行测定，取其算术平均值，以两位小数表示，其平行差值不得大于0.02。

5 报告

5.1 土的鉴别分类和代号。

5.2 土的比重 G_s 值。

条文说明

浮称法与浮力法的基本原理一样。

浮称法所测结果较为稳定,但大于20mm粗粒较多时,采用本方法将增加试验设备,室内使用不便。因此,规定粒径大于5mm的试样中大于或等于20mm颗粒含量小于10%时用浮称法。

T 0114—1993 虹吸筒法

1 目的和适用范围

本试验目的是测定土颗粒的比重。本试验法适用于粒径大于或等于5mm的土,且其中粒径大于或等于20mm土的含量大于或等于总土质量的10%。

2 仪器设备

2.1 虹吸筒:见图T 0114-1。

2.2 台秤:称量10kg,感量1g。

2.3 量筒:容积大于2 000mL。

2.4 其他:烘箱、温度计、孔径5mm及20mm的筛等。

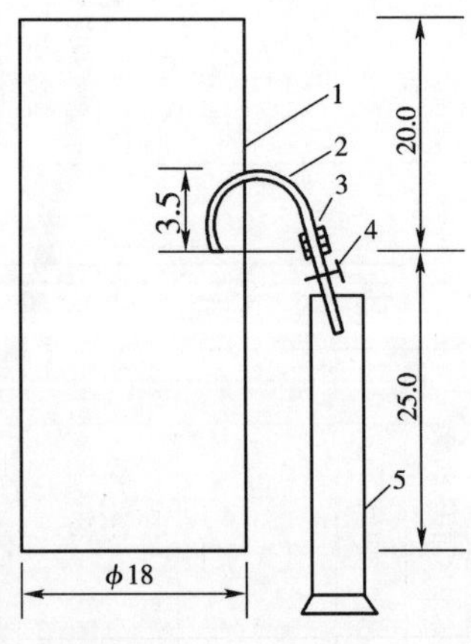

图T 0114-1 虹吸筒(单位:cm)
1-虹吸筒;2-虹吸管;3-橡皮管;4-管夹;5-量筒

3 试验步骤

3.1 取代表性试样1 000 ~ 7 000g。将试样彻底冲洗,直至颗粒表面无尘土和其他污物。

3.2 再将试样浸在水中一昼夜取出,晾干(或用布擦干),称量。

3.3 注清水入虹吸筒,至管口有水溢出时停止注水。待管不再有水流出后,关闭管夹,将试样缓缓放入筒中,边放边搅,至无气泡逸出时为止,搅动时勿使水溅出筒外。称量筒质量。

3.4 待虹吸筒中水面平静后,开管夹,让试样排开的水通过虹吸管流入筒中。

3.5 称量筒与水质量后，测量筒内水的温度，准确至0.5℃。

3.6 取出虹吸筒内试样，烘干，称量。

3.7 本试验称量准确至1g。

4 结果整理

4.1 按下式计算比重：

$$G_s = \frac{m_s}{(m_1 - m_0) - (m - m_s)} \times G_{wt} \qquad (T\ 0114\text{-}1)$$

式中：G_s——土粒比重，计算至0.01；

m_s——干土质量(g)；

G_{wt}——t℃时水的比重，准确至0.001；

m——晾干试样质量(g)；

m_1——量筒加水总质量(g)；

m_0——量筒质量(g)。

4.2 本试验记录格式如表T 0114-1。

表 T 0114-1 比重试验记录(虹吸筒法)

工程名称＿＿＿＿＿＿＿＿＿＿ 试验日期＿＿＿＿＿＿

试 验 者＿＿＿＿＿＿ 计 算 者＿＿＿＿＿＿ 校 核 者＿＿＿＿＿＿

野外编号	室内编号	温度(℃)	水的比重	烘干土质量(g)	风干土质量(g)	量筒质量(g)	量筒加排开水质量(g)	排开水质量(g)	吸着水质量(g)	比重	平均值
		(1)	(2)	(3)	(4)	(5)	(6)	(7)	(8)	(9)	
								(6) - (5)	(4) - (3)	$\frac{(3)\times(2)}{(7)-(8)}$	
	1	15.5 15.5	0.999 0.999	1 979.0 1 979.0	2 000 2 010	272.4 272.4	1 040.0 1 049.4	767.7 777.0	21.0 31.0	2.647 2.649	2.65
	2	15.5 15.5	0.999 0.999	1 978.5 1 970.0	2 000 2 000	272.4 272.4	1 039.0 1 045.0	766.6 772.0	21.5 30.5	2.652 2.651	2.65

4.3 按下式计算土料平均比重：

$$G_s = \frac{1}{\frac{P_1}{G_{s1}} + \frac{P_2}{G_{s2}}} \tag{T 0114-2}$$

式中：G_s——土料平均比重，计算至0.01；

G_{s1}——大于5mm土粒的比重；

G_{s2}——小于5mm土粒的比重；

P_1——大于5mm土粒占总质量的百分数(%)；

P_2——小于5mm土粒占总质量的百分数(%)。

4.4 精密度和允许差。

本试验必须进行二次平行测定，取其算术平均值，以两位小数表示，其平行差值不得大于0.02。

5 报告

5.1 土的鉴别分类和代号。

5.2 土的比重 G_s 值。

条文说明

由于对粗颗粒的实体积测试不准，所以虹吸筒法测得的结果不稳定，测得的比重值一般偏小。一般只在粒径大于5mm的试样中大于或等于20mm的颗粒含量大于或等于10%时，才用虹吸筒法。

本试验方法测得的比重与浮力法和浮称法相同，也为土粒的视比重。若要测定饱和面干比重，亦采用虹吸筒法，具体操作参考有关手册。

8 颗粒分析试验

T 0115—1993 筛 分 法

1 目的和适用范围

本试验法适用于分析粒径大于 0.075mm 的土颗粒组成。对于粒径大于 60mm 的土样,本试验方法不适用。

2 仪器设备

2.1 标准筛:粗筛(圆孔)孔径为 60mm、40mm、20mm、10mm、5mm、2mm;细筛孔径为 2.0mm、1.0mm、0.5mm、0.25mm、0.075mm。

2.2 天平:称量 5 000g,感量 5g;称量 1 000g,感量 1g;称量 200g,感量 0.2g。

2.3 摇筛机。

2.4 其他:烘箱、筛刷、烧杯、木碾、研钵及杵等。

3 试样

从风干、松散的土样中,用四分法按照下列规定取出具有代表性的试样:

3.1 小于 2mm 颗粒的土 100 ~ 300g。

3.2 最大粒径小于 10mm 的土 300 ~ 900g。

3.3 最大粒径小于 20mm 的土 1 000 ~ 2 000g。

3.4 最大粒径小于 40mm 的土 2 000 ~ 4 000g。

3.5 最大粒径大于 40mm 的土 4 000g 以上。

4 试验步骤

4.1 对于无凝聚性的土

4.1.1 按规定称取试样,将试样分批过2mm筛。

4.1.2 将大于2mm的试样按从大到小的次序,通过大于2mm的各级粗筛。将留在筛上的土分别称量。

4.1.3 2mm筛下的土如数量过多,可用四分法缩分至100~800g。将试样按从大到小的次序通过小于2mm的各级细筛。可用摇筛机进行振摇。振摇时间一般为10~15min。

4.1.4 由最大孔径的筛开始,顺序将各筛取下,在白纸上用手轻叩摇晃,至每分钟筛下数量不大于该级筛余质量的1%为止。漏下的土粒应全部放入下一级筛内,并将留在各筛上的土样用软毛刷刷净,分别称量。

4.1.5 筛后各级筛上和筛底土总质量与筛前试样质量之差,不应大于1%。

4.1.6 如2mm筛下的土不超过试样总质量的10%,可省略细筛分析;如2mm筛上的土不超过试样总质量的10%,可省略粗筛分析。

4.2 对于含有黏土粒的砂砾土

4.2.1 将土样放在橡皮板上,用木碾将黏结的土团充分碾散,拌匀、烘干、称量。如土样过多时,用四分法称取代表性土样。

4.2.2 将试样置于盛有清水的瓷盆中,浸泡并搅拌,使粗细颗粒分散。

4.2.3 将浸润后的混合液过2mm筛,边冲边洗过筛,直至筛上仅留大于2mm以上的土粒为止。然后,将筛上洗净的砂砾风干称量。按以上方法进行粗筛分析。

4.2.4 通过2mm筛下的混合液存放在盆中,待稍沉淀,将上部悬液过0.075mm洗筛,用带橡皮头的玻璃棒研磨盆内浆液,再加清水、搅拌、研磨、静置、过筛,反复进行,直至盆内悬液澄清。最后,将全部土粒倒在0.075mm筛上,用水冲洗,直到筛上仅留大于0.075mm净砂为止。

4.2.5 将大于0.075mm的净砂烘干称量,并进行细筛分析。

4.2.6 将大于 2mm 颗粒及 2 ~ 0.075mm 的颗粒质量从原称量的总质量中减去，即为小于 0.075mm 颗粒质量。

4.2.7 如果小于 0.075mm 颗粒质量超过总土质量的 10%，有必要时，将这部分土烘干、取样，另做密度计或移液管分析。

5 结果整理

5.1 按下式计算小于某粒径颗粒质量百分数：

$$X = \frac{A}{B} \times 100 \qquad (T\ 0115\text{-}1)$$

式中：X——小于某粒径颗粒的质量百分数（%），计算至 0.01；

A——小于某粒径的颗粒质量（g）；

B——试样的总质量（g）。

5.2 当小于 2mm 的颗粒如用四分法缩分取样时，按下式计算试样中小于某粒径的颗粒质量占总土质量的百分数：

$$X = \frac{a}{b} \times p \times 100 \qquad (T\ 0115\text{-}2)$$

式中：X——小于某粒径颗粒的质量百分数（%），计算至 0.01；

a——通过 2mm 筛的试样中小于某粒径的颗粒质量（g）；

b——通过 2mm 筛的土样中所取试样的质量（g）；

p——粒径小于 2mm 的颗粒质量百分数（%）。

5.3 在半对数坐标纸上，以小于某粒径的颗粒质量百分数为纵坐标，以粒径（mm）为横坐标，绘制颗粒大小级配曲线，求出各粒组的颗粒质量百分数，以整数（%）表示。

5.4 必要时按下式计算不均匀系数：

$$C_u = \frac{d_{60}}{d_{10}} \qquad (T\ 0115\text{-}3)$$

式中：C_u——不均匀系数，计算至 0.1 且含两位以上有效数字；

d_{60}——限制粒径，即土中小于该粒径的颗粒质量为 60% 的粒径（mm）；

d_{10}——有效粒径，即土中小于该粒径的颗粒质量为 10% 的粒径（mm）。

5.5 本试验记录格式如表 T 0115-1。

5.6 精密度和允许差。

筛后各级筛上和筛底土总质量与筛前试样质量之差,不应大于1%。

6 报告

6.1 土的鉴别分类和代号。

6.2 颗粒级配曲线。

6.3 不均匀系数 C_u。

表 T 0115-1 颗粒分析试验记录(筛分法)

工程名称________ 试验者________

土样编号________ 计算者________

土样说明________ 试验日期________ 校核者________

筛前总土质量 = 3 000g 小于2mm取试样质量 = 810g

小于2mm土质量 = 810g

小于2mm土占总土质量 = 27%

粗筛分析				细筛分析				
孔径(mm)	累积留筛土质量(g)	小于该孔径的土质量(g)	小于该孔径土质量百分比(%)	孔径(mm)	累积留筛土质量(g)	小于该孔径的土质量(g)	小于该孔径土质量百分比(%)	占总土质量百分比(%)
				2.0	2 190	810	100	27.0
60				1.0	2 410	590	72.8	19.7
40	0	3 000	100	0.5	2 740	260	32.1	8.7
20	350	2 650	88.3	0.25	2 920	80	9.9	2.7
10	920	2 080	69.3	0.075	2 980	20	2.5	0.7
5	1 600	1 400	46.7					
2	2 190	810	27.0					

条文说明

1 当大于0.075mm的颗粒超过试样总质量的15%时,应先进行筛分试验,然后经过洗筛,再用密度计法或移液管法进行试验。

2 在选用分析筛的孔径时,可根据试样颗粒的粗、细情况灵活选用。

3 对于砾类土等颗粒较大的土样,按其最大颗粒决定试样数量,这样比较直观,易于掌握,又可得到比较有代表性的数据。

用风干土样进行筛分试验,按四分法取代表性试样,数量随粒径大小而异,粒径愈大,数量愈多。

4 对于无凝聚性的土样，可采用干筛法；对于含有部分黏土的砾类土，必须用水筛法，以保证颗粒充分分散。

T 0116—2007 密 度 计 法

1 目的和适用范围

本试验方法适用于分析粒径小于0.075mm的细粒土。

2 仪器设备

2.1 密度计

2.1.1 甲种密度计：刻度单位以20℃时每1 000mL悬液内所含土质量的克数表示，刻度为-5~50，最小分度值为0.5。

2.1.2 乙种密度计：刻度单位以20℃时悬液的比重表示，刻度为0.995~1.020，最小分度值为0.000 2。

2.2 量筒：容积为1 000mL，内径为60mm，高度为350mm±10mm，刻度为0~1 000mL。

2.3 细筛：孔径为2mm、0.5mm、0.25mm；洗筛：孔径为0.075mm。

2.4 天平：称量100g，感量0.1g；称量100g(或200g)，感量0.01g。

2.5 温度计：测量范围0~50℃，精度0.5℃。

2.6 洗筛漏斗：上口直径略大于洗筛直径，下口直径略小于量筒直径。

2.7 煮沸设备：电热板或电砂浴。

2.8 搅拌器：底板直径50mm，孔径约3mm。

2.9 其他：离心机、烘箱、三角烧瓶(500mL)、烧杯(400mL)、蒸发皿、研钵、木碾、称量铝盒、秒表等。

3 试剂

浓度25%氨水、氢氧化钠(NaOH)、草酸钠($Na_2C_2O_4$)、六偏磷酸钠[$(NaPO_3)_6$]、焦磷

酸钠($Na_4P_4P_2O_7 \cdot 10H_2O$)等;如须进行洗盐手续,应有10%盐酸、5%氯化钡、10%硝酸、5%硝酸银及6%双氧水等。

4 试样

密度计分析土样应采用风干土。土样充分碾散,通过2mm筛(土样风干可在烘箱内以不超过50℃鼓风干燥)。

求出土样的风干含水率,并按下式计算试样干质量为30g时所需的风干土质量。准确至0.01g。

$$m = m_s(1 + 0.01w) \tag{T 0116-1}$$

式中:m——风干土质量(g),计算至0.01;

m_s——密度计分析所需干土质量(g);

w——风干土的含水率(%)。

5 密度计校正

5.1 密度计刻度及弯月面校正:按《标准玻璃浮计检定规程》(JJG 86—2001)进行。土粒沉降距离校正参见本试验条文说明。

5.2 温度校正:当密度计的刻制温度是20℃,而悬液温度不等于20℃时,应进行校正,校正值查表T 0116-1。

表T 0116-1 温度校正值

悬液温度 t (℃)	甲种密度计温度校正值 m_t	乙种密度计温度校正值 m'_t	悬液温度 t (℃)	甲种密度计温度校正值 m_t	乙种密度计温度校正值 m'_t
10.0	-2.0	-0.001 2	20.2	0.0	+0.000 0
10.5	-1.9	-0.001 2	20.5	+0.1	+0.000 1
11.0	-1.9	-0.001 2	21.0	+0.3	+0.000 2
11.5	-1.8	-0.001 1	21.5	+0.5	+0.000 3
12.0	-1.8	-0.001 1	22.0	+0.6	+0.000 4
12.5	-1.7	-0.001 0	22.5	+0.8	+0.000 5
13.0	-1.6	-0.001 0	23.0	+0.9	+0.000 6
13.5	-1.5	-0.000 9	23.5	+1.1	+0.000 7
14.0	-1.4	-0.000 9	24.0	+1.3	+0.000 8
14.5	-1.3	-0.000 8	24.5	+1.5	+0.000 9
15.0	-1.2	-0.000 8	25.0	+1.7	+0.001 0
15.5	-1.1	-0.000 7	25.5	+1.9	+0.001 1
16.0	-1.0	-0.000 6	26.0	+2.1	+0.001 3
16.5	-0.9	-0.000 6	26.5	+2.2	+0.001 4
17.0	-0.8	-0.000 5	27.0	+2.5	+0.001 5
17.5	-0.7	-0.000 4	27.5	+2.6	+0.001 6
18.0	-0.5	-0.000 3	28.0	+2.9	+0.001 8
18.5	-0.4	-0.000 3	28.5	+3.1	+0.001 9
19.0	-0.3	-0.000 2	29.0	+3.3	+0.002 1
19.5	-0.1	-0.000 1	29.5	+3.5	+0.002 2
20.0	-0.0	-0.000 0	30.0	+3.7	+0.002 3

5.3 土粒比重校正:密度计刻度应以土粒比重 2.65 为准。当试样的土粒比重不等于 2.65 时,应进行土粒比重校正。校正值查表 T 0116-2。

表 T 0116-2 土粒比重校正值

土粒比重	甲种密度计 C_G	乙种密度计 C'_G	土粒比重	甲种密度计 C_G	乙种密度计 C'_G
2.50	1.038	1.666	2.70	0.989	1.588
2.52	1.032	1.658	2.72	0.985	1.581
2.54	1.027	1.649	2.74	0.981	1.575
2.56	1.022	1.641	2.76	0.977	1.568
2.58	1.017	1.632	2.78	0.973	1.562
2.60	1.012	1.625	2.80	0.969	1.556
2.62	1.007	1.617	2.82	0.965	1.549
2.64	1.002	1.609	2.84	0.961	1.543
2.66	0.998	1.603	2.86	0.958	1.538
2.68	0.993	1.595	2.88	0.954	1.532

5.4 分散剂校正:密度计刻度系以纯水为准,当悬液中加入分散剂时,相对密度增大,故须加以校正。

注纯水入量筒,然后加分散剂,使量筒溶液达 1 000mL。用搅拌器在量筒内沿整个深度上下搅拌均匀,恒温至 20℃。然后将密度计放入溶液中,测记密度计读数。此时密度计读数与 20℃时纯水中读数之差,即为分散剂校正值。

6 土样分散处理

土样的分散处理,采用分散剂。对于使用各种分散剂均不能分散的土样(如盐渍土等),须进行洗盐。

对于一般易分散的土,用 25% 氨水作为分散剂,其用量为: 30g 土样中加氨水 1mL。

对于用氨水不能分散的土样,可根据土样的 pH 值,分别采用下列分散剂:

6.1 酸性土(pH < 6.5),30g 土样加 0.5mol/L 氢氧化钠 20mL。溶液配制方法:称取 20g NaOH(化学纯),加蒸馏水溶解后,定容至 1 000mL,摇匀。

6.2 中性土(pH = 6.5 ~ 7.5),30g 土样加 0.25mol/L 草酸钠 18mL。溶液配制方法:称取 33.5g $Na_2C_2O_4$(化学纯),加蒸馏水溶解后,定容至 1 000mL,摇匀。

6.3 碱性土(pH > 7.5),30g 土样加 0.083mol/L 六偏磷酸钠 15mL。溶液配制方法:称取 51g $(NaPO_3)_6$(化学纯),加蒸馏水溶解后,定容至 1 000mL,摇匀。

6.4 若土的 pH 大于 8,用六偏磷酸钠分散效果不好或不能分散时,则 30g 土样加

0.125mol/L焦磷酸钠14mL。溶液配制方法:称取55.8g $Na_4P_2O_7 \cdot 10H_2O$(化学纯),加蒸馏水溶解后,定容至1 000mL,摇匀。

对于强分散剂(如焦磷酸钠)仍不能分散的土,可用阳离子交换树脂(粒径大于2mm的)100g放入土样中一起浸泡,不断摇荡约2h,再过2mm筛,将阳离子交换树脂分开,然后加入0.083mol/L六偏磷酸15mL。

对于可能含有水溶盐,采用以上方法均不能分散的土样,要进行水溶盐检验。其方法是:取均匀试样约3g,放入烧杯内,注入4~6mL蒸馏水,用带橡皮头的玻璃棒研散,再加25mL蒸馏水,煮沸5~10min,经漏斗注入30mL的试管中,塞住管口,放在试管架上静置一昼夜。若发现管中悬液有凝聚现象(在沉淀物上部呈松散絮绒状),则说明试样中含有足以使悬液中土粒成团下降的水溶盐,要进行洗盐。

7 洗盐(过滤法)

7.1 将分散用的试样放入调土皿内,注入少量蒸馏水,拌和均匀。将滤纸微湿后紧贴于漏斗上,然后将调土皿中土浆迅速倒入漏斗中,并注入热蒸馏水冲洗过滤。附于皿上的土粒要全部洗入漏斗。若发现滤液混浊,须重新过滤。

7.2 应经常使漏斗内的液面保持高出土面约5mm。每次加水后,须用表面皿盖住。

7.3 为了检查水溶盐是否已洗干净,可用两个试管各取刚滤下的滤液3~5mL,管中加入数滴10%盐酸及5%氯化钡;另一管加入数滴10%硝酸及5%硝酸盐。若发现任一管中有白色沉淀时,说明土中的水溶盐仍未洗净,应继续清洗,直至检查时试管中不再发现白色沉淀时为止。将漏斗上的土样细心洗下,风干取样。

8 试验步骤

8.1 将称好的风干土样倒入三角烧瓶中,注入蒸馏水200mL,浸泡一夜。按前述规定加入分散剂。

8.2 将三角烧瓶稍加摇荡后,放在电热器上煮沸40min(若用氨水分散时,要用冷凝管装置;若用阳离子交换树脂时,则不需煮沸)。

8.3 将煮沸后冷却的悬液倒入烧杯中,静置1min。将上部悬液通过0.075mm筛,注入1 000mL量筒中。杯中沉土用带橡皮头的玻璃棒细心研磨。加水入杯中,搅拌后静置1min,再将上部悬液通过0.075mm筛,倒入量筒。反复进行,直至静置1min后,上部悬液澄清为止。最后将全部土粒倒入筛内,用水冲洗至仅有大于0.075mm净砂为止。注意量筒内的悬液总量不要超过1 000mL。

8.4 将留在筛上的砂粒洗入皿中,风干称量,并计算各粒组颗粒质量占总土质量的百分数。

8.5 向量筒中注入蒸馏水，使悬液恰为 1 000mL（如用氨水作分散剂时，这时应再加入 25% 氨水 0.5mL，其数量包括在 1 000mL 内）。

8.6 用搅拌器在量筒内沿整个悬液深度上下搅拌 1min，往返约 30 次，使悬液均匀分布。

8.7 取出搅拌器，同时开动秒表。测记 0.5min、1min、5min、15min、30min、60min、120min、240min 及 1 440min 的密度计读数，直至小于某粒径的土重百分数小于 10% 为止。每次读数前 10 ~ 20s 将密度计小心放入量筒至约接近估计读数的深度。读数以后，取出密度计（0.5min 及 1min 读数除外），小心放入盛有清水的量筒中。每次读数后均须测记悬液温度，准确至 0.5℃。

8.8 如一次做一批土样（20 个），可先做完每个量筒的 0.5min 及 1min 读数，再按以上步骤将每个土样悬液重新依次搅拌一次。然后分别测记各规定时间的读数。同时在每次读数后测记悬液的温度。

8.9 密度计读数均以弯月面上缘为准。甲种密度计应准确至 1，估读至 0.1；乙种密度计应准确至 0.001，估读至 0.000 1。为方便读数，采用间读法，即 0.001 读作 1，而 0.000 1 读作 0.1。这样既便于读数，又便于计算。

9 结果整理

9.1 小于某粒径的试样质量占试样总质量的百分比按下列公式计算：

9.1.1 甲种密度计

$$X = \frac{100}{m_s} C_G (R_m + m_t + n - C_D) \qquad (\text{T 0116-2})$$

$$C_G = \frac{\rho_s}{\rho_s - \rho_{w20}} \times \frac{2.65 - \rho_{w20}}{2.65}$$

式中：X——小于某粒径的土质量百分数（%），计算至 0.1；

m_s——试样质量（干土质量）(g)；

C_G——比重校正值，查表 T 0116-2；

ρ_s——土粒密度（g/cm^3）；

ρ_{w20}——20℃时水的密度（g/cm^3）；

m_t——温度校正值，查表 T 0116-1；

n——刻度及弯月面校正值；

C_D——分散剂校正值；

R_m——甲种密度计读数。

9.1.2 乙种密度计

$$X = \frac{100V}{m_s} C'_G [(R'_m - 1) + m'_t + n' - C'_D] \rho_{w20} \quad (T\ 0116\text{-}3)$$

$$C'_G = \frac{\rho_s}{\rho_s - \rho_{w20}}$$

式中:X——小于某粒径的土质量百分数(%),计算至0.1;

V——悬液体积(=1 000mL);

m_s——试样质量(干土质量)(g);

C'_G——比重校正值,查表T 0116-2;

ρ_s——土粒密度(g/cm^3);

n'——刻度及弯月面校正值;

C'_D——分散剂校正值;

R'_m——乙种密度计读数;

ρ_{w20}——20℃时水的密度(g/cm^3);

m'_t——温度校正值,查表T 0116-1。

9.2 土粒直径按下列公式计算,也可按图T 0116-1确定。

$$d = \sqrt{\frac{1\ 800 \times 10^4 \eta}{(G_s - G_{wt})\rho_{w4} g} \times \frac{L}{t}} \quad (T\ 0116\text{-}4)$$

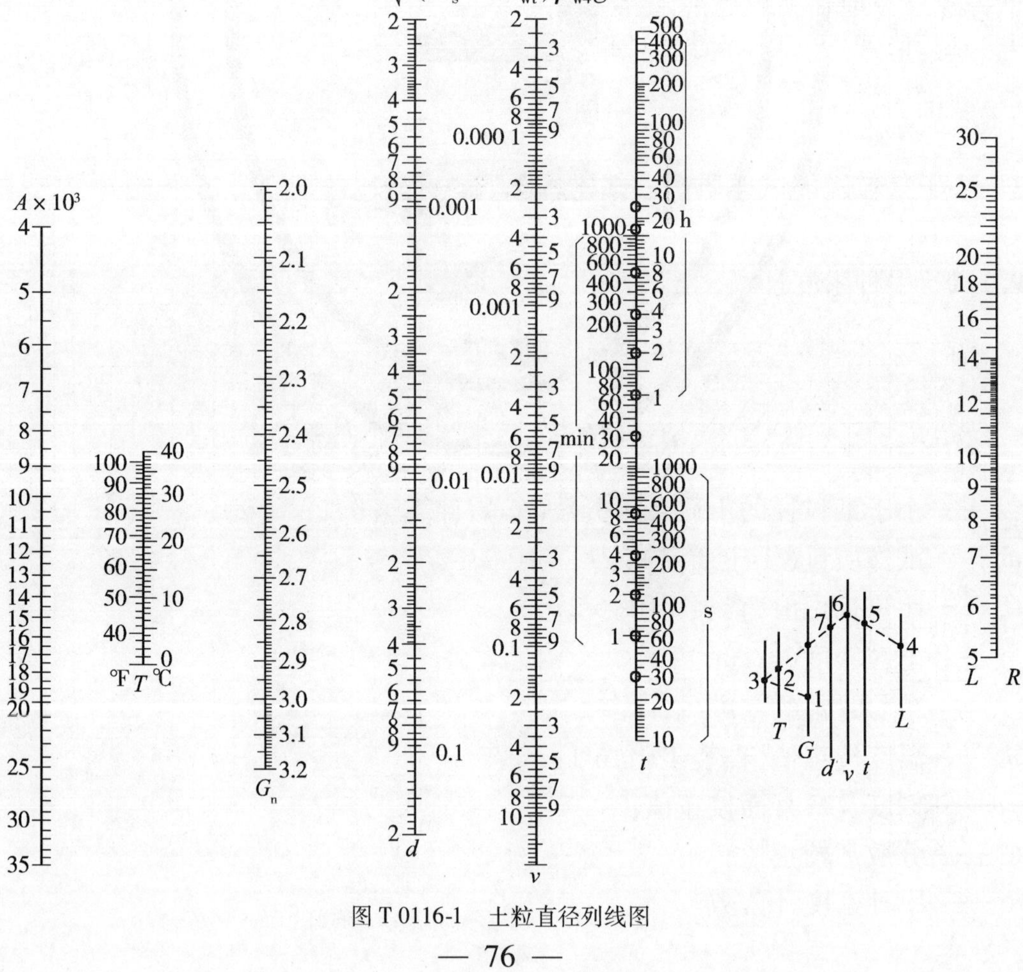

图T 0116-1 土粒直径列线图

式中：d——土粒直径(mm)，计算至 0.000 1 且含两位有效数字；

η——水的动力黏滞系数(参见“渗透试验”)(10^{-6}kPa·s)；

ρ_{w4}——4℃时水的密度(g/cm^3)；

G_s——土粒比重；

G_{wt}——温度 t℃时水的比重；

L——某一时间 t 内的土粒沉降距离(cm)；

g——重力加速度($981cm/s^2$)；

t——沉降时间(s)。

为了简化计算，公式(T 0116-4)可写成：

$$d = K\sqrt{\frac{L}{t}} \tag{T 0116-5}$$

式中：K——粒径计算系数$\left(=\sqrt{\dfrac{1\,800\times10^4\eta}{(G_s-G_{wt})\rho_{w4}g}}\right)$，与悬液温度和土粒比重有关，其值见图 T 0116-2。

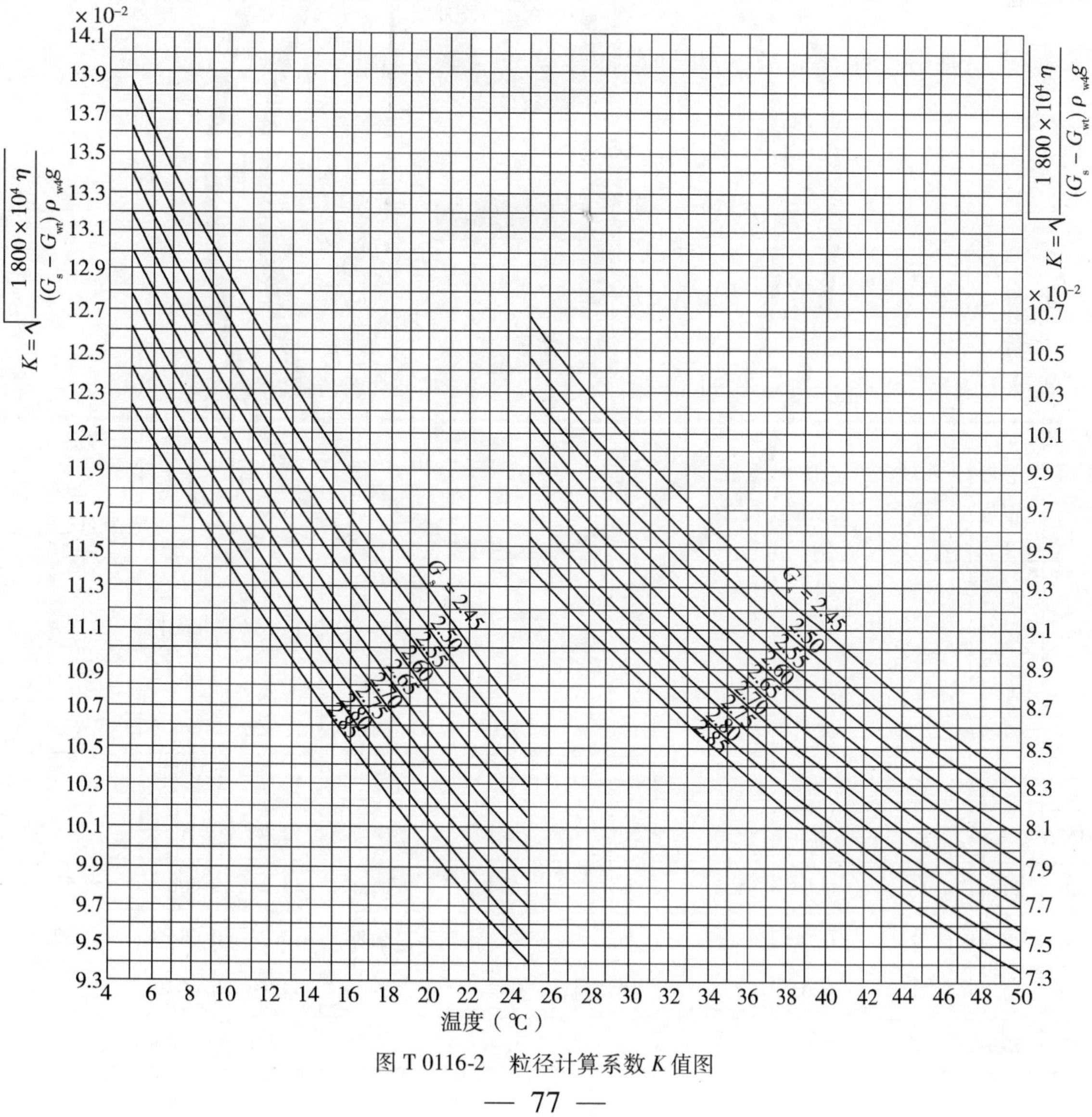

图 T 0116-2　粒径计算系数 K 值图

9.3 以小于某粒径的颗粒百分数为纵坐标,以粒径(mm)为横坐标,在半对数纸上,绘制粒径分配曲线(图 T 0116-3)。求出各粒组的颗粒质量百分数,并且不大于 d_{10} 的数据点至少有一个。

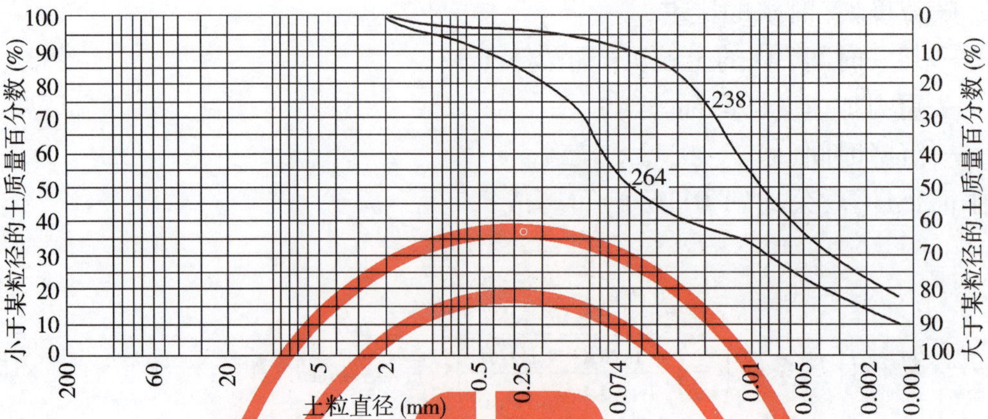

图 T 0116-3 粒径分配曲线

如系与筛分法联合分析,应将两段曲线绘成一平滑曲线。

9.4 本试验记录格式如表 T 0116-3。

表 T 0116-3 颗粒分析试验记录(甲种密度计)

工程名称________ 土粒比重 2.74 试验者________

土样编号________ 比重校正值________ 计算者________

土样说明________ 密度计号 甲 4 校核者________

烘干土质量________g 量筒编号________ 试验日期________

下沉时间	悬液温度	密度计读数	温度校正值	分散剂校正值	刻度及弯月面校正	R	R_H	土粒沉降落距	粒径	小于某粒径的土质量百分数
t	t	R_m	m_t	C_D	n	$R_m+m_t+n-C_D$	RC_G	L	d	X
(min)	(℃)							(cm)	(mm)	(%)
0.5	19.50	29.7	−0.1	1.3	2.06	30.36	29.78	10.49	0.061 4	99.3
1	19.50	27.2	−0.1	1.3	2.10	27.90	27.37	12.25	0.046 9	91.2
5	19.50	23.6	−0.1	1.3	2.03	24.23	23.77	12.43	0.021 1	79.2
15	19.50	19.5	−0.1	1.3	2.00	20.10	19.72	12.94	0.012 4	65.7
30	20.00	15.7	0.0	1.3	2.08	16.48	16.17	13.23	0.008 8	53.9
60	20.00	9.4	0.0	1.3	1.95	10.05	9.86	13.93	0.006 4	32.9
120	20.00	4.8	0.0	1.3	2.10	5.60	5.49	14.19	0.004 6	18.3
240	20.00	2.4	0.0	1.3	1.92	3.02	2.96	15.74	0.003 4	9.9

10 报告

10.1 土的鉴别分类和代号。

10.2 颗粒分析试验记录表。

10.3 土的颗粒级配曲线。

条文说明

1 密度计法适用于粒径小于0.075mm的细粒土。

2 由于不同浓度溶液的表面张力不同，弯月面的上升高度也不同，密度计在生产后其刻度与密度计的几何形状、质量等均有关。因此，需进行刻度、有效沉降距离和弯月面的校正。

3 本规程选用的试剂供作分散处理和洗盐之用，其中六偏磷酸钠和焦磷酸钠属强分散剂。

4 密度计分析用的土样采用风干土，试样质量为30g，即悬液浓度为3%。

5 密度计应进行温度、土粒比重和分散剂的校正。

6 根据对分散剂和分散方法的试验研究结果，特对分散剂和分散方法作如下规定：

进行土的分散之前，用煮沸后的蒸馏水，按1:5的土水比浸泡土样，摇振3min，澄清约半小时后，用酸度计或pH试纸测定土样悬液的pH值。按照酸性土(pH≤6.5)、中性土(6.5<pH≤7.5)、碱性土(pH>7.5)分别选用分散剂。这样，就可避免采用一种分散剂所带来的偏差。

对酸性土(30g土样)，加0.5mol/L氢氧化钠20mL；对中性土(30g土样)，加0.25mol/L草酸钠18mL；对碱性土(30g土样)，加0.083mol/L六偏磷酸钠15mL。若土的pH值大于8，六偏磷酸钠分散效果不好或不好分散时，另用30g土样加0.125mol/L焦磷酸钠14mL进行分散。加入以上分散剂稍加振荡，煮沸40min，即可分散。

对于用强分散剂(如焦磷酸钠)仍不能分散的土样，可用阳离子树脂(粒径大于2mm)100g投入浸泡的土样中，不断搅拌，使之进行交换，历时约2h，观察其不起泡时为止，说明此时离子交换基本完成。再过2mm筛，将阳离子树脂与土样悬液分开，然后在土样悬液中加入0.083mol/L六偏磷酸钠15mL，不煮沸即可分散。交换后的树脂，加盐酸处理，使之恢复后，仍能继续使用。

7 本规程规定对易溶盐含量超过总量0.5%的土样须进行洗盐，采用过滤法。

洗盐的检验方法，本规程采用目测法。此外尚可采用“电导法”，其具体操作方法详见有关的试验规程。电导法效率高，操作方便、准确。它的原理是根据电导率在低浓度溶液范围内，与悬液中易溶盐成正比关系。由于导电率因盐性不同其值也不一，故对不同地区不同盐性的土类，应做标准样试验。

当对含有易溶盐超过0.5%的土进行密度计或移液管法颗粒分析时，若不洗盐，将对试验结果产生显著的影响，如表T 0116-4所示。

8 本规程所规定的试验步骤适用于甲、乙两种密度计。

9 土粒直径计算公式，在“历史”的文献中，多采用以下两式表达：

$$d = \sqrt{\frac{1\,800\eta}{(G_s - G_{wt})\rho_{w4}g} \times \frac{L}{t}} \qquad (T\,0116\text{-}6)$$

或

$$d = \sqrt{\frac{1\,800\mu}{(G_s - G_{wt})\rho_{w4}} \times \frac{L}{t}} \qquad (T\ 0116\text{-}7)$$

以上两式中的η、μ,其计量单位系力学单位制的导出单位,分别为$\eta[10^{-2}g/(cm \cdot s)]$、$\mu(10^{-5}g \cdot s/cm^2)$。两者的换算关系为$\eta = \mu \times g$(重力加速度981cm/s^2)、$\mu = \eta/g$。

表 T 0116-4 盐渍土洗盐与不洗盐的比较(按密度计法)

省 区	土样号	含盐量(%)	粉粒含量(%) 0.05~0.005mm		黏粒含量(%) <0.005mm	
			洗盐前	洗盐后	洗盐前	洗盐后
新疆	146	5.26	22.33	6.0	9.08	18.61
	147	14.66	17.23	13.10	40.04	41.17
甘肃	133	2.1	62.20	47.50	1.50	14.00
	142	2.19	54.50	43.50	0.50	14.00
	143	1.11	24.99	22.47	17.99	21.34
	149	5.13	20.79	7.21	5.25	16.52
	156	0.88	41.50	34.70	9.50	13.00

10 密度计土粒沉降距离校正

(1)测定密度计浮泡体积。在250mL量筒内倒入约130mL纯水,并保持水温为20℃,测定量筒内水面读数(以弯月面上缘为准)后画一标记。将密度计放入量筒中,使水面达密度计最低分度处(以弯月面上缘为准),同时测记水面在量筒上的读数(以弯月面上缘为准)后再画一标记。两者之差,即为密度计浮泡的体积。读数准确至1mL。

(2)测定密度计浮泡体积中心。在测定密度计浮泡体积后,将密度计向上缓缓垂直提起,使水面恰落至两标记的正中间,此时水面与浮泡相切(以弯月面上缘为准),即为浮泡体积中心。将密度计固定于三足架上,用直尺准确量出水面至密度计最低分度的垂直距离。

(3)测定1 000mL量筒内径(准确至1mm),并算出量筒面积。

(4)量出自密度计最低分度至玻璃杆上各分度处的距离,每隔5格或10格量距1次。

(5)按式(T 0116-8)计算土粒有效沉降距离(图T 0116-4)。

$$L = L' - \frac{V_b}{2A} = L_1 + \left(L_0 - \frac{V_b}{2A}\right) \qquad (T\ 0116\text{-}8)$$

式中:L——土粒有效沉降距离(cm);

L_1——自最低刻度至玻璃杆上各分度的距离(cm);

L_0——密度计浮泡中心至最低分度的距离(cm);

V_b——密度计浮泡体积(cm^3);

A——1 000mL量筒面积(cm^2)。

(6)用所量出的不同L_1代入本规程式(T 0116-8),计算出如图T 0116-4相应的L值。

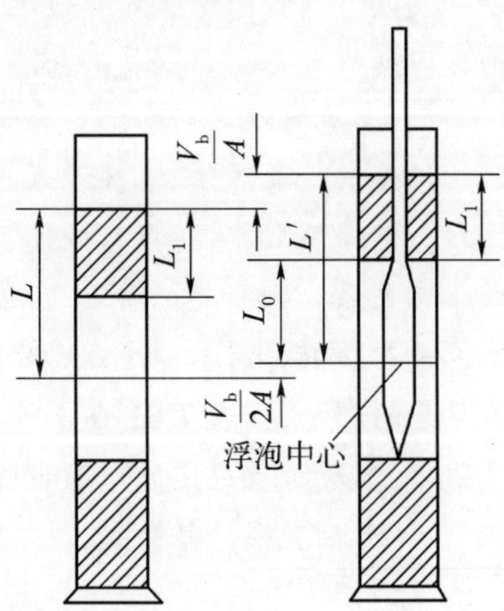

图 T 0116-4 土粒有效沉降距离校正

T 0117—1993 移 液 管 法

1 目的和适用范围

本试验方法适用于分析粒径小于0.075mm细粒土的组成。

2 仪器设备

2.1 分析天平:感量0.001g。

2.2 移液管:为土的颗粒分析特制的25mL移液管,管端侧面开有四个小孔(图T 0117-1)。

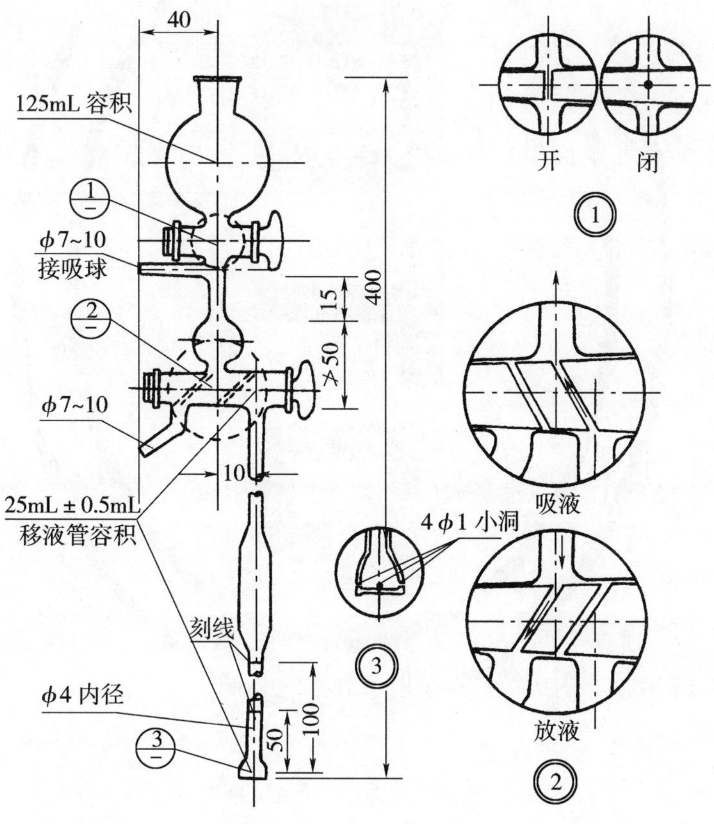

图 T 0117-1 移液管(单位:mm)

2.3 恒温水槽:高度应高于量筒。

2.4 1 000mL量筒、50mL小烧杯(高型)等,其他与密度计分析(T 0116—2007)相同。

3 试验步骤

3.1 取代表性试样,黏质土为10~15g,砂类土为20g,按密度计法(T 0116—2007)

8.1～8.5 制取悬液。

3.2 将盛土样悬液的量筒放入恒温水槽,使悬液恒温至适当温度。试验中悬液温度变化不得大于±0.5℃。按式(T 0117-1)计算粒径小于0.05mm、0.01mm、0.005mm 和其他所需粒径下沉一定深度所需的静置时间:

$$t=\frac{L}{\frac{2}{9}\times 10^{-4}\times g\times r^{2}\times\frac{\rho_{s}-\rho_{wt}}{\eta}} \tag{T 0117-1}$$

式中:t——某粒径土粒下沉一定深度所需的静置时间(s),计算至0.01;

g——重力加速度,981cm/s^2;

r——土粒半径$\left(\frac{d}{2}\right)$(cm)(原以 mm 表示的粒径在这里须化为 cm);

ρ_s——土粒密度(g/cm^3);

ρ_{wt}——t℃时水的密度(g/cm^3);

η——纯水的动力黏滞系数(10^{-6}kPa·s);

L——移液管浸入悬液深度(10cm)。

3.3 准备好50mL 小烧杯,称量,准确至0.001g。

3.4 准备好移液管,活塞①应放在关闭位置上,旋转活塞②应放在与移液管及吸球相通的位置上。

3.5 用搅拌器将悬液上下搅拌各约30次,时间为1min,使悬液分布均匀。停止搅拌,立即开动秒表。

3.6 根据各粒径的静置时间提前约10s,将移液管放入悬液中,浸入深度为10cm,靠连接自来水管所产生的负压或用吸球来吸取悬液。

3.7 吸入悬液,至略多于25mL,旋转活塞②180°,使与放液管相通,再将多余悬液从放液口放出。

3.8 将移液管下口放入已称量的小烧杯中,再旋转活塞②180°,使与移液管相通。同时用吸球将悬液(25mL)全部注入小烧杯内。在移液管上口预先倒入蒸馏水,此时开活塞①,使水流入移液管中,再将这部分水连同管内剩余颗粒冲入小烧杯内。

3.9 将烧杯内悬液浓缩至半干,放入烘箱内在105～110℃温度下烘至恒量。称量小烧杯连同干土的质量,准确至0.001g。

4 结果整理

4.1 土中小于某粒径的颗粒含量百分数按下式计算：

$$X = \frac{A \times 1\,000}{25 \times B} \times 100 \tag{T 0117-2}$$

或

$$X = \frac{C}{B} \times 100, C = \frac{A \times 1\,000}{25} \tag{T 0117-3}$$

式中：X——小于某粒径的颗粒含量百分数(%)，计算至0.1；

A——25mL 悬液中小于某粒径的颗粒烘干质量(g)；

B——试样总质量(g)；

C——1 000mL 悬液中小于某粒径的颗粒总质量(g)。

如系与筛分法联合分析，应将两段曲线绘成一平滑曲线。

4.2 本试验记录格式如表 T 0117-1。

表 T 0117-1 颗粒分析试验(移液管法)

工程名称________ >0.075mm 颗粒含量(%)________ 试验者________

土样编号________ <0.075mm 颗粒含量(%)________ 计算者________

土样说明________ 试验日期________ 校核者________

总干土质量9.8g 取样深度10cm 土粒比重2.65

粒径(mm)	杯号	杯+土质量(g)	杯质量(g)	25mL 吸管内土质量(g)	1 000mL 量筒内土质量(g)	小于某粒径土质量百分数(%)	小于某粒径土质量占总土质量百分数(%)
(1)	(2)	(3)	(4)	(5)	(6)	(7)	
				(3)-(4)	$\frac{9.8}{100}\times(7)$		
0.05	A	30.032 4	29.787 4	0.245 0	9.80	100.0	
0.01	B	20.303 4	20.168 6	0.134 8	5.39	55.0	
0.005	C	22.066 5	21.953 8	0.112 7	4.51	46.0	
0.001	D	23.247 5	23.164 2	0.083 3	3.33	34.0	

5 报告

5.1 土的鉴别分类和代号。

5.2 颗粒分析试验记录表。

5.3 土的颗粒级配曲线。

条文说明

1 本试验方法适用于粒径小而比重大的细粒土。

2 移液管法不能保证吸取同一深度处的悬液,因此,我们将移液管端部略为放大,侧面加开四个小孔,既能保证悬液不致流失,又可吸取近似同一深度处平面的悬液。

3 温度越高,悬液静置时间越短。在不同温度(40~60℃)下,用移液管法和密度计法进行了比较试验,结果表明,误差不大,但为保险起见,采用50℃没有问题。一般情况下,可采用40℃,这样可缩短试验时间。

如无恒温水槽,则在室温变化不大的情况下(在测定时间内,室温变化小于0.5℃),也可采用室温法。方法是将吸液深度从10cm减为5cm,按实际悬液温度计算某粒径的静置时间,取此值的一半,作为吸取悬液的时间。1 000mL或2 000mL量筒均可采用。

9 界限含水率试验

T 0118—2007 液限和塑限联合测定法

1 目的和适用范围

1.1 本试验的目的是联合测定土的液限和塑限,用于划分土类、计算天然稠度和塑性指数,供公路工程设计和施工使用。

1.2 本试验适用于粒径不大于0.5mm、有机质含量不大于试样总质量5%的土。

2 仪器设备

2.1 圆锥仪:锥质量为100g或76g,锥角为30°,读数显示形式宜采用光电式、数码式、游标式、百分表式。

2.2 盛土杯:直径50mm,深度40~50mm。

2.3 天平:称量200g,感量0.01g。

2.4 其他:筛(孔径0.5mm)、调土刀、调土皿、称量盒、研钵(附带橡皮头的研杵或橡皮板、木棒)、干燥器、吸管、凡士林等。

3 试验步骤

3.1 取有代表性的天然含水率或风干土样进行试验。如土中含大于0.5mm的土粒或杂物时,应将风干土样用带橡皮头的研杵研碎或用木棒在橡皮板上压碎,过0.5mm的筛。

取0.5mm筛下的代表性土样200g,分开放入三个盛土皿中,加不同数量的蒸馏水,土样的含水率分别控制在液限(a点)、略大于塑限(c点)和二者的中间状态(b点)。用调土刀调匀,盖上湿布,放置18h以上。测定a点的锥入深度,对于100g锥应为20mm±0.2mm,对于76g锥应为17mm。测定c点的锥入深度,对于100g锥应控制在5mm以下,对于76g锥应控制在2mm以下。对于砂类土,用100g锥测定c点的锥入深度可大于5mm,用76g锥测定c点的锥入深度可大于2mm。

3.2 将制备的土样充分搅拌均匀,分层装入盛土杯,用力压密,使空气逸出。对于较干的土样,应先充分搓揉,用调土刀反复压实。试杯装满后,刮成与杯边齐平。

3.3 当用游标式或百分表式液限塑限联合测定仪试验时,调平仪器,提起锥杆(此时游标或百分表读数为零)、锥头上涂少许凡士林。

3.4 将装好土样的试杯放在联合测定仪的升降座上,转动升降旋钮,待锥尖与土样表面刚好接触时停止升降,扭动锥下降旋钮,同时开动秒表,经5s时,松开旋钮,锥体停止下落,此时游标读数即为锥入深度 h_1。

3.5 改变锥尖与土接触位置(锥尖两次锥入位置距离不小于1cm),重复本试验3.3和3.4步骤,得锥入深度 h_2。h_1、h_2 允许平行误差为0.5mm,否则,应重做。取 h_1、h_2 平均值作为该点的锥入深度 h。

3.6 去掉锥尖入土处的凡士林,取10g以上的土样两个,分别装入称量盒内,称质量(准确至0.01g),测定其含水率 w_1、w_2(计算到0.1%)。计算含水率平均值 w。

3.7 重复本试验3.2~3.6步骤,对其他两个含水率土样进行试验,测其锥入深度和含水率。

3.8 用光电式或数码式液限塑限联合测定仪测定时,接通电源,调平机身,打开开关,提上锥体(此时刻度或数码显示应为零)。将装好土样的试杯放在升降座上,转动升降旋钮,试杯徐徐上升,土样表面和锥尖刚好接触,指示灯亮,停止转动旋钮,锥体立刻自行下沉,5s时,自动停止下落,读数窗上或数码管上显示键入深度。试验完毕,按动复位按钮,锥体复位,读数显示为零。

4 结果整理

4.1 在双对数坐标上,以含水率 w 为横坐标,锥入深度 h 为纵坐标,点绘 a、b、c 三点含水率的 $h—w$ 图(图T 0118-1)。连此三点,应呈一条直线。如三点不在同一直线上,要通过 a 点与 b、c 两点连成两条直线,根据液限(a 点含水率)在 $h_P—w_L$ 图上查得 h_P,以此 h_P 再在 $h—w$ 的 ab 及 ac 两直线上求出相应的两个含水率。当两个含水率的差值小于2%时,以

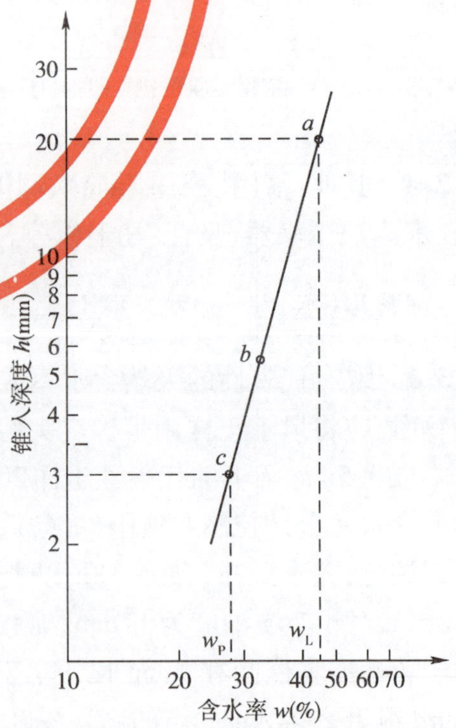

图T 0118-1 锥入深度与含水率($h—w$)关系

该两点含水率的平均值与 a 点连成一直线。当两个含水率的差值不小于2%时，应重做试验。

4.2 液限的确定方法

4.2.1 若采用76g锥做液限试验，则在 $h—w$ 图上，查得纵坐标入土深度 $h=17$mm 所对应的横坐标的含水率 w，即为该土样的液限 w_L。

4.2.2 若采用100g锥做液限试验，则在 $h—w$ 图上，查得纵坐标入土深度 $h=20$mm 所对应的横坐标的含水率 w，即为该土样的液限 w_L。

4.3 塑限的确定方法

4.3.1 根据本试验4.2.1求出的液限，通过76g锥入土深度 h 与含水率 w 的关系曲线（图T 0118-1），查得锥入土深度为2mm所对应的含水率即为该土样的塑限 w_P。

4.3.2 根据本试验4.2.2求出的液限，通过液限 w_L 与塑限时入土深度 h_P 的关系曲线（图T 0118-2），查得 h_P，再由图T 0118-1求出入土深度为 h_P 时所对应的含水率，即为该土样的塑限 w_P。查 $h_P—w_L$ 关系图时，须先通过简易鉴别法及筛分法（见土的工程分类及T 0115—1993）把砂类土与细粒土区别开来，再按这两种土分别采用相应的 $h_P—w_L$ 关系曲线；对于细粒土，用双曲线确定 h_P 值；对于砂类土，则用多项式曲线确定 h_P 值。

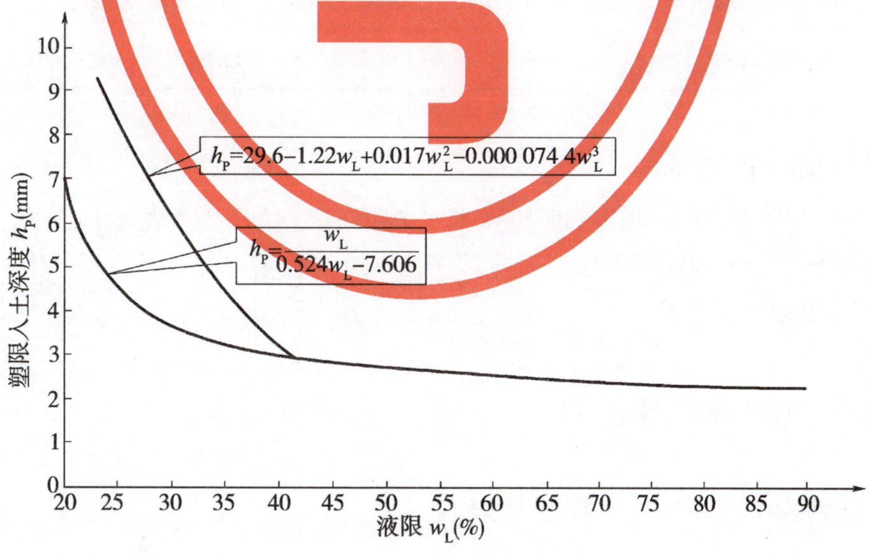

图T 0118-2 $h_P—w_L$ 关系曲线

若根据本试验4.2.2求出的液限，当 a 点的锥入深度在20mm±0.2mm范围内时，应在 ad 线上查得入土深度为20mm处相对应的含水率，此为液限 w_L。再用此液限在“图T 0118-2 $h_P—w_L$ 关系曲线”上找出与之相对应的塑限入土深度 h'_P，然后到 $h—w$ 图 ad 直

线上查得 h'_P 相对应的含水率,此为塑限 w_P。

4.4 本试验记录格式如表 T 0118-1。

表 T 0118-1 液限塑限联合试验记录

工程名称________ 试 验 者________

土样编号________ 计 算 者________

取土深度________ 校 核 者________

土样设备________ 试验日期________

试验项目 \ 试验次数		1	2	3	
入土深度	h_1	4.68	9.81	19.88	
	h_2	4.73	9.79	20.12	
	$\frac{1}{2}(h_1+h_2)$	4.71	9.80	20	
含水率	盒号				w_P I_P 双曲线法 27.2 14.0 搓条法 26.2 15.0
	盒质量(g)	20			
	盒+湿土质量(g)	25.86	27.49	30.62	
	盒+干土质量(g)	24.51	25.52	27.53	液限 $w_L=41.2$
	水分质量(g)	1.35	1.97	3.09	
	干土质量(g)	4.51	5.52	7.53	
	含水率(%)	29.9	35.7	41.04	

4.5 精密度和允许差。

本试验须进行两次平行测定,取其算术平均值,以整数(%)表示。其允许差值为:高液限土小于或等于2%,低液限土小于或等于1%。

5 报告

5.1 土的鉴别分类和代号。

5.2 土的液限 w_L、塑限 w_P 和塑性指数 I_P。

条文说明

1 1950年以来,我国一直采用瓦氏76g平衡锥来测定土的液限,相应的入土深度为 $h_L=10$mm。用不同基座材料的碟式仪测得液限时土的抗剪强度如表T 0118-2所示。按76g锥标准测得土(从低塑性到高塑性)液限时的抗剪强度如表 T 0118-3 所示,显然高出表 T 0118-2 中数值许多。

表 T 0118-2　液限时土的抗剪强度

基座材料	抗剪强度(kPa)	备　注
硬橡皮	2.5	Seed 等人(1964)
胶木	2~3 1.1~2.3 1.3~2.4 0.5~4	Casagrahde(1958) Norman(1958) Youssef 等人(1965) Karlsson(1977)
英国标准橡皮	0.8~1.6 0.7~1.45 1~3	Norman(1985) Skepton 和 Northey(1952) Skopek 和 Ter-Stepanian (1975)

表 T 0118-3　76g 锥液限时几种土的抗剪强度试验结果

土　名	76g 锥的液限 $\overline{w}_L$	剪切时土样含水率 w	抗剪强度 (kPa)
红黏土	58.0	60.0	5.4
青海砂类土	23.0	22.9	4.7
内蒙西砂类土	22.5	21.4	5.2
北京粉质土	31.0	30.7	4.9

根据 1 000 多个土样的液限试验,发现按 76g 锥和卡氏碟式仪测得的结果相差很大,两者之间的关系可表示如下:

$$\overline{w}_L = 6.5 + 0.66 w_L \quad (r = 0.96, n = 1\,106) \qquad (T\ 0118\text{-}1)$$

式中:$\overline{w}_L$——76g 锥求得的液限(%),计算至 0.01;

w_L——碟式仪求得的液限(%)。

我国水电部在修订液限塑限联合测定的过程中,曾组织全国 13 个单位对各地 16 种土(从低液限到高液限)用 FG—II 型光电式液限仪进行了第二次液限塑限对比试验,其中不同标准时的不排水抗剪强度如表 T 0118-4 所示。

表 T 0118-4　不同标准下的液限强度(不排水抗剪强度,kPa)

液 限 标 准	76g 锥 $h_L = 17$mm	76g 锥 $h_L = 10$mm	ASTM 碟式仪 平均液限	100g 锥 $h_L = 20$mm
平均值	1.9	5.3	1.9	1.9
范围值	1.3~2.7	3.1~7.1	0.7~3.7	1.2~2.6

从表 T 0118-4 的试验结果可以看出,76g 锥以入土深度 17mm 作为液限和 100g 锥以入土深度 20mm 作为液限时的抗剪强度与美国 ASTM D423 碟式仪液限时的强度一致,说明 76g 锥 17mm 和 100g 锥 20mm 的液限入土深度均可以达到与 ASTM D423 碟式仪等效的目的。影响圆锥入土深度的因素可

归结为土质、物理状态(湿度和密度状态)和结构三大方面,对于扰动土,排除了结构状态的影响。塑限时入土深度与含水率关系不稳定的原因就在于湿密状态和土质的影响。

压密理论告诉我们,最佳含水率约等于或略大于塑限,此时土的状态不再符合土力学中关于可塑性的定义。在这种状态下,圆锥和土体将产生剪切和压密的综合作用。为消除试样密度对圆锥入土深度的影响,测定塑限时,必须首先控制试样的密实程度。以 K_2 表示密实度系数,定义为试样任意含水率下土体干密度 ρ_d 与饱水时干密度 ρ_{dsat} 之比:

$$K_2 = \frac{\rho_d}{\rho_{dsat}} \tag{T 0118-2}$$

$$\rho_{dsat} = \frac{G_s}{1 + G_s w} \tag{T 0118-3}$$

式中:ρ_d——土的干密度(g/cm^3),计算至0.01;

w——含水率,以小数计;

G_s——土粒比重。

根据研究,当 $K_2 = 0.95 \sim 1.0$ 时,各类细粒土的入土深度与含水率呈对数线性关系,这就是控制试验密实度对入土深度影响的标准。

土的性质对塑限时入土深度有显著影响,一般地讲,对砂类土的影响较大,而对粉质土和黏质土的影响则较小。哈尔滨建筑工程学院曾对三种土按锥质量475g 正应力计算,在不同含水率和密度下进行了500余组剪切试验,整理出的剪力 τ_f 与入土深度 h 的关系曲线如图 T 0118-3 所示。可以看出,粉质土和黏质土的两条曲线几乎重合,而与砂类土的曲线有较大差别。试验结果如下:

粉质土和黏质土　　　　　　$\tau_f = 90 \sim 130$kPa

(可搓成条的)砂类土　　　　$\tau_f = 50$kPa

剪切试验结果提供了考虑土质差异的塑限入土深度的依据。相应于滚搓法塑限值的100g 锥塑限入土深度 h_P 与液限 w_L 之间的关系曲线如图 T 0118-4 所示。从图 T 0118-4 可以看出,液限 $w_L > 35$ 的点比较集中,h_P 值基本上在 2 ~ 3mm 范围内波动;而 $w_L < 35$ 的点则相当分散,h_P 值变化颇大。低塑性黏土和砂类土属于或共存于 $w_L < 35$ 这个范围内。

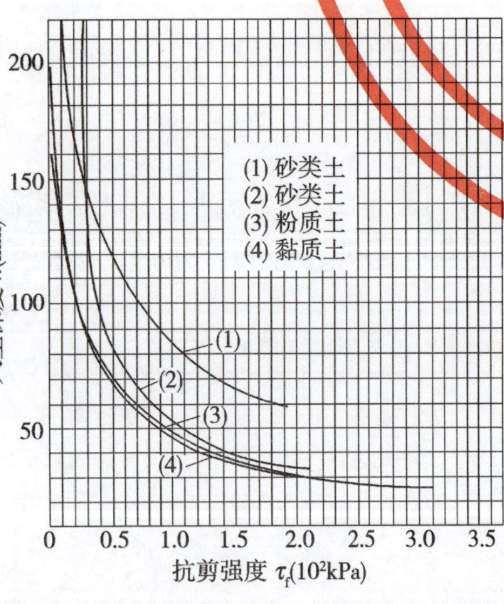

图 T 0118-3　抗剪强度与入土深度的关系曲线

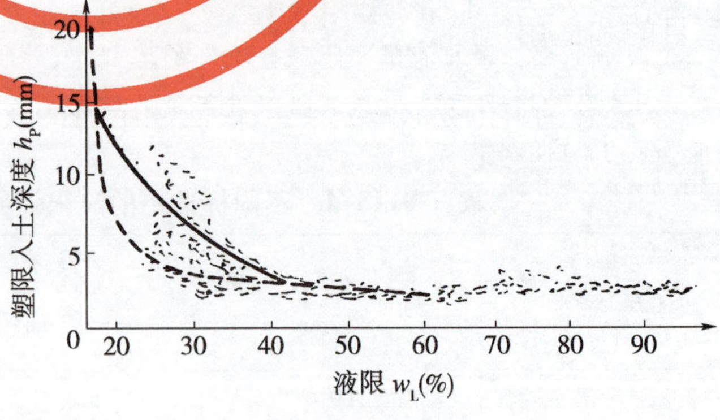

图 T 0118-4　塑限入土深度 h_P 与液限 w_L 的关系曲线

因此,对不同土类,必须采用变数 h_P 值。

2　液限塑限联合测定仪有数码式、光电式、游标式和百分表式四种。本规程并列这四种仪器,可根据具体情况选用。

3　试样制备好坏对液限塑限联合测定的精度具有头等重要意义。制备试样应均匀、密实。一般制备三个试样 。一个要求含水率接近液限(入土深度20mm ±0.2mm),一个要求含水率接近塑限,一个居中。否则,就不容易控制曲线的走向。对于联合测定精度最有影响的是靠近塑限的那个试样。可以先将试样充分搓揉,再将土块紧密地压入容器,刮平,待测。当含水率等于塑限时,对控制曲线走向最有利,但此时试样很难制备,必须充分搓揉,使土的断面上无孔隙存在。为便于操作,根据实际经验含水率可略放宽,以入土深度不大于4~5mm为限。

调整联合测定仪,使锥尖与土表面接触,按钮使锥自动落下。关于放锥时间,1999年水电部颁发的《土工试验规程》(SL 237—1999)规定为5s,英国BS 1377—75也规定为5s。我们在试验中发现,黏质土锥深随时间变化不甚明显,对低塑性土,在5~30s之间锥深随时间的增长有加大的趋势,其对应的液限塑限值随之减小。交通部第一公路勘察设计院曾对10个低塑性土试样以不同放锥时间(5s、15s、30s)进行了对比试验,发现不同时间的液限塑限差值不大,不致影响土的定名,因此放锥时间定为5s是可行的。对于土面变形的误差不另校正,统一计入读数内。采用度盘或游标后,读数可读到0.01cm。

4　从图T 0118-4可以看出,在低塑性范围内($w_L<35\%$),如用两条曲线计算h_P值,则基本上可概括图中点的分布,一条是下部的双曲线,纵坐标以液限$w_L=20\%$为原点,因$w_L<20\%$时,点很少;另一条是上部的多项式曲线,曲线左端到$w_L=24\%$为止,因在该点以左,点也很少。

首先需要测定$h_L=20$mm时土的液限w_L,然后分别按砂类土和细粒土的公式计算相应的h_P值。于是,塑限值可直接从h—w图上读出。

在h—w双对角坐标纸上,当a、b、c三点不在同一直线上时,《土工试验方法标准》(GB/T 50123—1999)规定按固定h_P值($h_P=2$mm)确定ab、ac两直线交点处的两个含水率,本试验(T 0118—2007)第4条规定按变数h_P值确定ab、ac直线交点处的两个含水率;显然,后者更为合理,因为h_P值随土质而异。

T 0170—2007　液限碟式仪法

1　目的和适用范围

本试验的目的是按碟式液限仪法测定土的液限,适用于粒径小于0.5mm以及有机质含量不大于试样总质量5%的土。

2　仪器设备

2.1　碟式液限仪:由土碟和支架组成专用仪器,并有专用划刀,如图T 0170-1,底座应为硬橡胶制成。

2.2　天平:称量200g,分度值0.01g。

2.3　其他:烘箱、干燥缸、铝盒、调土刀、筛(孔0.5mm)等。

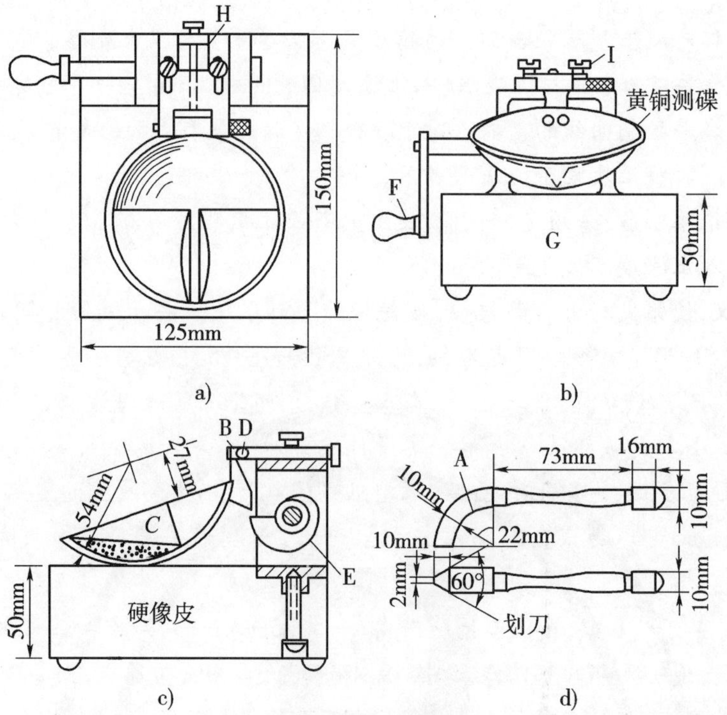

图 T 0170-1　碟式液限仪

A-划刀;B-销子;C-土碟;D-支架;E-蜗轮;F-摇柄;G-底座;H-调整板;I-螺丝

3　试验步骤

3.1　取过 0.5mm 筛的土样(天然含水率的土样或风干土样均可)约 100g,放在调土皿中,按需要加纯水,用调土刀反复拌匀。

3.2　取一部分试样,平铺于土碟的前半部,如图 T 0170-1a)所示。铺土时应防止试样中混入气泡。用调土刀将试样面修平,使最厚处为 10mm,多余试样放回调土皿中。以蜗形轮为中心,用划刀自后至前沿土碟中央将试样划成槽缝清晰的两半[图 T 0170-2a)]。为避免槽缝边扯裂或试样在土碟中滑动,允许从前至后,再从后至前多划几次,将槽逐步加深,以代替一次划槽,最后一次从后至前的划槽能明显地接触碟底。但应尽量减少划槽的次数。

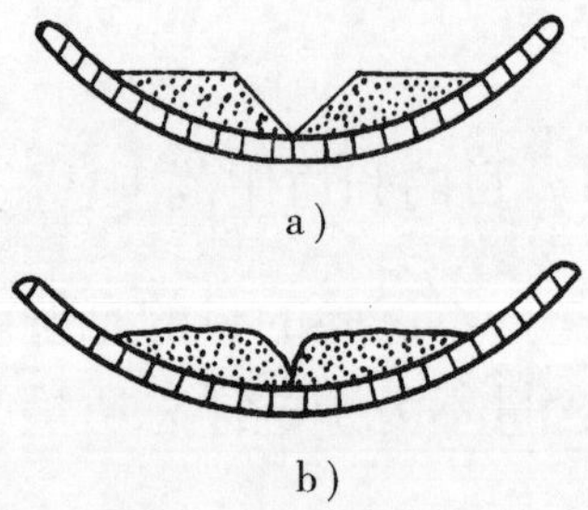

图 T 0170-2　划槽及合拢状态

a)试前划成两半;b)试后合拢情况

3.3　以每秒 2 转的速率转动摇柄 F,使土碟反复起落,坠击于底座 G 上,数记击数,直至试样两边在槽底的合拢长度为 13mm 为止,记录击数,并在槽的两边采取试样 10g 左右,测定其含水率。

3.4　将土碟中的剩余试样移至调土皿中,再加水彻底拌和均匀,按本试验 3.1 ~3.3 的规定至少再做两次试验。这两次土的稠度应使合拢长度为 13mm 时所需击数在 15 ~35

次之间(25 次以上及以下各 1 次)。然后测定各击次下试样的相应含水率。

4 结果整理

4.1 按式(T 0170-1)计算各击次下合拢时试样的相应含水率:

$$w_n = \left(\frac{m_n}{m_s} - 1\right) \times 100 \tag{T 0170-1}$$

式中:w_n——n 击下试样的含水率(%),计算至0.01;

m_n——n 击下试样的质量(g);

m_s——试样的干土质量(g)。

4.2 本试验记录格式如表 T 0170-1。

表 T 0170-1 液限碟式仪法试验记录

工程编号＿＿＿＿＿＿　　试验者＿＿＿＿＿＿

土样说明＿＿＿＿＿＿　　计算者＿＿＿＿＿＿

试验日期＿＿＿＿＿＿　　校核者＿＿＿＿＿＿

盒　号			1	2
盒质量	(g)	(1)	20	20
盒+湿土质量	(g)	(2)	38.87	40.54
盒+干土质量	(g)	(3)	35.45	36.76
水分质量	(g)	(4)=(2)-(3)	3.42	3.78
干土质量	(g)	(5)=(3)-(1)	15.45	16.76
液限含水率	(%)	$(6)=\frac{(4)}{(5)}$	22.1	22.6
平均液限含水率	(%)	(7)	22.4	

4.3 根据试验结果,以含水率为纵坐标,以击次的对数为横坐标,绘制曲线,如图 T 0170-3。查得曲线上击数 25 次所对应的含水率,即为该试样的液限。

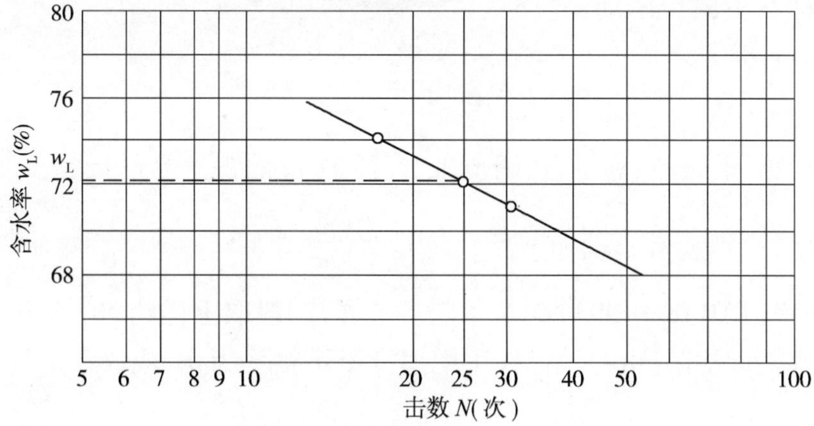

图 T 0170-3 含水率与击数关系曲线

4.4 精密度和允许差。

本试验须进行两次平行测定,取其算术平均值,以整数(%)表示。其允许差值为:高液限土小于或等于2%,低液限土小于或等于1%。

5 报告

5.1 土的鉴别分类和代号。

5.2 土的液限值。

条文说明

测定土的液限和塑限最通用的方法分别为碟式仪法和滚搓法。目前,碟式仪仍然有两种划刀,一种是ASTM划刀(简称A刀),另一种是卡氏划刀(简称C刀)。试验结果表明,用A刀测得的液限值比用C刀测得的液限值约低10%。另外,碟式仪底座的硬度也影响试验结果。卡式试验得到液限时的不排水抗剪强度为2~3kPa,为此本标准建议用美国ASTM D423所采用的碟式仪规格,以便于国际技术交流。

T 0119—1993 塑限滚搓法

1 目的和适用范围

本试验的目的是按滚搓法测定土的塑限,适用于粒径小于0.5mm以及有机质含量不大于试样总质量5%的土。

2 仪器设备

2.1 毛玻璃板:尺寸宜为200mm×300mm。

2.2 天平:感量0.01g。

2.3 其他:烘箱、干燥器、称量盒、调土皿、直径3mm的铁丝等。

3 试验步骤

3.1 按本规程(T 0118—1993)3.1条制备试样,一般取土样约50g备用。为在试验前使试样的含水率接近塑限,可将试样在手中捏揉至不粘手为止,或放在空气中稍为晾干。

3.2 取含水率接近塑限的试样一小块,先用手搓成椭圆形,然后再用手掌在毛玻璃板上轻轻搓滚。搓滚时须以手掌均匀施压力于土条上，不得将土条在玻璃板上进行无压力的滚动。土条长度不宜超过手掌宽度，并在滚搓时不应从手掌下任一边脱出。土条在任何情况下不允许产生中空现象。

3.3 继续搓滚土条，直至土条直径达 3mm 时，产生裂缝并开始断裂为止。若土条搓成 3mm 时仍未产生裂缝及断裂，表示这时试样的含水率高于塑限，则将其重新捏成一团，重新搓滚；如土条直径大于 3mm 时即行断裂，表示试样含水率小于塑限，应弃去，重新取土加适量水调匀后再搓，直至合格。若土条在任何含水率下始终搓不到 3mm 即开始断裂，则认为该土无塑性。

3.4 收集约 3 ~5g 合格的断裂土条，放入称量盒内，随即盖紧盒盖，测定其含水率。

4 结果整理

4.1 按下式计算塑限：

$$w_P = \left(\frac{m_1}{m_2} - 1\right) \times 100 \qquad (T\ 0119\text{-}1)$$

式中：w_P——塑限(%)，计算至 0.1；

m_1——湿土质量(g)；

m_2——干土质量(g)。

4.2 本试验记录格式如表 T 0119-1。

表 T 0119-1 塑限滚搓法试验记录

工程编号＿＿＿＿＿＿＿＿ 试验者＿＿＿＿＿＿＿＿

土样说明＿＿＿＿＿＿＿＿ 计算者＿＿＿＿＿＿＿＿

试验日期＿＿＿＿＿＿＿＿ 校核者＿＿＿＿＿＿＿＿

盒号			1	2
盒质量	(g)	(1)	20	20
盒 + 湿土质量	(g)	(2)	38.87	40.54
盒 + 干土质量	(g)	(3)	35.45	36.76
水分质量	(g)	(4) = (2) - (3)	3.42	3.78
干土质量	(g)	(5) = (3) - (1)	15.45	16.76
塑限含水率	(%)	$(6) = \frac{(4)}{(5)}$	22.1	22.6
平均塑限含水率	(%)	(7)	22.4	

4.3 精密度和允许差。

本试验须进行两次平行测定，取其算术平均值，以整数(%)表示。其允许差值为：高液限土小于或等于 2%，低液限土小于或等于 1%。

5 报告

5.1 土的鉴别分类和代号。

5.2 土的塑限值。

条文说明

1 塑限试验长期以来采用滚搓法。该法虽存在许多缺点,如标准不易掌握,人为因素较大,但由于该试验法的物理概念明确,且试验人员已在实践中积累了许多经验,国际上有很多国家采用此法,故本规程将滚搓法列入塑限的校核试验方法。

2 关于滚搓工具,有的单位认为毛橡皮板同样能得出满意的结果,在无毛玻璃板的情况下,也允许用毛橡皮板。

3 国内外在测定塑限的规定中,搓条方法不尽相同,土条断裂时的直径多数采用3mm,我国历次规程均采用3mm,故仍沿用3mm。关于滚搓速度,各国均无具体要求,美国ASTM D424规定搓滚速度为每分钟80~90次;英国BS 1377规定,手指的压力必须使滚搓5~10个往返后,土条直径由6mm减至3mm,高塑性黏土则允许往返10~15次。这种规定太细、太死,不易掌握,也无必要,故仍维持原有规定。对于某些低液限砂类土,始终搓不到3mm,可认为塑性极低或无塑性,可按极细砂处理。

T 0120—1993 缩限试验

1 目的和适用范围

土的缩限是扰动的黏质土在饱和状态下,因干燥收缩至体积不变时的含水率。本试验适用于粒径小于0.5mm和有机质含量不超过5%的土。

2 仪器设备

2.1 收缩皿(或环刀):直径4.5~5cm,高2~3cm。

2.2 天平:感量0.01g。

2.3 电热恒温烘箱或其他含水率测定装置。

2.4 蜡、烧杯、细线、针。

2.5 卡尺:分度值0.02mm。

2.6 其他:制备含水率大于液限的土样所需的仪器。

3　试验步骤

3.1　制备土样:取具有代表性的土样,制备成含水率大于液限的土膏。

3.2　在收缩皿内涂一薄层凡士林,将土样分层装入皿内,每次装入后将皿底拍击试验台,直至驱尽气泡为止。

3.3　土样装满后,用刀或直尺刮去多余土样,立即称收缩皿加湿土质量。

3.4　将盛满土样的收缩皿放在通风处风干,待土样颜色变淡后,放入烘箱中烘至恒量,然后放在干燥器中冷却。

3.5　称收缩皿和干土总质量,准确至0.01g。

3.6　用蜡封法测定试样体积。

4　结果整理

4.1　缩限:含水率达液限的土在105~110℃下水分继续蒸发至体积不变时的含水率,叫做缩限,用下式计算。

$$w_s = w - \frac{V_1 - V_2}{m_s} \times \rho_w \times 100 \qquad (\text{T 0120-1})$$

式中:w_s——缩限(%),计算至0.1;

w——试验前试样含水率(%);

V_1——湿试件体积(即收缩皿容积)(cm^3);

V_2——干试件体积(cm^3);

m_s——干试件质量(g);

ρ_w——水的密度,$\rho_w = 1g/cm^3$。

4.2　收缩指数:液限与缩限之差称收缩指数,按下式计算。

$$I_s = w_L - w_s \qquad (\text{T 0120-2})$$

式中:I_s——收缩指数(%),计算至0.1;

w_L——土的液限(%)。

4.3　本试验记录格式如表T 0120-1所示。

4.4　精密度和允许差。

本试验需进行二次平行测定,取其算术平均值,计算至0.1%。平行差值,高液限土不得大于2%,低液限土不得大于1%。

表 T 0120-1 扰动土收缩试验记录

工程名称________________ 试 验 者________________
土样编号________________ 计 算 者________________
土样说明________________ 校 核 者________________
土样制备说明______________ 试验日期________________

室内编号			I		II	
收缩皿编号			1	2	3	4
液限 w_L	(%)		49		60	
皿+湿土质量 m_1	(g)		116.4	117.2	118.6	119.4
皿+干土质量 m_2	(g)		98.0	98.8	97.5	98.3
皿的质量 m_3	(g)		62	63	62	62.5
含水率 w	(%)	$\frac{m_1 - m_2}{m_2 - m_3} \times 100$	51.1	51.4	59.4	58.9
皿的容积 V_1	(cm^3)		38.2	38.5	37.6	38.0
干土体积 V_2	(cm^3)		23.4	23.6	20.2	20.6
缩限平均值 w_s	(%)	$w - \frac{V_1 - V_2}{m_2 - m_3}\rho_w \times 100$	10.0	9.8	10.4	10.3
			9.9		10.4	
收缩指数 I_s		$w_L - w_s$	39.1		49.6	

5 报告

5.1 土的鉴别分类和代号。

5.2 土的缩限 w_s 和收缩指数 I_s。

条文说明

1 本节内容是用试验方法求得土的缩限含水率,其体缩率和线缩率的测求方法见收缩试验。

2 缩限试验所用收缩皿,其直径最好大于高度,以便于蒸发干透,也可用液限试验杯代替。但环刀是不适宜的,因它不便振动排气,不便挤压,同时环刀与玻璃杯之间容易跑水流土。

3 分层装填试样时,要注意不断挤压拍击,以充分排气。否则,不符合体积收缩等于水分减少的基本假定,而使计算结果失真。本规程要求收缩皿底和皿壁要平滑弯曲,为的是易于装土排气。改用蜡封法代替水银排开法测定体积,在于防止污染。

10　土的收缩试验

T 0121—1993　收 缩 试 验

1　目的和适用范围

本试验方法适用于原状土和击实黏质土。

2　仪器设备

2.1　收缩仪:如图 T 0121-1 所示。多孔板直径约 70mm,厚约 4mm,孔的总面积应大于整个板面的 50% 以上;测板直径 10mm,厚约 4mm。

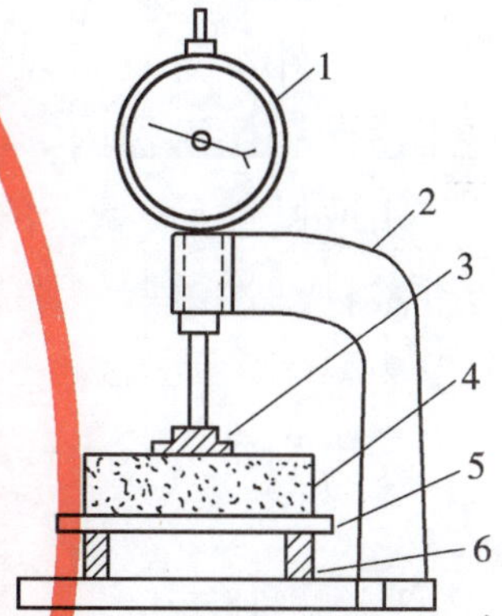

图 T 0121-1　收缩仪
1-量表;2-支架;3-测板;4-试样;5-多孔板;6-垫块

2.2　环刀:直径 61.8mm,高 20mm。

2.3　卡尺:0.05mm × 12.5mm;千分表,最小分度值 0.001mm。

2.4　其他:推土块、凡士林、干燥缸和蜡封工具等。

3　试样

3.1　压样法制备试样

3.1.1　按试件所要求的干质量、含水率,按本规程 T 0102—2007 中 4.2 制备湿土样,并称制备好的湿土样质量,准确至 0.1g。

3.1.2　将湿土倒入压模内,拂平土样表面,以静压力将土压至一定高度,用推土器将土样推出。

3.1.3　将试验用的切土环刀内壁涂一薄层凡士林,刀口向下,放在试件上,用切土刀将试件削成略大于环刀直径的土柱。然后将环刀垂直向下压,边压边削,至土样伸出环刀上部为止,削平环刀两端,擦净环刀外壁,称环土合质量,准确至 0.1g,并测定环刀两端所削下土样的含水率。

3.1.4 试件制备应尽量迅速,以免水分蒸发。

3.1.5 试件制备的数量视试验需要而定,一般应多制备1~2组备用,同一组试件或平行试件的密度、含水率与制备标准之差值,应分别在±0.1g/cm^{3}或2%范围之内。

3.2 原状土试件制备程序

按土样上下层次小心开启原状土包装皮,将土样取出放正,整平两端。在环刀内壁涂一薄层凡士林,刀口向下,放在土样上,无特殊要求时,切土方向应与天然土层层面垂直。

按本试验3.1.3的操作步骤切取试件,试件与环刀要密合,否则应重取。

切削过程中,应细心观察并记录试件的层次、气味、颜色,有无杂质,土质是否均匀,有无裂缝等。

如连续切取数个试件,应使含水率不发生变化。

视试件本身及工程要求,决定试件是否进行饱和;如不立即进行试验或饱和时,则将试件暂存于保湿器内。

切取试件后,剩余的原状土样用蜡纸包好置于保湿器内,以备补做试验之用。切削的余土做物理性试验。平行试验或同一组试件密度差值不大于±0.1g/cm^3,含水率差值不大于2%。

冻土制备原状土样时,应保持原土样温度,保持土样的结构和含水率不变。

3.3 试件饱和

土的孔隙逐渐被水填充的过程称为饱和。孔隙被水充满时的土,称为饱和土。

根据土的性质,决定饱和方法:

砂类土:可直接在仪器内浸水饱和。

较易透水的黏性土:即渗透系数大于10^{-4}cm/s时,采用毛细管饱和法较为方便,或采用浸水饱和法。

不易透水的黏性土:即渗透系数小于10^{-4}cm/s时,采用真空饱和法。如土的结构性较弱,抽气可能发生扰动,不宜采用。

将试样推出环刀(当试样不紧密时,采用风干脱环法),置于多孔板上,称试样和多孔板的质量,准确至0.1g。

4 试验步骤

4.1 装好百分表,记下初读数。

4.2 在室温不高于30℃条件下进行收缩试验。根据试样温度及收缩速度,宜每隔1~4h测记百分表读数,并称整套装置和试样质量,准确至0.1g。两天后,每隔6~24h测记百分表读数,并称质量,至两次百分表读数不变。在收缩曲线的Ⅰ阶段内应取不得少于4个数据。

4.3 试验结束,取出试样,并在105~110℃下烘干。称干土质量,准确至0.1g。

4.4 按本规程蜡封法(T 0109—1993)测定烘干试样体积。

5 结果整理

5.1 按下式计算起始和收缩过程的含水率:

$$w=\left(\frac{m_t}{m_s}-1\right)\times 100 \tag{T 0121-1}$$

式中:w——起始或某时刻的含水率(%),计算至0.1;

m_t——某时刻称得的试样质量(g);

m_s——干土质量(g)。

5.2 按下式计算线缩率:

$$e_{sL}=\frac{R_t-R_0}{H_0}\times 100 \tag{T 0121-2}$$

式中:e_{sL}——线缩率(%),计算至0.01;

H_0——试样原高度(mm);

R_0——百分表初读数(mm);

R_t——收缩过程中某时刻百分表读数(mm)。

5.3 体缩率按下式计算:

$$e_s=\frac{V_0-V_1}{V_0}\times 100 \tag{T 0121-3}$$

式中:e_s——体缩率(%),计算至0.1;

V_0——试样原体积(环刀容积)(cm^3);

V_1——试样烘干后的体积(cm^3)。

5.4 以线缩率为纵坐标,含水率为横坐标,绘制关系曲线,如图T 0121-2。如I和II阶段的转折点明显,则与其相应的横坐标值即为原状土的缩限w'_s。否则,延长I、II阶段的直线段,两者交点相应的横坐标值即为原状土的近似缩限。

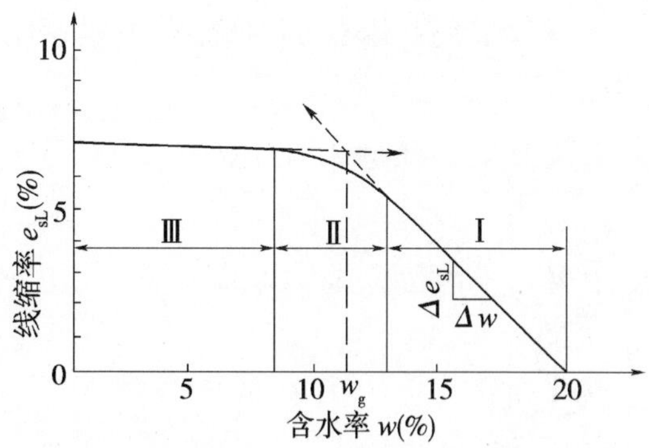

图T 0121-2 含水率与线缩率的关系曲线

5.5 本试验记录格式如表T 0121-1。

6 报告

6.1 土的鉴别分类和代号。

表 T 0121-1　原状土收缩试验记录

工程名称________________　　　　试 验 者________________

土样编号________________　　　　计 算 者________________

仪器编号________________　　　　校 核 者________________

土样说明________________　　　　试验日期________________

日期(d.h)	百分表读数(1/100)	单向收缩率(mm)	线缩率(%)	试样质量(g)	水质量(g)	含水率(%)	试验前后状态
14.15	0	0	0	120.12	31.12	35.0	试样原高度 = 20mm
15.8	19.3	0.19	0.95	118.3	29.3	32.9	试样面积 = 30cm^2
16.0	50.0	0.50	2.50	113.7	24.7	27.7	试验前含水率 = 35%
16.8	63.0	0.63	3.15	112.2	23.2	26.1	试验前干密度 = 1.48g/cm^3
16.0	94.5	0.95	4.75	109.3	22.3	22.8	试验后干土质量 = 89g
17.8	97.6	0.98	4.90	108.7	19.7	22.1	试验后试样尺寸：
18.0	110.8	1.11	5.55	107.1	18.1	20.3	高度 = 1.71cm
18.8	116.6	1.17	5.85	106.6	17.4	19.5	直径 = 5.80cm
19.8	124.8	1.25	6.25	105.3	16.3	18.2	
21.8	129.8	1.30	6.50	104.6	15.6	17.6	
23.8	134.0	1.34	6.70	104.0	15.0	16.9	
25.8	139.0	1.39	6.95	103.4	14.4	16.2	
27.8	142.0	1.42	7.10	102.7	14.1	15.8	
29.8	146.0	1.46	7.30	102.4	13.4	5.0	
31.8	155.0	1.55	7.75	101.1	12.1	13.6	
2.8	163.0	1.63	8.15	99.7	10.7	12.0	
4.8	168.0	1.68	8.40	97.9	8.9	10.0	
6.8	168.1	1.68	8.40	95.7	6.7	7.5	
8.8	168.1	1.68	8.40	94.8	5.8	6.5	
体缩(%)		24.6	收缩系数		0.37	缩限(%)	12.3

6.2　土的体缩率 e_s(%)。

6.3　土的线缩率 e_{sL}(%)。

6.4　土的缩限 w'_s(%)。

条文说明

1　随着土体含水率的减少，土的收缩过程大致可分三个阶段(见图 T 0121-3)：直线收缩阶段(Ⅰ)，其斜率为收缩系数；曲线过渡阶段(Ⅱ)，随土质不同，曲线各异；近水平直线阶段，此时土的体积基本上不再收缩。根据定义，缩限系指土在收缩过程中，体积不再变化时所对应的含水率，即图T 0121-3中C点所对应的含水率。但在实际过程中很难确定这一点，因此，通常以过渡阶段曲线的拐点E(即Ⅰ、Ⅲ两阶段直线延长线的交点)所对应的含水率w'_s代替。根据试验和计算，含水率小于w'_s后，土体减少的收缩率仅为总收缩的5%～10%；Terzaghi也曾测得这种附加的收缩率小于总收缩率的5%，可见以E点代替C点的误差是不大的。

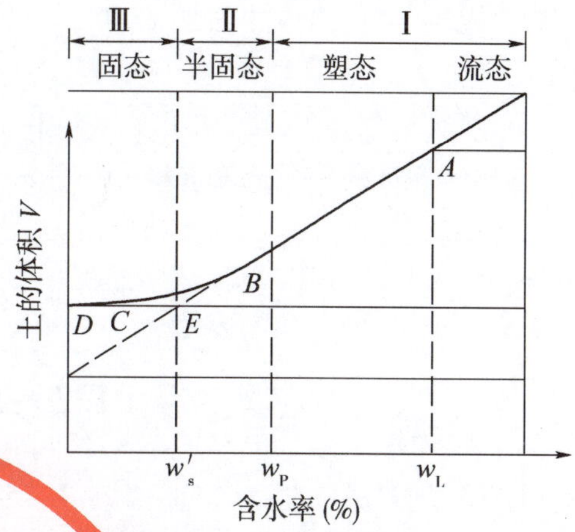

图T 0121-3　土体收缩过程

本试验的目的是测定原状土和击实土试样在自然风干条件下的线缩率、体缩率、缩限及收缩系数等收缩指标。

2　在仪器设备方面，目前国内多采用轻金属制成百分表架与托板连在一起的形式，以便整体称量，避免反复装卸试样。也有专用的干缩仪，设有电热干燥器，或放干燥剂，可以减轻气温变化的影响，并可随时称质量。有的单位提出用微波干燥的方法，在低温下快速干缩，大约1～2h即可完成收缩全过程。迄今还没有定型设备。

3　原状土收缩试验的方法很多，大部分为直接量测法。例如，将原状土切削成立方体或长方体，以量测各个棱边长度的变化，或在土块四周和上端安装百分表，观测整体收缩变形量。在方法上一致的是试样上放测板，下放多孔板，利用低温和干燥剂等。在量测方面，除卡尺、百分表、蜡封法外，近来也有用聚氯乙烯封闭的。这对体积变形复杂或对发生细裂纹的试样，有一定适应性。

11　土的天然稠度试验

T 0122—2007　天然稠度试验

1　目的和适用范围

1.1　土的液限与天然含水率之差和塑性指数之比,称为土的天然稠度。

1.2　本试验采用直接法和间接法。直接法是按烘干法(T 0103—1993)测定原状土的天然含水率,用稠度公式计算土的天然稠度。间接法是用 LP—100 型液限塑限联合测定仪测定天然结构土体的锥入深度,并用联合测定结果确定土的天然稠度。

2　仪器设备

2.1　LP—100 型液限塑限联合测定仪。

2.2　环刀:直径 5 ~ 6cm,高 3 ~ 4cm。

2.3　其他:削土刀、钢丝锯、凡士林、含水率试验设备等。

3　试验步骤

3.1　按含水率试验中烘干法(T 0103—1993)的试验步骤测定原状土的天然含水率。

3.2　切削具有天然含水率、土质均匀的试件 1 块,其长度、宽度(或直径)不小于 5cm,厚度不小于 3cm。整平上下面。对于软黏土,若能用环刀切入土体时,将切入环刀后的土体整平上下面。

3.3　将制备好的试样按液限塑限联合测定法(T 0118—2007)测定其液限和塑限。按(T 0118—2007)中 3.3 ~ 3.8 条步骤测定其锥入深度,填入记录表内。

3.4　改变锥尖在试件表面的位置 3 ~ 5 处(锥尖之间的距离不小于 1cm),测其锥入深度,并记入记录表内。

4 结果整理

4.1 由联合测定，已知土的液限 w_L 和塑性指数 I_P；由含水率试验，已知土的天然含水率 w。将这些数据代入下式，即可计算该土的天然稠度 w_c：

$$w_c = \frac{w_L - w}{I_P} \tag{T 0122-1}$$

4.2 土体的含水率 w 和锥入深度 h 为曲线关系，用下式表示：

$$\lg h = \alpha + \beta \lg w \tag{T 0122-2}$$

或

$$\lg h = \alpha + \beta \lg(w_L - I_P w_c) \tag{T 0122-3}$$

式中：

$$\beta = \frac{\lg 20 - \lg h_P}{\lg w_L - \lg w_P}$$

$$\alpha = \lg 20 - \beta \lg w_L$$

在联合测定法中，w_L、w_P、h_P 和 I_P 均为已知，测得锥入深度 h 后，由公式（T 0122-3）或查由该式绘制的诺谟图，即可求得稠度 w_c。

4.3 由测得的多个锥入深度中取占多数的值，或对允许误差范围内的数值求其平均值，作为计算锥入深度。根据联合测定时该土样的塑限入土深度 h_P，由图 T 0122-1 查得相应的稠度 w_c 值。

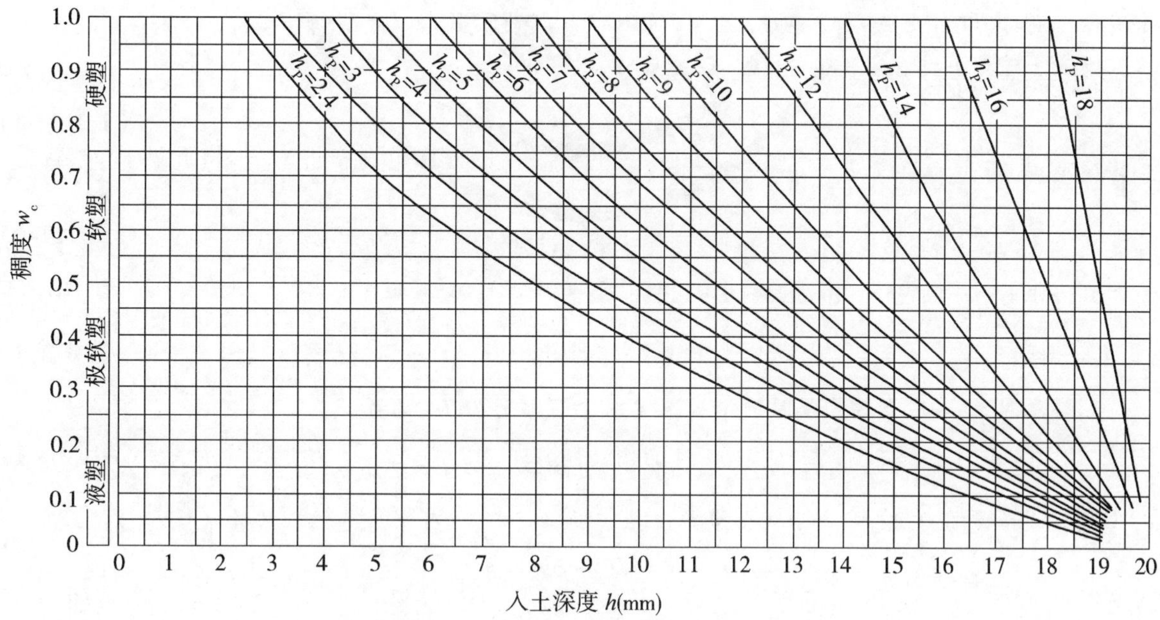

图 T 0122-1 入土深度与天然稠度的诺谟图

4.4 本试验记录格式如表 T 0122-1。

表 T 0122-1 天然稠度试验记录

工程编号________ 土样编号________ 取土深度________

土样制备说明________ 试验日期________

试 验 者________ 计 算 者________ 校 核 者________

锥入深度 h(mm)						最后所取读数 h(mm)	塑限锥入深度 h_P(mm)	稠度 w_c	土的状态描述	备 注
试验次数	1	2	3	4	5					
	12.5	12.3	12.5	12.5	12.7	12.5	3	0.36	极软塑	按图 T 0122-1

5 报告

5.1 土的鉴别分类和代号。

5.2 土的天然稠度 w_c 值。

条文说明

液限塑限联合测定用双对数坐标绘制含水率与入土深度的关系时,有很好的线性关系。稠度的划分,既然为 0~1.0,那就不能用双对数坐标来表示入土深度与稠度的关系,而须用普通坐标来表示它们的关系。这就带来一个问题:究竟入土深度与稠度是线性关系或是曲线关系?所谓线性关系,就是入土深度 h 与 w_c 的关系可以式(T 0122-4)表示:

$$w_c = \frac{w_L - f(h)}{I_P} \tag{T 0122-4}$$

式中有两个变数,即自变数 $f(h)$ 和因变数 w_c,因 w_L 和 I_P 为常数,故构成线性关系。

如果入土深度 h 与含水率 w 是双对数关系,则:

$$\lg h = \alpha + \beta \lg w \tag{T 0122-5}$$

将稠度公式(T 0122-1)代入上式得:

$$\lg h = \alpha + \beta \lg(w_L - w_c I_P) \tag{T 0122-6}$$

当土达到液限时,$w = w_L$,$h = 20$mm,式(T 0122-6)变为:

$$\lg 20 = \alpha + \beta \lg w_L \tag{T 0122-7}$$

当土达到塑限时,$w = w_P$,h 为塑限时的锥入深度 h_P,式(T 0122-6)变为:

$$\lg h_P = \alpha + \beta \lg w_P \tag{T 0122-8}$$

式(T 0122-7)和式(T 0122-8)表示两个边界情况。联解此二式,可求得不同土质的系数 α、β 值,即

$$\alpha = \lg 20 - \beta \lg w_L$$

$$\beta = \frac{\lg 20 - \lg h_P}{\lg w_L - \lg w_P}$$

根据联合测定结果，对348个土样入土深度与含水率双对数图进行了验证，发现实测入土深度与按式(T 0122-6)的计算深度十分吻合，而与按式(T 0122-4)计算的深度偏离很大，这就证明了稠度与入土深度在普通坐标上应是曲线关系，从而否定了多年来国内外认为是线性关系的结论，也间接证明了入土深度与含水率在双对数坐标上应是直线关系。

对于一个具体土样而言，h_L 和 h_P 根据联合试验为已知值，塑性指数 I_P 也为已知值，于是 h 与 w_c 之间的关系就可进行计算了。

12 砂的相对密度试验

T 0123—1993 砂的相对密度试验

1 目的和适用范围

1.1 相对密度是砂紧密程度的指标,等于其最大孔隙比与天然孔隙比之差和最大孔隙比与最小孔隙比之差的比值。

1.2 本试验的目的是求无凝聚性土的最大与最小孔隙比,用于计算相对密度,借此了解该土在自然状态或经压实后的松紧情况和土粒结构的稳定性。

1.3 本试验适用于颗粒直径小于5mm的土,且粒径2~5mm的试样质量不大于试样总质量的15%。

2 仪器设备

2.1 量筒:容积为500mL及1 000mL两种,后者内径应大于60mm。

2.2 长颈漏斗:颈管内径约12mm,颈口磨平(图T 0123-1)。

2.3 锥形塞:直径约15mm的圆锥体镶于铁杆上(图T 0123-1)。

2.4 砂面拂平器(图T 0123-1)。

2.5 电动最小孔隙比仪,如无此种仪器,可用下列2.6~2.8设备。

2.6 金属容器,有以下两种:

2.6.1 容积250mL,内径50mm,高度127mm。

2.6.2 容积1 000mL,内径100mm,高度127mm。

2.7 振动仪(图 T 0123-2)。

2.8 击锤:锤重 1.25kg,高度 150mm,锤座直径 50mm(图 T 0123-3)。

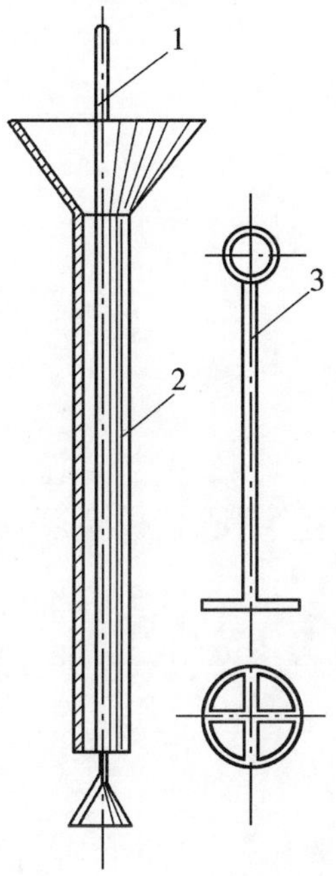

图 T 0123-1　长颈漏斗
1-锥形塞;2-长颈漏斗;3-拂平器

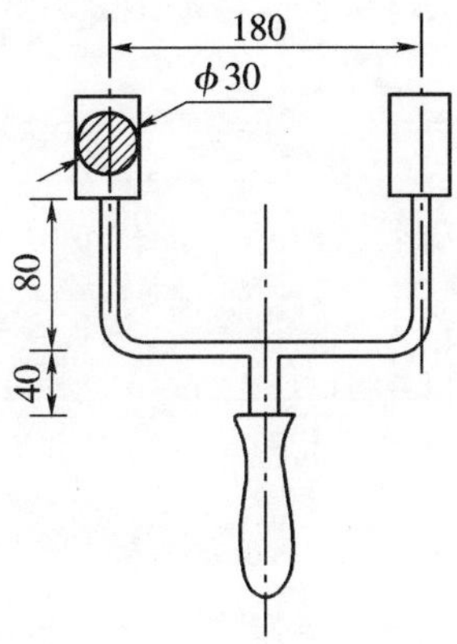

图 T 0123-2　振动仪(单位:mm)

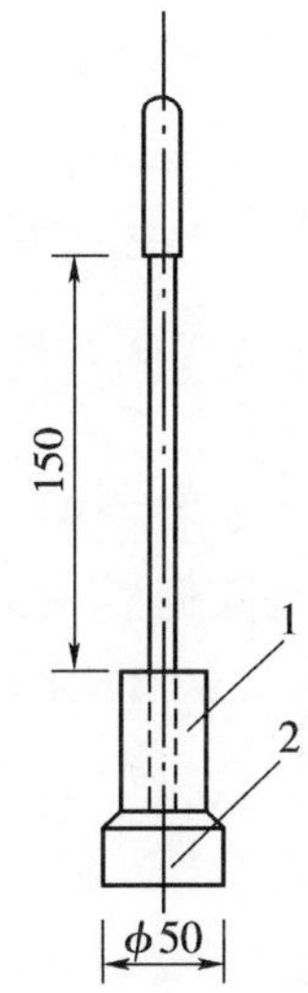

图 T 0123-3　击锤(单位:mm)
1-击锤;2-锤座

2.9 台秤:感量 1g。

3　试验步骤

3.1　最大孔隙比的测定

3.1.1 取代表性试样约 1.5kg,充分风干(或烘干),用手搓揉或用圆木棍在橡皮板上碾散,并拌和均匀。

3.1.2 将锥形塞杆自漏斗下口穿入,并向上提起,使锥体堵住漏斗管口,一并放入容积 1 000mL 量筒中,使其下端与量筒底相接。

3.1.3 称取试样 700g,准确至 1g,均匀倒入漏斗中,将漏斗与塞杆同时提高,移动塞杆使锥体略离开管口,管口应经常保持高出砂面约 1～2cm,使试样缓缓且均匀分布地落入量筒中。

3.1.4 试样全部落入量筒后取出漏斗与锥形塞,用砂面拂平器将砂面拂平,勿使量筒振动,然后测读砂样体积,估读至 5mL。

3.1.5 以手掌或橡皮塞堵住量筒口,将量筒倒转,缓慢地转动量筒内的试样,并回到原来位置,如此重复几次,记下体积的最大值,估读至5mL。

3.1.6 取上述两种方法测得的较大体积值,计算最大孔隙比。

3.2 最小孔隙比的测定

3.2.1 取代表性试样约4kg,按本试验3.1.1步骤处理。

3.2.2 分三次倒入容器进行振击,先取上述试样600~800g(其数量应使振击后的体积略大于容器容积的1/3)倒入1 000cm^3容器内,用振动仪以150~200次/min的速度敲打容器两侧,并在同一时间内,用击锤于试样表面锤击30~60次/min,直至砂样体积不变为止(一般5~10min)。敲打时要用足够的力量使试样处于振动状态;振击时,粗砂可用较少击数,细砂应用较多击数。

3.2.3 如用电动最小孔隙比试验仪时,当试样同上法装入容器后,开动电机,进行振击试验。

3.2.4 按本试验3.2.2步骤进行后两次加土的振动和锤击,第三次加土时应先在容器口上安装套环。

3.2.5 最后一次振毕,取下套环,用修土刀齐容器顶面削去多余试样,称量,准确至1g,计算其最小孔隙比。

4 结果整理

4.1 按下列公式计算最小与最大干密度:

$$\rho_{dmin} = \frac{m}{V_{max}} \tag{T 0123-1}$$

$$\rho_{dmax} = \frac{m}{V_{min}} \tag{T 0123-2}$$

式中:ρ_{dmin}——最小干密度(g/cm^3),计算至0.01;

ρ_{dmax}——最大干密度(g/cm^3),计算至0.01;

m——试样质量(g);

V_{max}——试样最大体积(cm^3);

V_{min}——试样最小体积(cm^3)。

4.2 按下列公式计算最大与最小孔隙比：

$$e_{max}=\frac{\rho_{w}G_{s}}{\rho_{dmin}}-1 \tag{T 0123-3}$$

$$e_{min}=\frac{\rho_{w}G_{s}}{\rho_{dmax}}-1 \tag{T 0123-4}$$

式中：e_{max}——最大孔隙比，计算至0.01；

e_{min}——最小孔隙比，计算至0.01；

G_s——土粒比重；

ρ_{dmin}——最小干密度（g/cm^3）；

ρ_{dmax}——最大干密度（g/cm^3）。

4.3 按下列公式计算相对密度：

$$D_r=\frac{e_{max}-e_0}{e_{max}-e_{min}} \tag{T 0123-5}$$

或

$$D_r=\frac{(\rho_d-\rho_{dmin})\rho_{dmax}}{(\rho_{dmax}-\rho_{dmin})\rho_d} \tag{T 0123-6}$$

式中：D_r——相对密度，计算至0.01；

ρ_{dmin}——最小干密度（g/cm^3）；

ρ_{dmax}——最大干密度（g/cm^3）；

e_0——天然孔隙比或填土的相应孔隙比；

e_{max}——最大孔隙比；

e_{min}——最小孔隙比；

ρ_d——天然干密度或填土的相应干密度（g/cm^3）。

4.4 本试验记录格式如表T 0123-1。

表 T 0123-1 相对密度试验记录

工程名称______________ 试 验 者______________

土样编号______________ 计 算 者______________

试验日期______________ 校 核 者______________

试验项目				最大孔隙比		最小孔隙比		备注
试验方法				漏斗法		振击法		
试样+容器质量	(g)	(1)				2 162	2 165	
容器质量	(g)	(2)		750				
试样质量	(g)	(3)	(1)-(2)	400	420	412	415	
试样体积	(cm^3)	(4)		335	350	250		

续上表

<table>
<tr><td colspan="3">试验项目</td><td>最大孔隙比</td><td>最小孔隙比</td><td rowspan="2">备注</td></tr>
<tr><td colspan="3">试验方法</td><td>漏斗法</td><td>振击法</td></tr>
<tr><td>干密度 (g/cm³)</td><td>(5)</td><td>(3) ÷ (4)</td><td>1.20</td><td>1.20</td><td></td></tr>
<tr><td>平均干密度 (g/cm³)</td><td>(6)</td><td></td><td>1.20</td><td>1.66</td><td></td></tr>
<tr><td>比重 G_s</td><td>(7)</td><td></td><td colspan="2">2.65</td><td></td></tr>
<tr><td>孔隙比 e</td><td>(8)</td><td></td><td>1.21</td><td>0.59</td><td></td></tr>
<tr><td>天然干密度 (g/cm³)</td><td>(9)</td><td></td><td colspan="2">1.30</td><td></td></tr>
<tr><td>天然孔隙比 e_0</td><td>(10)</td><td></td><td colspan="2">1.04</td><td></td></tr>
<tr><td>相对密度 D_r</td><td>(11)</td><td></td><td colspan="2">0.27</td><td></td></tr>
</table>

4.5 精密度和允许差。

最小与最大干密度,均须进行两次平行测定,取其算术平均值,其平行差值不得超过0.03g/cm³。

5 报告

5.1 砂类土的鉴别分类和代号。

5.2 砂的相对密度 D_r 值。

条文说明

1 相对密度是无凝聚性粗粒土紧密程度的指标,对于土质建筑物地基的稳定性,特别是在抗震稳定性方面,具有重要的意义。

2 相对密度试验中的三个参数,即最大干密度、最小干密度及现场干密度对相对密度值都很敏感。因此,试验方法和仪器设备的标准化是十分重要的。然而,目前没有统一而完善的测求最大、最小孔隙比的方法,天然孔隙比的测定也存在不少问题。从国外情况看,美国对相对密度试验研究较多,最大密度试验方法也基本上统一用振动台法。

3 (I)最小干密度试验

测定最大孔隙比即最小干密度的方法常见的有漏斗法、量筒法和松砂器法。水电部门的对比试验结果表明,几种方法所得结果相差不大,但各种方法本身尚存在不同的问题。漏斗法是用小的管径来控制砂样,使其均匀缓慢地落入量筒,以达到很疏松的堆积。但由于受漏斗管径的限制,有些粗颗粒受到阻塞;加大管径又不易控制砂样的慢慢流出,故一般只适用于较小颗粒的砂样。慢速倒转法由于颗粒下落较慢,粗颗粒下落较快,产生粗细颗粒分层现象。采用慢速倒转法虽然存在一些缺点,但能达到较松的密度,测得最大孔隙比。

(II)最大干密度试验

测定砂的最小孔隙比即最大干密度,国外采用振动台法,国内以往采用振动锤击法。

通常采用的方法,按加力性质可分为三大类:锤击法、振动法、锤击与振动或静荷载与振动联合使用的方法。锤击法主要适用于略具黏性的砂土,与击实试验的作用相同。振动法是一种较好的方法,因能产生不同的惯性力而引起密度的增加,所以美国 ASTM 将其列为标准试验方法。锤击与振动联合使用的方法,兼有振动与锤击的优点。将两种方法进行比较,结果表明,振动锤击法比振动台法测得的最大干密度为大,如表 T 0123-2。

表 T 0123-2　不同方法测得的最大干密度（单位:g/cm^3）

土　类	振动台法		振动锤击法	
	干　法	湿　法	干　法	湿　法
标准砂	1.65	1.72	1.78	1.72
黄砂	1.88	1.94	2.04	1.96

鉴于以上试验结果,本规程仍以振动锤击法作为测定最大干密度的标准方法。

13 土的湿化试验

T 0171—2007 湿 化 试 验

1 目的和适用范围

1.1 土的湿化是土体在水中发生崩解的现象。本试验的目的是测定具有结构性的黏质土体在水中的崩解速度,作为湿法填筑路堤选择土料的标准之一。

1.2 本试验方法适用于粒径不大于10mm的土。

2 仪器设备

2.1 浮筒:长颈锥体,下有挂钩,颈上有刻度,分度值为5,如图T 0171-1所示。

2.2 网板:10cm × 10cm。金属方格网,孔眼$1cm^2$,可挂在浮筒下端。

2.3 玻璃水筒:宽约15cm,高约70cm,长度视需要而定,内盛清水。

2.4 天平:称量500g,分度值0.01g。

2.5 其他:烘箱、干燥器、时钟、切土刀、调土皿、称量皿等。

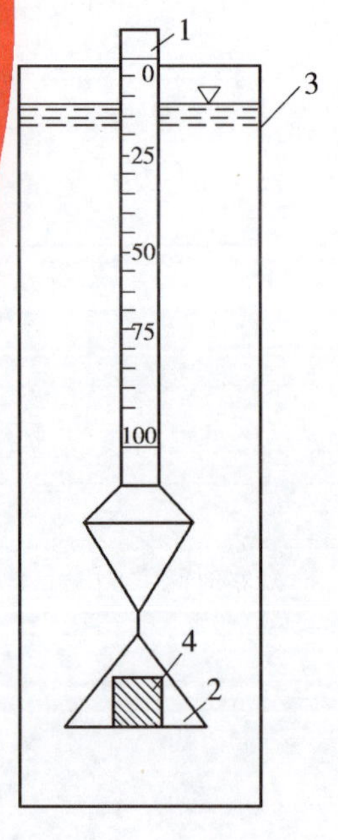

图T 0171-1 湿化仪示意图

1-浮筒;2-网板;3-玻璃水筒;4-试样

3 试验步骤

3.1 按需要取原状土或用扰动土制备成所需状态的土样,用切土刀切边长为50mm的立方体试样6个。

3.2 按本规程含水率试验、密度试验中规定测定试样的含水率及密度。

3.3 将试样放在网板中央,网板挂在浮筒下,然后手持浮筒颈端,迅速地将试样浸入水筒中，开动秒表。

3.4 立即测记开始时浮筒齐水面处刻度的瞬间稳定读数及开始时间。

3.5 在试验开始后按 1min、3min、10min、30min、60min、2h、3h、4h……测记浮筒齐水面处的刻度读数，并描述各时该试样的崩解情况。根据试样崩解的快慢，可适当缩短或延长测读的时间间隔。

3.6 当试样完全通过网板落下后，试验即告结束。如果试样长期不崩解时，则记试样在水中的情况，直到 6 个试样试验完毕。

4 结果整理

4.1 按下式计算崩解量：

$$A_t=\frac{R_t-R_0}{100-R_0}\times 100 \tag{T 0171-1}$$

式中：A_t——试样在时间 t 时的崩解量（%），计算至 0.01；

R_t——时间 t 时浮筒齐水面处的刻度读数；

R_0——试验开始时浮筒齐水面处刻度的瞬间稳定读数。

4.2 本试验的记录格式如表 T 0171-1。

表 T 0171-1 湿化试验记录表

工程编号________ 试 验 者________

土样编号________ 计 算 者________

仪器说明________ 校 核 者________

土样说明________ 试验用水________

密度 (g/cm^3) 含水率 (%)					
观察时间 年 月 (d:h:min)	经过 时间 (h:min)	浮筒 读数	浮筒 读数差	崩解量 (%)	崩解情况
		R_t	R_t-R_0	$A_t=\frac{R_t-R_0}{100-R_0}\times 100$	

4.3 精密度或允许误差。

若干次平行试验的偏差系数 C_v（%）应不大于 10%。

5 报告

5.1 土的鉴别分类和代号。

5.2 土的湿化崩解量 A_t 值(%)。

条文说明

1 用土作为建筑材料的公路工程,直接处于大气中,遭受着气候、水位变化的作用,土体易产生湿化的现象,以至于破裂、剥落或降低其强度和稳定性。另外,在湿法填筑路堤的设计与施工中,需要了解土料湿化崩解的速度,作为取舍料场的依据。因此测定土的湿化性能,是有重要意义的。

3.1 试样的选用取决于实际工作条件,如为地基土应采用原状土样;如为填筑的路堤,应取扰动土样,并控制一定的密度和含水率,制备成试样进行试验。在水利行业标准《水中填土筑坝暂行施工技术规范》中,规定以5cm×5cm×5cm的立方体土体进行湿化试验,作为选择土料标准之一。

3.5 试验中需要测定的指标,主要是土的崩解速度。因此,需要确定读数的时间间隔。

14　土中毛细管水上升高度试验

T 0128—1993　毛细管水上升高度试验

1　目的和适用范围

1.1　土的毛细管水上升高度是水在土孔隙中因毛细管作用而上升的最大高度。

1.2　本试验的目的是测定土的毛细管水上升高度和速度，用于估计地下水位升高时路基被浸湿的可能性和浸湿的程度。

1.3　结合道路工程的特点，本规程采用直接观测法。本试验适用于确定对道路发生危害的路基土的强烈毛细管水上升高度，即在含水率与上升高度的关系曲线上，取含水率等于塑限时的下部高度为强烈毛细管水上升高度。

2　仪器设备

2.1　毛细管试验仪：包括试验架、有机玻璃试验管、有机玻璃盛水筒、特制挂簧及挂绳等。

有机玻璃管内径4.0～4.5cm、壁厚3mm左右，每10cm开一直径10mm小洞，洞口配有能拧紧的有机玻璃小盖，下端和有机玻璃底座用丝扣相接，距零点1cm处开一排气小孔。管顶有可以通气的铝盖。底座上配有橡皮垫圈和铜丝网。若两根管相接，还有联结接口和螺栓。用特制弹簧保证盛水下降时水面高度始终保持不变，如图T 0128-1。

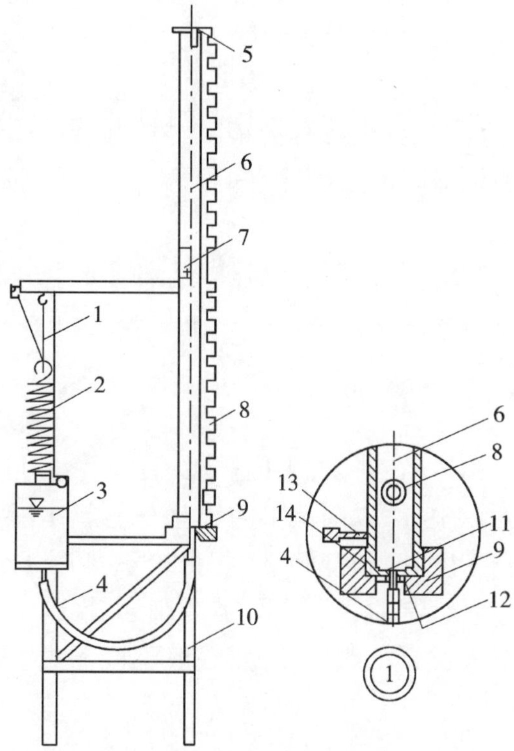

图 T 0128-1　毛细管试验仪

1-挂绳；2-特制弹簧；3-盛水筒；4-塑料管；5-铝盖；6-有机玻璃土样管；7-接口；8-ϕ10mm 小洞及螺盖；9-底座（详见①）；10-试验架；11-铜丝网；12-多孔圆铜板；13-排气孔；14-橡胶垫圈

2.2　其他：天平（感量0.01g）、烘箱、漏斗、捣棒等。

3　试验步骤

3.1　装好毛细管试验仪，将底座的垫圈和铜丝网垫好,然后与有机玻璃管拧紧,同时将管上排气孔和小孔全部拧上盖。对于毛细管水上升高度较大的土,如需要两根或两根以上的管时,应先准备好接口、螺栓,以便随时拼接。

3.2 取具有代表性的风干土样5kg左右(每个管需土2.0~2.5kg),借漏斗分数次装入有机玻璃管中,并用捣棒不断振捣,使其密实度均匀。当装满一根管后,若需要继续拼接时,用胶布将两管包好,外用接口接上,拧紧固定螺栓,继续将土样装入,同时边用捣棒振捣,直至装满为止。顶端盖上铝盖。

3.3 将有机玻璃管放入装好的试验架上,固定管身,使其垂直。

3.4 将盛水筒装满水,盖上盖子,拧上弹簧,接上塑料管,挂上挂绳。

3.5 用水平尺控制盛水筒水面比有机玻璃管零点高出0.5~1.0cm,然后固定挂绳于挂钩上,这时筒内水面高度将始终保持不变。

3.6 接通塑料管和有机玻璃管底部的接口,然后开启排气小孔,使空气排出,直到孔内有水流出时,拧紧螺帽。

3.7 从小孔有水排出时计起,经30min、60min,以后每隔数小时,根据管中土的颜色,测记该时的毛细管水上升高度,直至上升稳定为止。

3.8 若需要了解强烈毛细管水上升高度,可将筒壁小洞盖打开,依次用小勺取出土样,测其含水率。

4 结果整理

4.1 在半对数纸上,以毛细管水上升高度 h 为纵坐标,以时间 t 为横坐标,绘制毛细管水上升高度 h 与时间 t 的关系曲线,如图 T 0128-2。

绘制时,应根据实测值的散点分布,确定 h—t 关系的数学模型,一般可按下式表达:

$$h = \sqrt[n]{mt} \qquad (\text{T 0128-1})$$

式中:n、m——试验常数,用最小二乘法求得。

4.2 另绘制毛细管水上升高度 h 与含水率 w 的关系曲线,如图 T 0128-3。在横坐标上找出含水率等于该土塑限之点,从该点引垂线,交曲线

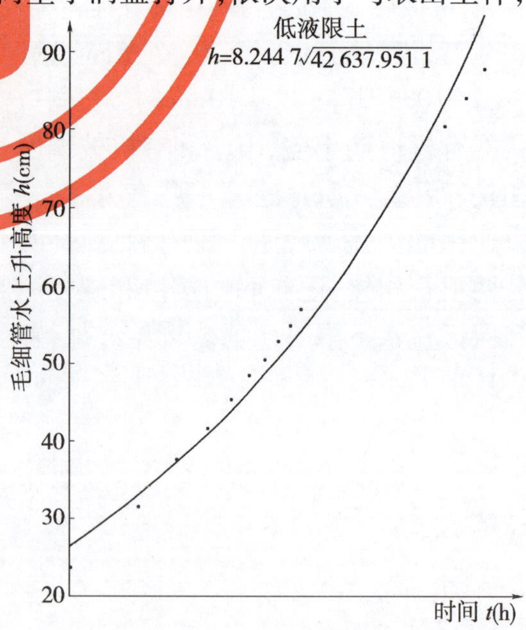

图 T 0128-2 毛细管水上升高度与时间的关系曲线

于 A 点，再由 A 点引水平线，交纵坐标于 B 点。B 点的纵坐标即代表该土的强烈毛细管水上升高度 h_c。

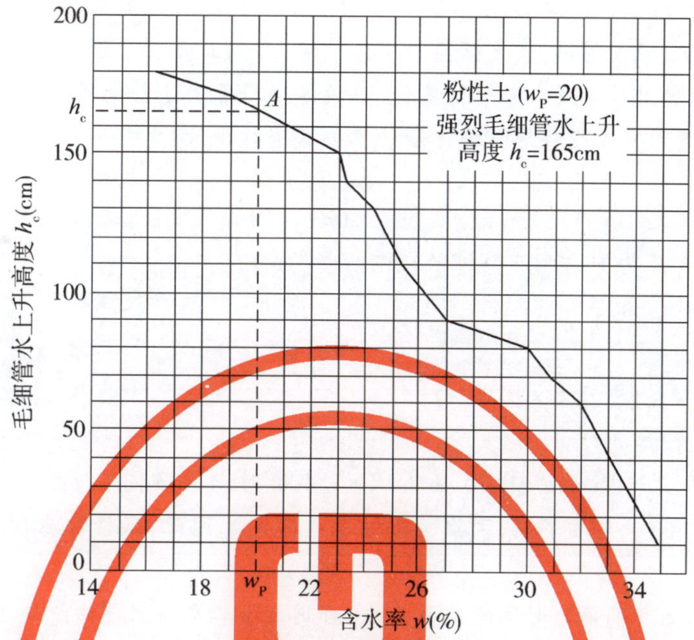

图 T 0128-3　毛细管水上升高度与含水率的关系曲线

4.3　试验记录格式如表 T 0128-1。

表 T 0128-1　强烈毛细管水上升高度试验记录

土样编号＿＿＿＿＿＿　　计 算 者＿＿＿＿＿＿

土样说明＿＿＿＿＿＿　　校 核 者＿＿＿＿＿＿

仪器编号＿＿＿＿＿＿　　试验日期＿＿＿＿＿＿

毛细管水上升高度(cm)	20	40	60	80	100	120	140	160
含水率(%)	34.3	33.2	30.7	27.0	26.2	24.8	23.2	21.0

5　报告

5.1　土的鉴别分类和代号。

5.2　土的强烈毛细管水上升高度 h_c 值(cm)。

条文说明

1　关于毛细管水上升高度试验，目前国际上用正、负水头作用的方法测得的毛细管水上升高度，实际上是毛细管水头，对路基影响不大，而对路基产生危害作用的是强烈毛细管水上升高度。要测定毛细管水上升高度，只能用直接观测法，按土的塑限值从上升高度与含水率的关系曲线上查出强烈毛细管水上升高度。以塑限作为强烈毛细管水上升高度的上限是因为含水率小于塑限时，对路基不发生危害。

2　铁道部科学研究院设计的毛细管水上升高度试验仪比一般的仪器优越，其特点是用特制挂簧能保证盛水筒水位下降时水面高度始终保持不变；升高盛水筒能加大水头作用，缩短观测时间；盛土样的管子采用有机玻璃管，经久耐用，装土捣实时不致破坏，其侧面开有间距10cm的小孔，便于取土测定含水率；能观测毛细管水上升速度。鉴于这些优点，故本规程选用这种仪器。

盛水筒弹簧可按下列密圈圆柱形螺旋弹簧计算公式进行设计：

$$\lambda = \frac{64PR^3 n}{Gd^4}$$

式中：λ——弹簧在轴向压力 P 作用下的伸长或缩短量(cm)；

R——弹簧圈半径(cm)；

n——弹簧圈数；

G——剪切弹簧模量(等于 8×10^7kPa)；

d——弹簧钢丝直径(cm)。

例如，当 $P=6.4$N，$\lambda=12$cm，$d=0.15$cm 和 $R=1.4$cm 时，$n=43$ 圈。

3　土样原始湿度不一，密度不同，试验所得结果也不同。因此，试验时应按具体要求控制管内土样的湿度和密度。

4　根据毛细管水上升高度与时间的关系曲线，可用最小二乘法求得曲线的类型，并可估算毛细管水上升的平均速度。

15 渗透试验

T 0129—1993 常水头渗透试验

1 目的和适用范围

1.1 本试验方法适用于砂类土和含少量砾石的无凝聚性土。

1.2 试验用水应采用实际作用于土的天然水。如有困难,允许用蒸馏水或一般经过滤的清水,但试验前必须用抽气法或煮沸法脱气。试验时水温宜高于试验室温度3~4℃。

2 仪器设备

2.1 常水头渗透仪(70型渗透仪):如图T 0129-1,其中有封底圆筒高40cm,内径10cm;金属孔板距筒底6cm。有三个测压孔,测压孔中心间距10cm,与筒边连接处有铜丝网;玻璃测压管内径为0.6cm,用橡皮管与测压孔相连。

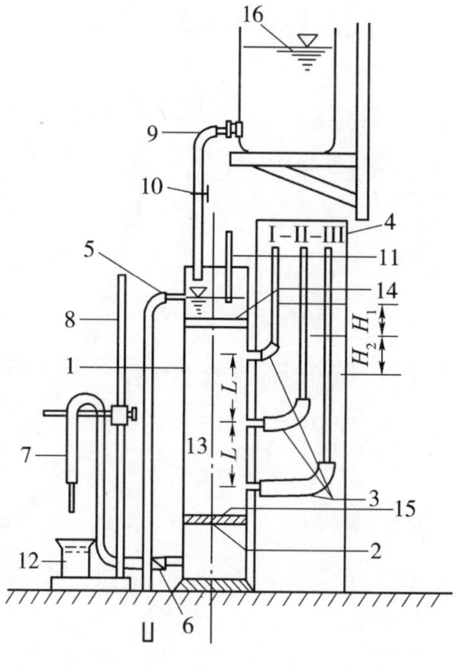

图T 0129-1 常水头渗透仪装置

1-金属圆筒;2-金属孔板;3-测压孔;4-测压管;5-溢水孔;6-渗水孔;7-调节管;8-滑动支架;9-供水管;10-止水夹;11-温度计;12-量杯;13-试样;14-砾石层;15-铜丝网;16-供水瓶

2.2 其他:木锤、秒表、天平等。

3 试验步骤

3.1 按图T 0129-1将仪器装好,接通调节管和供水管,使水流到仪器底部,水位略高于金属孔板,关止水夹。

3.2 取具有代表性土样3~4kg,称量,准确至1.0g,并测其风干含水率。

3.3 将土样分层装入仪器,每层厚2~3cm,用木锤轻轻击实到一定厚度,以控制孔隙比。如土样含黏粒比较多,应在金属孔板上加铺约2cm厚的粗砂作为缓冲层,以防细粒被水冲走。

3.4 每层试样装好后,慢慢开启止水夹,水由筒底向上渗入,使试样逐渐饱和。水面不得高出试样顶面。当水与试样顶面齐平时,关闭止水夹。饱和时水流不可太急,以免冲动试样。

3.5 如此分层装入试样、饱和,至高出测压孔 3 ~ 4cm 为止,量出试样顶面至筒顶高度,计算试样高度,称剩余土质量,准确至0.1g,计算装入试样总质量。在试样上面铺1 ~ 2cm 砾石作缓冲层,放水,至水面高出砾石层2cm 左右时,关闭止水夹。

3.6 将供水管和调节管分开,将供水管置入圆筒内,开启止水夹,使水由圆筒上部注入,至水面与溢水孔齐平为止。

3.7 静置数分钟,检查各测压管水位是否与溢水孔齐平,如不齐平,说明仪器有集气或漏气,需挤压测压管上的橡皮管,或用吸球在测压管上部将集气吸出,调至水位齐平为止。

3.8 降低调节管的管口位置,水即渗过试样,经调节管流出。此时调节止水夹,使进入筒内的水量多于渗出水量,溢水孔始终有余水流出,以保持筒中水面不变。

3.9 测压管水位稳定后,测记水位,计算水位差。

3.10 开动秒表,同时用量筒接取一定时间的渗透水量,并重复一次。接水时,调节管出水口不浸入水中。

3.11 测记进水和出水处水温,取其平均值。

3.12 降低调节管管口至试样中部及下部 1/3 高度处,改变水力坡降$\frac{H}{L}$,重复 3.8 ~ 3.11步骤进行测定。

4 结果整理

4.1 按下式计算干密度及孔隙比:

$$\rho_d = \frac{m_s}{Ah} \tag{T 0129-1}$$

$$e = \frac{G_s}{\rho_d} - 1 \tag{T 0129-2}$$

式中:ρ_d——干密度(g/cm^3),计算至0.01;

e——试样孔隙比,计算至0.01;

m_s——试样干质量(g);

$$m_s = \frac{m}{1 + w_h}$$

m——风干试样总质量(g);

w_h——风干含水率(%);

A——试样断面积(cm^2);

h——试样高度(cm);

G_s——土粒比重。

4.2 按下式计算渗透系数:

$$k_t = \frac{QL}{AHt} \tag{T 0129-3}$$

式中:k_t——水温 t℃时试样渗透系数(cm/s),计算至三位有效数字;

Q——时间 t 内的渗透水量(cm^3);

L——两测压孔中心之间的试样高度(等于测压孔中心间距:$L = 10cm$);

H——平均水位差(cm);

$$H = \frac{H_1 + H_2}{2}$$

t——时间(s)。

其他符号同上。

4.3 标准温度下的渗透系数按下式计算:

$$k_{20} = k_t \frac{\eta_t}{\eta_{20}} \tag{T 0129-4}$$

式中:k_{20}——标准水温(20℃)时试样的渗透系数(cm/s),计算至三位有效数字;

η_t——t℃时水的动力黏滞系数(kPa·s);

η_{20}——20℃时水的动力黏滞系数(kPa·s);

η_t/η_{20}——黏滞系数比,见表 T 0129-1。

表 T 0129-1 水的动力黏滞系数 η_t、黏滞系数比 $\frac{\eta_t}{\eta_{20}}$

温度 t(℃)	动力黏滞系数 η_t(10^{-6}kPa·s)	$\frac{\eta_t}{\eta_{20}}$	温度 t(℃)	动力黏滞系数 η_t(10^{-6}kPa·s)	$\frac{\eta_t}{\eta_{20}}$
10.0	1.310	1.297	14.5	1.160	1.148
10.5	1.292	1.279	15.0	1.144	1.133
11.0	1.274	1.261	15.5	1.130	1.119
11.5	1.256	1.243	16.0	1.115	1.104
12.0	1.239	1.227	16.5	1.101	1.090
12.5	1.223	1.211	17.0	1.088	1.077
13.0	0.206	1.194	17.5	1.074	1.066
13.5	1.190	1.178	18.0	1.061	1.050
14.0	1.175	1.163	18.5	1.048	1.038

续上表

温度 t(℃)	动力黏滞系数 η_t(10^{-6}kPa·s)	$\frac{\eta_t}{\eta_{20}}$	温度 t(℃)	动力黏滞系数 η_t(10^{-6}kPa·s)	$\frac{\eta_t}{\eta_{20}}$
19.0	1.035	1.025	24.5	0.909	0.900
19.5	1.022	1.012	25.0	0.899	0.890
20.0	1.010	1.000	25.5	0.889	0.880
20.5	0.998	0.988	26.0	0.879	0.870
21.0	0.986	0.976	26.5	0.869	0.861
21.5	0.974	0.964	27.0	0.860	0.851
22.0	0.963	0.953	27.5	0.850	0.842
22.5	0.952	0.943	28.0	0.841	0.833
23.0	0.941	0.932	28.5	0.832	0.824
23.5	0.930	0.921	29.0	0.823	0.815
24.0	0.920	0.910	29.5	0.814	0.806

4.4 根据需要,可在半对数坐标纸上绘制以孔隙比为纵坐标,渗透系数为横坐标的 e—k 关系曲线。

4.5 本试验记录格式如表 T 0129-2。

4.6 精密度和允许差。

一个试样多次测定时,应在所测结果中取 3 ~ 4 个允许差值符合规定的测值,求平均值,作为该试样在某孔隙比 e 时的渗透系数。允许差值不大于 2×10^{-n}。

5 报告

5.1 土的鉴别分类和代号。

5.2 土的渗透系数 k_{20} 值(cm/s)。

条文说明

1 渗透是水在多孔介质中运动的现象。若土中渗透水流呈层线状态,则渗透速度与水力坡降成正比。以达西定理表示,即

$$v = kJ$$

式中:v——渗透速度(cm/s);

k——渗透系数(cm/s);

J——水力坡降。

常水头渗透试验适用于砂类土。

表 T 0129-2 常水头渗透试验记录

工程名称______ 仪器编号______ 试样高度 $h=30\text{cm}$ 孔隙比 $e=0.95$ 试验者______

土样编号______ 测压孔间距 $L=10\text{cm}$ 试样干质量 $m_s=3\ 200\text{g}$ 计算者______ 校核者______

土样说明______ 试样断面积 $A=78.5\text{cm}^2$ 土粒比重 $G_s=2.65$ 试验日期______

试验次数	经过时间 t (s)	测压管水位			水位差			水力坡降 J	渗透水量 Q (cm^3)	渗透系数 k_t (cm/s)	平均水温 t (℃)	校正系数 $\frac{\eta_t}{\eta_{20}}$	水温 20℃时渗透系数 k_{20} (cm/s)	平均渗透系数 $\overline{k_{20}}$
		1 管 (cm)	2 管 (cm)	3 管 (cm)	H_1 (cm)	H_2 (cm)	平均 H (cm)							
(1)	(2)	(3)	(4)	(5)	(6)	(7)	(8)	(9)	(10)	(11)	(12)	(13)	(14)	(15)
					(3) − (4)	(4) − (5)	$\frac{(6)+(7)}{2}$	$\frac{(8)}{(10)}$		$\frac{(10)}{A(9)(2)}$			(11) × (13)	$\frac{\Sigma(14)}{n}$
1	518	45.0	43.0	41.0	2.0	2.0	2.0	0.20	110	0.013 5	13.5	1.176	0.015 9	
2	520	45.0	43.0	41.0	2.0	2.0	2.0	0.20	111	0.013 5	13.5	1.176	0.015 9	
3	200	43.8	39.4	35.0	4.4	4.4	4.4	0.44	92	0.013 5	13.5	1.176	0.015 9	
4	200	43.6	39.2	34.8	4.4	4.4	4.4	0.44	93	0.013 5	13.5	1.176	0.015 9	
5	125	44.3	36.5	28.7	7.8	7.8	7.8	0.78	105	0.013 7	13.5	1.176	0.016 1	
6	125	44.3	36.5	28.7	7.8	7.8	7.8	0.78	105	0.013 7	13.5	1.176	0.016 1	0.016

2　用于常水头渗透试验的仪器有70型渗透仪。这种仪器设备,操作方法和量测技术等方面与国外大同小异,国内各单位通过多年来工作实践认为是可行的。

3　渗透系数与水的动力黏滞系数成反比,而动力黏滞系数与温度有关,为此,在计算中要换算到标准温度下的渗透系数。关于标准温度,各国极不统一,美国采用20℃,日本采用15℃,前苏联采用10℃。为了与国标取得一致,故本规程也以20℃作为标准温度。

关于试验用水问题,水中含气体对渗透系数的影响,主要是由于水中气体分离,形成气泡堵塞土的孔隙,使渗透系数降低。因此,试验中要求用无气水,用实际作用于土中的天然水更好。本规程规定用过滤后的纯水进行脱气,并规定水温高于室温3~4℃,目的是避免水进入试样因温度升高而分解出气泡。

4　按土力学的基本公式计算干密度和孔隙比。根据渗透系数与动力黏滞系数成反比的关系,很容易把某温度下的渗透系数换算为标准温度下的渗透系数。

孔隙比与渗透系数的关系曲线,需要时才绘制。

T 0130—2007　变水头渗透试验

1　目的和适用范围

本试验方法适用于细粒土。本试验采用的蒸馏水,应在试验前用抽气法或煮沸法进行脱气。试验时的水温,宜高于室温3~4℃。

2　仪器设备

2.1　渗透容器:见图T 0130-1,由环刀、透水石、套环、上盖和下盖组成。环刀内径61.8mm,高40mm;透水石的渗透系数应大于10^{-3}cm/s。

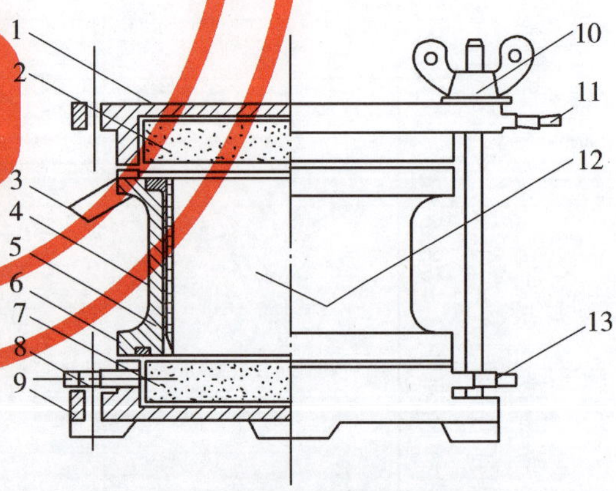

图T 0130-1　渗透容器

1-上盖;2-透水石;3-橡皮圈;4-环刀;5-盛土筒;6-橡皮圈;7-透水石;8-排气孔;9-下盖;10-固定螺杆;11-出水孔;12-试样;13-进水孔

2.2　变水头装置:由温度计(分度值0.2℃)、渗透容器、变水头管、供水瓶、进水管等组成(图T 0130-2)。变水头管的内径应均匀,管径不大于1cm,管外壁应有最小分度为1.0mm的刻度,长度宜为2m左右,如图T 0130-2。

2.3　其他:切土器、温度计、削土刀、秒表、钢丝锯、凡士林。

3　试样制备

应按本规程(T 0102—2007)的规定进行,并应测定试样的含水率和密度。

4　试验步骤

4.1　将装有试样的环刀装入渗透容器,用螺母旋紧,要求密封至不漏水不漏气。对不易透水的试样，进行抽气饱和；对饱和试样和较易透水的试样，直接用变水头装置的水头进行饱和。

4.2 将渗透容器的进水口与变水头管连接，利用供水瓶中的纯水向进水管注满水，并渗入渗透容器，开排气阀，排除渗透容器底部的空气，直至溢出水中无气泡，关排水阀，放平渗透容器，关进水管夹。

4.3 向进水头管注纯水，使水升至预定高度，水头高度根据试样结构的疏松程度确定，一般不应大于2m，待水位稳定后切断水源，开进水管夹，使水通过试样。当出水口有水溢出时开始测记变水头管中起始水头高度和起始时间，按预定时间间隔测记水头和时间的变化，并测记出水口的温度，准确至0.2℃。

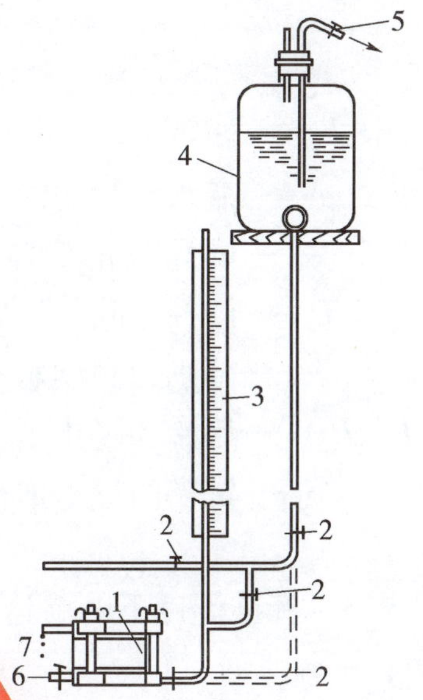

图 T 0130-2 变水头渗透装置

1-渗透容器；2-进水管夹；3-变水头管；4-供水瓶；5-接水源管；6-排气水管；7-出水管

4.4 将变水头管中的水位变换高度，待水位稳定再进行测记水头和时间变化，重复试验5～6次。当不同开始水头测定的渗透系数在允许差值范围内时，结束试验。

5 结果整理

5.1 按下式计算干密度及孔隙比：

$$\rho_d = \frac{m_s}{Ah} \tag{T 0130-1}$$

$$e = \frac{G_s}{\rho_d} - 1 \tag{T 0130-2}$$

式中：ρ_d——干密度（g/cm^3），计算至0.01；

e——试样孔隙比，计算至0.01；

m_s——试样干质量（g）；

$$m_s = \frac{m}{1 + w_h}$$

m——风干试样总质量（g）；

w_h——风干含水率（%）；

A——试样断面积（cm^2）；

h——试样高度（cm）；

G_s——土粒比重。

5.2 变水头渗透系数按下式计算：

$$k_t = 2.3\,\frac{aL}{A(t_2 - t_1)}\lg\frac{H_1}{H_2} \tag{T 0130-3}$$

式中:k_t——水温 t℃时的试样渗透系数(cm/s),计算至三位有效数字;

a——变水头管的内径面积(cm^2);

2.3——ln 和 lg 的变换因数;

L——渗径,即试样高度(cm);

t_1、t_2——分别为测读水头的起始和终止时间(s);

H_1、H_2——起始和终止水头;

A——试样的过水面积。

5.3 标准温度下的渗透系数按下式计算:

$$k_{20} = k_t\,\frac{\eta_t}{\eta_{20}} \tag{T 0130-4}$$

式中:k_{20}——标准水温(20℃)时试样的渗透系数(cm/s),计算至三位有效数字;

η_t——t℃时水的动力黏滞系数(kPa·s);

η_{20}——20℃时水的动力黏滞系数(kPa·s);

η_t/η_{20}——黏滞系数比,见表 T 0129-1。

5.4 根据需要,可在半对数坐标纸上绘制以孔隙比为纵坐标,渗透系数为横坐标的 e—k 关系曲线。

5.5 变水头渗透试验的记录格式见表 T 0130-1。

表 T 0130-1 变水头渗透试验记录

工程名称______ 仪器编号__________ 土粒比重 G_s = 2.71 试验者__________

土样编号______ 试样断面积 A = 30cm^2 孔隙比 e = 0.721 计算者______ 校核者______

土样说明 粉性土(原状) 试样高度 h_i = 4cm 测压管面积 a = 0.224cm^2 试验日期__________

历时 t 开始 t_1 (日时分)	历时 t 终了 t_2 (日时分)	历时 t 历时 t (s)	开始水头 h_1 (cm)	终了水头 h_2 (cm)	$2.3\frac{aL}{At}$ (cm/s)	$\lg\frac{H_1}{H_2}$	平均水温 t (℃)	水温 t℃时渗透系数 k_t (cm/s)	校正系数 η_t/η_{20} (cm/s)	水温20℃时渗透系数 k_{20} (cm/s)	平均渗透系数 k_{20} (cm/s)
(1)	(2)	(3)	(4)	(5)	(6)	(7)	(9)	(10)	(11)	(12)	(13)
		(2)-(1)								(10)×(11)	$\frac{\Sigma(12)}{n}$
4 8 30	4 8 31	60	160	125	1.15×10^{-3}	0.107 2	9	1.23×10^{-4}	1.334	1.65×10^{-4}	
4 8 31	4 8 32	60	160	125	1.15×10^{-3}	0.107 2	9	1.23×10^{-4}	1.334	1.65×10^{-4}	
4 8 32	4 8 33	60	160	126	1.15×10^{-3}	0.103 8	9	1.19×10^{-4}	1.334	1.59×10^{-4}	
4 8 33	4 8 34	60	160	126	1.15×10^{-3}	0.103 8	9	1.19×10^{-4}	1.334	1.59×10^{-4}	
4 8 34	4 8 35	60	160	126	1.15×10^{-3}	0.103 8	9	1.19×10^{-4}	1.334	1.59×10^{-4}	
4 8 35	4 8 36	60	160	127	1.15×10^{-3}	0.100 3	9	1.15×10^{-4}	1.334	1.54×10^{-4}	
4 8 36	4 8 37	60	160	127	1.15×10^{-3}	0.100 3	9	1.15×10^{-4}	1.334	1.54×10^{-4}	1.59×10^{-4}

5.6 精密度和允许差。

一个试样多次测定时，应在所测结果中取 3～4 个允许差值符合规定的测值，求平均值，作为该试样在某孔隙比 e 时的渗透系数。允许差值不大于 2×10^{-n}。

6 报告

6.1 土的鉴别分类和代号。

6.2 土的变水头渗透系数 k_{20} 值（cm/s）。

条文说明

1 变水头渗透试验适用于黏质土。

2 用于变水头渗透试验的仪器要求结构简单，止水严密，易于排气。由于《93 规程》中的变水头渗透试验方法已很少使用，本标准采用与国标和相关行业相同的简单的试验装置进行试验。

3 试验用水要求与常水头渗透试验相同。

用原状土试样试验时，可根据需要用环刀垂直或平行于土样层面切取；用扰动土样试验时，可按击实法制备试样，两者均须进行充水饱和。

4 渗透系数计算公式也进行了修订。

求得的渗透系数也是测试某一温度下的渗透系数，同样需换算为标准温度下的渗透系数。

16 土的击实试验

T 0131—2007 击 实 试 验

1 目的和适用范围

本试验方法适用于细粒土。

本试验分轻型击实和重型击实。内径 100mm 试筒适用于粒径不大于 20mm 的土。内径 152mm 试筒适用于粒径不大于 40mm 的土。

当土中最大颗粒粒径大于或等于 40mm,并且大于或等于 40mm 颗粒粒径的质量含量大于 5%时,则应使用大尺寸试筒进行击实试验,或按 5.4 条进行最大干密度校正。大尺寸试筒要求其最小尺寸大于土样中最大颗粒粒径的 5 倍以上,并且击实试验的分层厚度应大于土样中最大颗粒粒径的 3 倍以上。单位体积击实功能控制在 2 677.2 ~ 2 687.0kJ/m^3 范围内。

当细粒土中的粗粒土总含量大于 40%或粒径大于 0.005mm 颗粒的含量大于土总质量的 70%(即 d_{30}≤0.005mm)时,还应做粗粒土最大干密度试验,其结果与重型击实试验结果比较,最大干密度取两种试验结果的最大值。

2 仪器设备

2.1 标准击实仪(图 T 0131-1 和图 T 0131-2)。击实试验方法和相应设备的主要参数应符合表 T 0131-1 的规定。

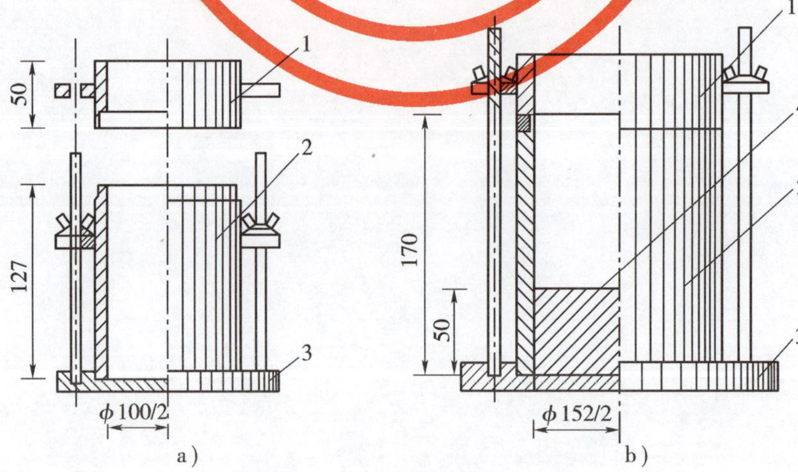

图 T 0131-1 击实筒(单位:mm)

a)小击实筒;b)大击实筒

1-套筒;2-击实筒;3-底板;4-垫板

表 T 0131-1　击实试验方法种类

试验方法	类别	锤底直径（cm）	锤质量（kg）	落高（cm）	试筒尺寸		试样尺寸		层数	每层击数	击实功（kJ/m^3）	最大粒径（mm）
					内径（cm）	高（cm）	高度（cm）	体积（cm^3）				
轻型	I-1	5	2.5	30	10	12.7	12.7	997	3	27	598.2	20
	I-2	5	2.5	30	15.2	17	12	2 177	3	59	598.2	40
重型	II-1	5	4.5	45	10	12.7	12.7	997	5	27	2 687.0	20
	II-2	5	4.5	45	15.2	17	12	2 177	3	98	2 677.2	40

2.2　烘箱及干燥器。

2.3　天平：感量 0.01g。

2.4　台秤：称量 10kg，感量 5g。

2.5　圆孔筛：孔径 40mm、20mm 和 5mm 各 1 个。

2.6　拌和工具：400mm × 600mm、深 70mm 的金属盘，土铲。

2.7　其他：喷水设备、碾土器、盛土盘、量筒、推土器、铝盒、修土刀、平直尺等。

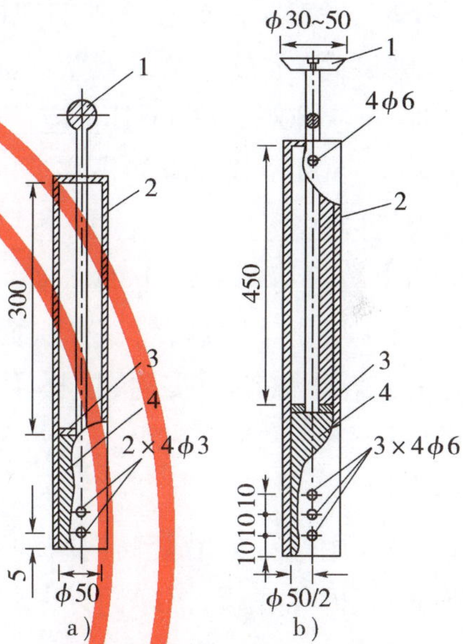

图 T 0131-2　击锤和导杆（单位：mm）

a）2.5kg 击锤（落高 30cm）；

b）4.5kg 击锤（落高 45cm）

1-提手；2-导筒；3-硬橡皮垫；4-击锤

3　试样

3.1　本试验可分别采用不同的方法准备试样。各方法可按表 T 0131-2 准备试料。

表 T 0131-2　试 料 用 量

使用方法	类　别	试筒内径（cm）	最大粒径（mm）	试料用量（kg）
干土法，试样不重复使用	b	10 15.2	20 40	至少 5 个试样，每个 3 至少 5 个试样，每个 6
湿土法，试样不重复使用	c	10 15.2	20 40	至少 5 个试样，每个 3 至少 5 个试样，每个 6

3.2　干土法（土不重复使用）。按四分法至少准备 5 个试样，分别加入不同水分（按 2% ~3% 含水率递增），拌匀后闷料一夜备用。

3.3　湿土法（土不重复使用）。对于高含水率土，可省略过筛步骤，用手拣除大于

40mm 的粗石子即可。保持天然含水率的第一个土样,可立即用于击实试验。其余几个试样,将土分成小土块,分别风干,使含水率按 2% ~3% 递减。

4 试验步骤

4.1 根据工程要求,按表 T 0131-1 规定选择轻型或重型试验方法。根据土的性质(含易击碎风化石数量多少、含水率高低),按表 T 0131-2 规定选用干土法(土不重复使用)或湿土法。

4.2 将击实筒放在坚硬的地面上,在筒壁上抹一薄层凡士林,并在筒底(小试筒)或垫块(大试筒)上放置蜡纸或塑料薄膜。取制备好的土样分 3 ~5 次倒入筒内。小筒按三层法时,每次 800 ~900g(其量应使击实后的试样等于或略高于筒高的 1/3);按五层法时,每次 400 ~500g(其量应使击实后的土样等于或略高于筒高的 1/5)。对于大试筒,先将垫块放入筒内底板上,按三层法,每层需试样 1 700g 左右。整平表面,并稍加压紧,然后按规定的击数进行第一层土的击实,击实时击锤应自由垂直落下,锤迹必须均匀分布于土样面,第一层击实完后,将试样层面“拉毛”然后再装入套筒,重复上述方法进行其余各层土的击实。小试筒击实后,试样不应高出筒顶面 5mm;大试筒击实后,试样不应高出筒顶面 6mm。

4.3 用修土刀沿套筒内壁削刮,使试样与套筒脱离后,扭动并取下套筒,齐筒顶细心削平试样,拆除底板,擦净筒外壁,称量,准确至 1g。

4.4 用推土器推出筒内试样,从试样中心处取样测其含水率,计算至 0.1%。测定含水率用试样的数量按表 T 0131-3 规定取样(取出有代表性的土样)。两个试样含水率的精度应符合本试验第 5.6 条的规定。

表 T 0131-3 测定含水率用试样的数量

最大粒径(mm)	试样质量(g)	个 数
<5	15 ~20	2
约 5	约 50	1
约 20	约 250	1
约 40	约 500	1

4.5 对于干土法(土不重复使用)和湿土法(土不重复使用),将试样搓散,然后按本试验第 3 条方法进行洒水、拌和,每次约增加 2% ~3% 的含水率,其中有两个大于和两个小于最佳含水率,所需加水量按下式计算:

$$m_w = \frac{m_i}{1+0.01w_i} \times 0.01(w - w_i) \quad (T\ 0131\text{-}1)$$

式中:m_w——所需的加水量(g);

m_i——含水率 w_i 时土样的质量(g)；

w_i——土样原有含水率(%)；

w——要求达到的含水率(%)。

按上述步骤进行其他含水率试样的击实试验。

5 结果整理

5.1 按下式计算击实后各点的干密度：

$$\rho_d = \frac{\rho}{1+0.01w} \tag{T 0131-2}$$

式中：ρ_d——干密度(g/cm^3)，计算至0.01；

ρ——湿密度(g/cm^3)；

w——含水率(%)。

5.2 以干密度为纵坐标，含水率为横坐标，绘制干密度与含水率的关系曲线(图T 0131-3)，曲线上峰值点的纵、横坐标分别为最大干密度和最佳含水率。如曲线不能绘出明显的峰值点，应进行补点或重做。

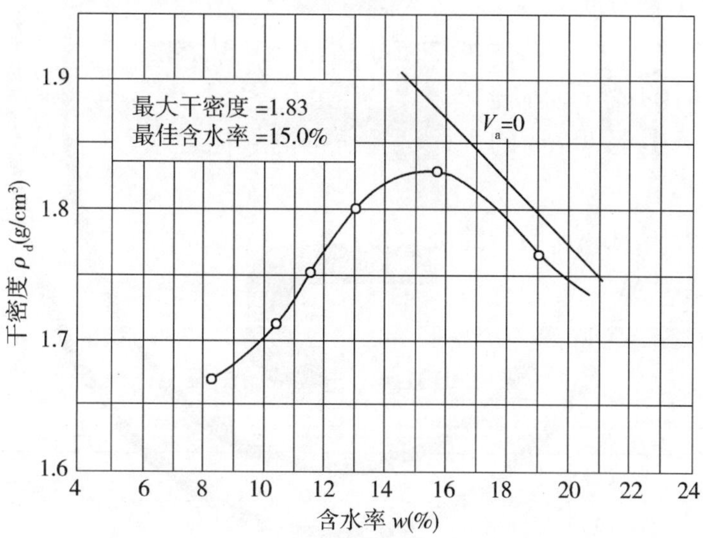

图T 0131-3 含水率与干密度的关系曲线

5.3 按下式计算饱和曲线的饱和含水率 w_{max}，并绘制饱和含水率与干密度的关系曲线图。

$$w_{max} = \left[\frac{G_s\rho_w(1+w)-\rho}{G_s\rho}\right]\times 100 \tag{T 0131-3}$$

或

$$w_{max} = \left(\frac{\rho_w}{\rho_d}-\frac{1}{G_s}\right)\times 100 \tag{T 0131-4}$$

式中：w_{max}——饱和含水率(%)，计算至0.01；

ρ——试样的湿密度(g/cm^3)；

ρ_w——水在4℃时的密度(g/cm^3);
ρ_d——试样的干密度(g/cm^3);
G_s——试样土粒比重,对于粗粒土,则为土中粗细颗粒的混合比重;
w——试样的含水率(%)。

5.4 当试样中有大于40mm的颗粒时,应先取出大于40mm的颗粒,并求得其百分率p,把小于40mm部分做击实试验,按下面公式分别对试验所得的最大干密度和最佳含水率进行校正(适用于大于40mm颗粒的含量小于30%时)。

最大干密度按下式校正:

$$\rho'_{dm}=\frac{1}{\frac{1-0.01p}{\rho_{dm}}+\frac{0.01p}{\rho_w G'_s}} \tag{T 0131-5}$$

式中:ρ'_{dm}——校正后的最大干密度(g/cm^3),计算至0.01;
ρ_{dm}——用粒径小于40mm的土样试验所得的最大干密度(g/cm^3);
p——试料中粒径大于40mm颗粒的百分率(%);
G'_s——粒径大于40mm颗粒的毛体积比重,计算至0.01。

最佳含水率按下式校正:

$$w'_0=w_0(1-0.01p)+0.01pw_2 \tag{T 0131-6}$$

式中:w'_0——校正后的最佳含水率(%),计算至0.01;
w_0——用粒径小于40mm的土样试验所得的最佳含水率(%);
p——同前;
w_2——粒径大于40mm颗粒的吸水量(%)。

5.5 本试验记录格式如表T 0131-4。

表T 0131-4 击实试验记录

校核者________ 计算者________ 试验者________

土样编号		筒号		落距	45cm	
土样来源		筒容积	$997cm^3$	每层击数	27	
试验日期		击锤质量	4.5kg	大于5mm颗粒含量		
干密度	试验次数		1	2	3	4	5
	筒+土质量	(g)	2 981.8	3 057.1	3 130.9	3 215.8	3 191.1
	筒质量	(g)	1 103	1 103	1 103	1 103	1 103
	湿土质量	(g)	1 878.8	1 954.1	2 027.9	2 112.8	2 088.1
	湿密度	(g/cm^3)	1.88	1.96	2.03	2.12	2.09
	干密度	(g/cm^3)	1.71	1.75	1.80	1.83	1.76

续上表

	项目	单位										
含水率	盒号											
	盒+湿土质量	(g)	35.60	35.44	33.93	33.69	32.88	33.16	33.13	34.09	36.96	38.31
	盒+干土质量	(g)	34.16	34.02	32.45	32.26	31.40	31.64	31.36	32.15	24.28	35.36
	盒质量	(g)	20	20	20	20	20	20	20	20	20	20
	水质量	(g)	1.44	1.42	1.48	1.43	1.48	1.52	1.77	1.94	2.68	2.95
	干土质量	(g)	14.16	14.02	12.45	12.26	11.40	11.64	11.36	12.15	14.28	15.36
	含水率	(%)	10.3	10.1	11.9	11.7	13.0	13.0	15.6	16.0	18.8	19.2
	平均含水率	(%)	10.2		11.8		13.0		15.8		19.0	
	最佳含水率=15.0%				最大干密度=1.83g/cm^3							

5.6 精密度和允许差。

本试验含水率须进行两次平行测定,取其算术平均值,允许平行差值应符合表T 0131-5规定。

表 T 0131-5　含水率测定的允许平行差值

含水率(%)	允许平行差值(%)	含水率(%)	允许平行差值(%)	含水率(%)	允许平行差值(%)
5 以下	0.3	40 以下	≤1	40 以上	≤2

6　报告

6.1 土的鉴别分类和代号。

6.2 土的最佳含水率 w_0(%)。

6.3 土的最大干密度 ρ_{dm}(g/cm^3)。

条文说明

1　各国所用的击实试验方法是大同小异的,重型击实试验方法的单位击实功为轻型击实法的4.5倍。

由于各国所用试筒的容积与美国的不尽相同,因此试验方法就有所不同:一种是改变击数而不改变击实功,例如英国;另一种是不改变击数而改变击实功,例如日本。英国 BS 1377—75 将试筒容积调整为 1 000cm^3 后,为了维持原轻型 598.2kJ/m^3 的击实功数值,特将每层击数提高到 27 次。

本次修订对击实试验采取了不同层数和击数而不改变击实功的做法,即对不同试验类别分别采用 27 次和 98 次,使相应的击实功仍维持在 2 677.2 ~2 687.0kJ/m^3 左右。

为了适应不同道路等级、各种压实机具等的要求,本规程将轻型与重型试验并列。采用哪种方法,应根据有关规定或工程、科学试验的特殊需要选定。试验表明,在单位体积击实功相同的情况下,同类土用轻型和重型击实试验的结果相同。

考虑到在标准筛系列中没有25mm和38mm筛,结合对大粒径颗粒含量的要求,修订为20mm和40mm筛。

2 本次修订仍然采用了与美国试筒相近的尺寸,其中大试筒高17cm,减去垫块厚度5cm,净高为12cm,容积达2 177cm^3,比美国的类似试筒2 144cm^{3}稍大。设计大试筒是为了既可做击实试验,也可做承载比试验。

3 根据试验类型的不同,分别采用干土法和湿土法准备试样。取消了干土法试样的重复使用方法。

所谓湿土法,就是采集5个以上的高含水率土样,每个质量3kg左右,按施工时能进行碾压的最高含水率分别晾干至不同含水率,其中至少3个土样小于此最高含水率,至少2个土样大于此最高含水率,然后按常规法进行击实试验。

4 根据工程实际的具体要求,按击实试验方法种类中规定选择轻型或重型试验方法;根据土的性质按表T 0131-2规定选用干土法或湿土法,对于高含水率土宜选用湿土法,对于非高含水率土则选用干土法。

4.2 这是很重要的试验步骤,应严格掌握。对于干土法,每次宜增加2%~3%的含水率,这样可以提高击实曲线的质量。

5 土中夹有较大的颗粒,如碎(砾)石等,对于求最大干密度和最佳含水率都有一定的影响。所以试验规定要过40mm筛。如40mm筛上颗粒(称超尺寸颗粒)较多(3%~30%)时,所得结果误差较大。因此,必须对超尺寸颗粒的试料直接用大型试筒(如容积2 177cm^3)做试验。当细粒土中的粗粒土含量大于40%时,还应做粗粒土最大干密度试验,其结果与重型击实试验结果相比较,最大干密度取两种试验结果的最大值。最佳含水率则对应取值。

17　土的承载比(CBR)试验

T 0134—1993　承载比(CBR)试验

1　目的和适用范围

1.1　本试验方法只适用于在规定的试筒内制件后,对各种土和路面基层、底基层材料进行承载比试验。

1.2　试样的最大粒径宜控制在20mm以内,最大不得超过40mm且含量不超过5%。

2　仪器设备

2.1　圆孔筛:孔径40mm、20mm及5mm筛各1个。

2.2　试筒:内径152mm、高170mm的金属圆筒;套环,高50mm;筒内垫块,直径151mm、高50mm;夯击底板,同击实仪。试筒的形式和主要尺寸如图T 0134-1所示,也可用(T 0131—2007)击实试验的大击实筒。

2.3　夯锤和导管:夯锤的底面直径50mm,总质量4.5kg。夯锤在导管内的总行程为450mm,夯锤的形式和尺寸与重型击实试验法所用的相同。

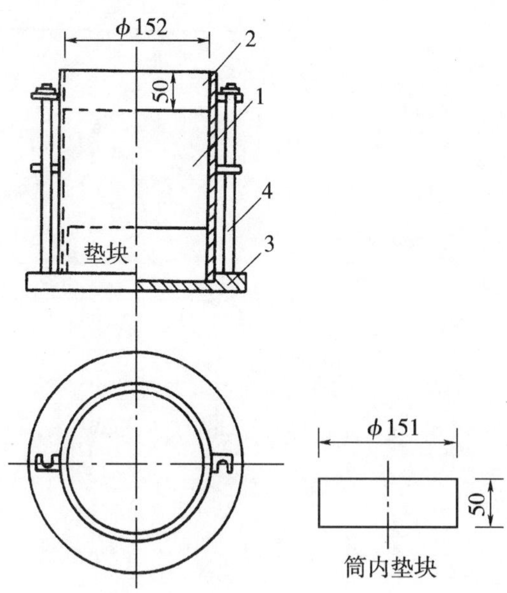

图T 0134-1　承载比试筒(单位:mm)
1-试筒;2-套环;3-夯击底板;4-拉杆

2.4　贯入杆,端面直径50mm、长约100mm的金属柱。

2.5　路面材料强度仪或其他载荷装置:能量不小于50kN,能调节贯入速度至每分钟贯入1mm,可采用测力计式,如图T 0134-2所示。

2.6　百分表:3个。

2.7　试件顶面上的多孔板(测试件吸水时的

膨胀量),如图 T 0134-3 所示。

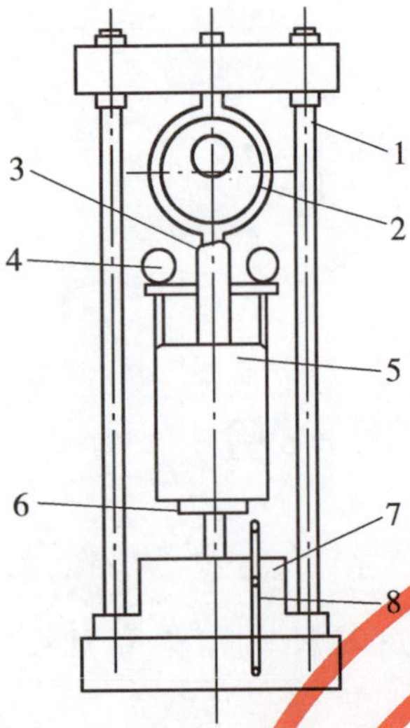

图 T 0134-2　手摇测力计式载荷装置示意图

1-框架;2-量力环;3-贯入杆;4-百分表;5-试件;6-升降台;7-蜗轮蜗杆箱;8-摇把

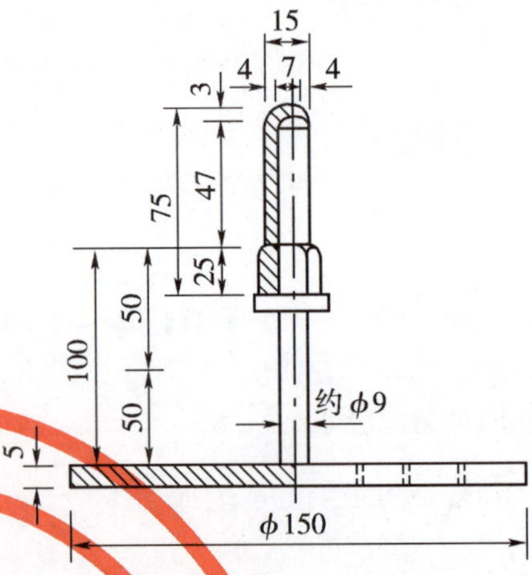

图 T 0134-3　带调节杆的多孔板(单位:mm)

2.8　多孔底板(试件放上后浸泡水中)。

2.9　测膨胀量时支承百分表的架子,如图 T 0134-4 所示。或采用压力传感器测试。

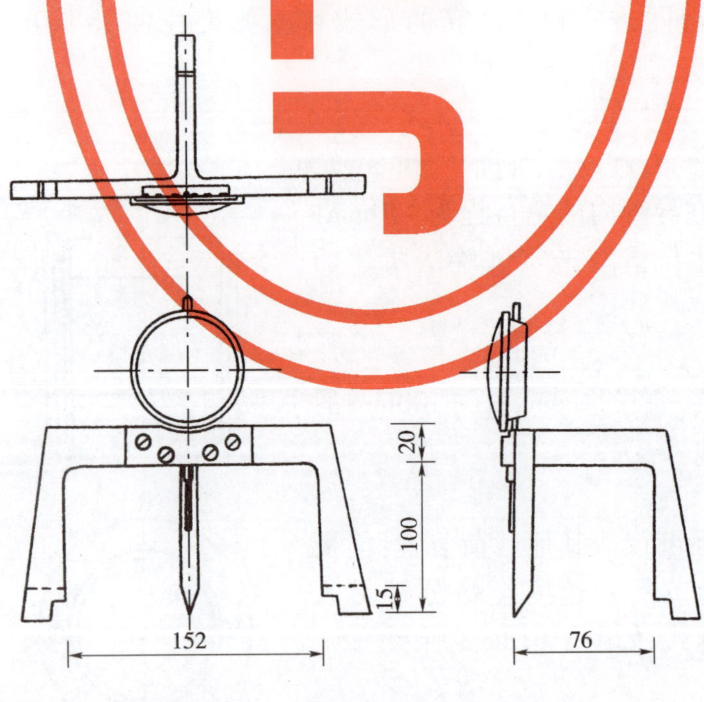

图 T 0134-4　膨胀量测定装置(单位:mm)

2.10　荷载板:直径 150mm,中心孔眼直径 52mm,每块质量 1.25kg,共 4 块,并沿直径分为两个半圆块,如图 T 0134-5 所示。

2.11 水槽:浸泡试件用,槽内水面应高出试件顶面 25mm。

2.12 其他:台秤,感量为试件用量的 0.1%;拌和盘、直尺、滤纸、脱模器等与击实试验相同。

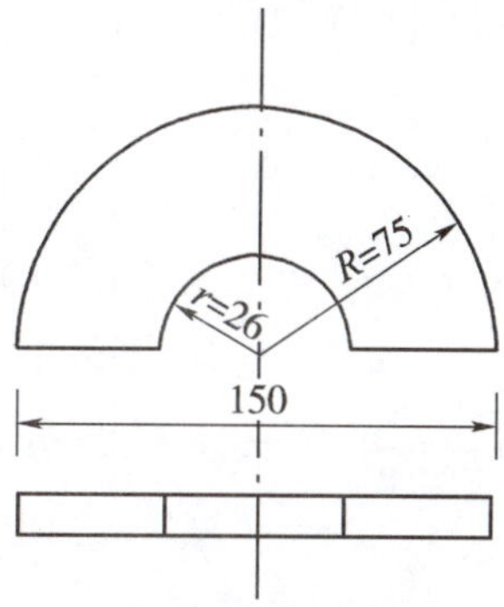

图 T 0134-5 荷载板(单位:mm)

3 试样

将具有代表性的风干试料(必要时可在 50℃烘箱内烘干),用木碾捣碎,但应尽量注意不使土或粒料的单个颗粒破碎。土团均应捣碎到通过 5mm 的筛孔。

采取有代表性的试料 50kg,用 40mm 筛筛除大于 40mm 的颗粒,并记录超尺寸颗粒的百分数。将已过筛的试料按四分法取出约 25kg。再用四分法将取出的试料分成 4 份,每份质量 6kg,供击实试验和制试件之用。

在预定做击实试验的前一天,取有代表性的试料测定其风干含水率。测定含水率用的试样数量可参照表 T 0134-1 采取。

表 T 0134-1 测定含水率用试样的数量

最大粒径(mm)	试样质量(g)	个 数
<5	15 ~ 20	2
约 5	约 50	1
约 20	约 250	1
约 40	约 500	1

4 试验步骤

4.1 称试筒本身质量(m_1),将试筒固定在底板上,将垫块放入筒内,并在垫块上放一张滤纸,安上套环。

4.2 将试料按表 T 0134-2 中 II-2 规定的层数和每层击数进行击实,求试料的最大干密度和最佳含水率。

表 T 0134-2 击实试验方法种类

试验方法	类别	锤底直径(cm)	锤质量(kg)	落高(cm)	试筒尺寸		试样尺寸		层数	每层击数	击实功(kJ/m³)	最大粒径(mm)
					内径(cm)	高(cm)	高度(cm)	体积(cm³)				
轻型	I-1	5	2.5	30	10	12.7	12.7	997	3	27	598.2	20
	I-2	5	2.5	30	15.2	17	12	2 177	3	59	598.2	40
重型	II-1	5	4.5	45	10	12.7	12.7	997	5	27	2 687.0	20
	II-2	5	4.5	45	15.2	17	12	2 177	3	98	2 677.2	40

4.3 将其余3份试料,按最佳含水率制备3个试件。将一份试料平铺于金属盘内,按事先计算得的该份试料应加的水量[按式(T 0134-1)]均匀地喷洒在试料上。

$$m_w = \frac{m_i}{1 + 0.01w_i} \times 0.01(w - w_i) \qquad (T\ 0134\text{-}1)$$

式中:m_w——所需的加水量(g);

m_i——含水率 w_i 时土样的质量(g);

w_i——土样原有含水率(%);

w——要求达到的含水率(%)。

用小铲将试料充分拌和到均匀状态,然后装入密闭容器或塑料口袋内浸润备用。

浸润时间:重黏土不得少于24h,轻黏土可缩短到12h,砂土可缩短到1h,天然砂砾可缩短到2h左右。

制每个试件时,都要取样测定试料的含水率。

注:需要时,可制备三种干密度试件。如每种干密度试件制3个,则共制9个试件。每层击数分别为30、50和98次,使试件的干密度从低于95%到等于100%的最大干密度。这样,9个试件共需试料约55kg。

4.4 将试筒放在坚硬的地面上,取备好的试样分3次倒入筒内(视最大料径而定),每层需试样1 700g左右(其量应使击实后的试样高出1/3筒高1~2mm)。整平表面,并稍加压紧,然后按规定的击数进行第一层试样的击实,击实时锤应自由垂直落下,锤迹必须均匀分布于试样面上。第一层击实完后,将试样层面"拉毛",然后再装入套筒,重复上述方法进行其余每层试样的击实。大试筒击实后,试样不宜高出筒高10mm。

4.5 卸下套环,用直刮刀沿试筒顶修平击实的试件,表面不平整处用细料修补。取出垫块,称试筒和试件的质量(m_2)。

4.6 泡水测膨胀量的步骤如下:

4.6.1 在试件制成后,取下试件顶面的破残滤纸,放一张好滤纸,并在其上安装附有调节杆的多孔板,在多孔板上加4块荷载板。

4.6.2 将试筒与多孔板一起放入槽内(先不放水),并用拉杆将模具拉紧,安装百分表,并读取初读数。

4.6.3 向水槽内放水,使水自由进到试件的顶部和底部。在泡水期间,槽内水面应保持在试件顶面以上大约25mm。通常试件要泡水4昼夜。

4.6.4 泡水终了时,读取试件上百分表的终读数,并用下式计算膨胀量:

$$膨胀量 = \frac{泡水后试件高度变化}{原试件高(=120mm)} \times 100 \quad (T\ 0134\text{-}2)$$

4.6.5 从水槽中取出试件,倒出试件顶面的水,静置15min,让其排水,然后卸去附加荷载和多孔板、底板和滤纸,并称量(m_3),以计算试件的湿度和密度的变化。

4.7 贯入试验。

4.7.1 将泡水试验终了的试件放到路面材料强度试验仪的升降台上,调整偏球座,对准、整平并使贯入杆与试件顶面全面接触,在贯入杆周围放置4块荷载板。

4.7.2 先在贯入杆上施加45N荷载,然后将测力和测变形的百分表指针均调整至整数,并记读起始读数。

4.7.3 加荷使贯入杆以1~1.25mm/min的速度压入试件,同时测记三个百分表的读数。记录测力计内百分表某些整读数(如20、40、60)时的贯入量,并注意使贯入量为250×10^{-2}mm时,能有5个以上的读数。因此,测力计内的第一个读数应是贯入量30×10^{-2}mm左右。

5 结果整理

5.1 以单位压力(p)为横坐标,贯入量(l)为纵坐标,绘制p—l关系曲线,如图T 0134-6所示。图上曲线1是合适的。曲线2开始段是凹曲线,需要进行修正。修正时在变曲率点引一切线,与纵坐标交于O'点,O'即为修正后的原点。

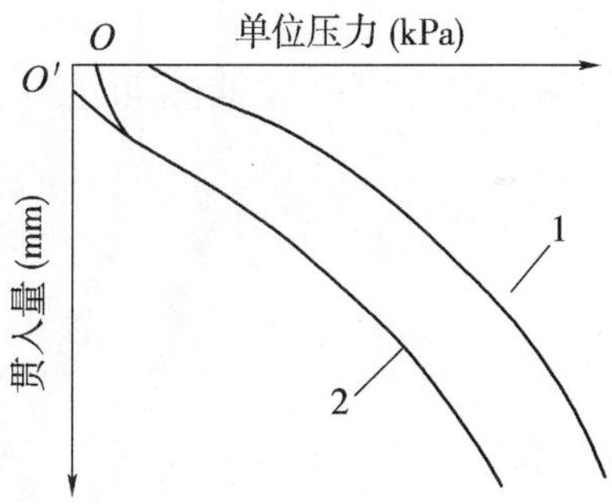

图T 0134-6 单位压力与贯入量的关系曲线

5.2 一般采用贯入量为2.5mm时的单位压力与标准压力之比作为材料的承载比(CBR)。

即:

$$CBR = \frac{p}{7\,000} \times 100 \quad (T\ 0134\text{-}3)$$

式中:CBR——承载比(%),计算至0.1;

p——单位压力(kPa)。

同时计算贯入量为5mm时的承载比:

$$CBR = \frac{p}{10\,500} \times 100 \quad (T\ 0134\text{-}4)$$

如贯入量为5mm时的承载比大于2.5mm时的承载比,则试验应重做。如结果仍然如此,则采用5mm时的承载比。

5.3 试件的湿密度用下式计算：

$$\rho = \frac{m_2 - m_1}{2\ 177} \tag{T 0134-5}$$

式中：ρ——试件的湿密度(g/cm^3)，计算至0.01；

m_2——试筒和试件的合质量(g)；

m_1——试筒的质量(g)；

2 177——试筒的容积(cm^3)。

5.4 试件的干密度用下式计算：

$$\rho_d = \frac{\rho}{1 + 0.01w} \tag{T 0134-6}$$

式中：ρ_d——试件的干密度(g/cm^3)，计算至0.01；

w——试件的含水率。

5.5 泡水后试件的吸水量按下式计算：

$$w_a = m_3 - m_2 \tag{T 0134-7}$$

式中：w_a——泡水后试件的吸水量(g)；

m_3——泡水后试筒和试件的合质量(g)；

m_2——试筒和试件的合质量(g)。

5.6 本试验记录格式如表T 0134-3和表T 0134-4。

5.7 精密度和允许差。

如根据3个平行试验结果计算得的承载比变异系数C_v大于12%，则去掉一个偏离大的值，取其余两个结果的平均值。如C_v小于12%，且3个平行试验结果计算的干密度偏差小于0.03g/cm^3，则取3个结果的平均值。如3个试验结果计算的干密度偏差超过0.03g/cm^3，则去掉一个偏离大的值，取其两个结果的平均值。

承载比小于100，相对偏差不大于5%；承载比大于100，相对偏差不大于10%。

6 报告

6.1 材料的颗粒组成、最佳含水率(%)和最大干密度(g/cm^3)。

6.2 材料的承载比(%)。

6.3 材料的膨胀量(%)。

表 T 0134-3　贯入试验记录

土样编号______　　　　试 验 者______

最大干密度　1.69g/cm³　　　　计 算 者______

最佳含水率　18%　　　　校 核 者______

每层击数　98　　　　试验日期______

试件编号______

量力环校正系数 $C=0.239\ 8\text{kN}/0.01\text{mm}$，贯入杆面积 $A=1.963\ 5\times10^{-3}\text{m}^2$

$$P=\frac{C\times R}{A}$$

$l=2.5\text{mm}$ 时，　$p=611\text{kPa}$　　$\text{CBR}=\frac{p}{7\ 000}\times100=8.7\%$

$l=5.0\text{mm}$ 时，　$p=690\text{kPa}$　　$\text{CBR}=\frac{p}{10\ 500}\times100=6.6\%$

荷载测力计百分表		单位压力	贯入量百分表读数					贯入量
			左表		右表		平均值	
读数	变形值		读数	位移值	读数	位移值		
R'_i (0.01mm)	$R_1=R'_{i+1}-R'_i$ (0.01mm)	p (kPa)	R_{1i} (0.01mm)	$R_1=R_{1i+1}-R_{1i}$ (0.01mm)	R_{2i} (0.01mm)	$R_2=R_{2i+1}-R_{2i}$ (0.01mm)	$R_1=\frac{1}{2}(R_1+R_2)$ (0.01mm)	l (mm)
0.0			0.0		0.0			
	0.9	110		60.4		60.6	60.5	0.61
0.9			60.4		60.6			
	1.8	220		106.5		106.5	106.5	1.07
1.8			106.5		106.5			
	2.9	354		151.1		150.9	151.0	1.51
2.9			151.1		150.9			
	4.0	489		193.9		194.1	194.0	1.94
4.0			193.9		194.1			
	4.8	586		240.4		240.6	240.5	2.41
4.8			240.4		240.6			
	5.1	623		286.1		285.9	286.0	2.86
5.1			286.1		285.9			
	5.4	660		335.0		335.0	335.0	3.34
5.4			335.0		335.0			
	5.6	684		383.0		383.0	383.0	3.83
5.6			383.0		383.0			
	5.6	684		488.0		488.0	488.0	4.88
5.6			488.0		488.0			

表 T 0134-4　膨胀量试验记录

	试验次数			1	2	3
膨胀量	筒号	(1)				
	泡水前试件(原试件)高度　(mm)	(2)		120	120	120
	泡水后试件高度　(mm)	(3)		128.6	136.5	133
	膨胀量　(%)	(4)	$\frac{(3)-(2)}{(2)}\times100$	7.167	13.75	10.83
	膨胀量平均值　(%)	10.58				

续上表

密度	筒质量 m_1 (g)	(5)		6 660	4 640	5 390
	筒+试件质量 m_2 (g)	(6)		10 900	8 937	9 790
	筒体积 (cm^3)	(7)		2 177	2 177	2 177
	湿密度 ρ (g/cm^3)	(8)	$\frac{(6)-(5)}{(7)}$	1.948	1.974	2.021
	含水率 w (%)	(9)		16.93	18.06	26.01
	干密度 ρ_d (g/cm^3)	(10)	$\frac{(8)}{1+0.01w}$	1.666	1.672	1.604
	干密度平均值 (g/cm^3)			1.647		
吸水量	泡水后筒+试件合质量 m_3 (g)	(11)		11 530	9 537	10 390
	吸水量 w_a (g)	(12)	(11)-(6)	630	600	600
	吸水量平均值 (g)			610		

条文说明

1 本试验主要参考美国 ASTM D1883—78 和 AASHTO—74 规程编制。承载比试验是由美国加州公路局首先提出来的,简称 CBR(California Bearing Ratio 的缩写)试验。日本也把 CBR 试验纳入全国工业规格土质试验方法规程(JIS A1211—70)。所谓 CBR 值,是指试料贯入量达 2.5mm 时,单位压力对标准碎石压入相同贯入量时标准荷载强度的比值。标准荷载与贯入量之间的关系如表 T 0134-5 所示。

表 T 0134-5 不同贯入量时的标准荷载强度和标准荷载

贯入量 (mm)	标准荷载强度 (kPa)	标准荷载 (kN)
2.5	7 000	13.7
5.0	10 500	20.3
7.5	13 400	26.3
10.0	16 200	31.8
12.5	18 300	36.0

标准荷载强度与贯入量之间的关系也可用下式表示:

$$p = 162L^{0.61} \qquad (T\ 0134\text{-}8)$$

式中:p——标准荷载强度(kPa);

L——贯入量(mm)。

CBR 是路基土和路面材料的强度指标,是柔性路面设计的主要参数之一。在我国的柔性路面设计中,虽以路基土和路面材料的回弹模量值作为设计参数,但在路基路面施工规范中仍将 CBR 作为一项力学指标。在现场测试中 CBR 值的离散性较大。为便于参考国外有关 CBR 方面的资料进行设计,同时进一步积累这方面的资料,促进国际学术交流,仍将 CBR 试验列入本规程。

2 在美国,CBR 筒采用的尺寸为直径 15.3cm,高 11.64cm(筒高 177.8mm 减去垫块厚度61.4mm),容积与重型击实筒相同,仍为 2 144cm^3。一般要求制备 3 个试件,使击实后的干密度为最大干密度的 95% ~100%,每个试件分别按每层 10、30 和 60 次夯实,均分三层击实。

在日本,CBR 筒的尺寸与重型击实试验用的试筒相同,垫块厚度 50mm。制备试件时,采用与重型击实试验相同的层数和每层击数。

目前使用的路面材料测试仪,其附件 CBR 筒的尺寸与美国的相近,只是垫块厚度为 50cm,但较美国的薄一些,与日本的相同。考虑到路面材料测试仪已成批生产,使用的单位也较多,因此,本规程以路面材料测试仪作为加载设备,同时维持 CBR 筒原定尺寸和垫块厚度。

3 本试验采用风干试料,按四分法备料。先按击实试验求得试料的最佳含水率后,再按此最佳含水率制备所需试件。

4 做 CBR 试验时,应模拟材料在使用过程中处于最不利状态,在一般情况下,可按饱水四昼夜作为设计状态。但是,在干燥地区,如能结合地区、地形、排水、路面排水构造和路面结构等因素,论证土基潮湿程度和土试件饱水四昼夜的含水率有明显差异时,则可适当改变试件饱水方法和饱水时间,使 CBR 试验更符合实际状况。

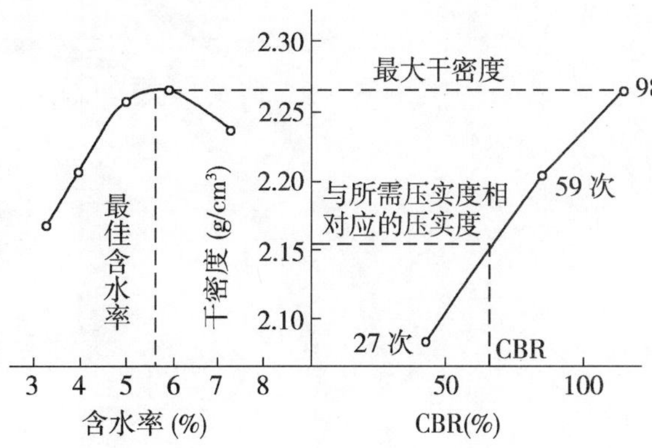

图 T 0134-7 对应于所需压实度的 CBR 求取方法

5 绘制单位压力(p)与贯入量(l)的关系曲线时,如发现曲线起始部分反弯,则应对曲线进行修正,以 O' 作为修正的原点。

5.7 精度要求系对三个平行试验结果规定的。

6 当制备三种干密度试件时,对应所需压实度的 CBR 求取方法如图 T 0134-7,其膨胀量求取方法相同。

18　土的回弹模量试验

T 0135—1993　承载板法

1　目的和适用范围

本试验适用于不同湿度和密度的细粒土。

2　仪器设备

2.1　杠杆压力仪:最大压力 1 500N,如图 T 0135-1 所示。

2.2　承载板:直径 50mm,高 80mm,如图 T 0135-2 所示。

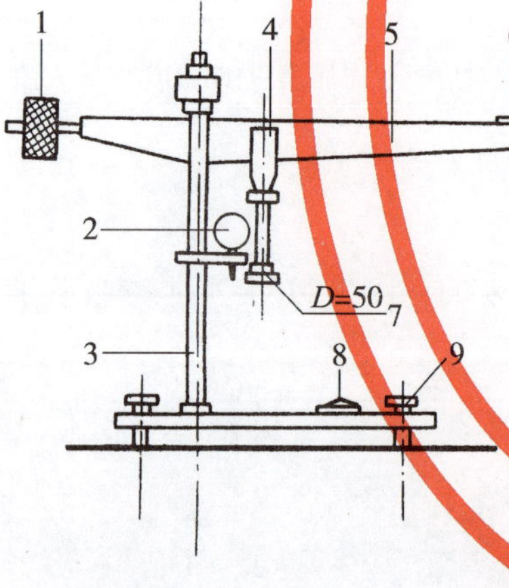

图 T 0135-1　杠杆压力仪(单位:mm)

1-调平砝码;2-千分表;3-立柱;4-加压杆;5-水平杠杆;6-水平气泡;7-加压球座;8-底座气泡;9-调平脚螺丝;10-加载架

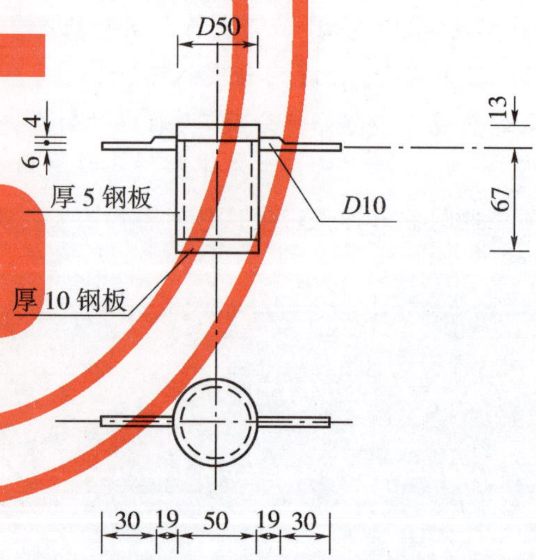

图 T 0135-2　承载板(单位:mm)

2.3　试筒:内径 152mm、高 170mm 的金属圆筒;套环,高 50mm;筒内垫块,直径 151mm,高 50mm;夯击底板与击实仪相同。如图 T 0134-1 所示。

2.4　量表:千分表两块。

2.5　秒表一只。

3 试样

3.1 本试验可分别采用不同的方法准备试样。各方法可按表 T 0135-1 准备试料。

表 T 0135-1 试料用量

使用方法	类别	试筒内径(cm)	最大粒径(mm)	试料用量(kg)
干土法,试样不重复使用	b	10 15.2	20 40	至少5个试样,每个3 至少5个试样,每个6
湿土法,试样不重复使用	c	10 15.2	20 40	至少5个试样,每个3 至少5个试样,每个6

3.2 干土法(土不重复使用)按四分法至少准备5个试样,分别加入不同水分(按2%~3%含水率递增),拌匀后闷料一夜备用。

3.3 湿土法(土不重复使用)对于高含水率土,可省略过筛步骤,用手拣除大于40mm的粗石子即可。保持天然含水率的第一个土样,可立即用于击实试验。其余几个试样,将土分成小土块,分别风干,使含水率按2%~3%递减。

3.4 根据工程要求选择轻型或重型法,视最大粒径用小筒或大筒进行击实试验,得出最佳含水率和最大干密度。然后按最佳含水率用上述试筒击实制备试件。

4 试验步骤

4.1 安装试样:将试件和试筒放在杠杆压力仪的底盘上;将承载板放在试件中央(位置)并与杠杆压力仪的加压球座对正;将千分表固定在立柱上,将表的测头安放在承载板的表架上。

4.2 预压:在杠杆仪的加载架上施加砝码,用预定的最大单位压力 p 进行预压。含水率大于塑限的土,$p=50\sim100$kPa;含水率小于塑限的土,$p=100\sim200$kPa。预压进行1~2次,每次预压1min。预压后调正承载板位置,并将千分表调到接近满量程的位置,准备试验。

4.3 测定回弹量:将预定最大单位压力分成4~6份,作为每级加载的压力。每级加载时间为1min时,记录千分表读数,同时卸载,让试件恢复变形。卸载1min时,再次记录千分表读数,同时施加下一级荷载。如此逐级进行加载卸载,并记录千分表读数,直至最后一级荷载。为使试验曲线开始部分比较准确,第一、二级荷载可用每份的一半。试验的最大压力也可略大于预定压力。

5 结果整理

5.1 计算每级荷载下的回弹变形 l:

$$l = 加载读数 - 卸载读数 \quad (T\ 0135\text{-}1)$$

5.2 以单位压力 p 为横坐标(向右),回弹变形 l 为纵坐标(向下),绘制 p—l 曲线,如图 T 0135-3。

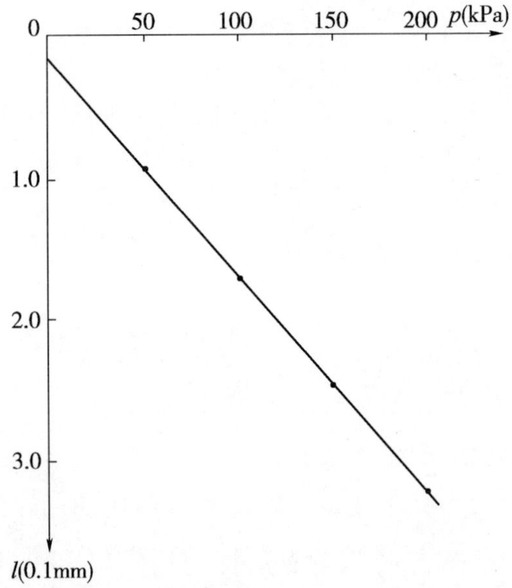

图 T 0135-3　单位压力与回弹变形(p—l)的关系曲线

5.3 按下式计算每级荷载下的回弹模量:

$$E = \frac{\pi p D}{4l}(1 - \mu^2) \qquad (T\ 0135\text{-}2)$$

式中:E——回弹模量(kPa);

p——承载板上的单位压力(kPa);

D——承载板直径(cm);

l——相应于单位压力的回弹变形(cm);

μ——细粒土的泊松比,取 0.35。

5.4 每个试样的回弹模量由 p—l 曲线上直线段的数值确定。

5.5 对于较软的土,如果 p—l 曲线不通过原点,允许用初始直线段与纵坐标轴的交点当作原点,修正各级荷载下的回弹变形和回弹模量。

5.6 本试验记录表格见表 T 0135-2。

表 T 0135-2　回弹模量试验记录

(杠杆压力仪法)

工程名称　试验工程　　　　压 力 计＿＿＿＿

土样编号　No.2　　　　　　试 验 者＿＿＿＿

土样说明　黏质土　　　　　计 算 者＿＿＿＿

试验方法　杠杆仪法　　　　试验日期＿＿＿＿

加载级数	单位压力(kPa)	砝码重量(N)或压力计读数(0.01mm)	量表读数(0.1mm)						回弹变形(0.1mm)		回弹模量(kPa)
			加载			卸载					
			左	右	平均	左	右	平均	读数值	修正值	
1	25	5	8.91	9.04	8.98	9.48	9.62	9.55	0.57	0.38	22 670
2	50	10	8.15	8.29	8.22	9.08	9.25	9.17	0.95	0.76	22 670
3	100	20	6.50	6.72	6.61	8.27	8.40	8.34	1.73	1.54	22 375
4	150	30	4.96	5.11	5.04	7.39	7.64	7.52	2.48	2.29	22 571
5	200	40	3.30	3.42	3.36	6.53	6.69	6.61	3.25	3.06	22 522

5.7 精密度和允许差。

土的回弹模量由三个平行试验的平均值确定,每个平行试验结果与均值回弹模量相差均应不超过5%。

6 报告

6.1 土的鉴别分类和代号。

6.2 试验方法。

6.3 土的回弹模量E值(kPa)。

条文说明

1 本方法当压力较大时,加卸载将比较繁琐,因此主要适用于含水率较大、硬度较小的土。

2 本规程的承载板直径为50mm,杠杆压力仪的加压球座直径为50mm。用原有设备时,必须保证加压球座在承载板上居中放置,避免发生偏心。

3 由于加载初始时的土样塑性变形,得出的$p—l$曲线有可能与纵坐标轴相交于原点以下的位置。如果仍按读数值计算回弹变形,其中将包含一部分塑性变形,故应采用从每个变形读数中减去交点坐标数值的方法予以修正。

T 0136—1993 强度仪法

1 目的和适用范围

本试验适用于不同湿度、密度的细粒土及其加固土。

2 仪器设备

2.1 路面材料强度仪:能量不小于50kN,能调节贯入速度至每分钟贯入1mm,可采用测力计式,如图T 0136-1。

注:为使读数时不挡视线,可将贯入杆上的量表支架用螺丝孔与贯入杆相联,做CBR试验时将支架拧上,进行本试验时将支架取下。

2.2 试筒:内径152mm,高170mm的金属圆筒;套环,高50mm;筒内垫块,直径151mm,高50mm;夯击底板同击实仪。试筒的形式和尺寸与击实试验相同,仅在与夯击底板的立柱联结的缺口板上多一个内径5mm、深5mm的螺丝孔,用来安装千分表支架,如图T 0136-1。

2.3 承载板;直径50mm、高80mm的用钢板制成的空心圆柱体,两侧带有量表支架,如图T 0136-2。

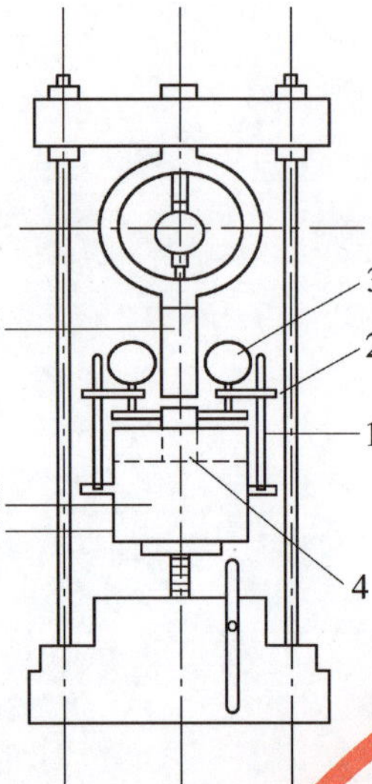

图 T 0136-1 路面材料强度仪及试样安装方法

1-千分表支杆;2-表夹;3-千分表;4-承载板;5-贯入杆;6-土样;7-试筒

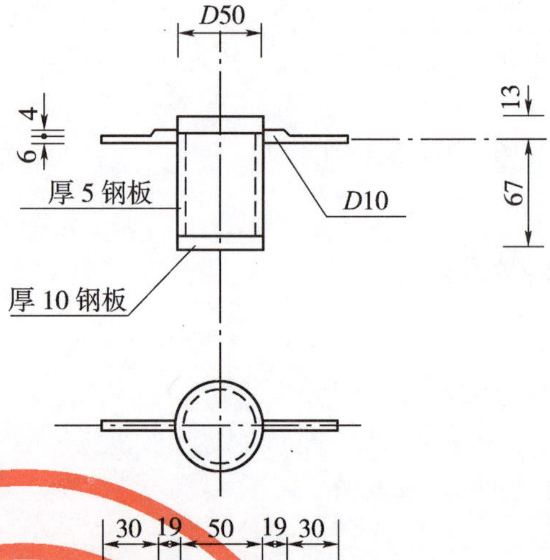

图 T 0136-2 承载板(单位:mm)

2.4 量表支杆及表夹:支杆长 200mm,直径 10mm,一端带有长 5mm 的与试筒上螺丝孔联结的螺丝杆,如图 T 0136-3。表夹的各部尺寸如图T 0136-4。表夹可用钢制,也可用硬塑料制成。

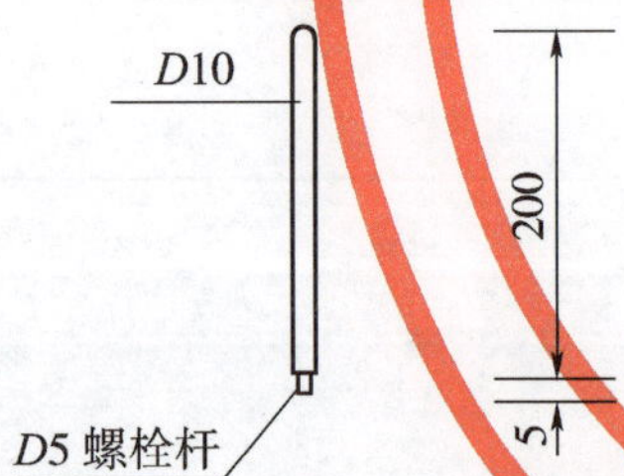

图 T 0136-3 千分表支杆(单位:mm)

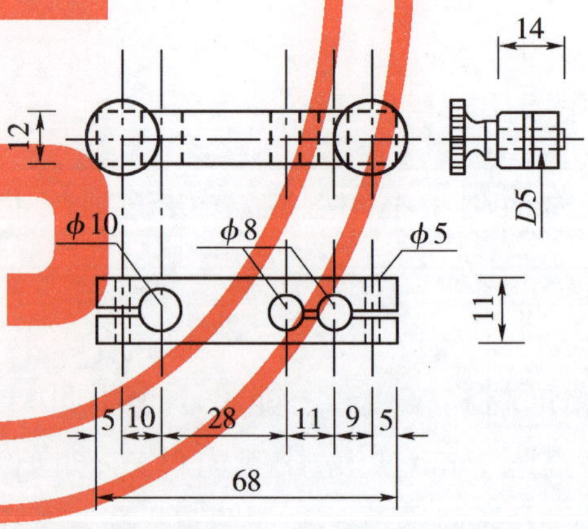

图 T 0136-4 表夹(单位:mm)

2.5 量表:千分表两块。

2.6 秒表一只。

3 试样

3.1 用上述带螺丝孔的试筒采用不同的方法击实制备试件。各方法可按表 T 0136-1 准备试料。

表 T 0136-1　试 料 用 量

使用方法	类　别	试筒内径(cm)	最大粒径(mm)	试料用量(kg)
干土法,试样不重复使用	b	10 15.2	20 40	至少5个试样,每个3 至少5个试样,每个6
湿土法,试样不重复使用	c	10 15.2	20 40	至少5个试样,每个3 至少5个试样,每个6

3.2　干土法(土不重复使用)按四分法至少准备5个试样,分别加入不同水分(按2%~3%含水率递增),拌匀后闷料一夜备用。

3.3　湿土法(土不重复使用)对于高含水率土,可省略过筛步骤,用手拣除大于40mm的粗石子即可。保持天然含水率的第一个土样,可立即用于击实试验。其余几个试样,将土分成小土块,分别风干,使含水率按2%~3%递减。

根据工程要求选择轻型或重型法,视最大粒径用小筒或大筒进行击实试验,得出最佳含水率和最大干密度。然后按最佳含水率用上述试筒击实制备试件。

4　试验步骤

4.1　安装试样:将试件和试筒放在强度仪的升降台上;将千分表支杆拧在试筒两侧的螺丝孔上,将承载板放在试件表面中央位置,并与强度仪的贯入杆对正;将千分表和表夹安装在支杆上,并将千分表测头安放在承载板两侧的支架上。

4.2　预压:摇动摇把,用预定的试验最大单位压力进行预压。含水率大于塑限的土,$p=50\sim100$kPa;含水率小于塑限的土,$p=100\sim200$kPa。预压进行1~2次,每次预压1min。预压后调正承载板位置,并将千分表调到接近满量程的位置,准备试验。

4.3　测定回弹模量。

4.3.1　将预定的最大压力分为4~6份,作为每级加载的压力。由每级压力计算测力计百分表读数,按照百分表读数逐级加载。

4.3.2　加载卸载:将预定最大单位压力分成4~6份,作为每级加载的压力。每级加载时间为1min时,记录千分表读数,同时卸载,让试件恢复变形。卸载1min时,再次记录千分表读数,同时施加下一级荷载。如此逐级进行加载卸载,并记录千分表读数,直至最后一级荷载。为使试验曲线开始部分比较准确,第一、二级荷载可用每份的一半。试验的最大压力也可略大于预定压力。

如果试样较硬,预定的p值可能偏小,此时可不受p值的限制,增加加载级数,至需要的压力为止。

5 结果整理

5.1 计算每级荷载下的回弹变形 l：

$$l = 加载读数 - 卸载读数 \quad (T\ 0136\text{-}1)$$

5.2 以单位压力 p 为横坐标(向右),回弹变形 l 为纵坐标(向下),绘制 p—l 曲线,如图 T 0136-5。

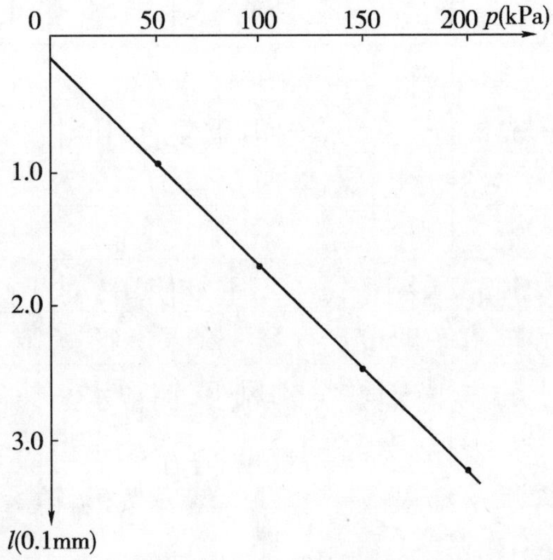

图 T 0136-5 单位压力与回弹变形(p—l)的关系曲线

5.3 按下式计算每级荷载下的回弹模量：

$$E = \frac{\pi p D}{4l}(1 - \mu^2) \quad (T\ 0136\text{-}2)$$

式中：E——回弹模量(kPa)；

p——承载板上的单位压力(kPa)；

D——承载板直径(cm)；

l——相应于单位压力的回弹变形(cm)；

μ——细粒土的泊松比,取 0.35；对于具有一定龄期的加固土取 0.25～0.30。

5.4 每个试样的回弹模量由 p—l 曲线上直线段的数值确定。

5.5 对于较软的土,如果 p—l 曲线不通过原点,允许用初始直线段与纵坐标轴的交点当作原点,修正各级荷载下的回弹变形和回弹模量。

5.6 试验记录格式如表 T 0136-2。

表 T 0136-2 回弹模量试验记录

(强度仪法)

工程名称 试验工程　　压 力 计 500kg 量力环

土样编号 No. 8　　试 验 者 试验工程

土样说明 黏质土　　计 算 者 试验工程

试验方法 强度仪法　　试验日期

加载级数	单位压力(kPa)	砝码重量(N)或压力计读数(0.01mm)	量表读数(0.1mm)						回弹变形(0.1mm)		回弹模量(kPa)
			加载			卸载					
			左	右	平均	左	右	平均	读数值	修正值	
1	80	6.56	7.19	7.03	7.11	7.38	7.22	7.30	0.19		145 090
2	160	13.12	6.68	6.56	6.62	7.07	6.95	7.01	0.39		141 370
3	240	19.67	6.24	6.08	6.16	6.78	6.62	6.70	0.54		153 151

续上表

<table>
<tr><th rowspan="3">加载级数</th><th rowspan="3">单位压力(kPa)</th><th rowspan="3">砝码重量(N)或压力计读数(0.01mm)</th><th colspan="6">量表读数(0.1mm)</th><th colspan="2" rowspan="2">回弹变形(0.1mm)</th><th rowspan="3">回弹模量(kPa)</th></tr>
<tr><th colspan="3">加载</th><th colspan="3">卸载</th></tr>
<tr><th>左</th><th>右</th><th>平均</th><th>左</th><th>右</th><th>平均</th><th>读数值</th><th>修正值</th></tr>
<tr><td>4</td><td>320</td><td>26.23</td><td>5.73</td><td>5.63</td><td>5.68</td><td>6.49</td><td>6.37</td><td>6.43</td><td>0.75</td><td></td><td>147 025</td></tr>
<tr><td>5</td><td>400</td><td>32.79</td><td>5.26</td><td>5.14</td><td>5.20</td><td>6.16</td><td>6.06</td><td>6.11</td><td>0.91</td><td></td><td>151 468</td></tr>
<tr><td>6</td><td>480</td><td>39.34</td><td>4.74</td><td>4.60</td><td>4.67</td><td>5.88</td><td>5.76</td><td>5.82</td><td>1.15</td><td></td><td>143 828</td></tr>
<tr><td></td><td></td><td></td><td></td><td></td><td></td><td></td><td></td><td></td><td></td><td></td><td></td></tr>
<tr><td></td><td></td><td></td><td></td><td></td><td></td><td></td><td></td><td></td><td></td><td></td><td></td></tr>
<tr><td></td><td></td><td></td><td></td><td></td><td></td><td></td><td></td><td></td><td></td><td></td><td></td></tr>
<tr><td></td><td></td><td></td><td></td><td></td><td></td><td></td><td></td><td></td><td></td><td></td><td></td></tr>
<tr><td></td><td></td><td></td><td></td><td></td><td></td><td></td><td></td><td></td><td></td><td></td><td></td></tr>
</table>

5.7 精密度和允许差。

土的回弹模量由三个平行试验的平均值确定，每个平行试验结果与均值回弹模量相差均应不超过5%。

6 报告

6.1 土的鉴别分类和代号。

6.2 试验方法。

6.3 土的回弹模量 E 值(kPa)。

条文说明

1 本试验方法适用于各种湿度、密度的土和加固土，硬度较大的土用本方法尤为方便。

2 本方法所要求的试筒，仅需在一般击实试验和CBR试验所用的试筒上，钻一直径5mm、深5mm的螺丝孔，一般的简易机工车间都能很方便地做到。

强度仪法和承载板法所用的承载板相同，两种仪器通用。

为防止量表支杆生锈后与表夹难以良好联结，支杆最好能用电镀处理。

3 加载后由于土样的微小变形可能会使测力计发生轻微的卸载，对于较硬的土，卸载很小可以忽略；土样较软时，可用手稍稍触动强度仪摇把，补上卸掉的微小压力。

4 由于加载初始时的土样塑性变形，得出的 $p—l$ 曲线有可能与纵坐标轴相交于原点以下的位置。如果仍按读数值计算回弹变形，其中将包含一部分塑性变形，故应采用从每个变形读数中减去交点坐标数值的方法予以修正。

19 土体固结试验

T 0137—1993 单轴固结仪法

1 目的和适用范围

1.1 本试验的目的是测定土的单位沉降量、压缩系数、压缩模量、压缩指数、回弹指数、固结系数,以及原状土的先期固结压力等。

1.2 本试验方法适用于饱和的黏质土。当只进行压缩时,允许用非饱和土。

2 仪器设备

2.1 固结仪:见图 T 0137-1,试样面积 30cm^2 和 50cm^2,高 2cm。

2.2 环刀:直径为 61.8mm 和 79.8mm,高度为 20mm。环刀应具有一定的刚度,内壁应保持较高的光洁度,宜涂一薄层硅脂或聚四氟乙烯。

2.3 透水石:由氧化铝或不受土腐蚀的金属材料组成,其透水系数应大于试样的渗透系数。用固定式容器时,顶部透水石直径小于环刀内径 0.2 ~ 0.5mm;当用浮环式容器时,上下部透水石直径相等。

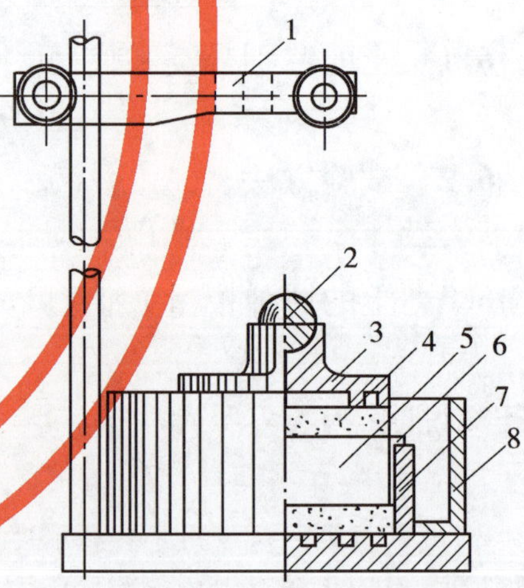

图 T 0137-1 固结仪

1-量表架;2-钢珠;3-加压上盖;4-透水石;5-试样;6-环刀;7-护环;8-水槽

2.4 变形量测设备:量程 10mm,最小分度为 0.01mm 的百分表或零级位移传感器。

2.5 其他:天平、秒表、烘箱、钢丝锯、刮土刀、铝盒等。

3 试样

3.1 根据工程需要切取原状土样或制备所需湿度密度的扰动土样。切取原状土样时,应使试样在试验时的受压情况与天然土层受荷方向一致。

3.2 用钢丝锯将土样修成略大于环刀直径的土柱。然后用手轻轻将环刀垂直下压，边压边修，直至环刀装满土样为止。再用刮刀修平两端，同时注意刮平试样时，不得用刮刀往复涂抹土面。在切削过程中，应细心观察试样并记录其层次、颜色和有无杂质等。

3.3 擦净环刀外壁，称环刀与土总质量，准确至 0.1，并取环刀两面修下的土样测定含水率。试样需要饱和时，应进行抽气饱和。

4 试验步骤

4.1 在切好土样的环刀外壁涂一薄层凡士林，然后将刀口向下放入护环内。

4.2 将底板放入容器内，底板上放透水石、滤纸，借助提环螺丝将土样环刀及护环放入容器中，土样上面覆滤纸、透水石，然后放下加压导环和传压活塞，使各部密切接触，保持平稳。

4.3 将压缩容器置于加压框架正中，密合传压活塞及横梁，预加 1.0kPa 压力，使固结仪各部分紧密接触，装好百分表，并调整读数至零。

4.4 去掉预压荷载，立即加第一级荷载。加砝码时应避免冲击和摇晃，在加上砝码的同时，立即开动秒表。荷载等级一般规定为 50kPa、100kPa、200kPa、300kPa 和 400kPa。有时根据土的软硬程度，第一级荷载可考虑用 25kPa。

4.5 如系饱和试样，则在施加第一级荷载后，立即向容器中注水至满。如系非饱和试样，须以湿棉纱围住上下透水面四周，避免水分蒸发。

4.6 如需确定原状土的先期固结压力时，荷载率宜小于 1，可采用 0.5 或 0.25 倍，最后一级荷载应大于 1 000kPa，使 e—lg$p$ 曲线下端出现直线段。

4.7 如需测定沉降速率、固结系数等指标，一般按 0s、15s、1min、2min、4min、6min、9min、12min、16min、20min、25min、35min、45min、60min、90min、2h、4h、10h、23h、24h，至稳定为止。固结稳定的标准是最后 1h 变形量不超过 0.01mm。

当不需测定沉降速度时，则施加每级压力后 24h，测记试样高度变化作为稳定标准。当试样渗透系数大于 10^{-5}cm/s 时，允许以主固结完成作为相对稳定标准。按此步骤逐级加压至试验结束。

注：测定沉降速率仅适用于饱和土。

4.8 试验结束后拆除仪器，小心取出完整土样，称其质量，并测定其终结含水率（如不需测定试验后的饱和度，则不必测定终结含水率），并将仪器洗干净。

5 结果整理

5.1 按下式计算试验开始时的孔隙比:

$$e_0=\frac{\rho_s(1+0.01w_0)}{\rho_0}-1 \tag{T 0137-1}$$

5.2 按下式计算单位沉降量:

$$S_i=\frac{\sum\Delta h_i}{h_0}\times 1\,000 \tag{T 0137-2}$$

5.3 按下式计算各级荷载下变形稳定后的孔隙比 e_i:

$$e_i=e_0-(1+e_0)\times\frac{S_i}{1\,000} \tag{T 0137-3}$$

5.4 按下式计算某一荷载范围的压缩系数 a_v:

$$a_v=\frac{e_i-e_{i+1}}{p_{i+1}-p_i}=\frac{(S_{i+1}-S_i)(1+e_0)/1\,000}{p_{i+1}-p_i} \tag{T 0137-4}$$

5.5 按下式计算某一荷载范围内的压缩模量 E_s 和体积压缩系数 m_v:

$$E_s=\frac{p_{i+1}-p_i}{(S_{i+1}-S_i)/1\,000} \tag{T 0137-5}$$

$$m_v=\frac{1}{E_s}=\frac{a_v}{1+e_0} \tag{T 0137-6}$$

上列各式中:E_s——压缩模量(kPa),计算至0.01;

m_v——体积压缩系数(kPa^{-1}),计算至0.01;

a_v——压缩系数(kPa^{-1}),计算至0.01;

e_0——试验开始时试样的孔隙比,计算至0.01;

ρ_s——土粒密度(数值上等于土粒比重)(g/cm^3);

w_0——试验开始时试样的含水率(%);

ρ_0——试验开始时试样的密度(g/cm^3);

S_i——某一级荷载下的沉降量(mm/m),计算至0.1;

$\Sigma\Delta h_i$——某一级荷载下的总变形量,等于该荷载下百分表读数(即试样和仪器的变形量减去该荷载下的仪器变形量,mm);

h_0——试样起始时的高度(mm);

e_i——某一荷载下压缩稳定后的孔隙比,计算至0.01;

p_i——某一荷载值(kPa)。

5.6 以单位沉降量 S_i 或孔隙比 e 为纵坐标，以压力 p 为横坐标，作单位沉降量或孔隙比与压力的关系曲线，如图 T 0137-2 所示。

5.7 按下式计算压缩指数 C_c 及回弹指数 C_s：

$$C_c(或\ C_s)=\frac{e_i-e_{i+1}}{\lg p_{i+1}-\lg p_i} \tag{T 0137-7}$$

5.8 按下述方法求固结系数 C_v。

5.8.1 求某一压力下固结度为 90% 的时间 t_{90}。

以百分数表读数 d(mm)为纵坐标，时间平方根$\sqrt{t}$(min)为横坐标，作 d—$\sqrt{t}$曲线，如图 T 0137-3。延长 d—$\sqrt{t}$曲线开始段的直线，交纵坐标轴于 d_s（理论零点）。过 d_s 作另一直线，令其横坐标为前一直线横坐标的 1.15 倍，则后一直线与 d—$\sqrt{t}$曲线交点所对应的时间平方即为固结度达 90% 所需的时间 t_{90}，C_v 按下式计算：

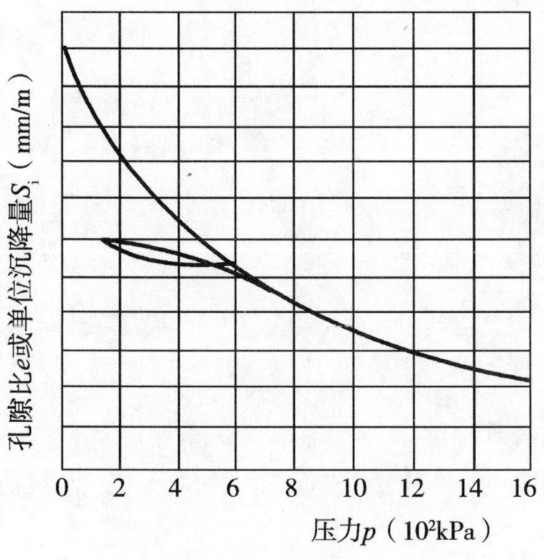

图 T 0137-2 S_i（或 e）—p 关系曲线

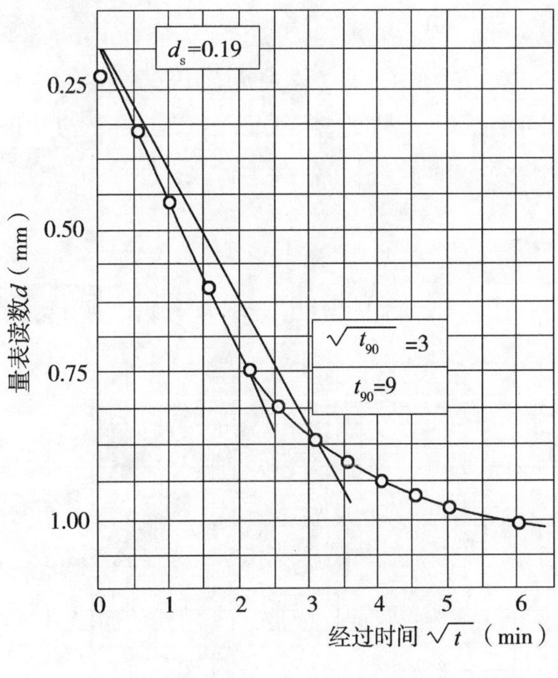

图 T 0137-3 用时间平方根法求 t_{90}

$$C_v=\frac{0.848\,\overline{h}^2}{t_{90}} \tag{T 0137-8}$$

式中：C_v——固结系数(cm^2/s)，计算至三位有效数字；

$$\overline{h}=\frac{h_1+h_2}{4} \tag{T 0137-9}$$

$\overline{h}$——计算至 0.01，即等于某一荷载下试样初始与终了高度的平均值之半。

5.8.2 求某一荷载下固结度为68%的 t_{68}。

以百分表读数 d（mm）为纵坐标，以时间的常用对数 lg$t$（min）为横坐标，在半对数纸上作 d—lg$t$ 曲线，如图 T 0137-4 所示。在曲线开始部分选择任意时间 t_1，查到相应的百分数读数 d_1，又在 $t_2=\frac{t_1}{4}$ 处查得另一相应的百分表读数 d_2，$2d_2-d_1$ 之值为 d_{s1}。如此另在曲线开始部分以同法求得 d_{s2}、d_{s3}、d_{s4} 等，取其平均值，得理论零点 d_s。通过 d_s 作一水平线，然后向上延长曲线中的直线段，两直线交点的横坐标乘以10即得 t_{68}，则：

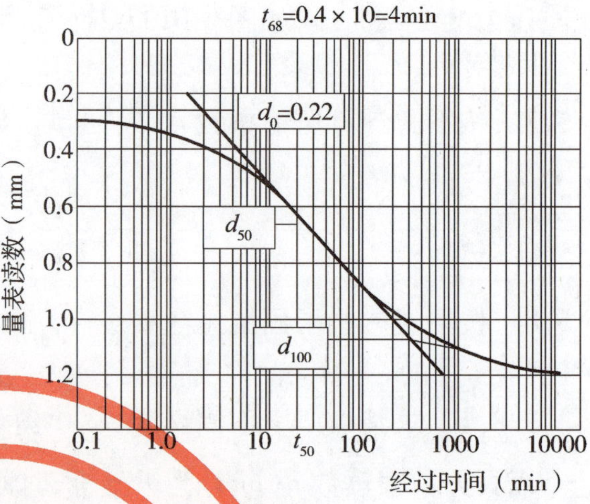

图 T 0137-4 用时间对数坡度法求 t_{68}

$$C_v=\frac{0.380\,\overline{h}^2}{t_{68}} \quad (\text{T 0137-10})$$

式中：C_v——固结系数（cm²/s），计算至三位有效数字。

5.8.3 求某一荷载下固结度为50%的 t_{50}。

同上法求得理论零点 d_s 后，延长 d—lg$t$ 曲线的中部直线段和通过曲线尾部数点作一切线的交点即为理论终点为 d_{100}，则

$$d_{50}=\frac{d_0+d_{100}}{2}$$

对应于 d_{50} 的时间即为固结度等于50%的时间 t_{50}，则

$$C_v=\frac{0.197\,\overline{h}^2}{t_{50}} \quad (\text{T 0137-11})$$

式中：C_v——固结系数（cm²/s），计算至三位有效数字。

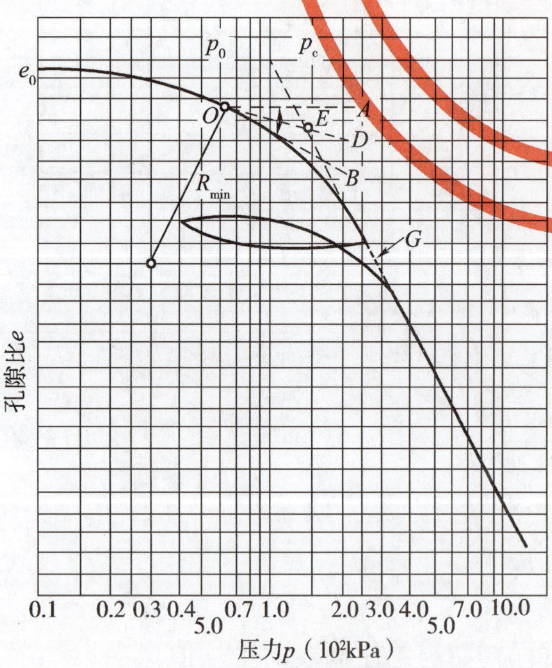

图 T 0137-5 e—lg$p$ 曲线先期固结压力

5.9 按下述方法确定原状土的先期固结压力 p_c。

作 e—lg$p$ 曲线（图 T 0137-5），在曲线上首先找出最小曲率半径 R_{min} 的 O 点，通过 O 点作水平线以 OA、切线 OB 及 AOB 的分角线 OD，OD 与曲线的直线 C 的延长线交于 E 点，则对应于 E 点的压力值即为先期固结压力 P_c。

5.10 本试验记录格式如表 T 0137-1～表

T 0137-3。

表 T 0137-1 固结试验记录（一）

工程编号＿＿＿＿＿＿ 试验者＿＿＿＿＿＿
土样编号＿＿＿＿＿＿ 计算者＿＿＿＿＿＿
取土深度＿＿＿＿＿＿ 校核者＿＿＿＿＿＿
土样说明＿＿＿＿＿＿ 试验日期＿＿＿＿＿＿

含水试验

试样情况		盒号	盒+湿土质量(g)	盒+干土质量(g)	盒质量(g)	水质量(g)	干土质量(g)	含水率(%)	
			(1)	(2)	(3)	(4)	(5)	(6)	
			(1)	(2)	(3)	(1)-(2)	(2)-(3)	$\frac{(4)}{(5)}\times 100$	
试验前	饱和前								
	饱和后（或饱和土）		22.17 17.50	17.94 14.61	7.0 7.0	4.23 2.89	10.94 7.61	38.7 38.0	平均 38.4
试验后			127.8	102.6	16.2	25.2	86.4	29.2	

密度试验

试样情况		环刀+土质量(g)	环刀质量(g)	土质量(g)	试样体积(cm^3)	密度(g/cm^3)
		(1)	(2)	(3)	(4)	(5)
		(1)	(2)	(1)-(2)	(4)	(3)÷(4)
试验前	饱和前					
	饱和后（或饱和土）	166.3	46.5	119.8	64.4	1.86
试验后		158.1	46.5	111.6	57.0	1.96

孔隙比及饱和度计算 $G_s=2.75$

试样情况		试验前	试验后
含水率	(%)	38.4	29.2
密度	(g/cm^3)	1.86	1.96
孔隙比		1.046	0.813
饱和度	(%)	100	100

表 T 0137-2　固结试验记录(二)

工程编号＿＿＿＿＿＿　土样编号＿＿＿＿＿＿　试 验 者＿＿＿＿＿＿

仪器编号＿＿＿＿＿＿　土样说明＿＿＿＿＿＿　试验日期＿＿＿＿＿＿

经过时间 (min)	压力(kPa)							
	50		100		200		400	
	时间	读数	时间	读数	时间	读数	时间	读数
0.00	10:20	0	10:20	0.964	10:20	1.358	10:20	2.355
0.25		0.410		1.014		1.445		2.335
1.00		0.510		1.062		1.522		2.405
2.25		0.602		1.107		1.590		2.423
4.00		0.632		1.140		1.644		2.438
6.25		0.749		1.168		1.688		2.450
9.00		0.800		1.192		1.722		2.460
12.25		0.834		1.208		1.748		2.470
16.00		0.854		1.228		1.766		2.480
20.25		0.869		1.232		1.782		2.488
25.00		0.897		1.240		1.792		2.495
30.25		0.886		1.247		1.806		2.500
36.00		0.891		1.253		1.813		2.508
42.25		0.896		1.258		1.820		2.515
60.00	11:20	0.906		1.331		1.836		2.530
23h		0.962		1.355		1.945		2.636
24h		0.964		1.358		1.948		2.640
总变形量(mm)		0.964		1.358		1.948		2.640
仪器变形量(mm)		0.040		0.050		0.062		0.074
试样总变形量(mm)		0.924		1.308		1.886		2.564

6　报告

6.1　土的鉴别分类和代号。

6.2　土的压缩系数 a_v(MPa^{-1})。

6.3　土的压缩模量 E_s(MPa)。

表 T 0137-3　固结试验记录(三)

工程编号＿＿＿＿＿＿　　土样编号＿＿＿＿＿＿　　试验日期＿＿＿＿＿＿

试 验 者＿＿＿＿＿＿　　计 算 者＿＿＿＿＿＿　　校 核 者＿＿＿＿＿＿

试样原始高度 $h_0 = 20\text{mm}$　　$C_v = \frac{0.848\,\bar{h}^2}{t_{90}}$　　$C_v = \frac{0.197\,\bar{h}^2}{t_{50}}$　　$C_v = \frac{0.380\,\bar{h}^2}{t_{68}}$

试验前孔隙比 $e_0 = 1.04$

加荷时间(h)	压力(kPa)	试样总变形量(mm)	压缩后试样高度(mm)	单位沉降量(mm/m)	孔隙比	平均试样高度(mm)	单位沉降量差(mm/m)	压缩模量(MPa)	压缩系数(MPa^{-1})	排水距离(cm)	固结系数($10^{-3}cm^2/s$)
	p	$\sum\Delta h_i$	$h = h_0 - \sum\Delta h_i$	$S_i = \frac{\sum\Delta h_i}{h_0}\times 1\,000$	$e_i = e_0 - \frac{S_i(1+e_0)}{1\,000}$	$\bar{h} = \frac{h_1 + h_2}{2}$	$S_2 - S_1$	E_s	a_v	$\bar{h} = \frac{h_1 + h_2}{4}$	C_v
0	0	0	20.000	0	1.04						
						19.537	46.3	1.03	1.80	0.977	2.18
24	50	0.926	19.074	46.3	0.95						
						18.883	19.1	2.45	0.80	0.944	2.02
24	100	1.308	18.692	65.4	0.91						
						18.403	28.9	3.14	0.60	0.920	1.90
24	200	1.886	18.114	94.3	0.85						
						17.775	33.9	5.15	0.35	0.896	1.62
24	400	2.564	17.436	128.2	0.78						
						17.053	38.3	8.70	0.20	0.889	1.61
24	800	3.330	16.670	166.5	0.70						

6.4 土的压缩指数 C_c。

6.5 土的回弹指数 C_s。

6.6 土的固结系数 C_v(cm^{-2}/s)。

6.7 原状土的先期固结压力 p_c(kPa)。

条文说明

1 固结试验(Consolidation Test)是以 Terzaghi 的单向固结理论为基础的。对于非饱和土,规定可用该试验中的方法测定压缩指标,不得用于测定固结系数。

2 固结试验所用固结仪的加荷设备,常用的是杠杆式和磅秤式。近年来,随着固结压力的增大,也有人采用气压式、液压式等。本规程采用杠杆式加荷设备。垂直变形测量设备一般用百分表,随着仪器自动化(数据自动采集),应采用灵敏度为零级的位移传感器。

在相同的试验条件下,高度不同的试样,所反映的各固结阶段的沉降量以及时间过程均有差异。本规程所用仪器直径为 61.8mm 和 79.9mm,高度为 20mm,径高比接近国外标准(3.5~4.0)。

3 根据工程实际需要,切取厚状土样或按(T 0102—2007)中 2 规定制备所需湿度密度的扰动土样。试样需要饱和时,应按(T 0102—2007)中 7 规定进行抽气饱和。

4 本规程规定每级荷载下固结 24h 作为稳定标准。

5 本规程介绍了单位沉降量 S、压缩系数 a_v、固结系数 C_v、压缩模量 E_s 和先期固结压力 p_c 等的确定方法。

T 0138—1993 快速试验法

1 目的和适用范围

本试验采用快速方法确定饱和黏质土的各项土性指标,是一种近似试验方法。

2 仪器设备

2.1 固结仪:见图 T 0138-1,试样面积 $30cm^2$ 和 $50cm^2$,高 2cm。

2.2 环刀:直径为 61.8mm 和 79.8mm,高度为 20mm。环刀应具有一定的刚度,内壁应保持较高的光洁度,宜涂一薄层硅脂或聚四氟乙烯。

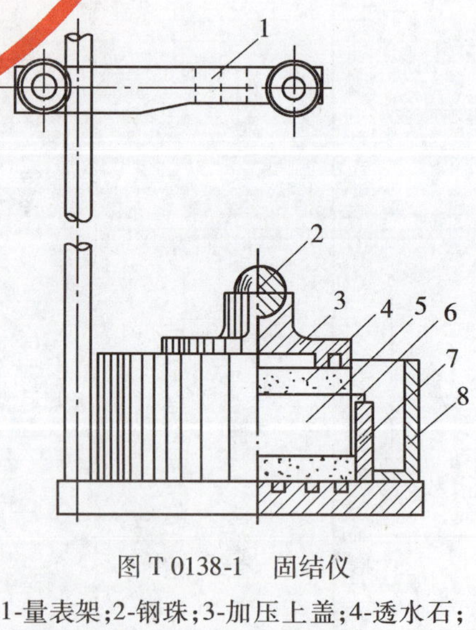

图 T 0138-1 固结仪

1-量表架;2-钢珠;3-加压上盖;4-透水石;5-试样;6-环刀;7-护环;8-水槽

2.3 透水石：由氧化铝或不受土腐蚀的金属材料组成，其透水系数应大于试样的渗透系数。用固定式容器时，顶部透水石直径小于环刀内径 0.2～0.5mm；当用浮环式容器时，上下部透水石直径相等。

2.4 变形量测设备：量程 10mm，最小分度为 0.01mm 的百分表或零级位移传感器。

2.5 其他：天平、秒表、烘箱、钢丝锯、刮土刀、铝盒等。

3 试验步骤

3.1 在切好土样的环刀外壁涂一薄层凡士林，然后将刀口向下放入护环内。

3.2 将底板放入容器内，底板上放透水石、滤纸，借助提环螺丝将土样环刀及护环放入容器中，土样上面覆滤纸、透水石，然后放下加压导环和传压活塞，使各部密切接触，保持平稳。

3.3 将压缩容器置于加压框架正中，密合传压活塞及横梁，预加 1.0kPa 压力，使固结仪各部分紧密接触，装好百分表，并调整读数至零。

3.4 去掉预压荷载，立即加第一级荷载。加砝码时应避免冲击和摇晃，在加上砝码的同时，立即开动秒表。荷载等级一般规定为 50kPa、100kPa、200kPa、300kPa 和 400kPa。有时根据土的软硬程度，第一级荷载可考虑用 25kPa。

3.5 如系饱和试样，则在施加第一级荷载后，立即向容器中注水至满。如系非饱和试样，须以湿棉纱围住上下透水面四周，避免水分蒸发。

3.6 如需确定原状土的先期固结压力时，荷载率宜小于 1，可采用 0.5 或 0.25 倍，最后一级荷载应大于 1 000kPa，使 e—lg$p$ 曲线下端出现直线段。

3.7 一般按 0s、15s、1min、2min、4min、6min、9min、12min、16min、20min、25min、35min、45min、60min，至稳定为止。各级荷载下的压缩时间规定为 1h，最后一级荷载下加读到稳定沉降时的读数。固结稳定的标准是最后 1h 变形量不超过 0.01mm。

当不需测定沉降速度时，则施加每级压力后 24h，测记试样高度变化作为稳定标准。当试样渗透系数大于 10^{-5}cm/s 时，允许以主固结完成作为相对稳定标准。按此步骤逐级加压至试验结束。

注：测定沉降速率仅适用于饱和土。

3.8 试验结束后拆除仪器，小心取出完整土样，称其质量，并测定其终结含水率（如不需测定试验后的饱和度,则不必测定终结含水率),并将仪器洗干净。

4 结果整理

4.1 按下式计算试验开始时的孔隙比:

$$e_0=\frac{\rho_s(1+0.01w_0)}{\rho_0}-1 \tag{T 0138-1}$$

4.2 按下式计算单位沉降量:

$$S_i=\frac{\sum\Delta h_i}{h_0}\times 1\,000 \tag{T 0138-2}$$

4.3 按下式计算各级荷载下变形稳定后的孔隙比 e_i:

$$e_i=e_0-(1+e_0)\times\frac{S_i}{1\,000} \tag{T 0138-3}$$

4.4 按下式计算某一荷载范围的压缩系数 m_v:

$$a_v=\frac{e_i-e_{i+1}}{p_{i+1}-p_i}=\frac{(S_{i+1}-S_i)(1+e_0)/1\,000}{p_{i+1}-p_i} \tag{T 0138-4}$$

4.5 按下式计算某一荷载范围内的压缩模量 E_s 和体积压缩系数 m_v:

$$E_s=\frac{p_{i+1}-p_i}{(S_{i+1}-S_i)/1\,000} \tag{T 0138-5}$$

$$m_v=\frac{1}{E_s}=\frac{a_v}{1+e_0} \tag{T 0138-6}$$

上列各式中:E_s——压缩模量(kPa),计算至0.01;

m_v——体积压缩系数(kPa^{-1}),计算至0.01;

a_v——压缩系数(kPa^{-1}),计算至0.01;

e_0——试验开始时试样的孔隙比,计算至0.01;

ρ_s——土粒密度(数值上等于土粒比重)(g/cm^3);

w_0——试验开始时试样的含水率(%);

ρ_0——试验开始时试样的密度(g/cm^3);

S_i——某一级荷载下的沉降量(mm/m),计算至0.1;

$\Sigma\Delta h_i$——某一级荷载下的总变形量,等于该荷载下百分表读数(即试样和仪器的变形量减去该荷载下的仪器变形量,mm);

h_0——试样起始时的高度(mm);

e_i——某一荷载下压缩稳定后的孔隙比,计算至0.01;

p_i——某一荷载值(kPa)。

4.6 以单位沉降量 S_i 或孔隙比 e 为纵坐标,以压力 p 为横坐标,作单位沉降量或孔隙比与压力的关系曲线,如图 T 0138-2 所示。

4.7 按下式计算压缩指数 C_c 及回弹指数 C_s:

$$C_c(或 C_s)=\frac{e_i-e_{i+1}}{\lg p_{i+1}-\lg p_i} \tag{T 0138-7}$$

4.8 按下述方法求固结系数 C_v。

4.8.1 求某一压力下固结度为 90% 的时间 t_{90}。

以百分数表读数 d(mm)为纵坐标,时间平方根$\sqrt{t}$(min)为横坐标,作 d—$\sqrt{t}$曲线,如图 T 0138-3。延长 d—$\sqrt{t}$曲线开始段的直线,交纵坐标轴于 d_s(理论零点)。过 d_s 作另一直线,令其横坐标为前一直线横坐标的 1.15 倍,则后一直线与 d—$\sqrt{t}$曲线交点所对应的时间平方即为固结度达 90% 所需的时间 t_{90},C_v 按下式计算:

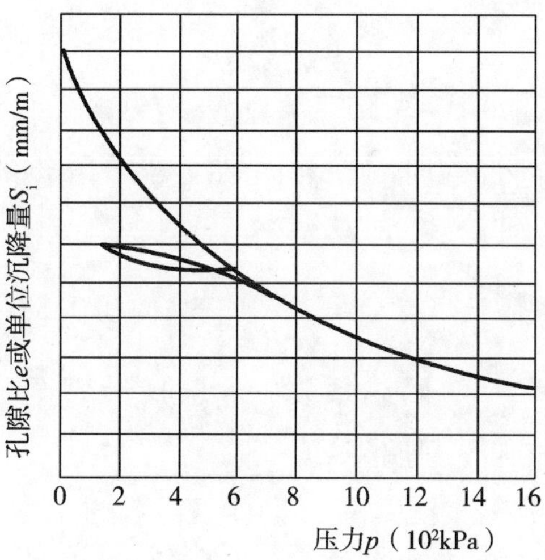

图 T 0138-2 S_i(或 e)—p 关系曲线

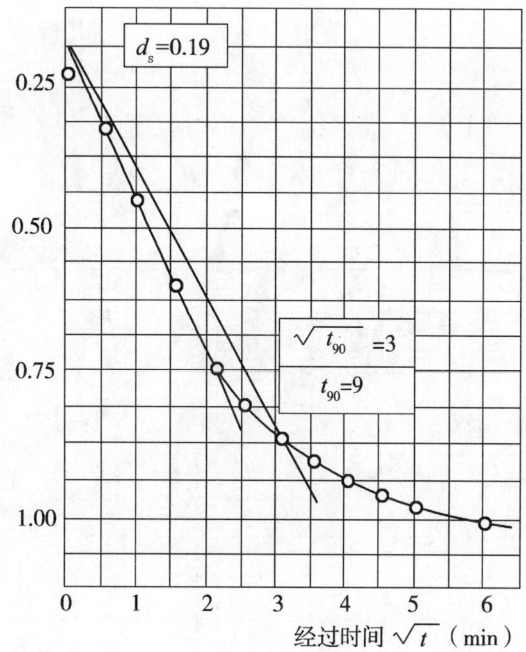

图 T 0138-3 用时间平方根法求 t_{90}

$$C_v=\frac{0.848\,\bar{h}^2}{t_{90}} \tag{T 0138-8}$$

式中:C_v——固结系数(cm^2/s),计算至三位有效数字;

$$\bar{h}=\frac{h_1+h_2}{4} \tag{T 0138-9}$$

$\bar{h}$——计算至0.01,即等于某一荷载下试样初始与终了高度的平均值之半。

4.8.2 求某一荷载下固结度为68%的 t_{68}。

以百分表读数 d(mm)为纵坐标,以时间的常用对数 $\lg t$(min)为横坐标,在半对数纸上作 d—$\lg t$ 曲线,如图 T 0138-4 所示。在曲线开始部分选择任意时间 t_1,查到相应的百分数读数 d_1,又在 $t_2 = \frac{t_1}{4}$ 处查得另一相应的百分表读数 d_2,$2d_2$—d_1 之值为 d_{s1}。如此另在曲线开始部分以同法求得 d_{s2}、d_{s3}、d_{s4} 等,取其平均值,得理论零点 d_s。通过 d_s 作一水平线,然后向上延长曲线中的直线段,两直线交点的横坐标乘以10即得 t_{68},则:

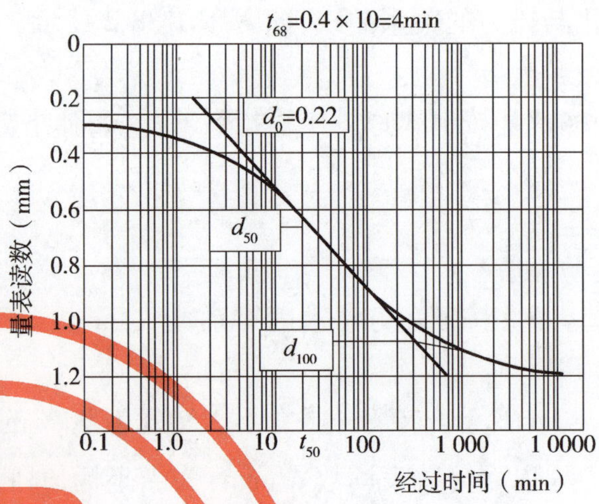

图 T 0138-4 用时间对数坡度法求 t_{68}

$$C_v = \frac{0.380\,\bar{h}^2}{t_{68}} \quad (T\ 0138\text{-}10)$$

式中:C_v——固结系数(cm²/s),计算至三位有效数字。

4.8.3 求某一荷载下固结度为50%的 t_{50}。

同上法求得理论零点 d_s 后,延长 d—$\lg t$ 曲线的中部直线段和通过曲线尾部数点作一切线的交点即为理论终点为 d_{100},则

$$d_{50} = \frac{d_0 + d_{100}}{2}$$

对应于 d_{50} 的时间即为固结度等于50%的时间 t_{50},则

$$C_v = \frac{0.197\,\bar{h}^2}{t_{50}} \quad (T\ 0138\text{-}11)$$

式中:C_v——固结系数(cm²/s),计算至三位有效数字。

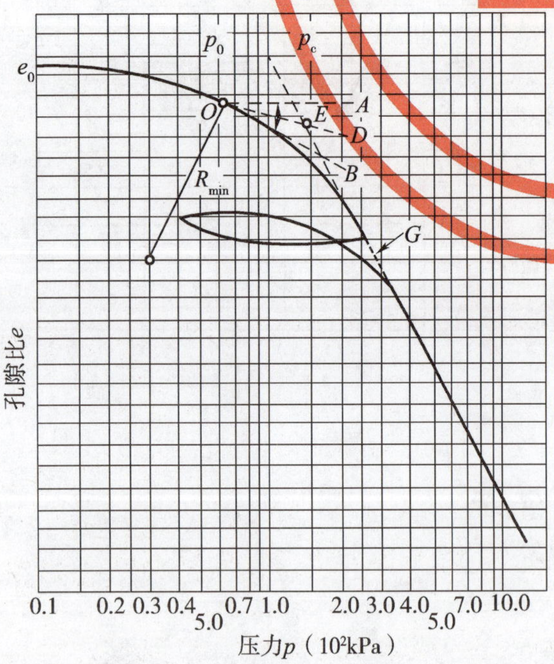

图 T 0138-5 e—$\lg p$ 曲线先期固结压力

4.9 按下述方法确定原状土的先期固结压力 p_c。

作 e—$\lg p$ 曲线(图 T 0138-5),在曲线上首先找出最小曲率半径 R_{min} 的 O 点,通过 O 点作水平线以 OA、切线 OB 及 AOB 的分角线 OD,OD 与曲线的直线 C 的延长线交于 E 点,则对应于 E 点的压力值即为先期固结压力 p_c。

4.10 按下式计算各级荷载下试样校正后的总变形量：

$$\Sigma\Delta h_i = (h_i)_t \frac{(h_n)_T}{(h_n)_t} = K(h_i)_t \tag{T 0138-12}$$

式中：$\Sigma\Delta h_i$——某一荷载下校正后的总变形量(mm)；

$(h_i)_t$——同一荷载下压缩1h的总变形量减去该荷载下的仪器变形量(mm)；

$(h_n)_t$——最后一级荷载下压缩1h的总变形量减去该荷载下的仪器变形量(mm)；

$(h_n)_T$——最后一级荷载下达到稳定标准的总变形量减去该荷载下仪器变形量(mm)；

K——大于1的校正系数，$K=\frac{(h_n)_T}{(h_n)_t}$。

4.11 本试验记录见表T 0138-1～表T 0138-3。

表 T 0138-1 固结试验记录(一)

工程编号__________ 试 验 者__________

土样编号__________ 计 算 者__________

取土深度__________ 校 核 者__________

土样说明__________ 试验日期__________

含 水 试 验

试样情况		盒号	盒+湿土质量(g)	盒+干土质量(g)	盒质量(g)	水质量(g)	干土质量(g)	含水率(%)	
			(1)	(2)	(3)	(4)	(5)	(6)	
			(1)	(2)	(3)	(1)-(2)	(2)-(3)	$\frac{(4)}{(5)}\times 100$	
试验前	饱和前								
	饱和后(或饱和土)		22.17 17.50	17.94 14.61	7.0 7.0	4.23 2.89	10.94 7.61	38.7 38.0	平均 38.4
试验后			127.8	102.6	16.2	25.2	86.4	29.2	

密 度 试 验

试样情况		环刀+土质量(g)	环刀质量(g)	土质量(g)	试样体积(cm^3)	密度(g/cm^3)
		(1)	(2)	(3)	(4)	(5)
		(1)	(2)	(1)-(2)	(4)	(3)÷(4)
试验前	饱和前					
	饱和后(或饱和土)	166.3	46.5	119.8	64.4	1.86
试验后		158.1	46.5	111.6	57.0	1.96

续上表

孔隙比及饱和度计算 $G_s=2.75$			
试样情况		试验前	试验后
含水率	(%)	38.4	29.2
密度	(g/cm^3)	1.86	1.96
孔隙比		1.046	0.813
饱和度	(%)	100	100

表 T 0138-2 固结试验记录(二)

工程编号______ 土样编号______ 试 验 者______

仪器编号______ 土样说明______ 试验日期______

经过时间(min)	压力(kPa)							
	50		100		200		400	
	时间	读数	时间	读数	时间	读数	时间	读数
0.00	10:20	0	10:20	0.964	10:20	1.358	10:20	2.355
0.25		0.410		1.014		1.445		2.335
1.00		0.510		1.062		1.522		2.405
2.25		0.602		1.107		1.590		2.423
4.00		0.632		1.140		1.644		2.438
6.25		0.749		1.168		1.688		2.450
9.00		0.800		1.192		1.722		2.460
12.25		0.834		1.208		1.748		2.470
16.00		0.854		1.228		1.766		2.480
20.25		0.869		1.232		1.782		2.488
25.00		0.897		1.240		1.792		2.495
30.25		0.886		1.247		1.806		2.500
36.00		0.891		1.253		1.813		2.508
42.25		0.896		1.258		1.820		2.515
60.00	11:20	0.964		1.358		1.948		2.530
23h		0.962		1.355		1.945		2.636
24h		0.964		1.358		1.948		2.640
总变形量(mm)		0.964		1.358		1.948		2.640
仪器变形量(mm)		0.040		0.050		0.062		0.074
试样总变形量(mm)		0.924		1.308		1.886		2.564

表 T 0138-3　快速法固结试验记录

工程编号________________　　试验者________________

土样说明________________　　计算者________________

试验日期________________　　校核者________________

试样原始高度 $h_0=20\text{mm}$　　$K=\frac{(h_n)_T}{(h_n)_t}=1.031$

加荷时间 (h)	压力 (kPa)	校正前试样总变形量 (mm)	校正后试样总变形量 (mm)	压缩后试样高度 (mm)	单位沉降量 (mm/m)	备注
	p	$(h_i)_t$	$\sum\Delta h_i=K(h_i)_t$	$h=h_0-\sum\Delta h_i$	$S_i=\frac{\sum\Delta h_i}{h}\times 1\,000$	
1	50	1.20	1.24	18.76	62	
1	100	1.98	2.04	17.96	102	
1	200	2.76	2.85	17.15	142	
1	400	3.53	3.64	16.36	182	
1	800	4.24	4.37	15.63	219	
稳定	800	4.37				

5　报告

5.1　土的鉴别分类和代号；

5.2　土的压缩系数 $a_v(\text{MPa}^{-1})$。

5.3　土的压缩模量 $E_s(\text{MPa})$。

5.4　土的压缩指数 C_c。

5.5　土的回弹指数 C_s。

5.6　土的固结系数 $C_v(\text{cm}^{-2}/\text{s})$。

5.7　原状土的先期固结压力 $p_c(\text{kPa})$。

条文说明

1～3　快速试验法是每级荷载下固结1h，最后一级荷载固结24h，以两者变形之比作为校正系数校正变形量。考虑到公路部门在修建高等级公路时，需采集大量土样做固结试验，如规定均按常规方法进行，则试验时间将会拖得很长，不能满足实际工作需要，故本规仍保留快速试验法。

20 土的标准吸湿含水率试验

T 0172—2007 标准吸湿含水率试验

1 目的和适用范围

本试验方法适用于在温度为20℃ ±2℃、相对湿度为60% ±5%标准条件下,进行土样标准吸湿含水率的测定,同时也可间接确定土样或水泥等细粒材料比表面等性质。

2 仪器设备

2.1 烘箱:可采用电热烘箱或温度能保持在105~110℃下的其他能源烘箱,也可用红外线烘箱。

2.2 天平:感量0.001g。

2.3 称量盒:采用铝盒。土样水分蒸发速度与铝盒的直径成正相关,与铝盒的高度成反相关。以直径不大于6cm,高度不大于1.5cm为宜。

2.4 试验装置:盛有氯化钙或其他干燥剂的干燥缸;或恒温恒湿箱等。

3 试剂

用蒸馏水配置溴化钠饱和盐溶液1 000mL。溴化钠饱和盐溶液中可以略有结晶,充分保证盐溶液处于饱和状态。

4 试验步骤

4.1 干燥缸法

4.1.1 将洁净的铝盒置于105~110℃恒温下烘3~4h,取出在干燥缸中冷却至室温,立即称量。如此反复操作,直至恒质重为止(前后两次质量相差不大于0.001g),记下铝盒质量。

4.1.2 取具有代表性的天然土体试样约4g,土样应用小刀切削为薄片状,置于已知质量(m_0)的小铝盒中,将土样平铺盒底,盖紧盒盖称量盒与湿土总质量(m_1)。

4.1.3 揭开盒盖,直接将装有土样的小铝盒放置在饱和盐溶液上的多孔板上。

4.1.4 每天取出土样测读一次读数,记下盒与湿土总质量,直到试样恒质量为止,测记吸湿后盒与恒定湿土总质量(m_2),准确至0.001g。

4.1.5 将恒质量的土样放入烘箱中,在温度105~110℃恒温下烘焙8h。

4.1.6 取出铝盒,将盒盖盖好,放入盛有$CaCl_2$的干燥器中放置冷却至室温(一般只需0.5~1h即可),立即称量。

4.1.7 再将铝盒放入烘箱中,在温度105~110℃恒温下烘焙3~4h。取出铝盒,将盒盖盖好,放入盛有$CaCl_2$的干燥器中放置冷却至室温,立即称量。如此反复操作直至恒质量为止,记下质量(m_3),准确至0.001g。

4.2 恒温恒湿箱法

4.2.1 将溴化钠饱和盐溶液1 000mL放置于恒温恒湿箱底部。

4.2.2 将洁净的铝盒置于105~110℃恒温下烘3~4h,取出在干燥缸中冷却至室温,立即称量。如此反复操作,直至恒量为止(前后两次质量相差不大于0.001g),记下铝盒质量。

4.2.3 取具有代表性的天然土体试样约4g,土样应用小刀切削为薄片状,置于已知质量(m_0)的小铝盒中,将土样平铺盒底,盖紧盒盖称量盒与湿土总质量(m_1)。

4.2.4 揭开盒盖,将装有土样的铝盒放入恒温恒湿箱中。

4.2.5 盖上恒湿箱盖板,使之密封。

4.2.6 每天取出土样测读一次读数,记下盒与湿土总质量,直到试样恒质量为止,测记吸湿后盒与恒定湿土总质量(m_2),准确至0.001g。

4.2.7 将恒质量的土样放入烘箱中,在温度105~110℃恒温下烘焙8h。

4.2.8 取出铝盒,将盒盖盖好,放入盛有$CaCl_2$的干燥器中放置冷却至室温(一般只需0.5~1h即可),立即称量。

4.2.9 再将铝盒放入烘箱中,在温度105~110℃恒温下烘焙3~4h。取出铝盒,将盒盖盖好,放入盛有$CaCl_2$的干燥器中放置冷却至室温,立即称量。如此反复操作直至恒质量为止,记下质量(m_3),准确至0.001g。

5 结果整理

5.1 按下式计算标准吸湿含水率

$$w_a = \frac{m_2 - m_3}{m_3 - m_0} \times 100 \tag{T 0172-1}$$

式中:w_a——标准吸湿含水率(%),计算至0.01;

m_0——铝盒质量(g);

m_2——吸湿后盒与湿土总质量(g);

m_3——烘干后的盒与土总质量(g);

$m_2 - m_3$——最大吸湿水质量(g);

$m_3 - m_0$——试验干土质量(g)。

5.2 本试验记录格式如表T 0172-1。

表T 0172-1 标准吸湿含水率记录表

工程编号________　　试 验 者________

土样编号________　　计 算 者________

取土深度________　　校 核 者________

土样说明________　　试验日期________

盒　号			134	
吸湿后盒+湿土总质量	m_2	(g)	35.605	35.451
烘干后盒+干土总质量	m_3	(g)	34.162	34.023
盒质量	m_0	(g)	20.000	20.000
最大吸水质量	$m_2 - m_3$	(g)	1.443	1.428
干土质量	$m_3 - m_0$	(g)	14.162	14.023
标准吸湿含水率	w_a	(%)	10.19	10.18
平均标准吸湿含水率	$\overline{w}_a$	(%)	10.19	

5.3 精密度和允许差。

本试验需要进行平行测定,平行试验容许误差0.2%,取算术平均值。

6 报告

6.1 土的鉴别分类和代号。

6.2 土的标准吸湿含水率 w_a(%)值。

条文说明

本试验方法系中交第二公路勘察设计研究院2002～2004年西部交通建设科技项目“膨胀土地区公路勘察设计技术研究”的研究成果。针对该试验,中交第二公路勘察设计研究院获得了两项专利。

本试验有两种试验装置,一种是采用干燥缸试验,另一种是采用恒温恒湿箱试验。通常建议采用干燥缸试验方法。

采用干燥缸试验的最大优点是湿度可以很准确地控制。试验温度由室温控制。室内安装两台双制式空调即可解决室内温度控制问题。

采用恒温恒湿箱试验,将土样放置在恒温恒湿箱中,将恒温恒湿箱设置为控制的标准温度(20℃±2℃)和标准湿度(60%±5%),土样恒重的含水率即为最大吸湿含水率。为了加快试验进度,可在恒温恒湿箱中增加空气对流装置。这种试验装置最大的优点是试验温度和湿度能够比较精确地控制,标准吸湿含水率的测定变得非常简单。不足的是,恒温恒湿箱在保湿养护试验过程中喷淋可能会对试样有影响,此外试验设备比较昂贵。

21 黄土湿陷试验

T 0139—2007 相对下沉系数试验

1 目的和适用范围

本试验的目的是测定黄土(黄土类土)的大孔隙比和相对下沉系数。

2 仪器设备

2.1 固结仪:见图 T 0139-1,试样面积 $30cm^2$ 和 $50cm^2$,高 2cm。

2.2 环刀:直径为 61.8mm 和 79.8mm,高度为 20mm。环刀应具有一定的刚度,内壁应保持较高的光洁度,宜涂一薄层硅脂或聚四氟乙烯。

2.3 透水石:由氧化铝或不受土腐蚀的金属材料组成,其透水系数应大于试样的渗透系数。用固定式容器时,顶部透水石直径小于环刀内径 0.2~0.5mm;当用浮环式容器时,上下部透水石直径相等。

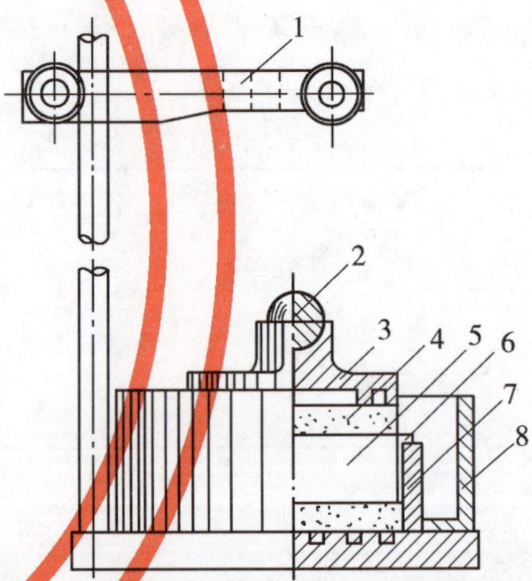

图 T 0139-1 固结仪

1-量表架;2-钢珠;3-加压上盖;4-透水石;5-试样;6-环刀;7-护环;8-水槽

2.4 变形量测设备:量程 10mm,最小分度为 0.01mm的百分表或零级位移传感器。

2.5 其他:天平、秒表、烘箱、钢丝锯、刮土刀、铝盒等。

3 试样

为判定黄土(黄土类土)的下沉性质,应切取三个原状土样。切土时应使土样受荷方向与天然土层受荷方向一致,并记录和描述土样的层次、颜色和有无杂质等。各试样间的密度差值不得大于 $0.03g/cm^3$,并测定试样含水率。

4 试验步骤

4.1 单线法

4.1.1 切取5个环刀试样,分别将切好的原状土样的环刀外壁涂一薄层凡士林,然后将刀口向下放入护环内。

4.1.2 将底盘放入容器内,底盘上放透水石和滤纸,借助提环螺丝将护环放入容器中,土样上面覆以滤纸和透水石,然后放下加压导环和传压活塞,使各部密切接触,保持平衡。

4.1.3 将加压容器置于加压框架正中,密合传压活塞及横梁,预加1.0kPa的压力,使固结仪各部密切接触,装好百分表,并调整读数至零。

4.1.4 对5个试样均在天然湿度下分级加压,分别加至不同的规定压力,按下述进行试验,直至试样湿陷变形稳定为止。

(1)去掉预加荷载,立即加上第一级荷载50kPa,在加上砝码的同时开动秒表,按下述时间读百分表读数:10min、20min、30min,以后每1h读数一次,直至达到稳定沉降为止。然后加第二级荷载。沉降稳定的标准是每小时变形量不超过0.01mm。

(2)第二级荷载为100kPa,以后顺次为150kPa、200kPa、400kPa,加压间隔为50kPa。荷载加上后,按本试验4.1.4(1)规定的时间记录百分表读数至沉降稳定为止。

(3)5个试样分别在最后一级压力下,达到沉降稳定,稳定标准为每小时变形不大于0.01mm。而后自试样顶面加水,按本试验4.1.4(1)规定的时间间隔记录百分表读数至再度达沉降稳定。稳定标准为每3d变形不大于0.01mm。

4.1.5 记读最后一级荷载下达到假定沉降后的百分表读数。拆除仪器,取下试样,测定其含水率和干密度。

4.1.6 如须测定大孔隙比与压力的关系,用从同一块土切取的另外两个性质相同土样,测定其密度和含水率。并按上述步骤安装仪器并进行试验。但第一个试样在整个过程中应保持其天然含水率。为此,需用湿棉花覆盖在传压活塞周围。第二个试样在50kPa压力下达到沉降稳定,稳定标准为每小时变形不大于0.01mm。而后自试样顶面加水,直至试样分别在各级压力下浸水变形稳定。稳定标准为每3d变形不大于0.01mm。

4.1.7 为求实际压力下的大孔隙比及相对下沉系数,可按本试验4.1.4(2)和(3)以及4.1.5步骤进行试验,求大孔隙比及相对下沉系数的实际最大值。

4.1.8 试验完毕,放掉容器的积水,拆除仪器,取出土样。在试样中心处取土测定其含水率。

4.2 双线法

4.2.1 切取两个环刀试样,分别将切好的原状土样的环刀外壁涂一薄层凡士林,然后将刀口向下放入护环内。

4.2.2 将底盘放入容器内,底盘上放透水石和滤纸,借助提环螺丝将护环放入容器中,土样上面覆以滤纸和透水石,然后放下加压导环和传压活塞,使各部密切接触,保持平衡。

4.2.3 将加压容器置于加压框架正中,密合传压活塞及横梁,预加 1.0kPa 的压力,使固结仪各部密切接触,装好百分表,并调整读数至零。

4.2.4 一个试样在天然湿度下按下述分级加压,直至湿陷变形稳定为止。

(1)去掉预加荷载,立即加上第一级荷载 50kPa,在加上砝码的同时开动秒表,按下述时间读百分表读数:10min、20min、30min,以后每 1h 读数一次,直至达到稳定沉降为止。然后加第二级荷载。沉降稳定的标准是每小时变形量不超过 0.01mm。

(2)第二级荷载为 100kPa,以后顺次为 150kPa、200kPa、400kPa,加压间隔为 50kPa。荷载加上后,按本试验 4.2.4(1)规定的时间记录百分表读数至沉降稳定为止。

(3)试样在最后一级压力下,达到沉降稳定,稳定标准为每小时变形不大于 0.01mm。再自试样顶面加水,按本试验 4.2.4(1)规定的时间间隔记录百分表读数至再度达浸水沉降稳定。稳定标准为每 3d 变形不大于 0.01mm。

4.2.5 另一个试样在天然湿度下施加第一级压力 50kPa,按 4.2.4(1) 规定的时间间隔记录百分表读数,直至变形稳定,稳定标准为每小时变形不大于 0.01mm。而后浸水,再分级加压、记录百分表读数,直至试样在各级压力下浸水变形稳定为止。稳定标准为每 3d 变形不大于 0.01mm。

4.2.6 记读最后一级荷载下达到假定沉降后的百分表读数。拆除仪器,取下试样,测定其含水率和干密度。

4.2.7 为求实际压力下的大孔隙比及相对下沉系数,可按本试验 4.2.4(2)和(3)以及 4.2.6 步骤进行试验,并在加荷至计算压力下浸水,求其在该荷载下的大孔隙比及相对下沉系数,或在不同荷载下进行试验,求大孔隙比及相对下沉系数的实际最大值。

4.2.8 试验完毕,放掉容器的积水,拆除仪器,取出土样。在试样中心处取土测定其含水率。

5 结果整理

5.1 按下式计算试样的孔隙比:

$$e = \frac{h}{h_s} - 1 \tag{T 0139-1}$$

$$h_s = \frac{h_0}{1 + e_0} \tag{T 0139-2}$$

式中:e——试样的孔隙比,计算至0.001;

e_0——试验开始时试样的孔隙比;

h_s——试样土粒体积高度,计算至0.001(mm);

h——试样高度(mm);

h_0——试验开始时试样的高度(mm)。

5.2 按下式计算大孔隙比(见图T 0139-2):

$$e_m = e_p - e'_p \tag{T 0139-3}$$

式中:e_m——大孔隙比,计算至0.001;

e_p——p(kPa)压力时浸水前试样的稳定孔隙比;

e'_p——p(kPa)压力时浸水后试样的稳定孔隙比。

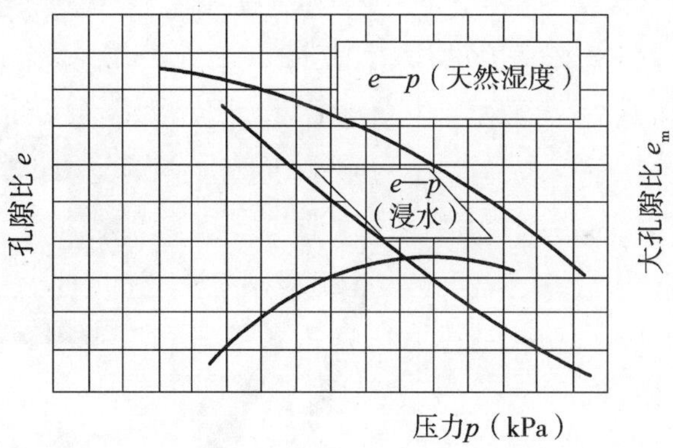

图T 0139-2 e—p 和 e_m—p 关系曲线

5.3 按下列计算相对下沉系数:

$$i_m = \frac{e_m}{1 + e_0} \tag{T 0139-4}$$

式中:i_m——相对下沉系数,计算至0.01;

e_m——大孔隙比;

e_0——试验开始时孔隙比。

5.4 本试验记录格式如表T 0139-1。

6 报告

6.1 土的鉴别分类和代号。

6.2 黄土的大孔隙比 e_m 值。

6.3 黄土的相对下沉系数 i_m 值。

表 T 0139-1 黄土湿陷试验记录(相对下沉系数)

工程编号____________ 试 验 者____________

取土深度____________ 计 算 者____________

土样编号____________ 校 核 者____________

土样描述____________ 试验日期____________

试样原始高度 $h_0=20\text{mm}$

试样原始孔隙比 $e_0=1.114$

试样土粒体积高度 $h_s=\dfrac{h_0}{1+e_0}=9.461\text{mm}$

压力(kPa)	50		100		150		200		200(在浸水下)	
	时间	读数	时间	读数	时间	读数	时间	读数	时间	读数
测值	9:30	0.000	11:00	0.250	13:00	0.408	15:30	0.570	18:00	0.766
	9:40	0.223	11:10	0.378	13:10	0.527	15:40	0.700	18:10	2.030
	9:50	0.240	11:20	0.389	13:20	0.541	15:50	0.720	18:20	2.070
	10:00	0.242	11:30	0.391	13:30	0.549	16:00	0.730	18:30	2.090
	10:30	0.247	12:00	0.400	14:00	0.558	16:30	0.749	19:00	2.118
	11:00	0.250	12:30	0.405	14:30	0.563	17:00	0.756	19:30	2.135
			13:00	0.408	15:00	0.568	17:30	0.761	20:00	2.143
					15:30	0.570	18:00	0.766	20:30	2.150
									21:00	2.157
									23:00	2.160
总变形量(mm)	0.250		0.408		0.570		0.766		2.160	
仪器变形量(mm)	0.021		0.029		0.034		0.037		0.037	
试样变形量(mm)	0.229		0.279		0.536		0.729		2.123	
试样高度 h(mm)	19.771		19.621		19.464		19.271		17.877	
孔隙比 e	1.090		1.074		1.057		1.037		0.89	
大孔隙比 e_m	$e_m=e_p-e'_p=1.037-0.89=0.147$									
相对下沉系数 i_m	$i_m=\dfrac{e_m}{1+e_0}=\dfrac{0.147}{1+1.114}=0.07$									

条文说明

黄土为第四纪沉积物,由于成因的不同,历史条件、地理条件的改变以及区域性自然气候条件的影响，使黄土的外部特性、结构特性、物质成分以及物理、化学、力学特性均不相同。本试验将原生黄土、次生黄土、黄土状土及新近堆积黄土统称为黄土类土。因为它们具有某些共同的变形特性，需要通过压缩试验来测定。

压缩变形与湿陷变形的含义不同。压缩变形是指黄土在载荷作用下含水率不变时的垂直变形。这种变形相当于黄土地基未经处理，当建筑物施工时，含水率变化很小，主要是载荷增加所产生的垂直变形。而湿陷变形是指黄土在荷重和浸水共同作用下，由于结构遭破坏产生显著的湿陷变形，这是黄土的重要特性。湿陷系数大于或等于0.015时，称为湿陷性黄土；当湿陷系数小于0.015时，称非湿陷性黄土。

1　黄土湿陷性指标的测定，国内外都沿用单线、双线两种方法。单线法比双线法更适用于黄土变形的实际情况。双线法简便，工作量小，但与变形的实际情况不完全符合，故以单线法为标准方法。

2　黄土相对下沉系数试验所用的加荷设备，常用的有杠杆式和磅秤式。近年来，随着压缩应力的增大，也有人采用气压式、液压式等。本试验采用杠杆式加荷设备。垂直变形测量设备一般用百分表，随着仪器自动化（数据自动采集），应采用灵敏度为零级的位移传感器。

在相同的试验条件下，高度不同的试样，所反映的各下沉变形阶段的沉降量以及时间过程均有差异。本试验所用仪器直径为61.8mm和79.9mm，高度为20mm，径高比接近国外标准（3.5～4.0）。

3　为测定黄土的湿陷性指标，一般应切取三个原状土样，一个试样用于测定孔隙比或垂直变形与压力的关系，另两个试样用于测定大孔隙比与压力的关系。

4　浸水压力和湿陷系数是划分湿陷等级的主要指标，工业与民用建筑物地基的基底压力大多在200kPa以下，采用200kPa的浸水压力接近实际荷载。因此，以200kPa的浸水压力作为评定湿陷系数的标准。

黄土颗粒间的黏性机理与黏土不同，故对黄土的压缩变形和湿陷变形，一般均采用每小时变形量不大于0.01mm为稳定标准。

5　本试验方法采用大孔隙比和相对下沉系数作为黄土湿陷性指标。两者从不同角度表征黄土的湿陷特性。

T 0173—2007　自重湿陷系数试验

1　目的和适用范围

本试验的目的是测定黄土（黄土类土）的自重湿陷系数。

2　仪器设备

2.1　固结仪：见图T 0173-1，试样面积30cm^{2}和50cm^2，高2cm。

2.2　环刀：直径为61.8mm和79.8mm，高度为20mm。环刀应具有一定的刚度，内壁应保持较高的光洁度，宜涂一薄层硅脂或聚四氟乙烯。

2.3　透水石：由氧化铝或不受土腐蚀的金属材料组成，其透水系数应大于试样的渗透系数。用固定式容器时，顶部透水石直径小于环刀内径0.2～0.5mm；当用浮环式容器时,上下部透水石直径相等。

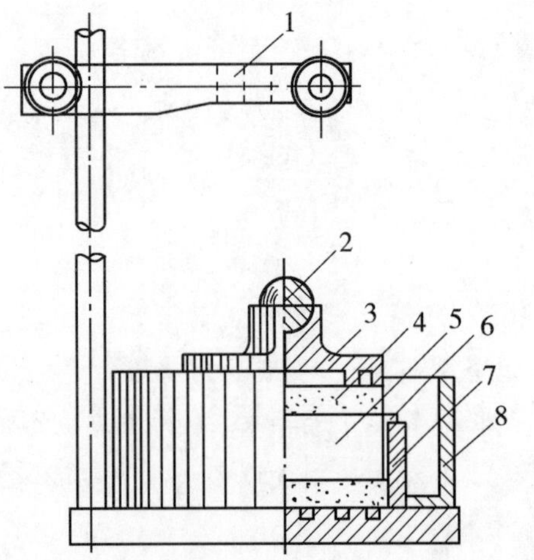

图 T 0173-1 固结仪

1-量表架;2-钢珠;3-加压上盖;4-透水石;5-试样;6-环刀;7-护环;8-水槽

2.4 变形量测设备:量程 10mm,最小分度为0.01mm的百分表或零级位移传感器。

2.5 其他:天平、秒表、烘箱、钢丝锯、刮土刀、铝盒等。

3 试验步骤

3.1 原状土试件制备

3.1.1 按土样上下层次小心开启原状土包装皮,将土样取出放正,整平两端。在环刀内壁涂一薄层凡士林,刀口向下,放在土样上。无特殊要求时,切土方向应与天然土层层面垂直。

3.1.2 将试验用的切土环刀内壁涂一薄层凡士林,刀口向下,放在试件上,用切土刀将试件削成略大于环刀直径的土柱。然后将环刀垂直向下压,边压边削,至土样伸出环刀上部为止,削平环刀两端,擦净环刀外壁,称环土合质量,准确至0.1g,并测定环刀两端所削下土样的含水率。试件与环刀要密合,否则应重取。

切削过程中,应细心观察并记录试件的层次、气味、颜色,有无杂质,土质是否均匀,有无裂缝等。

如连续切取数个试件,应使含水率不发生变化。

视试件本身及工程要求,决定试件是否进行饱和。如不立即进行试验或饱和时,则将试件暂存于保湿器内。

切取试件后,剩余的原状土样用蜡纸包好置于保湿器内,以备补做试验之用。切削的余土做物理性试验。平行试验或同一组试件密度差值不大于 $\pm 0.1g/cm^3$,含水率差值不大于2%。

3.2 单线法

3.2.1 切取5个环刀试样,分别将切好的原状土样的环刀外壁涂一薄层凡士林,然后将刀口向下放入护环内。

3.2.2 将底盘放入容器内,底盘上放透水石和滤纸,借助提环螺丝将护环放入容器中,土样上面覆以滤纸和透水石,然后放下加压导环和传压活塞,使各部密切接触,保持平衡。

3.2.3 将加压容器置于加压框架正中，密合传压活塞及横梁，预加1.0kPa的压力，使固结仪各部密切接触，装好百分表，并调整读数至零。

3.2.4 将土的饱和自重压力大致均分规定为5级压力，分别施加在5个试样上。当施加的压力小于或等于50kPa时，可一次施加；当压力大于50kPa时，应分级施加，每级压力不大于50kPa，每级压力时间不少于15min，如此连续加至规定压力。加压后每隔1h测记一次变形读数，直到每小时试样变形量不超过0.01mm为止。

3.2.5 向容器内注入纯水，水面应高出试样顶面，每隔1h测记一次变形读数，分别测记5个试样浸水变形稳定读数后的百分表读数。直至试样浸水变形稳定为止。稳定标准为每3d变形不大于0.01mm。

3.2.6 拆除仪器，取下试样，测定其含水率和干密度。

3.3 双线法

3.3.1 切取两个环刀试样，分别将切好的原状土样的环刀外壁涂一薄层凡士林，然后将刀口向下放入护环内。

3.3.2 将底盘放入容器内，底盘上放透水石和滤纸，借助提环螺丝将护环放入容器中，土样上面覆以滤纸和透水石，然后放下加压导环和传压活塞，使各部密切接触，保持平衡。

3.3.3 将加压容器置于加压框架正中，密合传压活塞及横梁，预加1.0kPa的压力，使固结仪各部密切接触，装好百分表，并调整读数至零。

3.3.4 在一个试样上施加土的饱和自重压力，当饱和自重压力小于或等于50kPa时，可一次施加；当压力大于50kPa时，应分级施加，每级压力不大于50kPa，每级压力时间不少于15min，如此连续加至饱和自重压力。加压后每隔1h测记一次变形读数，直到每小时试样变形量不超过0.01mm为止。再自试样顶面加水，每隔1h测记一次变形读数。测记浸水沉降稳定百分表读数。稳定标准为每3d变形不大于0.01mm。

3.3.5 在另一个试样上施加第一个50kPa压力，每隔1h测记一次变形读数，直至试样每小时试样变形量不超过0.01mm为止。再向容器内注入纯水，水面应高出试样顶面，当饱和自重压力小于或等于50kPa时，可一次施加；当压力大于50kPa时，应分级施加，每级压力不大于50kPa，每级压力时间不少于15min，如此连续加至饱和自重压力。加压后每隔1h测记一次变形读数,直到试样浸水变形稳定为止。稳定标准为每3d变形不大于0.01mm。

3.3.6 试验完毕,放掉容器的积水,拆除仪器,取出土样。在试样中心处取土测定其含水率和干密度。

4 结果整理

4.1 自重湿陷系数按下式计算:

$$\delta_{zs}=\frac{h_z-h'_z}{h_0} \tag{T 0173-1}$$

式中:δ_{zs}——自重湿陷系数,计算至0.001;

h_z——在饱和自重压力下,试样变形稳定后的高度(mm);

h'_z——在饱和自重压力下,试样浸水湿陷变形稳定后的高度(mm);

h_0——试样初始高度(mm)。

4.2 本试验记录格式如表T 0173-1。

表T 0173-1 黄土湿陷试验记录(自重湿陷系数)

工程编号________ 试验者________

试样编号________ 计算者________

试验日期________ 校核者________

试样编号:________ 环刀号:________

仪器号:________ 试样初始高度:________(mm)

饱和自重压力计算								试验测试		
层数	密度(g/cm³)	含水率(%)	比重	孔隙度(%)	饱和密度(g/cm³)	层厚(m)	土层自重压力(kPa)	经过时间(min)	百分表读数 自重压力(kPa)	百分表读数 浸水(mm)
	(1)	(2)	(3)	$(4)=1-\frac{(1)}{(3)\times[1+(2)]}$	$(5)=\frac{(1)}{1+(2)}+0.85\times(4)$	(6)	$(7)=9.81\times(6)\times(5)$			
								稳定读数		
自重压力(kPa) Σ(7)								自重湿陷系数		

5 报告

5.1 土的鉴别分类和代号。

5.2 黄土的自重湿陷系数δ_{zs}值。

条文说明

黄土受水浸湿后,在上覆土的自重压力下发生湿陷的称为自重湿陷性黄土,在上覆土的自重压力下不发生湿陷的称为非自重湿陷性黄土。

土的饱和自重压力应分层计算,以工程地质勘察分层为依据,当工程未提供分层资料时,才允许按取样密集成度和试样密度粗略地划分层次。

饱和自重压力大于50kPa时,应分级施加,每级压力不大于50kPa。每级压力时间视变形情况而定;为使试验时有个参考,本条文中规定不小于15min,参考原冶金部规程。

T 0174—2007 溶滤变形系数试验

1 目的和适用范围

本试验的目的是测定黄土(黄土类土)的湿陷变形系数和溶滤变形系数。

2 仪器设备

2.1 固结仪:见图T 0174-1,试样面积$30cm^2$和$50cm^2$,高2cm。

2.2 环刀:直径为61.8mm和79.8mm,高度为20mm。环刀应具有一定的刚度,内壁应保持较高的光洁度,宜涂一薄层硅脂或聚四氟乙烯。

2.3 透水石:由氧化铝或不受土腐蚀的金属材料组成,其透水系数应大于试样的渗透系数。用固定式容器时,顶部透水石直径小于环刀内径0.2~0.5mm;当用浮环式容器时,上下部透水石直径相等。

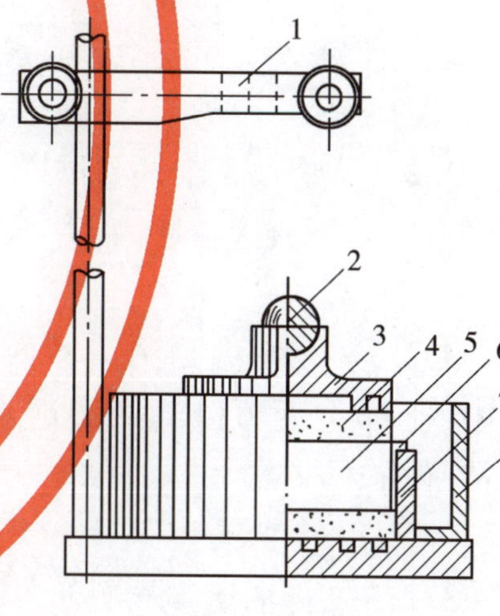

图T 0174-1 固结仪

1-量表架;2-钢珠;3-加压上盖;4-透水石;5-试样;6-环刀;7-护环;8-水槽

2.4 变形量测设备:量程10mm,最小分度为0.01mm的百分表或零级位移传感器。

2.5 其他:天平、秒表、烘箱、钢丝锯、刮土刀、铝盒等。

3 试验步骤

3.1 原状土试件制备

3.1.1 按土样上下层次小心开启原状土包装皮,将土样取出放正,整平两端。在环刀内壁涂一薄层凡士林,刀口向下,放在土样上。无特殊要求时,切土方向应与天然土层层次垂直。

3.1.2 将试验用的切土环刀内壁涂一薄层凡士林,刀口向下,放在试件上,用切土刀将试件削成略大于环刀直径的土柱。然后将环刀垂直向下压,边压边削,至土样伸出环刀上部为止,削平环刀两端,擦净环刀外壁,称环土合质量,准确至0.1g,并测定环刀两端所削下土样的含水率。试件与环刀要密合,否则应重取。

切削过程中,应细心观察并记录试件的层次、气味、颜色,有无杂质,土质是否均匀,有无裂缝等。

如连续切取数个试件,应使含水率不发生变化。

视试件本身及工程要求,决定试件是否进行饱和。如不立即进行试验或饱和时,则将试件暂存于保湿器内。

切取试件后,剩余的原状土样用蜡纸包好置于保湿器内,以备补做试验之用。切削的余土做物理性试验。平行试验或同一组试件密度差值不大于 $\pm 0.1g/cm^3$,含水率差值不大于2%。

3.2 单线法

3.2.1 切取5个环刀试样,分别将切好的原状土样的环刀外壁涂一薄层凡士林,然后将刀口向下放入护环内。

3.2.2 将底盘放入容器内,底盘上放透水石和滤纸,借助提环螺丝将护环放入容器中,土样上面覆以滤纸和透水石,然后放下加压导环和传压活塞,使各部密切接触,保持平衡。

3.2.3 将加压容器置于加压框架正中,密合传压活塞及横梁,预加1.0kPa的压力,使固结仪各部密切接触,装好百分表,并调整读数至零。

3.2.4 对5个试样均在天然湿度下分级加压,分别加至不同的规定压力,按下述进行试验,直至试样湿陷变形稳定为止。

(1)去掉预加荷载,立即加上第一级荷载50kPa,在加上砝码的同时开动秒表,按下述时间读百分表读数:10min、20min、30min,以后每1h读数一次,直至达到稳定沉降为止。然后加第二级荷载。沉降稳定的标准是每小时变形量不超过0.01mm。

(2)第二级荷载为100kPa,以后顺次为150kPa、200kPa、400kPa,加压间隔为50kPa。荷载加上后,按本试验3.2.4(1)规定的时间记录百分表读数至沉降稳定为止。

(3)5个试样分别在最后一级压力下,达到沉降稳定后,自试样顶面加水,按本试验

3.2.4(1)规定的时间间隔记录百分表读数至再度达沉降稳定。

3.2.5 继续用水渗透,每隔2h测记一次变形读数,24h后每天测记1~3次,直至每3d(72h)变形不大于0.01mm为止。

3.2.6 测记试样溶滤变形稳定的百分表读数。拆除仪器,取下试样,测定其含水率和干密度。

3.3 双线法

3.3.1 切取两个环刀试样,分别将切好的原状土样的环刀外壁涂一薄层凡士林,然后将刀口向下放入护环内。

3.3.2 将底盘放入容器内,底盘上放透水石和滤纸,借助提环螺丝将护环放入容器中,土样上面覆以滤纸和透水石,然后放下加压导环和传压活塞,使各部密切接触,保持平衡。

3.3.3 将加压容器置于加压框架正中,密合传压活塞及横梁,预加1.0kPa的压力,使固结仪各部密切接触,装好百分表,并调整读数至零。

3.3.4 一个试样在天然湿度下按下述分级加压,直至湿陷变形稳定为止。

(1)去掉预加荷载,立即加上第一级荷载50kPa,在加上砝码的同时开动秒表,按下述时间读百分表读数:10min、20min、30min,以后每1h读数一次,直至达到稳定沉降为止。然后加第二级荷载。沉降稳定的标准是每小时变形量不超过0.01mm。

(2)第二级荷载为100kPa,以后顺次为150kPa、200kPa、400kPa,加压间隔为50kPa。荷载加上后,按本试验3.3.4(1)规定的时间记录百分表读数至沉降稳定为止。

(3)试样在最后一级压力下,达到沉降稳定后,自试样顶面加水,按本试验3.3.4(1)规定的时间间隔记录百分表读数至再度达沉降稳定。

3.3.5 另一个试样在天然湿度下施加第一级压力50kPa,按3.3.4(1)规定的时间间隔记录百分表读数,待变形稳定后浸水。按3.3.4(1)规定的时间间隔记录百分表读数,直至第一级压力下湿陷稳定后,再分级加压、记录百分表读数,直至试样在各级压力下浸水变形稳定为止。

3.3.6 继续用水渗透,每隔2h测记一次变形读数,24h后每天测记1~3次,直至每3d(72h)变形不大于0.01mm为止。

3.3.7 测记试样溶滤变形稳定的百分表读数。拆除仪器,取下试样,测定其含水率和干密度。

4 结果整理

4.1 溶滤变形系数按下式计算:

$$\delta_{wt}=\frac{h_z-h_s}{h_0} \tag{T 0174-1}$$

式中:δ_{wt}——溶滤变形系数,计算至0.001;

h_z——在某级压力下,试样浸水湿陷变形稳定后的高度(mm);

h_s——在某级压力下,长期渗透而引起的溶滤变形稳定后的试样高度(mm);

h_0——试样的初始高度(mm)。

4.2 本试验记录格式如表T 0174-1。

表T 0174-1 黄土湿陷试验记录(溶滤变形系数)

工程编号＿＿＿＿ 试样含水率＿＿＿＿ 试验者＿＿＿＿

试样编号＿＿＿＿ 试样密度＿＿＿＿ 计算者＿＿＿＿

仪器编号＿＿＿＿ 土粒比重＿＿＿＿ 校核者＿＿＿＿

试验方法＿＿＿＿ 试样初始高度＿＿＿＿mm

压力(kPa) 变形读数(mm)	浸水湿陷		浸水溶滤	
	时间	读数	时间	读数
总变形量				
仪器变形量				
试样变形量				
试样高度				
	溶滤变形系数 $\delta_{wt}=\frac{h_z-h_s}{h_0}$			

5 报告

5.1 土的鉴别分类和代号。

5.2 黄土的溶滤变形系数δ_{wt}值。

条文说明

渗透溶滤变形是指黄土在荷重及渗透水长期作用下,由于盐类溶滤及土中孔隙继续被压密而产生的垂直变形，实际上是湿陷变形的继续，一般很缓慢，在公路湿陷性黄土地基中是常见的。

溶滤变形系数是公路土工建筑物施工和运用阶段所关注的湿陷性指标。一般在实际荷重下进行试验，浸水后长期渗透求得溶滤变形。

对于渗透溶滤变形，由于变形特性除粒间应力引起的缓慢塑性变形以外，还取决于长期渗透时盐类溶滤作用，故规定3d的变形量不大于0.01mm。

T 0175—2007　湿陷起始压力试验

1　目的和适用范围

本试验的目的是测定黄土（黄土类土）的湿陷起始压力。

2　仪器设备

2.1　固结仪：见图T 0175-1，试样面积$30cm^2$和$50cm^2$，高2cm。

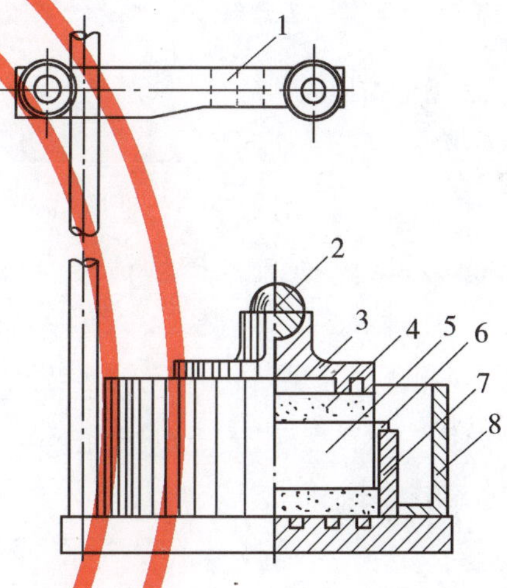

图T 0175-1　固结仪

1-量表架；2-钢珠；3-加压上盖；4-透水石；5-试样；6-环刀；7-护环；8-水槽

2.2　环刀：直径为61.8mm和79.8mm，高度为20mm。环刀应具有一定的刚度，内壁应保持较高的光洁度，宜涂一薄层硅脂或聚四氟乙烯。

2.3　透水石：由氧化铝或不受土腐蚀的金属材料组成，其透水系数应大于试样的渗透系数。用固定式容器时，顶部透水石直径小于环刀内径0.2～0.5mm；当用浮环式容器时，上下部透水石直径相等。

2.4　变形量测设备：量程10mm，最小分度为0.01mm的百分表或零级位移传感器。

2.5　其他：天平、秒表、烘箱、钢丝锯、刮土刀、铝盒等。

3　试验步骤

3.1　原状土试件制备

3.1.1　按土样上下层次小心开启原状土包装皮，将土样取出放正，整平两端。在环刀内壁涂一薄层凡士林，刀口向下，放在土样上。无特殊要求时，切土方向应与天然土层层次垂直。

3.1.2　将试验用的切土环刀内壁涂一薄层凡士林，刀口向下，放在试件上，用切土刀将试件削成略大于环刀直径的土柱。然后将环刀垂直向下压,边压边削,至土样伸出环刀上部为止,削平环刀两端,擦净环刀外壁,称环土合质量,准确至0.1g,并测定环刀两端所削下土样的含水率。试件与环刀要密合,否则应重取。

切削过程中,应细心观察并记录试件的层次、气味、颜色,有无杂质,土质是否均匀,有无裂缝等。

如连续切取数个试件,应使含水率不发生变化。

视试件本身及工程要求,决定试件是否进行饱和。如不立即进行试验或饱和时,则将试件暂存于保湿器内。

切取试件后,剩余的原状土样用蜡纸包好置于保湿器内,以备补做试验之用。切削的余土做物理性试验。平行试验或同一组试件密度差值不大于 $\pm0.1g/cm^3$,含水率差值不大于2%。

3.2 单线法

3.2.1 切取5个环刀试样,分别将切好的原状土样的环刀外壁涂一薄层凡士林,然后将刀口向下放入护环内。

3.2.2 将底盘放入容器内,底盘上放透水石和滤纸,借助提环螺丝将护环放入容器中,土样上面覆以滤纸和透水石,然后放下加压导环和传压活塞,使各部密切接触,保持平衡。

3.2.3 将加压容器置于加压框架正中,密合传压活塞及横梁,预加1.0kPa的压力,使固结仪各部密切接触,装好百分表,并调整读数至零。

3.2.4 对5个试样均在天然湿度下分级加压,分别加至不同的规定压力,按下述进行试验,直至试样湿陷变形稳定为止。

(1)去掉预加荷载,立即加上第一级荷载50kPa,在加上砝码的同时开动秒表,按下述时间读百分表读数:10min、20min、30min,以后每1h读数一次,直至达到稳定沉降为止。然后加第二级荷载。沉降稳定的标准是每小时变形量不超过0.01mm。

(2)第二级荷载为100kPa,以后顺次为150kPa、200kPa、400kPa,加压间隔为50kPa。荷载加上后,按本试验3.2.4(1)规定的时间记录百分表读数至沉降稳定为止。

(3)5个试样分别在最后一级压力下,达到沉降稳定后,自试样顶面加水,按本试验3.2.4(1)规定的时间间隔记录百分表读数至再度达变形稳定。稳定标准为每3d变形不大于0.01mm。

3.2.5 记读最后一级荷载下达到假定沉降后的百分表读数。拆除仪器,取下试样,测定其含水率和干密度。

3.3 双线法

3.3.1 切取两个环刀试样,分别将切好的原状土样的环刀外壁涂一薄层凡士林,然后将刀口向下放入护环内。

3.3.2 将底盘放入容器内,底盘上放透水石和滤纸,借助提环螺丝将护环放入容器中,土样上面覆以滤纸和透水石,然后放下加压导环和传压活塞,使各部密切接触,保持平衡。

3.3.3 将加压容器置于加压框架正中,密合传压活塞及横梁,预加 1.0kPa 的压力,使固结仪各部密切接触,装好百分表,并调整读数至零。

3.3.4 一个试样在天然湿度下按下述分级加压,直至湿陷变形稳定为止。

(1)去掉预加荷载,立即加上第一级荷载 50kPa,在加上砝码的同时开动秒表,按下述时间读百分表读数:10min、20min、30min,以后每 1h 读数一次,直至达到稳定沉降为止。然后加第二级荷载。沉降稳定的标准是每小时变形量不超过 0.01mm。

(2)第二级荷载为 100kPa,以后顺次为 150kPa、200kPa、400kPa,加压间隔为 50kPa。荷载加上后,按本试验 3.3.4(1)规定的时间记录百分表读数至沉降稳定为止。

(3)试样在最后一级压力下,达到沉降稳定,稳定标准为每小时变形不大于 0.01mm。而后自试样顶面加水,按本试验 3.3.4(1)规定的时间间隔记录百分表读数至再度达沉降稳定,稳定标准为每 3d 变形不大于 0.01mm。

3.3.5 另一个试样在天然湿度下施加第一级压力 50kPa,按 3.3.4(1) 规定的时间间隔记录百分表读数,待变形稳定,稳定标准为每小时变形不大于 0.01mm。而后浸水,按 3.3.4(1) 规定的时间间隔记录百分表读数,直至第一级压力下浸水变形稳定,再分级加压、记录百分表读数,直至试样在各级压力下浸水变形稳定为止。稳定标准为每 3d 变形不大于 0.01mm。

3.3.6 记读最后一级荷载下达到假定沉降后的百分表读数。拆除仪器,取下试样,测定其含水率和干密度。

4 结果整理

4.1 各级压力下的湿陷系数应按下式计算:

$$\delta_{sp} = \frac{h_{pn} - h_{pw}}{h_0} \tag{T 0175-1}$$

式中:δ_{sp}——各级压力下的湿陷系数,计算至 0.001;

h_{pw}——在各级压力下试样浸水变形稳定后的高度(mm)；

h_{pn}——在各级压力下试样变形稳定后的高度(mm)；

h_0——试验开始时试样的高度(mm)。

以压力为横坐标、湿陷系数为纵坐标,绘制压力与湿陷系数关系曲线(图 T 0175-2),湿陷系数为 0.015 所对应的压力即为湿陷起始压力。

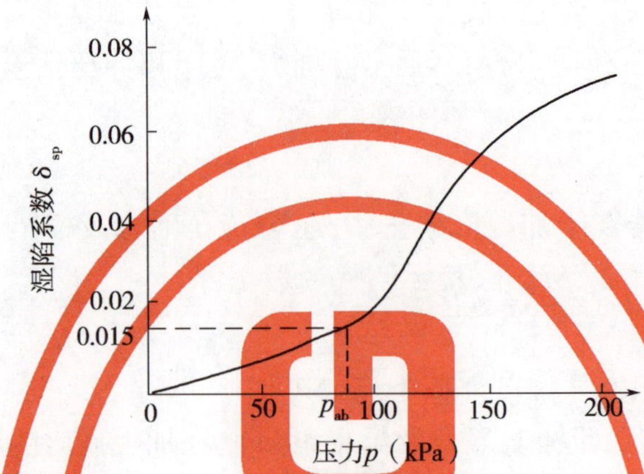

图 T 0175-2 湿陷系数与压力关系曲线

4.2 本试验记录格式如表 T 0175-1。

表 T 0175-1 黄土湿陷试验记录(湿陷起始压力)

工程编号＿＿＿＿＿＿＿＿ 试验者＿＿＿＿＿＿＿＿

试样编号＿＿＿＿＿＿＿＿ 计算者＿＿＿＿＿＿＿＿

试验日期＿＿＿＿＿＿＿＿ 校核者＿＿＿＿＿＿＿＿

试样编号: 环刀号: 试样初始高度: (mm)								环刀号: 试样初始高度: (mm)						
经过时间 (min)	天然状态 仪器号:							浸水状态 仪器号:						
	50 (25) (kPa)	100 (50) (kPa)	150 (75) (kPa)	200 (100) (kPa)	250 (150) (kPa)	300 (200) (kPa)	浸水	50 (25) (kPa)	浸水	100 (50) (kPa)	150 (75) (kPa)	200 (100) (kPa)	250 (150) (kPa)	300 (200) (kPa)
	百分表读数 (mm)							百分表读数 (mm)						
仪器变形量														
试样变形量														
湿陷系数														

5 报告

5.1 土的鉴别分类和代号。

5.2 黄土的各级压力下的湿陷系数 δ_{sp} 值。

条文说明

黄土在荷重作用下，受水浸湿后开始出现湿陷的压力，称为湿陷起始压力。黄土湿陷试验对地基来说，主要是测定自重湿陷系数、起始压力和规定压力下的湿陷系数，而对填土建筑物来说，主要是测定施工和运营阶段相应的湿陷性指标，包括本试验的所有内容。

湿陷起始压力利用湿陷系数和压力关系曲线求得。测定湿陷起始压力（或不同压力下的湿陷系数），国内外都沿用单线、双线两种方法。从理论上和试验结果来说，单线法比双线法更适用于黄土变形的实际情况，如果土质均匀可以得出良好的结果。双线法简便，工作量少，但与变形的实际情况不完全符合，为与现行国家标准《湿陷性黄土地区建筑规范》(GB 50025—2004)对应使用，本标准改成单线法、双线法并列，供试验人员根据实际情况选用。进行双线法时，保持天然湿度施加压力的试样，在完成最后一级压力后仍要求浸水测定湿陷系数，其目的在于与浸水条件下最后一级压力的湿陷系数比较，以便二者进行校核。

22 土的直接剪切试验

T 0140—1993 黏质土的慢剪试验

1 目的和适用范围

本试验方法适用于测定黏质土的抗剪强度指标。

2 仪器设备

2.1 应变控制式直剪仪:由剪切盒、垂直加荷设备、剪切传动装置、测力计和位移量测系统组成,如图 T0140-1 所示。

2.2 环刀:内径 61.8mm,高 20mm。

2.3 位移量测设备:百分表或传感器。百分表量程为 10mm,分度值为 0.01mm;传感器的精度应为零级。

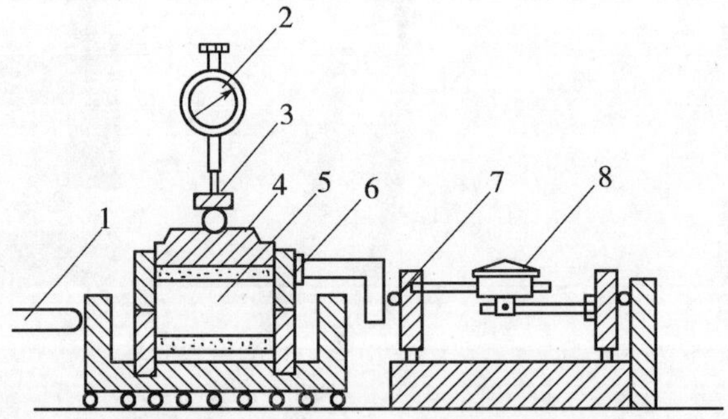

图 T 0140-1 应变控制式直剪仪示意图

1-推动座;2-垂直位移百分表;3-垂直加荷框架;4-活塞;5-试样;6-剪切盒;7-测力计;8-测力百分表

3 试样

3.1 原状土试样制备

3.1.1 每组试样制备不得少于 4 个。

3.1.2 按土样上下层次小心开启原状土包装皮,将土样取出放正,整平两端。在环刀内壁涂一薄层凡士林,刀口向下,放在土样上。无特殊要求时,切土方向应与天然土层层面垂直。

3.1.3 将试验用的切土环刀内壁涂一薄层凡士林,刀口向下,放在试件上,用切土刀将试件削成略大于环刀直径的土柱。然后将环刀垂直向下压,边压边削,至土样伸出环刀上部为止,削平环刀两端,擦净环刀外壁,称环土合质量,准确至 0.1g,并测定环刀两端所削下土样的含水率。试件与环刀要密合,否则应重取。

切削过程中,应细心观察并记录试件的层次、气味、颜色,有无杂质,土质是否均匀,有无裂缝等。

如连续切取数个试件,应使含水率不发生变化。

视试件本身及工程要求,决定试件是否进行饱和。如不立即进行试验或饱和时,则将试件暂存于保湿器内。

切取试件后,剩余的原状土样用蜡纸包好置于保湿器内,以备补做试验之用。切削的余土做物理性试验。平行试验或同一组试件密度差值不大于 $\pm 0.1 g/cm^3$,含水率差值不大于2%。

3.2 细粒土扰动土样的制备程序

3.2.1 将扰动土样进行土样描述,如颜色、土类、气味及夹杂物等。如有需要,将扰动土样充分拌匀,取代表性土样进行含水率测定。

3.2.2 将块状扰动土放在橡皮板上用木碾或粉碎机碾散,但切勿压碎颗粒。如含水率较大不能碾散时,应风干至可碾散时为止。

3.2.3 根据试验所需土样数量,将碾散后的土样过筛。物理性试验如液限、塑限、缩限等试验,需过0.5mm筛;常规水理及力学试验土样,需过2mm筛;击实试验土样的最大粒径必须满足击实试验采用不同击实筒试验时的土样中最大颗粒粒径的要求。按规定过标准筛后,取出足够数量的代表性试样,然后分别装入容器内,标以标签。标签上应注明工程名称、土样编号、过筛孔径、用途、制备日期和人员等,以备各项试验之用。若系含有多量粗砂及少量细粒土(泥砂或黏土)的松散土样,应加水润湿松散后,用四分法取出代表性试样;若系净砂,则可用匀土器取代表性试样。

3.2.4 为配制一定含水率的试样,取过2mm筛的足够试验用的风干土1~5kg。按下式计算制备土样所需加水量:

$$m_w = \frac{m}{1+0.01w_h} \times 0.01(w - w_h) \qquad (T\ 0140\text{-}1)$$

式中:m_w——土样所需加水量(g);

m——风干含水率时的土样质量(g);

w_h——风干含水率(%);

w——土样所要求的含水率(%)。

将所取土样平铺于不吸水的盘内,用喷雾设备喷洒预计的加水量,并充分拌和;然后装入容器内盖紧,润湿一昼夜备用(砂类土浸润时间可酌量缩短)。

3.2.5 测定湿润土样不同位置的含水率(至少两个以上),要求差值满足含水率测定的允许平行差值。

3.2.6 对不同土层的土样制备混合试样时,应根据各土层厚度,按比例计算相应质量配合,然后按本方法3.2.1~3.2.4步骤进行扰动土的制备工序。

3.3 试件饱和

土的孔隙逐渐被水填充的过程称为饱和。孔隙被水充满时的土,称为饱和土。

根据土的性质,决定饱和方法:

砂类土:可直接在仪器内浸水饱和。

较易透水的黏性土:即渗透系数大于10^{-4}cm/s时,采用毛细管饱和法较为方便,或采用浸水饱和法。

不易透水的黏性土:即渗透系数小于10^{-4}cm/s时,采用真空饱和法。如土的结构性较弱,抽气可能发生扰动,不宜采用。

4 试验步骤

4.1 对准剪切容器上下盒,插入固定销,在下盒内放透水石和滤纸,将带有试样的环刀刃向上,对准剪盒口,在试样上放滤纸和透水石,将试样小心地推入剪切盒内。

4.2 移动传动装置,使上盒前端钢珠刚好与测力计接触,依次加上传压板、加压框架,安装垂直位移量测装置,测记初始读数。

4.3 根据工程实际和土的软硬程度施加各级垂直压力,然后向盒内注水;当试样为非饱和试样时,应在加压板周围包以湿棉花。

4.4 施加垂直压力,每1h测记垂直变形一次。试样固结稳定时的垂直变形值为:黏质土垂直变形每1h不大于0.005mm。

4.5 拔去固定销,以小于0.02mm/min的速度进行剪切,并每隔一定时间测记测力计百分表读数,直至剪损。

4.6 试样剪损时间可按下式估算:

$$t_{\mathrm{f}} = 50t_{50} \tag{T 0140-2}$$

式中:t_f——达到剪损所经历的时间(min);

t_{50}——固结度达到50%所需的时间(min)。

4.7 当测力计百分表读数不变或后退时,继续剪切至剪切位移为4mm时停止,记下破坏值。当剪切过程中测力计百分表无峰值时,剪切至剪切位移达6mm时停止。

4.8 剪切结束，吸去盒内积水，退掉剪切力和垂直压力，移动压力框架，取出试样，测定其含水率。

5 结果整理

5.1 剪切位移按下式计算：

$$\Delta l = 20n - R \tag{T 0140-3}$$

式中：Δl——剪切位移0.01mm，计算至0.1；

n——手轮转数；

R——百分表读数。

5.2 剪应力按下式计算：

$$\tau = CR \tag{T 0140-4}$$

式中：τ——剪应力(kPa)，计算至0.1；

C——测力计校正系数(kPa/0.01mm)。

5.3 以剪应力 τ 为纵坐标，剪切位移 Δl 为横坐标，绘制 τ—Δl 的关系曲线，如图T 0140-2。

5.4 以垂直压力 p 为横坐标，抗剪强度 S 为纵坐标，将每一试样的抗剪强度点绘在坐标纸上，并连成一直线。此直线的倾角为摩擦角 φ，纵坐标上的截距为凝聚力 c，如图T 0140-3所示。

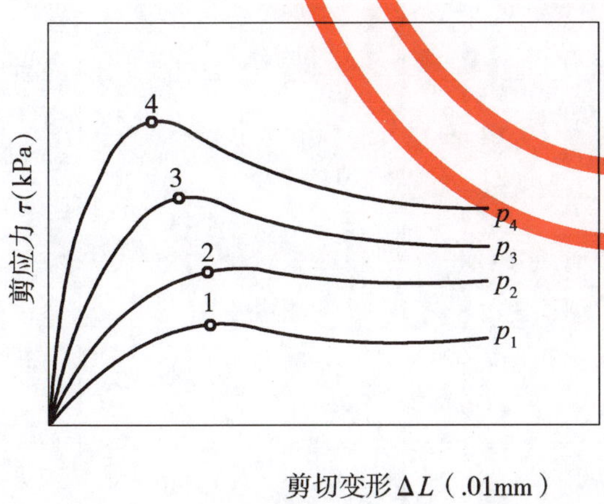

图 T 0140-2　剪应力 τ 与剪切位移 Δl 的关系曲线

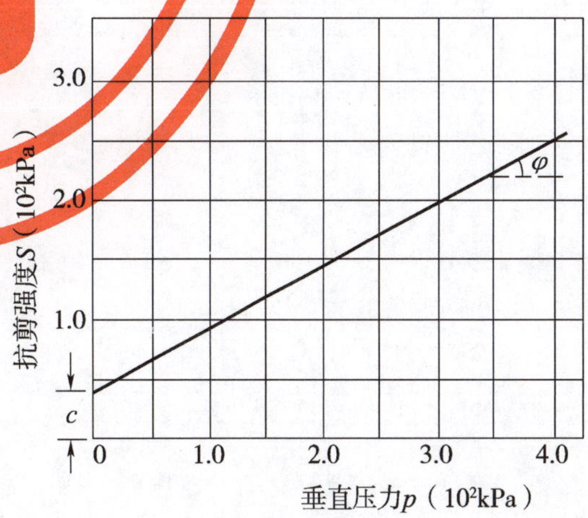

图 T 0140-3　抗剪强度与垂直压力的关系曲线

5.5 本试验记录格式如表 T 0140-1 和表 T 0140-2。

表 T 0140-1　直接剪切试验记录(一)

工程名称＿＿＿＿＿＿＿＿　　　　试 验 者＿＿＿＿＿＿＿＿

土样编号＿＿＿＿＿＿＿＿　　　　校 核 者＿＿＿＿＿＿＿＿

土粒比重　$G_s=2.70$　　　　试验日期＿＿＿＿＿＿＿＿

试样编号			1			2			3			4			5		
			起始	饱和后	剪后	起始	饱和后	剪后	起始	饱和后	剪后	起始	饱和后	剪后	起始	饱和后	剪后
湿密度 ρ (g/cm^3)	(1)	(1)	1.76	1.93	1.94	1.75	1.93	1.94	1.75	1.94	1.94	1.74	1.94	1.95	1.75	1.94	1.95
含水率 w (%)	(2)	(2)	16.4	27.7	28.8	16.4	27.8	28.8	16.4	27.7	28.8	16.4	27.7	28.7	16.4	27.7	28.8
干密度 ρ_d (g/cm^3)	(3)	$\frac{(1)}{1+\frac{(2)}{100}}$	1.51	1.51	1.51	1.50	1.51	1.51	1.50	1.52	1.51	1.49	1.52	1.52	1.50	1.52	1.52
孔隙比 e	(4)	$\frac{10G_s}{(3)}-1$	0.79	0.79	0.79	0.80	0.79	0.79	0.80	0.78	0.79	0.81	0.78	0.78	0.80	0.78	0.78
饱和度 S_r (%)	(5)	$\frac{G_s(2)}{(4)}$	56.0	94.7	98.4	55.4	95.0	98.4	55.3	95.8	98.4	54.6	95.8	99.3	55.3	95.8	99.6
试样描述 本试样系用过 2mm 筛土制备的			注:①试样系用抽气饱和; ②饱和后的饱和度:$S_r=\frac{(\rho-\rho_d)}{\rho_d e}G_s$														

表 T0140-2　直接剪切试验记录(二)

工程名称＿＿＿＿＿＿＿＿　　　　试 验 者＿＿＿＿＿＿＿＿

土样编号＿＿＿＿＿＿＿＿　　　　校 核 者＿＿＿＿＿＿＿＿

试验方法　　慢剪　　　　试验日期＿＿＿＿＿＿＿＿

试样编号　　仪器编号 手轮转速　　垂直压力 300kPa 测力计校正系数 $C=6.21kPa/0.01mm$					剪切前固结时间 23h　　剪切历时 剪切前压缩量 0.853mm　　抗剪强度 152kPa				
手轮转数 (1)	测力计百分表读数 (0.01mm) (2)	剪切位移 (0.01mm) (3) = (1) ×20 − (2)	剪应力 (kPa) (4) = (2) × C	垂直位移 (0.01mm)	手轮转数 (1)	测力计百分表读数 (0.01mm) (2)	剪切位移 (0.01mm) (3) = (1) ×20 − (2)	剪应力 (kPa) (4) = (2) × C	垂直位移 (0.01mm)
1	1.6	18.4	9.9		16	21.2	298.8	131.7	
2	9.0	31.0	55.9		17	21.8	318.2	135.4	
3	11.0	49.0	68.3		18	21.8	338.2	135.4	
4	12.5	67.5	77.6		19	22.2	357.8	137.9	
5	14.0	86.0	86.9		20	22.8	377.2	141.6	
6	14.5	105.5	90.0		21	23.0	397.0	142.8	
7	15.3	124.7	95.0		22	23.3	416.7	144.7	
8	16.6	143.4	103.1		23	23.6	436.4	146.6	
9	17.0	163.0	105.6		24	24.0	456.0	149.0	
10	17.6	182.4	109.3		25	24.5	475.5	152.1	
11	18.3	201.7	114.6		26	24.5	495.5	152.1	
12	19.0	221.0	118.0		27	24.5	515.5	152.1	
13	19.7	240.3	122.3		28	24.8	535.2	154.0	
14	20.0	260.0	124.2		29	24.8	555.2	154.0	
15	20.8	279.2	129.2						

6 报告

6.1 土的鉴别分类和代号。

6.2 土的抗剪强度指标 c、φ 值。

条文说明

1 直接剪切试验所用仪器结构简单,操作方便,以往试验室均用该试验测定土的抗剪强度指标。由于应力条件和排水条件的限制,国外仅用直剪仪进行慢剪试验。本规程规定慢剪是主要方法。慢剪试验是在试样上施加垂直压力及水平剪切力的过程中均匀地使试样排水固结。如在施工期和工程使用期有充分时间允许排水固结,则可采用慢剪试验。

2 直剪仪分为应变控制式和应力控制式两种。应变控制式的优点是能较准确地测定剪应力和剪切位移曲线上的峰值和最后值,且操作方便,故本规程以此仪器为准。

3 对于每个土样切取多少个试样的问题,一般是按照垂直压力的分级来确定。对于正常固结黏土,一般在100~400kPa荷载的作用下,可以认为符合库仑方程的直线关系,所以切取4个土样,以便逐渐施加四级垂直压力。根据我们多年对黄土的试验,每一级压力宜小一些,可以取垂直压力分别为50kPa、100kPa、200kPa、300kPa、400kPa五级,需切取五个试样。

4 试验资料表明,当剪切速率为0.017~0.024mm/min时,剪切过程中试样能充分排水,测得的慢剪强度比较稳定。本规程规定慢剪速率为0.02mm/min。

以往各种规程中规定每小时变形不大于0.05mm为稳定标准。考虑到土类不同固结稳定时间不同,因此,本规程规定黏质土垂直变形每小时不大于0.005mm。

关于剪切标准,当剪应力与剪切变形的曲线有峰值时,表现出测力计百分表指针不再前进或显著后退,即为剪损。当剪应力与剪切变形的曲线无峰值时,表现出百分表指针随手轮旋转而继续前进,则规定某一剪切位移的剪应力值为破坏值。国内一般采用最大位移为试样直径的1/10,对61.8mm直径的试样约为6mm,本规程规定为6mm。

5 公式(T 0140-3)中的 n 为手轮转一转的位移量(0.01mm)。式(T 0140-3)也是抗剪强度 S 的计算公式,R 需采用相应于最大剪应力的百分表读数。

T 0141—1993 黏质土的固结快剪试验

1 目的和适用范围

本试验适用于渗透系数小于 10^{-6}cm/s 的黏质土。

2 仪器设备

2.1 应变控制式直剪仪:由剪切盒、垂直加荷设备、剪切传动装置、测力计和位移量测系统组成,如图 T 0141-1 所示。

2.2 环刀:内径61.8mm,高20mm。

2.3 位移量测设备:百分表或传感器。百分表量程为10mm,分度值为0.01mm;传感器的精度应为零级。

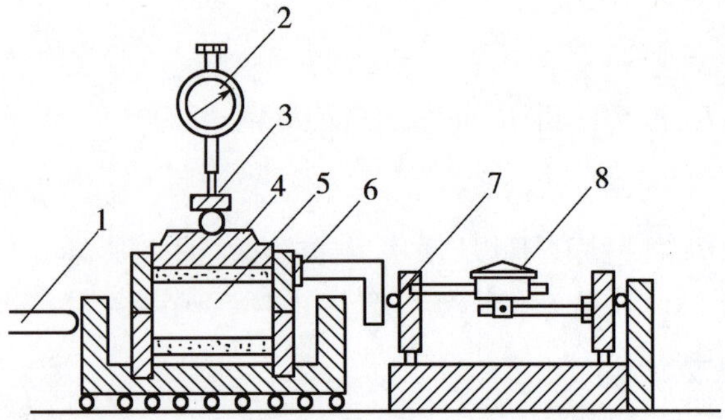

图T 0141-1 应变控制式直剪仪示意图

1-推动座;2-垂直位移百分表;3-垂直加荷框架;4-活塞;5-试样;6-剪切盒;7-测力计;8-测力百分表

3 试样

3.1 原状土试样制备

3.1.1 每组试样制备不得少于4个。

3.1.2 按土样上下层次小心开启原状土包装皮,将土样取出放正,整平两端。在环刀内壁涂一薄层凡士林,刀口向下,放在土样上。无特殊要求时,切土方向应与天然土层层面垂直。

3.1.3 将试验用的切土环刀内壁涂一薄层凡士林,刀口向下,放在试件上,用切土刀将试件削成略大于环刀直径的土柱。然后将环刀垂直向下压,边压边削,至土样伸出环刀上部为止,削平环刀两端,擦净环刀外壁,称环土合质量,准确至0.1g,并测定环刀两端所削下土样的含水率。试件与环刀要密合,否则应重取。

切削过程中,应细心观察并记录试件的层次、气味、颜色,有无杂质,土质是否均匀,有无裂缝等。

如连续切取数个试件,应使含水率不发生变化。

视试件本身及工程要求,决定试件是否进行饱和。如不立即进行试验或饱和时,则将试件暂存于保湿器内。

切取试件后,剩余的原状土样用蜡纸包好置于保湿器内,以备补做试验之用。切削的余土做物理性试验。平行试验或同一组试件密度差值不大于±0.1g/cm^3,含水率差值不大于2%。

3.2 细粒土扰动土样的制备程序

3.2.1 将扰动土样进行土样描述,如颜色、土类、气味及夹杂物等。如有需要,将扰动土样充分拌匀,取代表性土样进行含水率测定。

3.2.2 将块状扰动土放在橡皮板上用木碾或粉碎机碾散,但切勿压碎颗粒。如含水率较大不能碾散时,应风干至可碾散时为止。

3.2.3 根据试验所需土样数量,将碾散后的土样过筛。物理性试验如液限、塑限、缩限等试验,需过0.5mm筛;常规水理及力学试验土样,需过2mm筛;击实试验土样的最大粒径必须满足击实试验采用不同击实筒试验时的土样中最大颗粒粒径的要求。按规定过标准筛后，取出足够数量的代表性试样，然后分别装入容器内，标以标签。标签上应注明工程名称、土样编号、过筛孔径、用途、制备日期和人员等，以备各项试验之用。若含有多量粗砂及少量细粒土（泥砂或黏土）的松散土样，应加水润湿松散后，用四分法取出代表性试样。若系净砂，则可用匀土器取代表性试样。

3.2.4 为配制一定含水率的试样，取过2mm筛的足够试验用的风干土1～5kg。按下式计算制备土样所需加水量：

$$m_w = \frac{m}{1 + 0.01w_h} \times 0.01(w - w_h) \quad (T\ 0141\text{-}1)$$

式中：m_w——土样所需加水量(g)；

m——风干含水率时的土样质量(g)；

w_h——风干含水率(%)；

w——土样所要求的含水率(%)。

将所取土样平铺于不吸水的盘内，用喷雾设备喷洒预计的加水量，并充分拌和；然后装入容器内盖紧，润湿一昼夜备用（砂类土浸润时间可酌量缩短）。

3.2.5 测定湿润土样不同位置的含水率（至少两个以上），要求差值满足含水率测定的允许平行差值。

3.2.6 对不同土层的土样制备混合试样时，应根据各土层厚度，按比例计算相应质量配合，然后按本方法3.2.1～3.2.4步骤进行扰动土的制备工序。

3.3 试件饱和

土的孔隙逐渐被水填充的过程称为饱和。孔隙被水充满时的土，称为饱和土。

根据土的性质，决定饱和方法：

砂类土：可直接在仪器内浸水饱和。

较易透水的黏性土：即渗透系数大于10^{-4}cm/s时，采用毛细管饱和法较为方便，或采用浸水饱和法。

不易透水的黏性土：即渗透系数小于10^{-4}cm/s时，采用真空饱和法。如土的结构性较弱，抽气可能发生扰动，不宜采用。

4 试验步骤

4.1 对准剪切容器上下盒，插入固定销，在下盒内放透水石和滤纸，将带有试样的环刀刃向上，对准剪盒口，在试样上放滤纸和透水石，将试样小心地推入剪切盒内。

4.2 移动传动装置，使上盒前端钢珠刚好与测力计接触，依次加上传压板、加压框架，安装垂直位移量测装置,测记初始读数。

4.3 根据工程实际和土的软硬程度施加各级垂直压力,然后向盒内注水;当试样为非饱和试样时,应在加压板周围包以湿棉花。

4.4 施加垂直压力,每1h测记垂直变形一次。试样固结稳定时的垂直变形值为:黏质土垂直变形每1h不大于0.005mm。

4.5 拔去固定销,固结快剪试验的剪切速度为0.8mm/min,在3~5min内剪损。并每隔一定时间测记测力计百分表读数,直至剪损。

4.6 试样剪损时间可按下式估算:

$$t_f = 50t_{50} \quad \text{(T 0141-2)}$$

式中:t_f——达到剪损所经历的时间(min);

t_{50}——固结度达到50%所需的时间(min)。

4.7 当测力计百分表读数不变或后退时,继续剪切至剪切位移为4mm时停止,记下破坏值。当剪切过程中测力计百分表无峰值时,剪切至剪切位移达6mm时停止。

4.8 剪切结束,吸去盒内积水,退掉剪切力和垂直压力,移动压力框架,取出试样,测定其含水率。

5 结果整理

5.1 剪切位移按下式计算:

$$\Delta l = 20n - R \quad \text{(T 0141-3)}$$

式中:Δl——剪切位移(0.01mm),计算至0.1;

n——手轮转数;

R——百分表读数。

5.2 剪应力按下式计算:

$$\tau = CR \quad \text{(T 0141-4)}$$

式中:τ——剪应力(kPa),计算至0.1;

C——测力计校正系数(kPa/0.01mm)。

5.3 以剪应力 τ 为纵坐标,剪切位移 Δl 为横坐标,绘制 τ—Δl 的关系曲线,如图T 0141-2。

5.4 以垂直压力 p 为横坐标,抗剪强度 S 为纵坐标,将每一试样的抗剪强度点绘在坐标纸上,并连成一直线。此直线的倾角为摩擦角 φ,纵坐标上的截距为凝聚力 c,如图 T 0141-3所示。

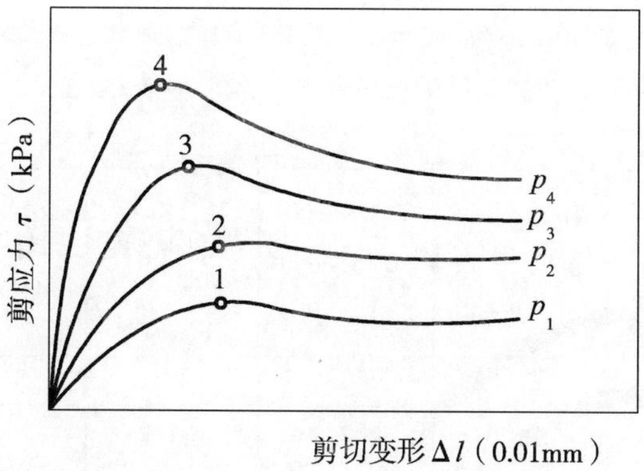

图 T 0141-2 剪应力 τ 与剪切位移 Δl 的关系曲线

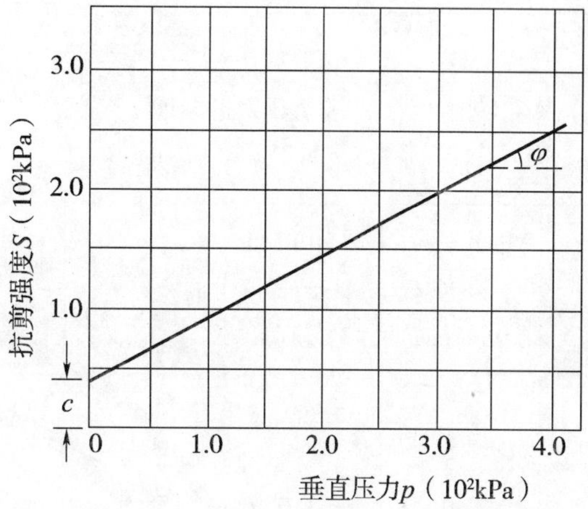

图 T 0141-3 抗剪强度与垂直压力的关系曲线

5.5 本试验记录格式如表 T 0141-1 和表 T 0141-2。

表 T 0141-1 直接剪切试验记录(一)

工程名称________________ 试 验 者________________

土样编号________________ 校 核 者________________

土粒比重 $G_s = 2.70$ 试验日期________________

试样编号			1			2			3			4			5		
			起始	饱和后	剪后	起始	饱和后	剪后	起始	饱和后	剪后	起始	饱和后	剪后	起始	饱和后	剪后
湿密度 ρ (g/cm^3)	(1)	(1)	1.76	1.93	1.94	1.75	1.93	1.94	1.75	1.94	1.94	1.74	1.94	1.95	1.75	1.94	1.95
含水率 w (%)	(2)	(2)	16.4	27.7	28.8	16.4	27.8	28.8	16.4	27.7	28.8	16.4	27.7	28.7	16.4	27.7	28.8
干密度 ρ_d (g/cm^3)	(3)	$\frac{(1)}{1+\frac{(2)}{100}}$	1.51	1.51	1.51	1.50	1.51	1.51	1.50	1.52	1.51	1.49	1.52	1.52	1.50	1.52	1.52
孔隙比 e	(4)	$\frac{10G_s}{(3)}-1$	0.79	0.79	0.79	0.80	0.79	0.79	0.80	0.78	0.79	0.81	0.78	0.78	0.80	0.78	0.78
饱和度 S_r (%)	(5)	$\frac{G_s(2)}{(4)}$	56.0	94.7	98.4	55.4	95.0	98.4	55.3	95.8	98.4	54.6	95.8	99.3	55.3	95.8	99.6
试样描述 本试样系用过 2mm 筛土制备的			注:①试样系用抽气饱和; ②饱和后的饱和度:$S_r = \frac{(\rho-\rho_d)}{\rho_d e}G_s$														

表 T0141-2　直接剪切试验记录(二)

工程名称＿＿＿＿＿＿　　试 验 者＿＿＿＿＿＿

土样编号＿＿＿＿＿＿　　校 核 者＿＿＿＿＿＿

试验方法＿固结慢剪＿　　试验日期＿＿＿＿＿＿

试样编号　　仪器编号　　　剪切前固结时间 23h　　剪切历时

手轮转速　　垂直压力 300kPa　　剪切前压缩量 0.853mm　　抗剪强度 152kPa

测力计校正系数 C = 6.21kPa/0.01mm

手轮转数 (1)	测力计百分表读数 (0.01mm) (2)	剪切位移 (0.01mm) (3) = (1) ×20 − (2)	剪应力 (kPa) (4) = (2) × C	垂直位移 (0.01mm)	手轮转数 (1)	测力计百分表读数 (0.01mm) (2)	剪切位移 (0.01mm) (3) = (1) ×20 − (2)	剪应力 (kPa) (4) = (2) × C	垂直位移 (0.01mm)
1	1.6	18.4	9.9		16	21.2	298.8	131.7	
2	9.0	31.0	55.9		17	21.8	318.2	135.4	
3	11.0	49.0	68.3		18	21.8	338.2	135.4	
4	12.5	67.5	77.6		19	22.2	357.8	137.9	
5	14.0	86.0	86.9		20	22.8	377.2	141.6	
6	14.5	105.5	90.0		21	23.0	397.0	142.8	
7	15.3	124.7	95.0		22	23.3	416.7	144.7	
8	16.6	143.4	103.1		23	23.6	436.4	146.6	
9	17.0	163.0	105.6		24	24.0	456.0	149.0	
10	17.6	182.4	109.3		25	24.5	475.5	152.1	
11	18.3	201.7	114.6		26	24.5	495.5	152.1	
12	19.0	221.0	118.0		27	24.5	515.5	152.1	
13	19.7	240.3	122.3		28	24.8	535.2	154.0	
14	20.0	260.0	124.2		29	24.8	555.2	154.0	
15	20.8	279.2	129.2						

6 报告

6.1 土的鉴别分类和代号。

6.2 土的抗剪强度指标 c、φ 值。

条文说明

1 固结快剪试验是在试样上施加垂直压力,待排水稳定后施加水平剪切力进行剪切。

由于仪器结构的限制,无法控制试样的排水条件,以剪切速率的快慢来控制试样的排水条件,实际上对渗透性大的土类还是要排水。为此,本试验规定对于渗透系数小于 10^{-6}cm/s 的土类,才允许用直剪仪进行固结快剪试验。对于公路高填方边坡,土体有一定湿度,施工中逐步压实固结,可以采用固结快剪试验。

2　直剪仪分为应变控制式和应力控制式两种。应变控制式的优点是能较准确地测定剪应力和剪切位移曲线上的峰值和最后值,且操作方便,故本规程以此仪器为准。

3　对于每个土样切取多少个试样的问题,一般是按照垂直压力的分级来确定。对于正常固结黏土,一般在100~400kPa荷载的作用下,可以认为符合库仑方程的直线关系,所以切取4个土样,以便逐渐施加四级垂直压力。根据我们多年对黄土的试验,每一级压力宜小一些,可以取垂直压力分别为50kPa、100kPa、200kPa、300kPa、400kPa五级,需切取五个试样。

4　剪切速率规定为0.8mm/min,要求在3~5min内剪损,为的是在剪切过程中尽量避免试样有排水现象。

T 0142—1993　黏质土的快剪试验

1　目的和适用范围

本试验适用于渗透系数小于10^{-6}cm/s的黏质土。

2　仪器设备

2.1　应变控制式直剪仪:由剪切盒、垂直加荷设备、剪切传动装置、测力计和位移量测系统组成,如图T 0142-1所示。

2.2　环刀:内径61.8mm,高20mm。

2.3　位移量测设备:百分表或传感器,百分表量程为10mm,分度值为0.01mm,传感器的精度应为零级。

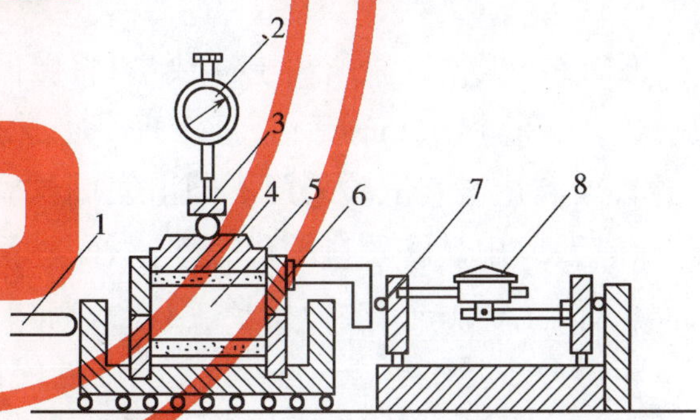

图T 0142-1　应变控制式直剪仪示意图

1-推动座;2-垂直位移百分表;3-垂直加荷框架;4-活塞;5-试样;6-剪切盒;7-测力计;8-测力百分表

3　试样

3.1　原状土试样制备

3.1.1　每组试样制备不得少于4个。

3.1.2　按土样上下层次小心开启原状土包装皮,将土样取出放正,整平两端。在环刀内壁涂一薄层凡士林,刀口向下,放在土样上。无特殊要求时,切土方向应与天然土层层面垂直。

3.1.3　将试验用的切土环刀内壁涂一薄层凡士林,刀口向下,放在试件上,用切土刀将试件削成略大于环刀直径的土柱。然后将环刀垂直向下压,边压边削,至土样伸出环刀上部为止,削平环刀两端,擦净环刀外壁,称环土合质量,准确至0.1g,并测定环刀两端所削下土样的含水率。试件与环刀要密合,否则应重取。

切削过程中,应细心观察并记录试件的层次、气味、颜色,有无杂质,土质是否均匀,有无裂缝等。

如连续切取数个试件,应使含水率不发生变化。

视试件本身及工程要求,决定试件是否进行饱和。如不立即进行试验或饱和时,则将试件暂存于保湿器内。

切取试件后,剩余的原状土样用蜡纸包好置于保湿器内,以备补做试验之用。切削的余土做物理性试验。平行试验或同一组试件密度差值不大于 $\pm 0.1 g/cm^3$,含水率差值不大于2%。

3.2 细粒土扰动土样的制备程序

3.2.1 将扰动土样进行土样描述,如颜色、土类、气味及夹杂物等。如有需要,将扰动土样充分拌匀,取代表性土样进行含水率测定。

3.2.2 将块状扰动土放在橡皮板上用木碾或粉碎机碾散,但切勿压碎颗粒。如含水率较大不能碾散时,应风干至可碾散时为止。

3.2.3 根据试验所需土样数量,将碾散后的土样过筛。物理性试验如液限、塑限、缩限等试验,需过0.5mm筛;常规水理及力学试验土样,需过2mm筛;击实试验土样的最大粒径必须满足击实试验采用不同击实筒试验时的土样中最大颗粒粒径的要求。按规定过标准筛后,取出足够数量的代表性试样,然后分别装入容器内,标以标签。标签上应注明工程名称、土样编号、过筛孔径、用途、制备日期和人员等,以备各项试验之用。若系含有多量粗砂及少量细粒土(泥砂或黏土)的松散土样,应加水润湿松散后,用四分法取出代表性试样。若系净砂,则可用匀土器取代表性试样。

3.2.4 为配制一定含水率的试样,取过2mm筛的足够试验用的风干土1~5kg。按下式计算制备土样所需加水量:

$$m_w = \frac{m}{1+0.01w_h} \times 0.01(w - w_h) \quad (T\ 0142\text{-}1)$$

式中:m_w——土样所需加水量(g);

m——风干含水率时的土样质量(g);

w_h——风干含水率(%);

w——土样所要求的含水率(%)。

将所取土样平铺于不吸水的盘内,用喷雾设备喷洒预计的加水量,并充分拌和;然后装入容器内盖紧，润湿一昼夜备用(砂类土浸润时间可酌量缩短)。

3.2.5 测定湿润土样不同位置的含水率(至少两个以上)，要求差值满足含水率测定的允许平行差值。

3.2.6 对不同土层的土样制备混合试样时，应根据各土层厚度，按比例计算相应质量配合，然后按本方法3.2.1~3.2.4步骤进行扰动土的制备工序。

3.3 试件饱和

土的孔隙逐渐被水填充的过程称为饱和。孔隙被水充满时的土，称为饱和土。

根据土的性质，决定饱和方法：

砂类土：可直接在仪器内浸水饱和。

较易透水的黏性土：即渗透系数大于10^{-4}cm/s时，采用毛细管饱和法较为方便，或采用浸水饱和法。

不易透水的黏性土：即渗透系数小于10^{-4}cm/s时，采用真空饱和法。如土的结构性较弱，抽气可能发生扰动，不宜采用。

4 试验步骤

4.1 对准剪切容器上下盒，插入固定销，在下盒内放透水石和滤纸，将带有试样的环刀刃向上，对准剪盒口，在试样上放滤纸和透水石，将试样小心地推入剪切盒内。

4.2 移动传动装置，使上盒前端钢珠刚好与测力计接触，依次加上传压板、加压框架，安装垂直位移量测装置，测记初始读数。

4.3 根据工程实际和土的软硬程度施加各级垂直压力，然后向盒内注水；当试样为非饱和试样时，应在加压板周围包以湿棉花。

4.4 施加垂直压力，拨出固定销立即开动秒表，以0.8mm/min的剪切速度进行。

4.5 当测力计百分表读数不变或后退时，继续剪切至剪切位移为4mm时停止，记下破坏值。当剪切过程中测力计百分表无峰值时，剪切至剪切位移达6mm时停止。

4.6 剪切结束，吸去盒内积水，退掉剪切力和垂直压力，移动压力框架，取出试样，测定其含水率。

5 结果整理

5.1 剪切位移按下式计算：

$$\Delta l = 20n - R \tag{T 0142-2}$$

式中:Δl——剪切位移(0.01mm),计算至0.1;

n——手轮转数;

R——百分表读数。

5.2 剪应力按下式计算:

$$\tau = CR \tag{T 0142-3}$$

式中:τ——剪应力(kPa),计算至0.1;

C——测力计校正系数(kPa/0.01mm)。

5.3 以剪应力 τ 为纵坐标,剪切位移 Δl 为横坐标,绘制 τ—Δl 的关系曲线,如图T 0142-2。

5.4 以垂直压力 p 为横坐标,抗剪强度 S 为纵坐标,将每一试样的抗剪强度点绘在坐标纸上,并连成一直线。此直线的倾角为摩擦角 φ,纵坐标上的截距为凝聚力 c,如图T 0140-3 所示。

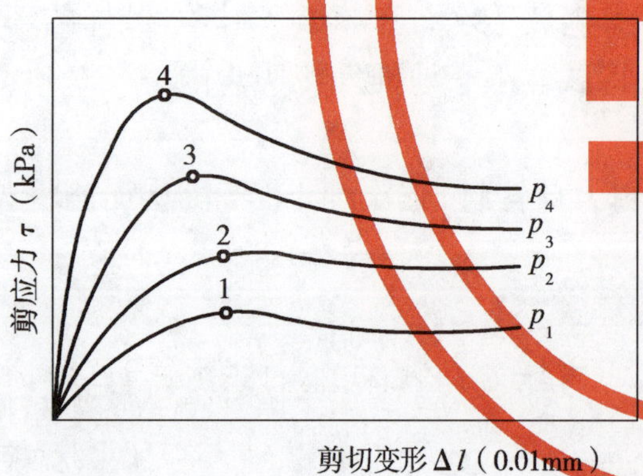

图 T 0141-2 剪应力 τ 与剪切位移 Δl 的关系曲线

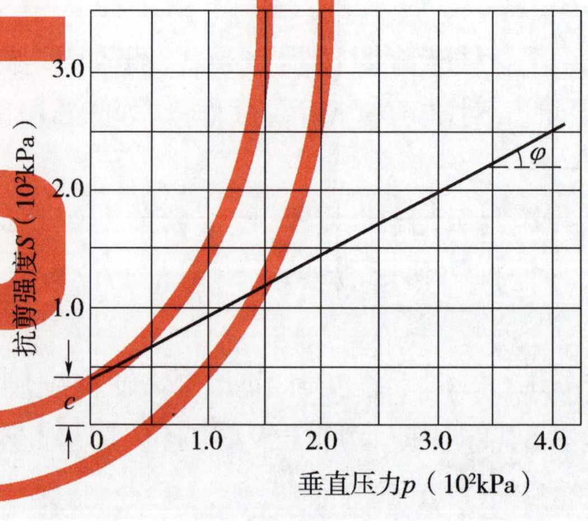

图 T 0141-3 抗剪强度与垂直压力的关系曲线

5.5 本试验记录格式见表 T 0142-1 和表 T 0142-2。

表 T 0142-1 直接剪切试验记录(一)

工程名称________________　　　　试 验 者________________

土样编号________________　　　　校 核 者________________

土粒比重　$G_s=2.70$　　　　试验日期________________

续上表

试样编号			1			2			3			4			5		
			起始	饱和后	剪后	起始	饱和后	剪后	起始	饱和后	剪后	起始	饱和后	剪后	起始	饱和后	剪后
湿密度 ρ (g/cm^3)	(1)	(1)	1.76	1.93	1.94	1.75	1.93	1.94	1.75	1.94	1.94	1.74	1.94	1.95	1.75	1.94	1.95
含水率 w (%)	(2)	(2)	16.4	27.7	28.8	16.4	27.8	28.8	16.4	27.7	28.8	16.4	27.7	28.7	16.4	27.7	28.8
干密度 ρ_d (g/cm^3)	(3)	$\frac{(1)}{1+\frac{(2)}{100}}$	1.51	1.51	1.51	1.50	1.51	1.51	1.50	1.52	1.51	1.49	1.52	1.52	1.50	1.52	1.52
孔隙比 e	(4)	$\frac{10G_s}{(3)}-1$	0.79	0.79	0.79	0.80	0.79	0.79	0.80	0.78	0.79	0.81	0.78	0.78	0.80	0.78	0.78
饱和度 S_r (%)	(5)	$\frac{G_s(2)}{(4)}$	56.0	94.7	98.4	55.4	95.0	98.4	55.3	95.8	98.4	54.6	95.8	99.3	55.3	95.8	99.6

试样描述

本试样系用过2mm筛土制备的

注:①试样系用抽气饱和;

②饱和后的饱和度:$S_r=\frac{(\rho-\rho_d)}{\rho_d e}G_s$

表 T 0142-2 直接剪切试验记录(二)

工程名称________ 试验者________

土样编号________ 校核者________

试验方法 固结快剪 试验日期________

试样编号 仪器编号

手轮转速 垂直压力 300kPa

测力计校正系数 $C=6.21kPa/0.01mm$

剪切前固结时间 23h 剪切历时

剪切前压缩量 0.853mm 抗剪强度 152kPa

手轮转数 (1)	测力计百分表读数 (0.01mm) (2)	剪切位移 (0.01mm) (3) = (1) ×20 − (2)	剪应力 (kPa) (4) = (2) × C	垂直位移 (0.01mm)	手轮转数 (1)	测力计百分表读数 (0.01mm) (2)	剪切位移 (0.01mm) (3) = (1) ×20 − (2)	剪应力 (kPa) (4) = (2) × C	垂直位移 (0.01mm)
1	1.6	18.4	9.9		16	21.2	298.8	131.7	
2	9.0	31.0	55.9		17	21.8	318.2	135.4	
3	11.0	49.0	68.3		18	21.8	338.2	135.4	
4	12.5	67.5	77.6		19	22.2	357.8	137.9	
5	14.0	86.0	86.9		20	22.8	377.2	141.6	
6	14.5	105.5	90.0		21	23.0	397.0	142.8	
7	15.3	124.7	95.0		22	23.3	416.7	144.7	
8	16.6	143.4	103.1		23	23.6	436.4	146.6	
9	17.0	163.0	105.6		24	24.0	456.0	149.0	
10	17.6	182.4	109.3		25	24.5	475.5	152.1	
11	18.3	201.7	114.6		26	24.5	495.5	152.1	
12	19.0	221.0	118.0		27	24.5	515.5	152.1	
13	19.7	240.3	122.3		28	24.8	535.2	154.0	
14	20.0	260.0	124.2		29	24.8	555.2	154.0	
15	20.8	279.2	129.2						

6 报告

6.1 土的鉴别分类和代号。

6.2 土的抗剪强度指标 c、φ 值。

条文说明

1 快剪试验是在试样上施加垂直压力后,立即施加水平剪切力进行剪切。快剪试验用于在土体上施加荷载和剪切过程中均不发生固结和排水作用的情况。如公路挖方边坡,一般比较干燥,施工期边坡不发生排水固结作用,可以采用快剪试验。

本试验适用于渗透系数小于 10^{-6}cm/s 的土类。

4 快剪试验的剪切速率也规定为 0.8mm/min,要求在 3~5min 内剪损。对于渗透系数大于 10^{-6} cm/s 的土类,应在三轴仪中进行。

T 0143—1993 砂类土的直剪试验

1 目的和适用范围

本试验适用于砂类土。

2 仪器设备

2.1 应变控制式直剪仪:由剪切盒、垂直加荷设备、剪切传动装置、测力计和位移量测系统组成,如图 T 0143-1 所示。

2.2 环刀:内径 61.8mm,高 20mm。

2.3 位移量测设备:百分表或传感器。百分表量程为 10mm,分度值为 0.01mm;传感器的精度应为零级。

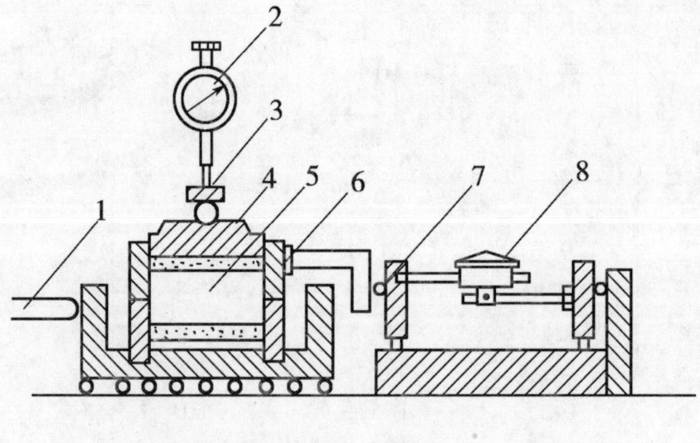

图 T 0143-1 应变控制式直剪仪示意图

1-推动座;2-垂直位移百分表;3-垂直加荷框架;4-活塞;5-试样;6-剪切盒;7-测力计;8-测力百分表

3 试样

3.1 取过 2mm 筛的风干砂 1 200g。

3.2 将扰动土样进行土样描述,如颜色、土类、气味及夹杂物等。如有需要,将扰动土样充分拌匀,取代表性土样进行含水率测定。

3.3 将块状扰动土放在橡皮板上用木碾或粉碎机碾散，但切勿压碎颗粒。如含水率较大不能碾散时，应风干至可碾散时为止。

3.4 根据试验所需土样数量，将碾散后的土样过筛。物理性试验如液限、塑限、缩限等试验，需过0.5mm筛；常规水理及力学试验土样，需过2mm筛；击实试验土样的最大粒径必须满足击实试验采用不同击实筒试验时的土样中最大颗粒粒径的要求。按规定过标准筛后，取出足够数量的代表性试样，然后分别装入容器内，标以标签。标签上应注明工程名称、土样编号、过筛孔径、用途、制备日期和人员等，以备各项试验之用。若含有多量粗砂及少量细粒土（泥砂或黏土）的松散土样，应加水润湿松散后，用四分法取出代表性试样。若系净砂，则可用匀土器取代表性试样。

3.5 为配制一定含水率的试样，取过2mm筛的足够试验用的风干土1～5kg，按本规程T 0102—2007 中第2条步骤计算所需的加水量，然后将所取土样平铺于不吸水的盘内，用喷雾设备喷洒预计的加水量，并充分拌和，然后装入容器内盖紧，润湿一昼夜备用（砂类土浸润时间可酌量缩短）。

3.6 测定湿润土样不同位置的含水率（至少两个以上），要求差值满足含水率测定的允许平行差值。

3.7 对不同土层的土样制备混合试样时，应根据各土层厚度，按比例计算相应质量配合，然后按本规程T 0102—2007 中第1条步骤进行扰动土的制备工序。

3.8 根据预定的试样干密度称取每个试样的风干砂质量，准确至0.1g。每个试样的质量按下式计算：

$$m = V\rho_{\mathrm{d}} \tag{T 0143-1}$$

式中：V——试样体积（cm^3）；

ρ_{d}——规定的干密度（g/cm^3）；

m——每一试件所需风干砂的质量（g）。

4 试验步骤

4.1 对准剪切容器上下盒，插入固定销，放入透水石。

4.2 将试样倒入剪切容器内，放上硬木块，用手轻轻敲打，使试样达到预定干密度，取出硬木块，拂平砂面。

4.3 拔去固定销，进行剪切试验。剪切速度为0.8mm/min，在3～5min 内剪损。并每隔一定时间测记测力计百分表读数,直至剪损。

4.4 试样剪损时间可按下式估算:

$$t_f = 50t_{50} \tag{T 0143-2}$$

式中:t_f——达到剪损所经历的时间(min);

t_{50}——固结度达到50%所需的时间(min)。

4.5 当测力计百分表读数不变或后退时,继续剪切至剪切位移为4mm时停止,记下破坏值。当剪切过程中测力计百分表无峰值时,剪切至剪切位移达6mm时停止。

4.6 剪切结束,吸去盒内积水,退掉剪切力和垂直压力,移动压力框架,取出试样,测定其含水率。

4.7 试验结束后,顺次卸除垂直压力,加压框架、钢珠、传压板。清除试样,并擦洗干净,以备下次应用。

5 结果整理

5.1 剪切位移按下式计算:

$$\Delta l = 20n - R \tag{T 0143-3}$$

式中:Δl——剪切位移(0.01mm),计算至0.1;

n——手轮转数;

R——百分表读数。

5.2 剪应力按下式计算:

$$\tau = CR \tag{T 0143-4}$$

式中:τ——剪应力(kPa),计算至0.1;

C——测力计校正系数(kPa/0.01mm)。

5.3 如欲求砂类土在每一干密度下的抗剪强度,则以抗剪强度为纵坐标,垂直压力为横坐标,绘制在一定干密度下的抗剪强度与垂直压力的关系曲线,如图T 0143-2。

5.4 如欲求砂类土在某一重直压力下的抗剪强度,则以干密度为横坐标,抗剪强度为纵坐标,绘制一定垂直压力下的抗剪强度与干密度的关系曲线,如图T 0143-3。

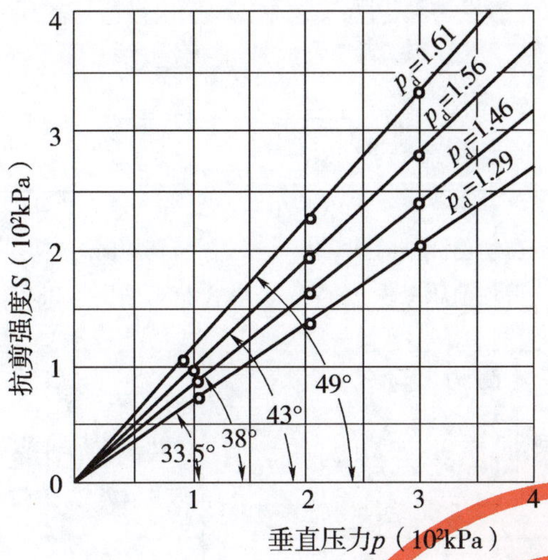

图 T 0143-2　抗剪强度与垂直压力的关系曲线

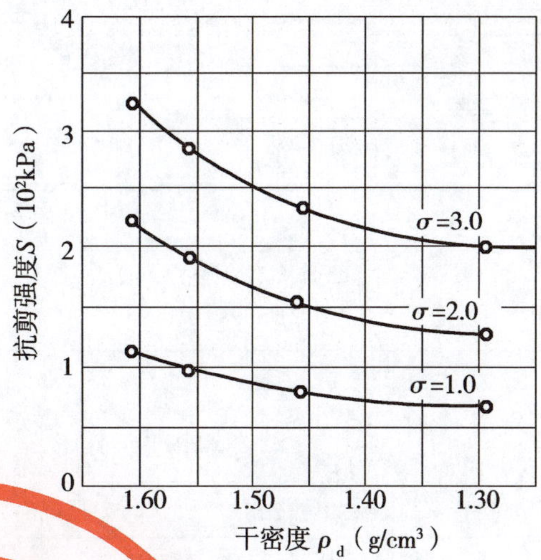

图 T 0143-3　抗剪强度与干密度的关系曲线

5.5　本试验记录格式见表 T 0143-1 和表 T 0143-2。

表 T 0143-1　直接剪切试验记录(一)

工程名称______________　　试 验 者______________

土样编号______________　　校 核 者______________

土粒比重　G_s = 2.70　　试验日期______________

试样编号			1			2			3			4			5		
			起始	饱和后	剪后	起始	饱和后	剪后	起始	饱和后	剪后	起始	饱和后	剪后	起始	饱和后	剪后
湿密度 ρ (g/cm³)	(1)	(1)	1.76	1.93	1.94	1.75	1.93	1.94	1.75	1.94	1.94	1.74	1.94	1.95	1.75	1.94	1.95
含水率 w (%)	(2)	(2)	16.4	27.7	28.8	16.4	27.8	28.8	16.4	27.7	28.8	16.4	27.7	28.7	16.4	27.7	28.8
干密度 ρ_d (g/cm³)	(3)	$\frac{(1)}{1+\frac{(2)}{100}}$	1.51	1.51	1.51	1.50	1.51	1.51	1.50	1.52	1.51	1.49	1.52	1.52	1.50	1.52	1.52
孔隙比 e	(4)	$\frac{10G}{(3)}-1$	0.79	0.79	0.79	0.80	0.79	0.79	0.80	0.78	0.79	0.81	0.78	0.78	0.80	0.78	0.78
饱和度 S_r (%)	(5)	$\frac{G(2)}{(4)}$	56.0	94.7	98.4	55.4	95.0	98.4	55.3	95.8	98.4	54.6	95.8	99.3	55.3	95.8	99.6
试样描述 本试样系用过 2mm 筛土制备的			注：①试样系用抽气饱和； ②饱和后的饱和度：$S_r=\frac{(\rho-\rho_d)}{\rho_d e}G_s$														

表 T0143-2 直接剪切试验记录(二)

工程名称______________ 试 验 者______________

土样编号______________ 校 核 者______________

试验方法 固结快剪 试验日期______________

试样编号 仪器编号 手轮转速 垂直压力 300kPa 测力计校正系数 C = 6.21kPa/0.01mm					剪切前固结时间 23h 剪切历时 剪切前压缩量 0.853mm 抗剪强度 152kPa				
手轮转数(1)	测力计百分表读数(0.01mm)(2)	剪切位移(0.01mm)(3)=(1)×20-(2)	剪应力(kPa)(4)=(2)×C	垂直位移(0.01mm)	手轮转数(1)	测力计百分表读数(0.01mm)(2)	剪切位移(0.01mm)(3)=(1)×20-(2)	剪应力(kPa)(4)=(2)×C	垂直位移(0.01mm)
1	1.6	18.4	9.9		16	21.2	298.8	131.7	
2	9.0	31.0	55.9		17	21.8	318.2	135.4	
3	11.0	49.0	68.3		18	21.8	338.2	135.4	
4	12.5	67.5	77.6		19	22.2	357.8	137.9	
5	14.0	86.0	86.9		20	22.8	377.2	141.6	
6	14.5	105.5	90.0		21	23.0	397.0	142.8	
7	15.3	124.7	95.0		22	23.3	416.7	144.7	
8	16.6	143.4	103.1		23	23.6	436.4	146.6	
9	17.0	163.0	105.6		24	24.0	456.0	149.0	
10	17.6	182.4	109.3		25	24.5	475.5	152.1	
11	18.3	201.7	114.6		26	24.5	495.5	152.1	
12	19.0	221.0	118.0		27	24.5	515.5	152.1	
13	19.7	240.3	122.3		28	24.8	535.2	154.0	
14	20.0	260.0	124.2		29	24.8	555.2	154.0	
15	20.8	279.2	129.2						

6 报告

6.1 土的鉴别分类和代号。

6.2 土的抗剪强度指标 c、φ 值。

条文说明

1 本试验用于测定砂类土在不同干密度下的抗剪强度指标。

3 本试验取过 2mm 筛的风干砂类土,并按预定的试样干密度,用公式计算每个试样需称取的砂质量。

4 砂类土的渗透系数很大,潮湿状态与干燥状态的强度变化不大,剪切速度对强度几乎无影响,因此,可采用较快的剪切速率。

5 试验结果表明,砂类土的内摩擦角随试样干密度的增加而增大。

T 0176—2007　排水反复直接剪切试验

1　目的和适用范围

1.1　反复直接剪切试验是用应变控制式直剪仪在慢速(排水)条件下,对试样反复剪切至剪应力达到稳定值,以测求土的残余抗剪强度指标 c'_r 和 φ'_r。

1.2　本试验方法适用于超固结黏性土及软弱岩石夹层的黏性土。

2　仪器设备

2.1　应变控制式反复直剪仪:包括变速设备、可逆电动机和反推夹具,见图 T 0176-1。

2.2　位移计(百分表):量程 5 ~ 10mm,分度值 0.01mm。

2.3　天平:称量 500g,分度值 0.1g。

2.4　环刀:内径 6.18cm,高 2cm。

2.5　其他:饱和器、削土刀、秒表、滤纸等。

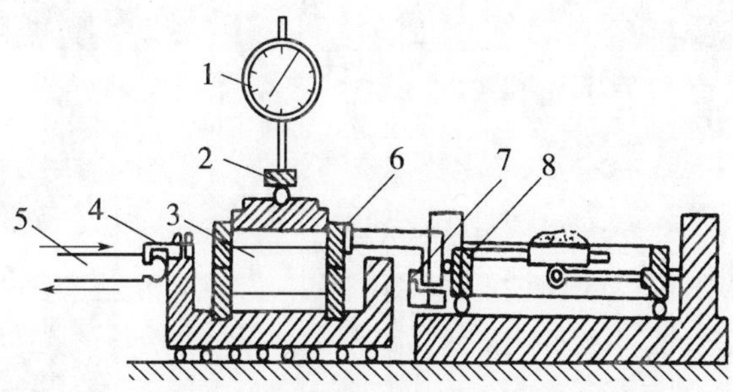

图 T 0176-1　反复直剪仪示意图

1-垂直变形百分表;2-加压框架;3-试样;4-连接杆;5-推动轴;6-剪切盒;7-限制连接杆;8-测力计

3　试验步骤

3.1　试样制备

3.1.1　对有软弱面的原状土样,先要分清软弱面的天然滑动方向,整平土样两端,使土样顶面平行于软弱面。在环刀内涂一薄层凡士林。切土时,使软弱面位于环刀高度一半处,然后在试样面上标出软弱面的天然滑动方向。

3.1.2　对无软弱面的完整原状黏土或原状的超固结黏土,可用环刀按(T 0102—2007)原状试样的制备方法切成试样,然后将试样放入剪切盒内。先在小于 50kPa 的垂直压力下,以较快的剪切速率进行预剪,使形成破裂面。如试样坚硬,也可用刀、锯等工具先切割成一个剪切面,然后加垂直荷载,待固结稳定后进行剪切。

3.1.3　对泥化带较厚的软弱夹层、滑坡层面,取靠近滑裂面 1 ~ 2mm 的土;对泥化带软薄的滑动面,取泥化的土;对无泥化带的裂隙面,取靠裂隙面两边的土。将所刮取的土样用纯水浸泡 24h 后调制均匀,制备成液限状态的土膏,将其填入环刀内。装填时,先沿环刀四周填入,然后填中部。应排除试样内的气体。

3.1.4 原状试样应取破裂面上的土测求含水率;对于扰动土试样可取切下的余土测求含水率。

3.1.5 试样应达到饱和。饱和方法一般用抽气饱和法。

3.1.6 每组试验应制备4个试样,同组试样的密度差值不大于0.03g/cm^3。

3.2 试样剪切

3.2.1 先对仪器进行检查。然后将上、下剪切盒对准,插入固定销,顺次放入饱和透水板、滤纸,将试样推入剪切盒内。再放上滤纸、透水板及加压盖板、钢珠、加压框架等,并安装垂直百分表(位移计)。在活塞周围包以湿棉花,防止水分蒸发。然后测记测力计和垂直位移计的初始读数。

3.2.2 每组试验应取4个试样,在4种不同垂直压力下进行剪切试验。一个垂直压力相当于现场预期的最大压力,一个垂直压力要大于现场预期的最大垂直压力,其他垂直压力均小于现场预期的最大垂直压力。但垂直压力的各级差值要大致相等。也可以取垂直压力分别为100kPa、200kPa、300kPa、400kPa,各个垂直压力一次轻轻施加,若土质松软也可分级施加以防试样挤出。

在试样上施加规定的垂直压力后,测记垂直变形读数。如每小时垂直变形读数变化不超过0.005mm,认为已达到固结稳定。试样也可在其他仪器上固结,然后移至剪切盒内,继续固结至稳定,再进行剪切。

3.2.3 除含水率相当于液限试样的剪切外,一般原状土、硬黏土的试验,在剪切时,剪切盒应开缝,缝宽保持在0.3~1.0mm。

3.2.4 转动手轮,使剪切盒前端的钢珠与测力计刚好接触,再调整测力计读数至零位。

3.2.5 拔出固定销,调节变速箱。对一般粉质土、粉质黏土及低塑性黏土的剪切速度不宜超0.06mm/min;对高塑性黏土的剪切速度,不宜超过0.02mm/min。开动电机,测读垂直位移计和水平位移计读数。在第1次剪切过程中,达到峰值剪应力之前,一般水平位移每隔0.2~0.4mm测记1次;过峰值剪应力后,每隔0.5mm测记1次。每次剪切时,试验不能中断,直至最大剪切位移(每次正向剪切位移8~10mm)停止剪切。

3.2.6 倒转手轮,用反推设备缓慢地(剪切速度不大于0.6mm/min)将下剪盒反向推至与上剪切盒重合位置，插入固定销。按本试验 3.2.5 的规定进行第 2 次剪切。如此，继续反复进行剪切至剪应力达到稳定值为止。

3.2.7 剪切结束，测记垂直位移计读数，吸去剪切盒中积水，尽快卸除位移计、垂直压力、加压框架、加压盖板及剪切盒等，并描述剪切面的破坏情况。取剪切面附近的土样测定剪后含水率。

4 结果整理

4.1 按下式计算残余抗剪强度 S_r：

$$S_r = \frac{CR}{A_0} \times 10 \tag{T 0176-1}$$

式中：C——测力计率定系数（N/0.01mm）；

R——测力计读数（0.01mm）；

A_0——试样面积（cm^2）；

10——单位换算系数。

4.2 绘制剪应力与剪切位移关系曲线，见图 T 0176-2。取每个试验曲线上第 1 次剪切时峰值作为破坏强度 S；取曲线上最后稳定值作为残余强度 S_r，并绘制抗剪强度（峰值强度与残余强度）与垂直压力关系曲线，见图 T 0176-3。

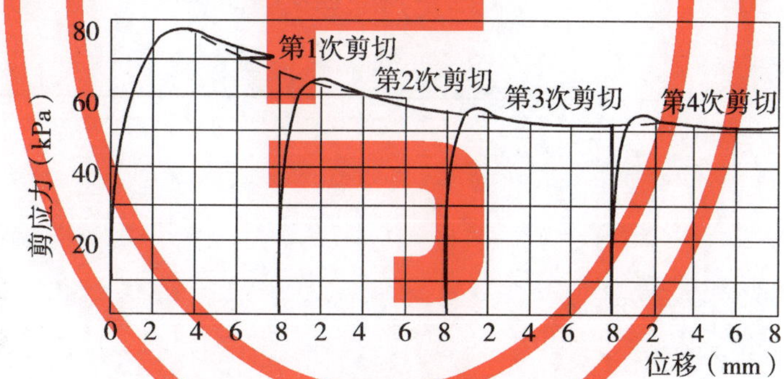

图 T 0176-2 剪应力与剪切位移曲线

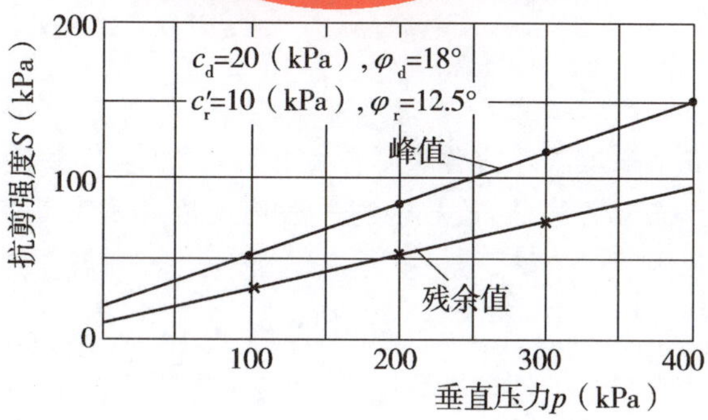

图 T 0176-3 抗剪强度与垂直压力关系曲线

4.3 本试验记录格式如表 T 0176-1。

表 T 0176-1 排水反复直接剪切试验

工程名称________ 试验者________ 校 核 者________

土样编号________ 计算者________ 试验日期________

仪器编号： 剪前固结时间： min

测力计率定系数： N/0.01mm 剪前固结沉降量： min

剪切速率： mm/min 剪切次数：

垂直压力： kPa 抗剪强度： kPa

剪切位移 (0.01mm)	垂直位移计读数 (0.01mm)	测力计读数 (0.01mm)	剪应力 (kPa)
30			
60			
100			
130			
160			
200			
230			
260			
300			
350			
400			
⋮			
800			

注：“+”为剪胀，“-”为剪缩。

5 报告

5.1 土的鉴别分类和代号。

5.2 土的抗剪强度指标 c、φ 值。

条文说明

1.1 超固结黏土试样在某一有效压力作用下进行剪切试验时，当剪应力达到峰值以后，若继续剪切，则剪应力随剪切位移增加而显著降低，最后达到一个稳定值。该稳定值称土的残余抗剪强度或残余强度，以下式表达：

$$S_r = c'_r + P\tan\varphi'_r \qquad (T\ 0176\text{-}2)$$

式中：S_r——土的残余强度(kPa)；

c'_r——残余黏聚力(一般 $c'\approx 0$)(kPa)；

φ'_r——残余内摩擦角(°)；

P——垂直压力(kPa)。

正常固结黏土亦有此现象,但不很明显,如图 T 0176-4。

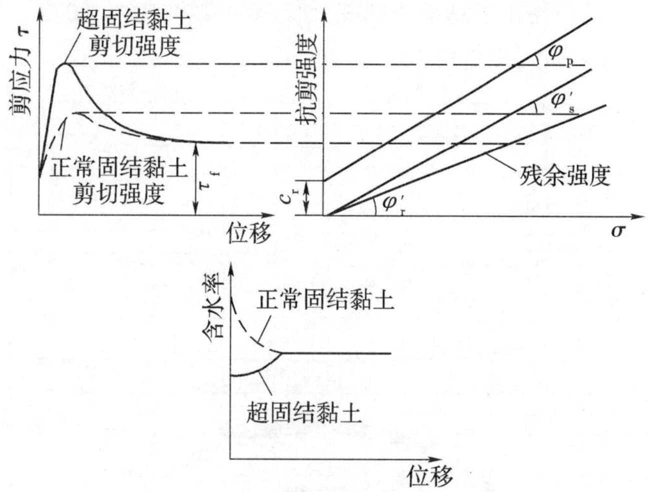

图 T 0176-4　剪应力与剪切位移关系曲线

2.1　室内测定残余强度的仪器和方法,目前主要有三轴压缩试验、环剪仪做环形剪切试验和用直剪仪做排水反复直接剪切试验(以下简称反复剪)三种方法。反复剪试验,存在一定的缺点,例如,每次反复后,有一小峰值出现,剪切面可能呈泥浆状。但它简单易行,对多数土均能测得较好的成果,因此,国内外应用较广,本规程也推荐采用直剪仪做反复排水剪试验。

本规程规定在进行第二次、第三次……剪切时,不卸除垂直荷载,将剪切盒下盒拉回原位置。因此,必须将原仪器的推力设备进行改装,使其能推进又能拉回;或另制造一反推设备,待一次剪切完成后,用反推设备将剪切盒下盒推回至原位置。

3.1.3　研究表明:扰动试样的残余强度通常与原状试样的残余强度相接近。对同一种土,不管是正常固结或超固结的,只要是在同一有效压力作用下,其残余强度相同,φ'_r 为一常数。它只与土的性质有关,而与应力历史无关。因此,当选取原状土样有困难的,可取扰动土进行试验。

但软弱夹层的滑裂面或滑坡层面是构成剪切破坏的产物,它曾经受过较大的剪切位移,加之在漫长的地质历史时期中地下水的长期作用,使滑裂面或滑坡面上土的颗粒组成以及矿物、化学成分都有别于滑面上下土层,故选取扰动土样时,应取滑裂面或滑坡层面上 1 ~ 2mm 的土进行残余强度试验。否则扰动土的残余强度指标可能大于滑裂面或滑坡层面实际强度值。

经过对土(岩)地基软弱夹层或滑坡带土体的调查了解,夹层和滑动层面上土的含水率往往比夹层上下层的含水率高 10% 左右。当确定制备含水率时,应注意这个实际情况。本规程建议扰动土的制备含水率采用该土(泥化夹层和滑动层面)的液限为宜。

3.2.5　剪切速率对测定土的残余强度具有明显的影响。土达到残余强度时,其剪切面上的孔隙压力已充分消散,土颗粒已完全定向排列,故测定残余强度的方法只能是最大剪切位移下的慢剪试验。

关于剪切速率对土的残余强度的影响问题,根据对黏土、高塑性黏土、粉质黏土及粉质土的液限试样和粉质黏土的原状样进行不同剪切速度的对比试验,其成果见图 T 0176-5。从图中可以看出:粉质土、粉质黏土、黏土及高塑性黏土的剪切速度的临界值分别为 1.0mm/min、0.06mm/min 和 0.02mm/min。

当剪切速度采用 0.02mm/min 时,对于每一剪切行程的位移量为 8 ~ 10mm 的试验,需 8 ~ 10h。为了试验室工作的方便,可间隔一定时间进行下一次剪切(即可使试验在白天进行)。

3.2.6　关于试验的总剪切位移多大才能测到稳定的强度值的问题,一些专家进行了研究。斯肯普顿(Skempton)认为在室内试验时,过峰值强度后继续剪切到位移达25~50mm,强度可降低到稳定残余值。诺布尔(H. L. Noble)用内径4.8cm的试样在直接剪切仪上以0.004mm/min的速率进行试验,每次剪切位移2.5mm,再推回,如此反复剪10~15次,总位移为50~75mm,也可达到残余值。

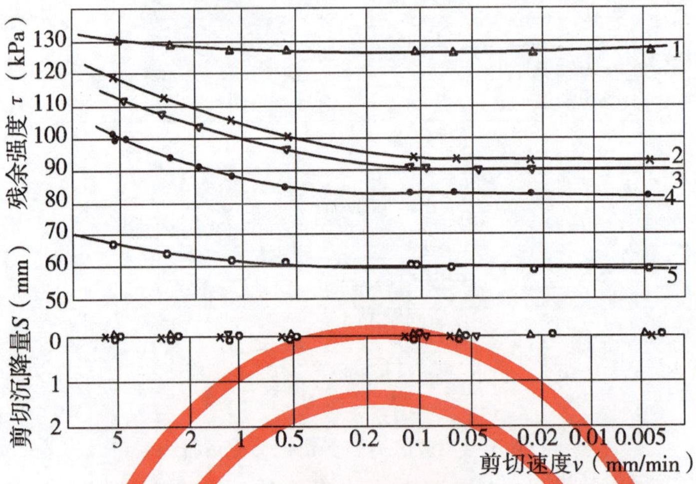

图T 0176-5 剪切速度与残余强度和剪切沉降量关系曲线

1-江苏粉质土;2-广西8301-7粉质黏土;3-葛洲坝夹层土(原状土);4-华东黏土;5-东北黏土

注:试样的垂直压力均为200kPa。

近年来,长江科学院在对软弱夹层的试验中,使用直径为6.4cm的试样,在直接剪切仪上以0.022 4mm/min的剪切速率做反复直接剪切试验。试验成果表明:不同颗粒组成的试样,所需要的总剪切位移量是不一样的,一般来讲黏粒含量大的试样,需要的总剪切位移量小,反之亦然,如粉质土、粉质黏土一般需要40~48mm,黏土一般需要24~32mm。一般反向剪切的剪应力大于正向剪切的剪应力,见图T 0176-6。其原因在于反向剪切破坏了已定向排列的土颗粒,使得土的强度增高。因此,不能将反向剪切的位移量计入达到残余强度时所需要的总剪切位移量中。

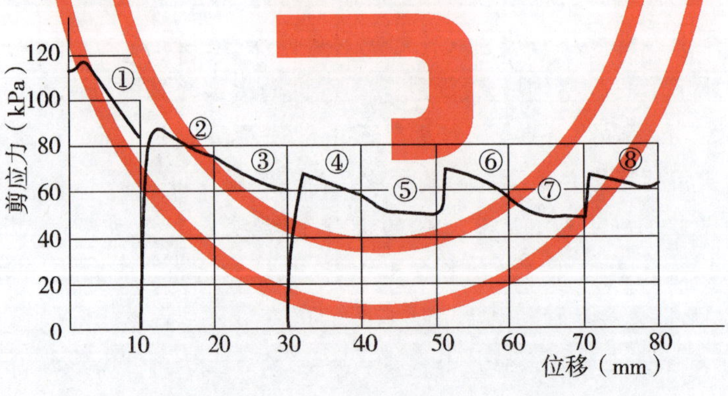

图T 0176-6 反复剪切试验的应力和位移曲线

①、③、⑤、⑦-正向剪切;②④⑥⑧-反向剪切

23　土的三轴压缩试验

T 0144—1993　不固结不排水试验

1　目的和适用范围

1.1　不固结不排水(UU)试验是在施加周围压力和增加轴向压力直至破坏过程中均不允许试样排水。

1.2　本试验适用于测定细粒土和砂类土的总抗剪强度参数 c_u、φ_u。

2　仪器设备

2.1　三轴压缩仪:应变控制式(图 T 0144-1),由周围压力系统、反压力系统、孔隙水压力量测系统和主机组成。

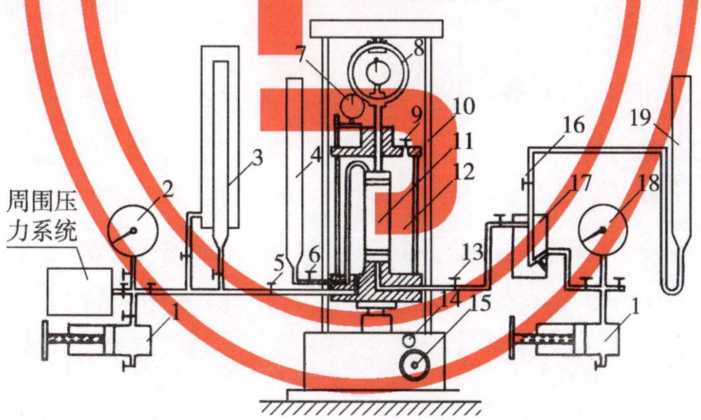

图 T 0144-1　应变控制式三轴压缩仪示意图

1-调压筒;2-周围压力表;3-体变管;4-排水管;5-周围压力阀;6-排水阀;7-变形量表;8-量力环;9-排气孔;10-轴向加压设备;11-试样;12-压力室;13-孔隙压力阀;14-离合器;15-手轮;16-量管阀;17-零位指示器;18-孔隙压力表;19-量管

2.2　附属设备:包括击实器、饱和器、切土器、分样器、切土盘、承膜筒和对开圆模,应符合下列各图要求:

2.2.1　击实器(图 T 0144-2)和饱和器(图 T 0144-3)。

2.2.2　切土盘(图 T 0144-4)、切土器(图 T 0144-5)和原状土分样器(图 T 0144-6)。

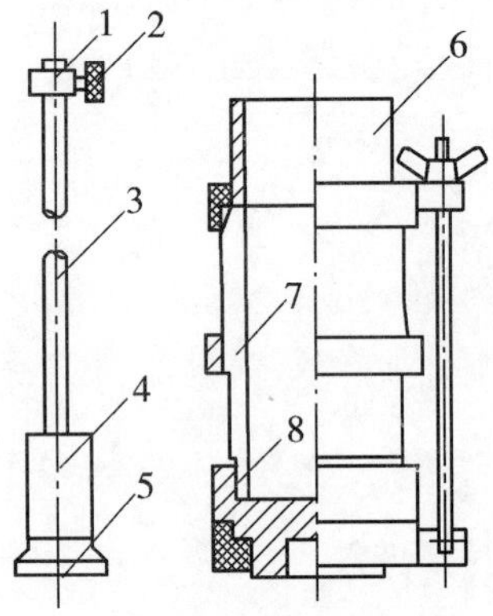

图 T 0144-2　击实器

1-套环;2-定位螺丝;3-导杆;4-击锤;5-底板;6-套筒;7-饱和器;8-底板

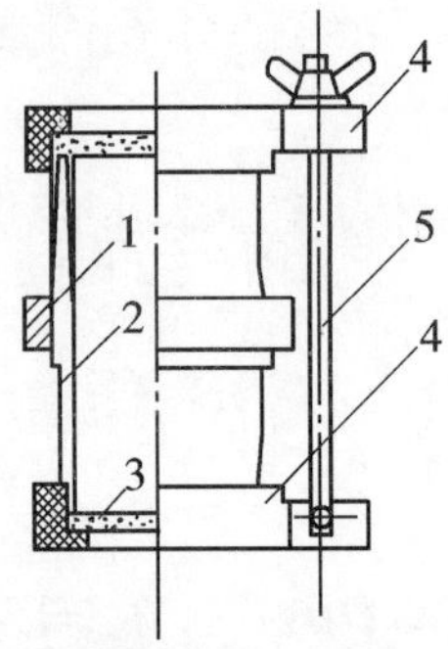

图 T 0144-3　饱和器

1-紧箍;2-土样筒;3-透水石;4-夹板;5-拉杆

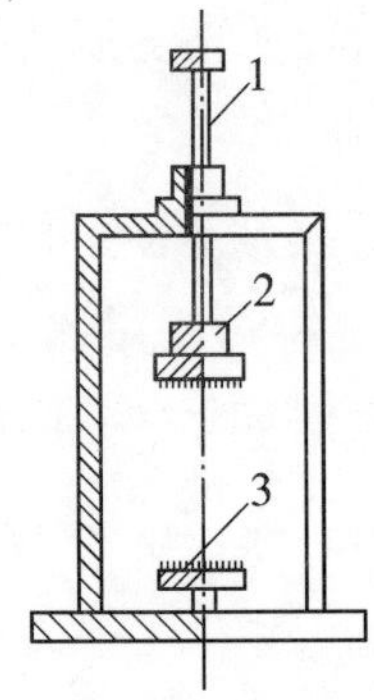

图 T 0144-4　切土盘

1-转轴;2-上盘;3-下盘

2.2.3　承膜筒(图 T 0144-7)及对开圆模(图 T 0144-8)。

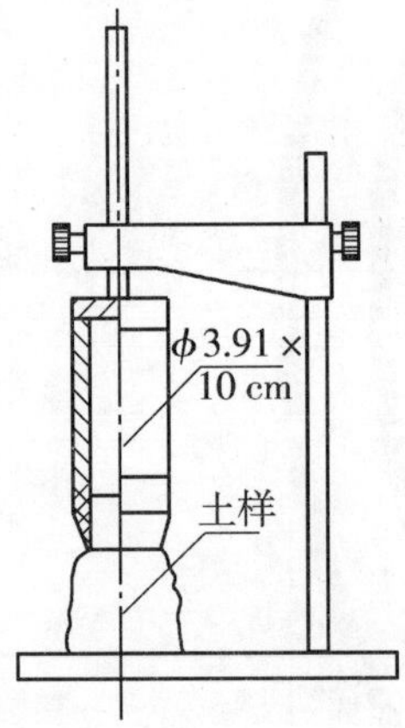

图 T 0144-5　切土器

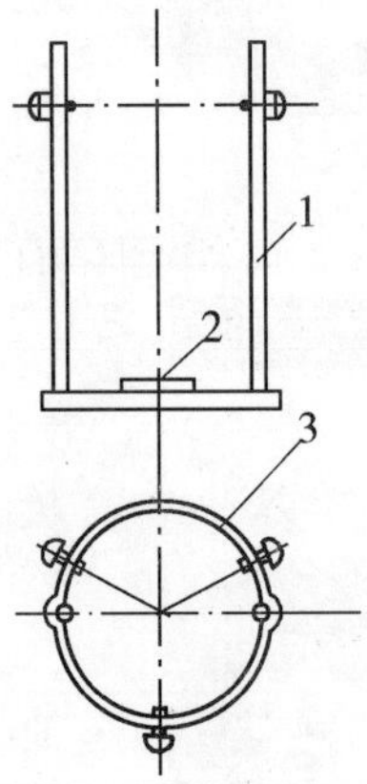

图 T 0144-6　原状土分样器
(适用于软黏土)

1-滑杆;2-底座;3-钢丝架

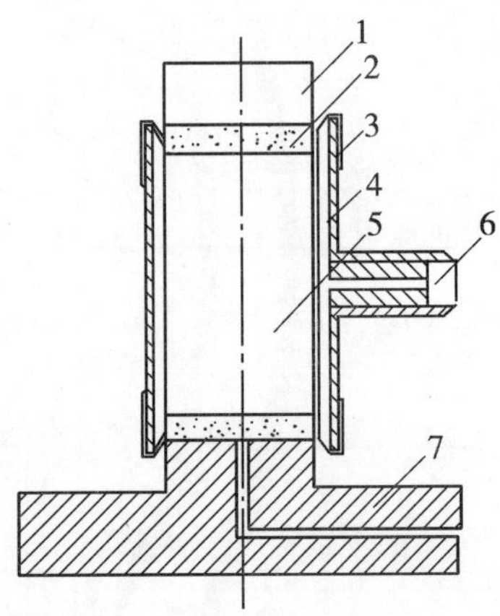

图 T 0144-7　承膜筒
(橡皮膜借膜筒套在试样外)

1-上帽;2-透水石;3-橡皮膜;4-承膜筒身;5-试样;6-吸气孔;7-三轴仪底座

2.3　百分表:量程 3cm 或 1cm,分度值 0.01mm。

2.4　天平:称量 200g,感量 0.01g;称量 1 000g,感量 0.1g。

2.5　橡皮膜:应具有弹性,厚度应小于橡皮膜直径的 1/100,不得有漏气孔。

3　仪器检查

3.1　周围压力的测量精度为全量程的 1%,测读分值为 5kPa。

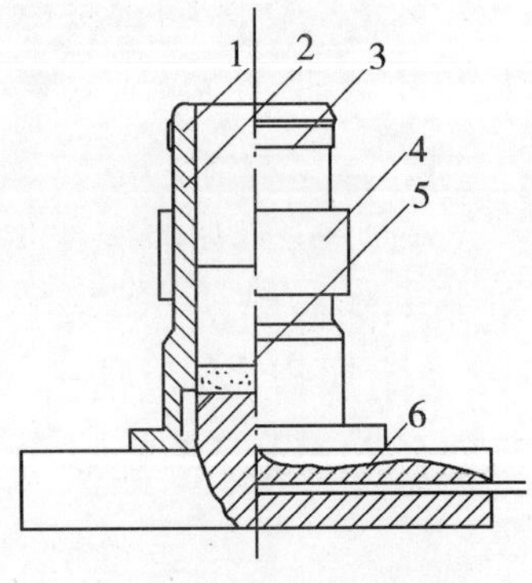

图 T 0144-8　对开圆膜
(制备饱和的砂样)

1-橡皮膜;2-制样圆模(两片组成);3-橡皮圈;4-圆箍;5-透水石;6-仪器底座

3.2 孔隙水压力系统内的气泡应完全排除。系统内的气泡可用纯水施加压力使气泡上升至试样顶部沿底座溢出，测量系统的体积因数应小于 $1.5\times10^{-5}cm^3/kPa$。

3.3 管路应畅通，活塞应能滑动，各连接处应无漏气。

3.4 橡胶膜在使用前应仔细检查，方法是在膜内充气，扎紧两端，然后在水下检查有无漏气。

4 试样制备

4.1 本试验需 3~4 个试样，分别在不同周围压力下进行试验。

4.2 试样尺寸：最小直径为 35mm，最大直径为 101mm，试样高度宜为试样直径的 2~2.5 倍，试样的最大粒径应符合表 T 0144-1 规定。对于有裂缝、软弱面和构造面的试样，试样直径宜大于 60mm。

表 T 0144-1 试样的土粒最大粒径

试样直径 ϕ(mm)	允许最大粒径(mm)
$\phi<100$	试样直径的 1/10
$\phi\geqslant100$	试样直径的 1/5

4.3 原状土试样的制备：根据土样的软硬程度，分别用切土盘和切土器按本试验 4.2 规定切成圆柱形试样，试样两端应平整，并垂直于试样轴。当试样侧面或端部有小石子或凹坑时，允许用削下的余土修整。试样切削时应避免扰动，并取余土测定试样的含水率。

4.4 扰动土试样制备：根据预定的干密度和含水率，按下述方法备样后，在击实器内分层击实，粉质土宜为 3~5 层，黏质土宜为 5~8 层，各层土样数量相等，各层接触面应刨毛。

4.4.1 将扰动土样进行土样描述，如颜色、土类、气味及夹杂物等。如有需要，将扰动土样充分拌匀，取代表性土样进行含水率测定。

4.4.2 将块状扰动土放在橡皮板上用木碾或粉碎机碾散，但切勿压碎颗粒。如含水率较大不能碾散时，应风干至可碾散时为止。

4.4.3 根据试验所需土样数量，将碾散后的土样过筛。物理性试验如液限、塑限、缩限等试验，需过 0.5mm 筛；常规水理及力学试验土样，需过 2mm 筛；击实试验土样的最大粒径必须满足击实试验采用不同击实筒试验时的土样中最大颗粒粒径的要求。按规定过标准筛后，取出足够数量的代表性试样，然后分别装入容器内，标以标签。标签上应注明工程名称、土样编号、过筛孔径、用途、制备日期和人员等，以备各项试验之用。若系含有多量粗砂及少量细粒土(泥砂或黏土)的松散土样,应加水润湿松散后,用四分法取出代表性试样。若系净砂,则可用匀土器取代表性试样。

4.4.4 为配制一定含水率的试样,取过2mm筛的足够试验用的风干土1~5kg,按下式计算所需的加水量:

$$m_{w}=\frac{m}{1+0.01w_{h}}\times 0.01(w-w_{h}) \tag{T 0144-1}$$

式中:m_w——土样所需加水量(g);

m——风干含水率时的土样质量(g);

w_h——风干含水率(%);

w——土样所要求的含水率(%)。

将所取土样平铺于不吸水的盘内,用喷雾设备喷洒预计的加水量,并充分拌和;然后装入容器内盖紧,润湿一昼夜备用(砂类土浸润时间可酌量缩短)。

4.4.5 测定湿润土样不同位置的含水率(至少两个以上),要求差值满足含水率测定的允许平行差值。

4.4.6 对不同土层的土样制备混合试样时,应根据各土层厚度,按比例计算相应质量配合,然后按本方法4.4.1~4.4.4步骤进行扰动土的制备工序。

4.5 对于砂类土,应先在压力室底座上依次放上不透水板、橡皮膜和对开圆膜。将砂料填入对开圆膜内,分三层按预定干密度击实。当制备饱和试样时,在对开圆膜内注入纯水至1/3高度,将煮沸的砂料分三层填入,达到预定高度。放上不透水板、试样帽、扎紧橡皮膜。对试样内部施加5kPa负压力,使试样能站立,拆除对开膜。

4.6 对制备好的试样,量测其直径和高度。试样的平均直径 D_0 按下式计算:

$$D_0=\frac{D_1+2D_2+D_3}{4} \tag{T 0144-2}$$

式中:D_1、D_2、D_3——分别为上、中、下部位的直径。

5 试样饱和

5.1 抽气饱和

5.1.1 仪器设备

(1)真空饱和法整体装置如图T 0144-9所示。

(2)饱和器:尺寸形式见图T 0144-10~图T 0144-12。

(3)真空缸:金属或玻璃制。

(4)抽气机。

(5)真空测压表。

(6)其他:天平、硬橡皮管、橡皮塞、管夹、二路活塞、水缸、凡士林等。

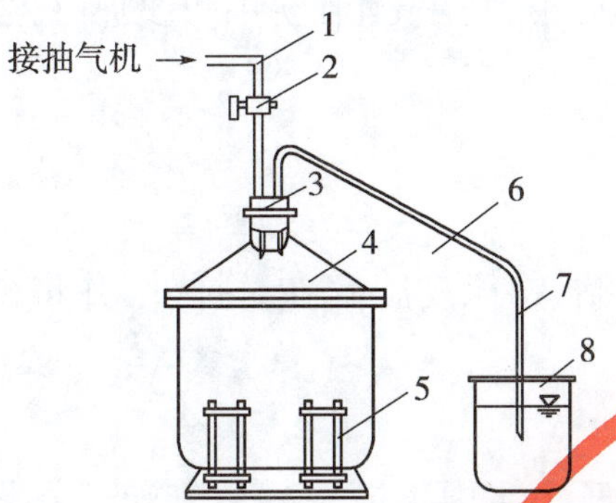

图 T 0144-9 真空饱和法装置

1-排气管;2-二通阀;3-橡皮塞;4-真空缸;5-饱和器;6-管夹;7-引水管;8-水缸

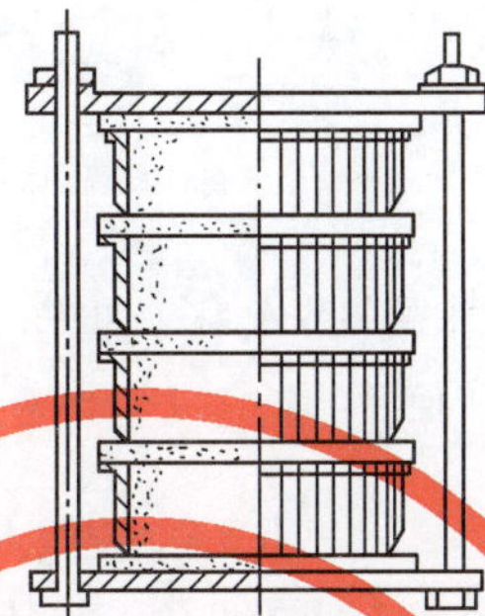

图 T 0144-10 重叠式饱和器

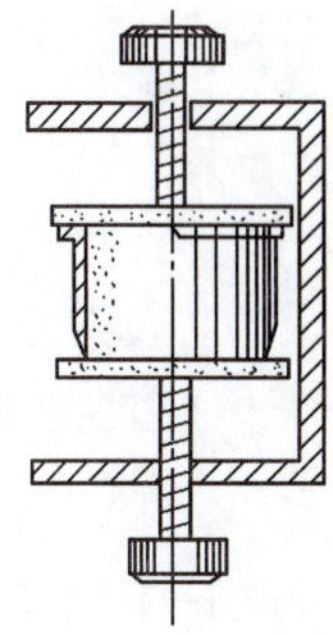

图 T 0144-11 框架式饱和器

5.1.2 操作步骤

(1)将试件削入环刀,而后装入饱和器。

(2)将装好试件的饱和器放入真空缸内,盖口涂一薄层凡士林,以防漏气。

(3)关管夹,开阀门(见图 T 0144-9),开动抽气机,抽除缸内及土中气体。当真空压力表达到 -101.325kPa(一个负大气压力值)后,稍微开启管夹,使清水从引水管徐徐注入真空缸内。在注水过程中,应调节管夹,使真空压力表上的数值基本上保持不变。

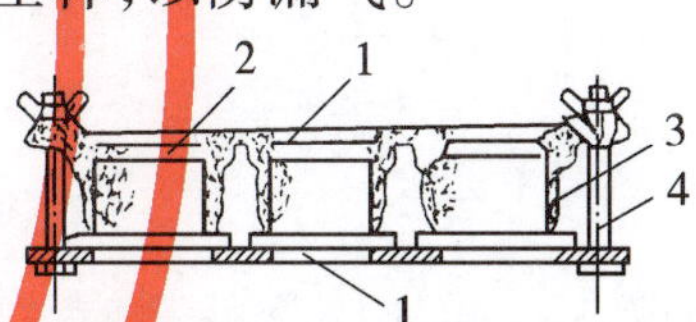

图 T 0144-12 平列式饱和器

1-夹板;2-透水石;3-环刀;4-拉杆

(4)待饱和器完全淹没水中后,即停止抽气,将引水管自水缸中提出,令空气进入真空缸内,静待一定时间,借大气压力,使试件饱和。

(5)取出试件称质量,准确至 0.1g,计算饱和度。

5.2 水头饱和

将试样装于压力室内,施加 20kPa 周围压力。水头高出试样顶部 1m,使纯水从底部进入试样,从试样顶部溢出,直至流入水量和溢出水量相等为止。当需要提高试样的饱和度时,宜在水头饱和前,从底部将二氧化碳气体通入试样,置换孔隙中的空气,再进行水头饱和。

5.3 反压力饱和

试样要求完全饱和时,应对试样施加反压力。反压力系统与周围压力相同,但应用双层体变管代替排水量管。试样装好后,调节孔隙水压力等于 101.325kPa(大气压力),关闭孔隙水压力阀、反压力阀、体变管阀,测记体变管读数。开周围压力阀,对试样施加

10~20kPa的周围压力,开孔隙压力阀,待孔隙压力变化稳定,测记读数。关孔隙压力阀。开体变管阀和反压力阀,同时施加周围压力和反压力,每级增量30kPa,缓慢打开孔隙压力阀,检查孔隙水压力增量,待孔隙水压力稳定后测记孔隙水压力和体变管读数,再施加下一级周围压力和反压力。每施加一级压力都测定孔隙水压力。当孔隙水压力增量与周围压力增量之比 $\Delta u/\Delta\sigma_3>0.98$ 时,认为试样达到饱和。

6 试验步骤

6.1 在压力室底座上依次放上不透水板、试样及试样帽,将橡皮膜套在试样外,并将橡皮膜两端与底座入试样帽分别扎紧。

6.2 装上压力室罩,向压力室内注满纯水,关排气阀,压力室内不应有残留气泡。并将活塞对准测力计和试样顶部。

6.3 关排水阀,开周围压力阀,施加周围压力,周围压力值应与工程实际荷载相适应,最大一级周围压力应与最大实际荷载大致相等。

6.4 转动手轮,使试样帽与活塞及测力计接触,装上变形百分表,将测力计和变形百分表读数调至零位。

7 试样剪切

7.1 剪切应变速率宜为每分钟0.5%~1%。

7.2 开动马达,接上离合器,开始剪切。试样每产生0.3%~0.4%的轴向应变,测记一次测力计读数和轴向应变。当轴向应变大于3%时,每隔0.7%~0.8%的应变值测记一次读数。

7.3 当测力计读数出现峰值时,剪切应继续进行至超过5%的轴向应变为止。当测力计读数无峰值时,剪切应进行到轴向应变为15%~20%。

7.4 试验结束后,先关闭周围压力阀,关闭马达,拨开离合器。倒转手轮,然后打开排气孔,排除受压室内的水,拆除试样,描述试样破坏形状,称试样质量,并测定含水率。

8 结果整理

8.1 轴向应变按下式计算:

$$\varepsilon_1=\frac{\Delta h_i}{h_0} \qquad \text{(T 0144-3)}$$

式中:ε_1——轴向应变值(%);

Δh_i——剪切过程中的高度变化(mm);

h_0——试样起始高度(mm)。

8.2 试样面积的校正按下式计算:

$$A_a = \frac{A_0}{1-\varepsilon_1} \tag{T 0144-4}$$

式中:A_a——试样的校正断面积(cm^2);

A_0——试样的初始断面积(cm^2)。

8.3 主应力差按下式计算:

$$\sigma_1 - \sigma_3 = \frac{CR}{A_a} \times 10 \tag{T 0144-5}$$

式中:σ_1——大主应力(kPa);

σ_3——小主应力(kPa);

C——测力计校正系数(N/0.01mm);

R——测力计读数(0.01mm)。

8.4 轴向应变与主应力差的关系曲线应在直角坐标纸上绘制。

以($\sigma_1 - \sigma_3$)的峰值为破坏点,无峰值时,取15%轴向应变时的主应力差值作为破坏点。以法向应力为横坐标,剪应力为纵坐标,在横坐标上以$\frac{\sigma_{1f}+\sigma_{3f}}{2}$为圆心,$\frac{\sigma_{1f}-\sigma_{3f}}{2}$为半径($f$注脚表示破坏),在$\tau$—$\sigma$应力平面图上绘制破损应力图,并绘制不同周围压力下破损应力圆的包线。求出不排水强度参数(图 T 0144-13)。

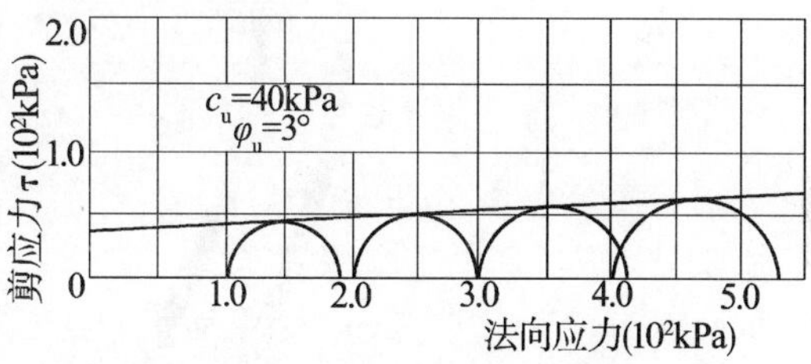

图 T 0144-13 不固结不排水剪强度包线

8.5 本试验记录格式如表 T 0144-1、表 T 0144-2 和表 T 0144-3。

表 T 0144-1 三轴压缩试验记录(一)

工程名称________ 土样编号________ 土样说明________

试验方法 UU 试验者________ 试验日期________

试样状态记录				周围压力(kPa)	350
	起始的	固结后	剪切后	反压力 u_0(kPa)	
直径 D(cm)	3.91			周围压力下的孔隙水压力	
高度 h_L(cm)	8.00	7.96	6.80	孔隙水压力系数 $B=\frac{\mu}{\sigma_3}$	
面积 A(cm^2)	12.00	11.76	6.9		
体积 V(cm^3)	96.00	93.60		破坏应变 ε_f(%)	6.9

续上表

质量 m(g)	188.54	192.50	193.21	破坏主应力差 $(\sigma_1-\sigma_3)$ (kPa)	101
密度(g/cm^3)	1.96	2.06		破坏大主应力 σ_{1f}	201
干密度 ρ_d(g/cm^3)	1.60			破坏孔隙水压力系数 $\overline{B}_f=\dfrac{\mu_f}{\sigma_{1f}}$	0.53
试样含水率记录					
	起始的		剪切后	相应的有效大主应力 σ'_1(kPa)	148
盒号				相应的有效小主应力 σ'_3(kPa)	47
盒质量(g)	10	10		最大有效主应力比 $\left[\dfrac{\sigma'_1}{\sigma'_3}\right]_{max}$	3.15
盒+湿土质量(g)	21.86	22.43			
湿土质量(g)	11.86	12.43	193.21	破坏点选值准则 $\left[\dfrac{\sigma'_1}{\sigma'_3}\right]_{max}$	
盒+干土质量(g)	19.63	20.12			
干土质量(g)	9.63	10.12	153.90		
水质量(g)	2.23	2.31	39.31	孔隙水压力系数 $A_f=\dfrac{\mu_f}{B(\sigma_1-\sigma_3)_f}$	
饱和度 S_r	86.3			试样破坏情况描述 呈鼓状破坏	

表 T 0144-2　三轴压缩试验记录(二)(反压力和固结过程)

土样编号________　试验者________　校 核 者________

固结周围压力 100kPa　计算者________　试验日期________

加反压力过程								固结过程						
时间(min)	周围压力 σ_3(kPa)	反压力 u_0(ka)	孔隙水压力 u(kPa)	孔隙水压力增量 Δu(kPa)	试验体积变化 读数(cm^3)	试验体积变化 体变量(cm^3)	说明	时间(min)	排水量管 读数	排水量管 排水量	孔隙水压力 读数(kPa)	孔隙水压力 压力值(kPa)	体积变化管 读数(cm^3)	体积变化管 体变量(cm^3)
20:30	30	10	17	17	25.8	0.2		0.1			328	78	27.7	0
20:55	60	40	38	21	26.0	0		0.5			328	78	27.2	0.5
21:20	90	70	67	29	26.9	+0.9		1			328	78	27.05	0.65
7:38	120	100	93	26	27.0	+1.0		5			325	75	26.8	0.9
8:08	150	130	122	29	27.2	+1.2	检查未达饱和	9			322	72	26.7	1.0
8:58	180	160	152	30	27.3	+1.3		16			317	67	26.6	1.1
9:58	210	160						25			311	61	26.5	1.2
10:08			181	29				36			306	56	26.4	1.3
10:08	210	190	185		27.4	+1.4		64			299	49	26.2	1.5
12:08	240	220	215	30	27.5	+1.5		105			289	39	26.0	1.7
14:08	270	220						144			280	30	25.9	1.8
14:18			244	29				220			272	22	25.7	2.0
15:08	270	250	250		27.7	+1.7		300			263	13	25.55	2.15
17:30	300	250						420			256	6	25.4	2.30
								490			255	5	25.35	2.35

注:①体变量(-)号表示排水,(+)号表示吸水。

②本试验因加反压力,故固结时不用排水量管。

表 T 0144-3　三轴压缩试验记录(三)

土样编号______　试验方法 UU　周围压力 100kPa　试 验 者______

计 算 者______　校 核 者______　试验日期______　固结下沉量$h=0.04$cm

测力计校正系数$C=7.455$N/0.01mm　剪切速率0.08mm/min

固结后高度$h_c=7.96$cm　固结后面积$A_c=11.76\text{cm}^2$

轴向变形读数(0.01mm)	轴向应变 $\varepsilon_1=\frac{\Delta h_i}{h_c}$ (%)	试样校正后面积 $A_a=\frac{A_c}{1-\varepsilon_1}$ (cm^2)	测力计百分表读数 R (0.01mm)	主应力差 $(\sigma_1-\sigma_3)=\frac{RC}{A_c}\times100$ (kPa)	大主应力 $\sigma_1=(\sigma_1-\sigma_3)+\sigma_3$ (kPa)	孔隙水压力 读数(kPa)	孔隙水压力 压力值(kPa)	有效大主应力 σ'_1 (kPa)	有效小主应力 σ'_3 (kPa)	有效主应力比 $\frac{\sigma'_1}{\sigma'_3}$
0	0	11.76	0	0		255	5			
20	0.25	11.79	0.9	6	106	256	6	100	94	1.06
60	0.75	11.85	8.0	50	150	286	36	114	64	1.78
100	1.25	11.91	11.6	72	172	297	37	125	53	2.36
170	2.14	12.02	13.2	82	182	303	53	129	47	2.75
210	2.64	12.08	13.8	85	185	306	56	129	44	2.94
300	3.77	12.22	14.9	90	190	307	57	133	45	3.09
350	4.40	12.30	15.3	92	192	307	57	135	43	3.14
420	5.27	12.41	15.9	95	195	308	58	137	42	3.26
500	6.28	12.55	16.5	98	198	308	58	138	42	3.28
550	6.91	12.63	17.1	101	201	308	58	143	42	3.40
600	7.55	12.72	17.9	105	205	306	56	149	44	3.39
700	8.80	12.89	18.4	106	206	305	55	151	45	3.36
850	10.65	13.16	19.9	112	212	301	51	161	49	3.28
1 000	12.57	13.45	21.3	118	218	298	48	170	52	3.26
1 160	14.59	13.77	22.2	120	220	296	46	174	54	3.22
1 250	15.70	13.95	23.0	123	223	294	44	179	56	3.20

9　报告

9.1　土类(细粒土或砂类土)。

9.2　总抗剪强度参数:凝聚力 c_u(kPa)、内摩擦角 φ_u(°)。

条文说明

1　不固结不排水(UU)试验通常用3~4个圆柱形试样,分别在不同恒定周围压力(即小主应力σ_3)下,施加轴向压力[即主应力差$(\sigma_1-\sigma_3)$]进行剪切,直至破坏,在整个过程中,不允许试样排水。

本试验适用于测定黏质土和砂类土的总抗剪强度参数 c_u、φ_u。

2　三轴仪由压力室、周围压力系统、轴向加压系统、孔隙水压力量测系统以及试样体积变化量测设备等组成。

按轴向加压的不同,三轴仪分为应变控制式和应力控制式两种。前者操作方便,应用广泛,故本规程规定采用此种仪器。

3 试验前要求对仪器进行检查,以保证施加的周围压力能保持恒压。孔隙水压力量测系统应无气泡。仪器管路应畅通,无漏水现象。

4 试样的允许尺寸及最大粒径是根据国内现有的三轴仪压力室确定的。国产三轴仪试样尺寸为 ϕ39.1mm、ϕ61.8mm、ϕ101mm,但从国外引进的三轴仪试样尺寸最小为35mm,故本规程规定试样直径为35~101mm。试样的最大允许粒径参照国内外标准,规定为试样直径的1/10及1/5,以便扩大适用范围。

原状土试样制备用切土器切取即可。对扰动试样,可采用压样法和击样法。压样法制备的试样均匀,但时间较长,故通常采用击样法制样,击锤的面积宜小于试样面积。在击实分层方面,为使试样均匀,层数多,效果好,故本规程规定黏质土为5~8层,粉质土为3~5层。

砂类土的试样制备通常有干样制备和煮沸制备两种。前者可测定干燥状态砂类土的强度。也可以在试样成型后注水饱和,以测定饱和状态下砂类土的强度。

5 饱和的方法有抽气饱和、浸水饱和、水头饱和及反压饱和,应根据不同土类和要求饱和度而选用不同的方法。通常对黏性土采用抽气饱和,粉土采用浸水饱和,砂性土采用水头饱和,渗透系数小于 10^{-7} 的老黏土采用反压饱和等。

6 对试样施加的周围压力应尽可能与土体现场的压力一致。对于高路堤或其他荷载较大的工程,由于仪器性能的限制,不能对试样施加较大的周围压力,故规程也允许用较小的周围压力进行试验。

7 就不固结不排水试验而言,如不测孔隙水压力,在通常的速率范围内对强度影响不大,故可根据试验方便的原则来选择剪切速率,本试验建议应变速率为每分钟0.5%~1.0%。

8 由于不同土类的破坏特性不同,不能用一种标准来选择破坏标准。试验中规定采用最大主应力差、最大主应力比和有效应力路径的方法来确定强度的破坏值。当试验中无明显破坏值时,为了简单,可采用应变为15%时的主应力差作为破坏值。当出现峰值后,再进行5%后停止试验;若测力计读数无明显减少,则垂直应变应进行到20%。

T 0145—1993 固结不排水试验

1 目的和适用范围

1.1 固结不排水(CU 或 $\overline{\mathrm{CU}}$)试验是使试样先在某一周围压力作用下排水固结,然后在保持不排水的情况下,增加轴向压力直至破坏。

1.2 本试验适用于测定黏质土和砂类土的总抗剪强度参数 c_{cu}、φ_{cu} 或有效抗剪强度参数 c'、φ' 和孔隙压力系数。

2 仪器设备

2.1 三轴压缩仪:应变控制式(图 T 0145-1),由周围压力系统、反压力系统、孔隙水压力量测系统和主机组成。

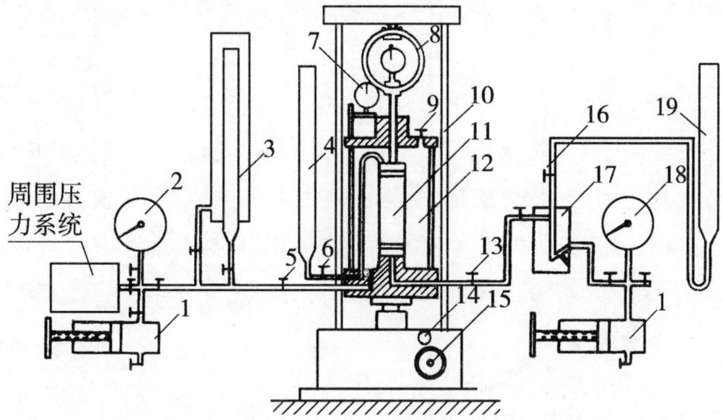

图 T 0145-1　应变控制式三轴压缩仪示意图

1-调压筒;2-周围压力表;3-体变管;4-排水管;5-周围压力阀;6-排水阀;7-变形量表;8-量力环;9-排气孔;10-轴向加压设备;11-试样;12-压力室;13-孔隙压力阀;14-离合器;15-手轮;16-量管阀;17-零位指示器;18-孔隙压力表;19-量管

2.2　附属设备:包括击实器、饱和器、切土器、分样器、切土盘、承膜筒和对开圆模,应符合下列各图要求:

2.2.1　击实器(图 T 0145-2)和饱和器(图 T 0145-3)。

2.2.2　切土盘(图 T 0145-4)、切土器(图 T 0145-5)和原状土分样器(图 T 0145-6)。

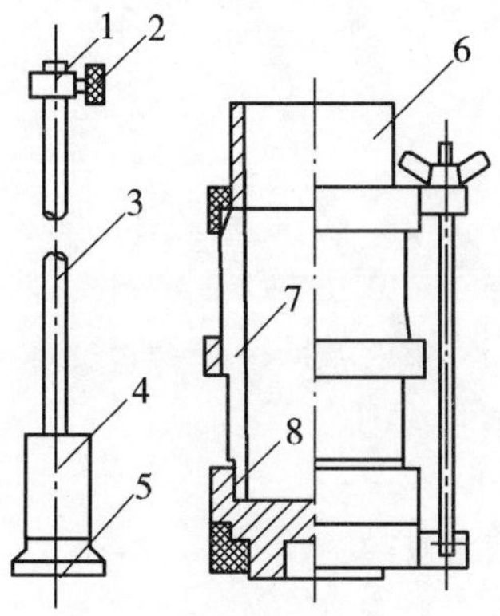

图 T 0145-2　击实器

1-套环;2-定位螺丝;3-导杆;4-击锤;5-底板;6-套筒;7-饱和器;8-底板

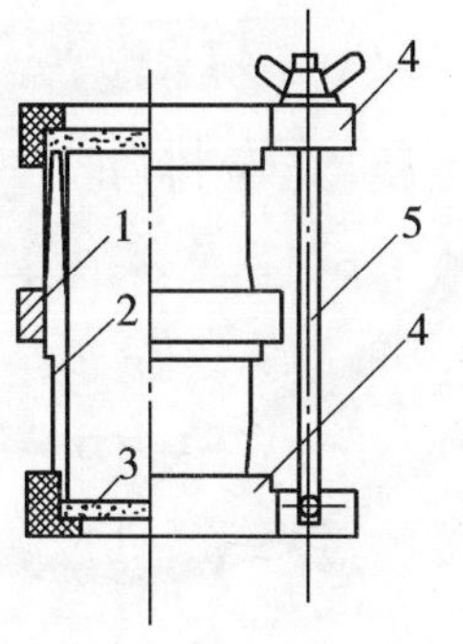

图 T 0145-3　饱和器

1-紧箍;2-土样筒;3-透水石;4-夹板;5-拉杆

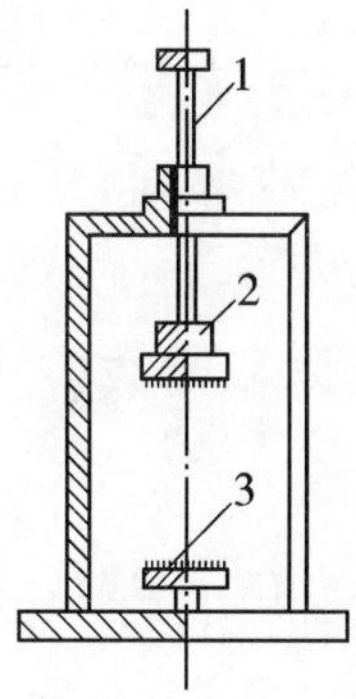

图 T 0145-4　切土盘

1-转轴;2-上盘;3-下盘

2.2.3　承膜筒(图 T 0145-7)及对开圆模(图 T 0145-8)。

2.3　百分表:量程 3cm 或 1cm,分度值 0.01mm。

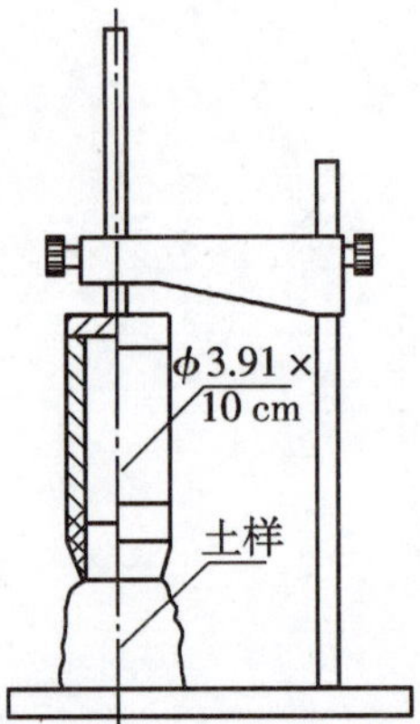

图 T 0145-5　切土器

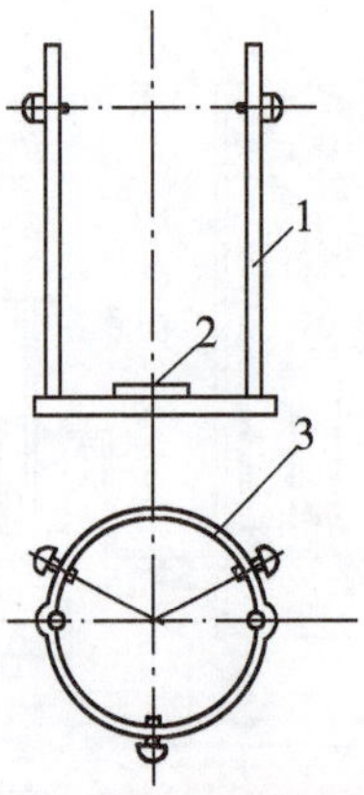

图 T 0145-6　原状土分样器
(适用于软黏土)
1-滑杆;2-底座;3-钢丝架

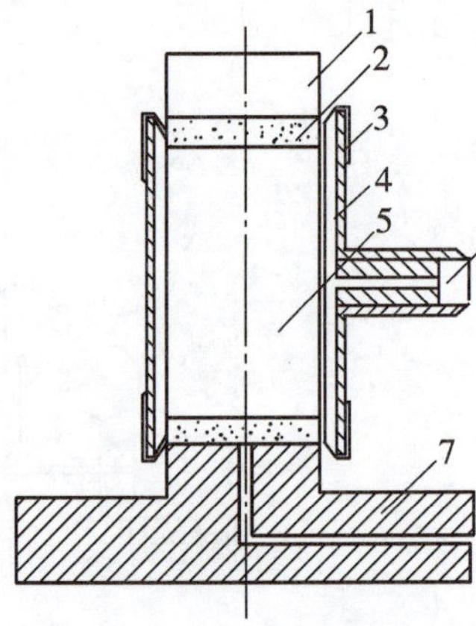

图 T 0145-7　承膜筒
(橡皮膜借承膜筒套在试样外)
1-上帽;2-透水石;3-橡皮膜;4-承膜筒身;5-试样;6-吸气孔;7-三轴仪底座

2.4　天平:称量 200g,感量 0.01g;称量 1 000g,感量 0.1g。

2.5　橡皮膜:应具有弹性,厚度应小于橡皮膜直径的 1/100,不得有漏气孔。

3　仪器检查

3.1　周围压力的测量精度为全量程的 1%,测读分值为 5kPa。

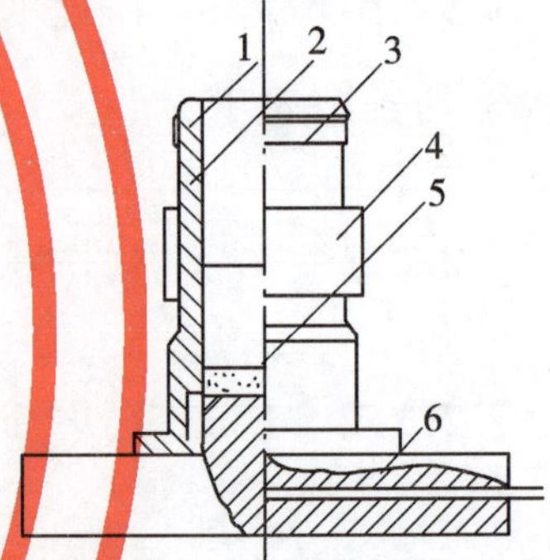

图 T 0145-8　对开圆模
(制备饱和的砂样)
1-橡皮膜;2-制样圆模(两片组成);3-橡皮圈;4-圆箍;5-透水石;6-仪器底座

3.2　孔隙水压力系统内的气泡应完全排除。系统内的气泡可用纯水施加压力使气泡上升至试样顶部沿底座溢出,测量系统的体积因数应小于 $1.5\times10^{-5}cm^3/kPa$。

3.3　管路应畅通,活塞应能滑动,各连接处应无漏气。

3.4　橡胶膜在使用前应仔细检查,方法是在膜内充气,扎紧两端,然后在水下检查有无漏气。

4　试样制备

4.1　本试验需 3 ~4 个试样,分别在不同周围压力下进行试验。

4.2　试样尺寸:最小直径为 35mm,最大直径为 101mm,试样高度宜为试样直径的 2 ~ 2.5 倍,试样的最大粒径应符合表 T 0145-1 规定。对于有裂缝、软弱面和构造面的试样,试样直径宜大于60mm。

4.3 原状土试样的制备：根据土样的软硬程度，分别用切土盘和切土器按本试验4.2规定切成圆柱形试样，试样两端应平整，并垂直于试样轴。当试样侧面或端部有小石子或凹坑时，允许用削下的余土修整。试样切削时应避免扰动，并取余土测定试样的含水率。

表 T 0145-1 试样的土粒最大粒径

试样直径 ϕ(mm)	允许最大粒径(mm)
$\phi<100$	试样直径的1/10
$\phi\geq100$	试样直径的1/5

4.4 扰动土试样制备：根据预定的干密度和含水率，按下述方法备样后，在击实器内分层击实，粉质土宜为3～5层，黏质土宜为5～8层，各层土样数量相等，各层接触面应刨毛。

4.4.1 将扰动土样进行土样描述，如颜色、土类、气味及夹杂物等。如有需要，将扰动土样充分拌匀，取代表性土样进行含水率测定。

4.4.2 将块状扰动土放在橡皮板上用木碾或粉碎机碾散，但切勿压碎颗粒。如含水率较大不能碾散时，应风干至可碾散时为止。

4.4.3 根据试验所需土样数量，将碾散后的土样过筛。物理性试验如液限、塑限、缩限等试验，需过0.5mm筛；常规水理及力学试验土样，需过2mm筛；击实试验土样的最大粒径必须满足击实试验采用不同击实筒试验时的土样中最大颗粒粒径的要求。按规定过标准筛后，取出足够数量的代表性试样，然后分别装入容器内，标以标签。标签上应注明工程名称、土样编号、过筛孔径、用途、制备日期和人员等，以备各项试验之用。若系含有多量粗砂及少量细粒土（泥砂或黏土）的松散土样，应加水润湿松散后，用四分法取出代表性试样。若系净砂，则可用匀土器取代表性试样。

4.4.4 为配制一定含水率的试样，取过2mm筛的足够试验用的风干土1～5kg，按下式计算所需的加水量：

$$m_w=\frac{m}{1+0.01w_h}\times0.01(w-w_h) \tag{T 0145-1}$$

式中：m_w——土样所需加水量(g)；

m——风干含水率时的土样质量(g)；

w_h——风干含水率(%)；

w——土样所要求的含水率(%)。

将所取土样平铺于不吸水的盘内，用喷雾设备喷洒预计的加水量，并充分拌和；然后装入容器内盖紧,润湿一昼夜备用(砂类土浸润时间可酌量缩短)。

4.4.5 测定湿润土样不同位置的含水率(至少两个以上),要求差值满足含水率测定的允许平行差值。

4.4.6 对不同土层的土样制备混合试样时,应根据各土层厚度,按比例计算相应质量配合,然后按本方法 4.4.1~4.4.4 步骤进行扰动土的制备工序。

4.5 对于砂类土,应先在压力室底座上依次放上不透水板、橡皮膜和对开圆膜。将砂料填入对开圆膜内,分三层按预定干密度击实。当制备饱和试样时,在对开圆膜内注入纯水至 1/3 高度,将煮沸的砂料分三层填入,达到预定高度。放上不透水板、试样帽、扎紧橡皮膜。对试样内部施加 5kPa 负压力,使试样能站立,拆除对开膜。

4.6 对制备好的试样,量测其直径和高度。试样的平均直径 D_0 按下式计算:

$$D_0 = \frac{D_1 + 2D_2 + D_3}{4} \tag{T 0145-2}$$

式中:D_1、D_2、D_3——分别为上、中、下部位的直径。

5 试样饱和

5.1 抽气饱和

5.1.1 仪器设备

(1)真空饱和法整体装置如图 T 0145-9 所示。

(2)饱和器:尺寸形式见图 T 0145-10~图 T 0145-12。

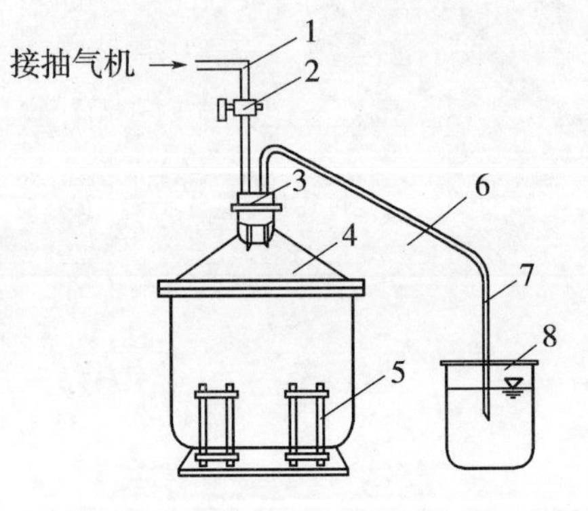

图 T 0145-9 真空饱和法装置

1-排气管;2-二通阀;3-橡皮塞;4-真空缸;5-饱和器;6-管夹;7-引水管;8-水缸

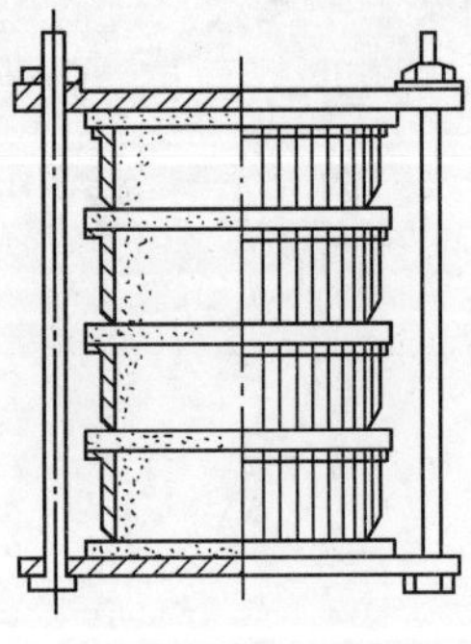

图 T 0145-10 重叠式饱和器

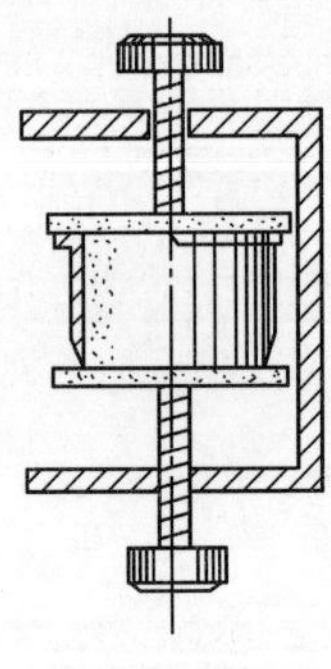

图 T 0145-11 框架式饱和器

(3)真空缸:金属或玻璃制。

(4)抽气机。

(5)真空测压表。

(6)其他:天平、硬橡皮管、橡皮塞、管夹、二路活塞、水缸、凡士林等。

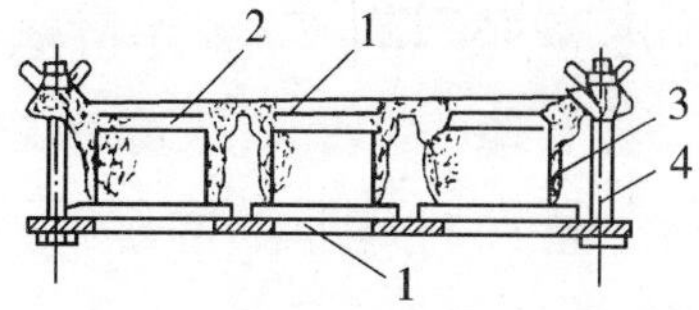

图 T 0145-12　平列式饱和器

1-夹板;2-透水石;3-环刀;4-拉杆

5.1.2　操作步骤

(1)将试件削入环刀,而后装入饱和器。

(2)将装好试件的饱和器放入真空缸内,盖口涂一薄层凡士林,以防漏气。

(3)关管夹,开阀门(见图 T 0145-9),开动抽气机,抽除缸内及土中气体。当真空压力表达到 -101.325kPa(一个负大气压力值)后,稍微开启管夹,使清水从引水管徐徐注入真空缸内。在注水过程中,应调节管夹,使真空压力表上的数值基本上保持不变。

(4)待饱和器完全淹没水中后,即停止抽气,将引水管自水缸中提出,令空气进入真空缸内,静待一定时间,借大气压力,使试件饱和。

(5)取出试件称质量,准确至 0.1g,计算饱和度。

5.2　水头饱和

将试样装于压力室内,施加 20kPa 周围压力。水头高出试样顶部 1m,使纯水从底部进入试样,从试样顶部溢出,直至流入水量和溢出水量相等为止。当需要提高试样的饱和度时,宜在水头饱和前,从底部将二氧化碳气体通入试样,置换孔隙中的空气,再进行水头饱和。

5.3　反压力饱和

试样要求完全饱和时,应对试样施加反压力。反压力系统与周围压力相同,但应用双层体变管代替排水量管。试样装好后,调节孔隙水压力等于 101.325kPa(大气压力),关闭孔隙水压力阀、反压力阀、体变管阀,测记体变管读数。开周围压力阀,对试样施加 10~20kPa的周围压力,开孔隙压力阀,待孔隙压力变化稳定,测记读数。关孔隙压力阀。开体变管阀和反压力阀,同时施加周围压力和反压力,每级增量 30kPa,缓慢打开孔隙压力阀,检查孔隙水压力增量,待孔隙水压力稳定后测记孔隙水压力和体变管读数,再施加下一级周围压力和反压力。每施加一级压力都测定孔隙水压力。当孔隙水压力增量与周围压力增量之比 $\Delta u/\Delta\sigma_3>0.98$ 时,认为试样达到饱和。

6　试验步骤

6.1　试样安装

6.1.1　开孔隙水压力阀和排水阀,对孔隙水压力系统及压力室底座充水排气后,关孔隙水压力阀和排水阀。压力室底座上依次放上透水板、滤纸、试样及试样帽。试样周围贴浸湿的滤纸条,套上橡皮膜,将橡皮膜下端与底座扎紧。从试样底部充水,排除试样与橡皮膜之间的气泡,并将橡皮膜上部与试样帽扎紧。降低排水管,使管内水面位于试样中心以下20~40cm,吸除余水,关排水阀。需要测定应力应变时,应在试样与透水板之间放置中间夹有硅脂的两层圆形橡皮膜,膜中间应留直径为1cm的圆孔排水。

6.1.2 安装压力室罩,充水,关排气阀,压力室内不应有残留气泡。并将活塞对准测力计和试样顶部。提高排水管,使管内水面与试样高度的中心齐平,测记排水面读数。

6.1.3 开孔隙水压力阀,使孔隙水压力值等于大气压力,关闭孔隙水压力阀。

6.1.4 在压力室底座上依次放上不透水板、试样及试样帽,将橡皮膜套在试样外,并将橡皮膜两端与底座入试样帽分别扎紧。

6.1.5 装上压力室罩,向压力室内注满纯水,关排气阀,压力室内不应有残留气泡。并将活塞对准测力计和试样顶部。

6.1.6 关排水阀,开周围压力阀,施加周围压力,周围压力值应与工程实际荷载相适应,最大一级周围压力应与最大实际荷载大致相等。

6.1.7 转动手轮,使试样帽与活塞及测力计接触,装上变形百分表,将测力计和变形百分表读数调至零位。

6.1.8 调整轴向压力、轴向应变和孔隙水压力为零点,并记下体积变化量管的读数。当需施加反压力时,按本试验5.3条步骤施加。

6.2 试样排水固结

6.2.1 开孔隙水压力阀,测定孔隙水压力。开排水阀。当需要测定排水过程时,按0s、15s、1min、2min、4min、6min、9min、12min、16min、20min、25min、35min、45min、60min、90min、2h、4h、10h、23h、24h,测记排水管水面及孔隙水压力值,直至孔隙水压力消散95%以上。固结稳定的标准是最后1h变形量不超过0.01mm。固结完成后,关排水阀,测记排水管读数和孔隙水压力读数。

6.2.2 微调压力机升降台,使活塞与试样接触,此时轴向变形百分表的变化值为试样固结时高度变化。

6.3 试样剪切

6.3.1 将轴向测力计、轴向变形百分表和孔隙水压力读数均调整至零。

6.3.2 选择剪切应变速率，进行剪切。黏质土每分钟应变为0.05%~0.1%；粉质土每分钟应变为0.1%~0.5%。

6.3.3 轴向压力、孔隙水压力和轴向变形，按下述测记。

(1)开动马达，接上离合器，开始剪切。试样每产生0.3%~0.4%的轴向应变，测记一次测力计读数和轴向应变。当轴向应变大于3%时，每隔0.7%~0.8%的应变值测记一次读数。

(2)当测力计读数出现峰值时，剪切应继续进行至超过5%的轴向应变为止。当测力计读数无峰值时，剪切应进行到轴向应变为15%~20%。

6.3.4 试验结束，关电动机和各阀门，开排气阀，排除压力室内的水，拆除试样，描述试样破坏形状。称试样质量，并测定含水率。

7 结果整理

7.1 试样固结的高度计算：

按实测固结下沉计算试样的固结后高度

$$h_c = h_0 - \Delta h_c \qquad (T\ 0145\text{-}3)$$

按等应变简化式计算试样的固结后高度

$$h_c = h_0\left(1 - \frac{\Delta V}{V_0}\right)^{\frac{1}{3}} \qquad (T\ 0145\text{-}4)$$

式中：h_c——试样固结后的高度(cm)；

ΔV——试样固结后与固结前的体积变化(cm^3)。

7.2 试样固结后的面积按下式计算：

按实测固结下沉计算试样的固结后面积

$$A_c = \frac{V_0 - \Delta V}{h_c} \qquad (T\ 0145\text{-}5)$$

按等应变简化式计算试样的固结后面积

$$A_c = A_0\left(1 - \frac{\Delta V}{V_0}\right)^{\frac{2}{3}} \qquad (T\ 0145\text{-}6)$$

式中：A_c——试样固结后的断面积(cm^2)。

7.3 剪切时试样的校正面积按下式计算：

$$A_a = \frac{A_c}{1 - \varepsilon_1} \qquad (T\ 0145\text{-}7)$$

7.4 主应力差按下式计算:

$$\sigma_1 - \sigma_3 = \frac{CR}{A_a} \times 10 \qquad (T\ 0145\text{-}8)$$

式中:σ_1——大主应力(kPa);

σ_3——小主应力(kPa);

C——测力计校正系数(N/0.01mm);

R——测力计读数(0.01mm)。

7.5 有效主应力比按下列公式计算:

7.5.1 有效大主应力:

$$\sigma'_1 = \sigma_1 - u \qquad (T\ 0145\text{-}9)$$

式中:σ'_1——有效大主应力(kPa);

u——孔隙水压力(kPa)。

7.5.2 有效小主应力:

$$\sigma'_3 = \sigma_3 - u \qquad (T\ 0145\text{-}10)$$

7.5.3 有效主应力比:

$$\frac{\sigma'_1}{\sigma'_3} = 1 + \frac{\sigma'_1 - \sigma'_3}{\sigma'_3} \qquad (T\ 0145\text{-}11)$$

7.6 孔隙水压力系数按下列公式计算:

7.6.1 初始孔隙水压力系数:

$$B = \frac{u_0}{\sigma_3} \qquad (T\ 0145\text{-}12)$$

式中:B——初始孔隙水压力系数;

u_0——初始周围压力产生的孔隙水压力(kPa)。

7.6.2 破坏时孔隙水压力系数:

$$A_f = \frac{u_f}{B(\sigma_1 - \sigma_3)_f} \qquad (T\ 0145\text{-}13)$$

式中:A_f——破坏时的孔隙水压力系数;

u_f——试样破坏时,主应力差产生的孔隙水压力(kPa)。

7.7 轴向应变与主应力差的关系曲线按图 T 0145-13 绘制。

7.8 轴向应变与有效主应力比的关系曲线按图 T 0145-14 绘制。

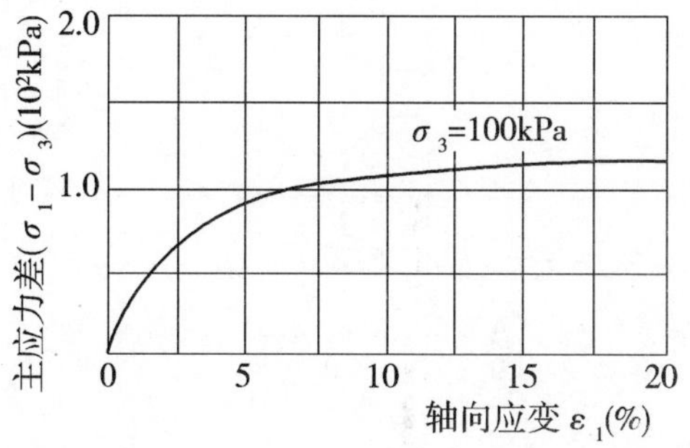

图 T 0145-13 主应力差与轴向应变的关系曲线

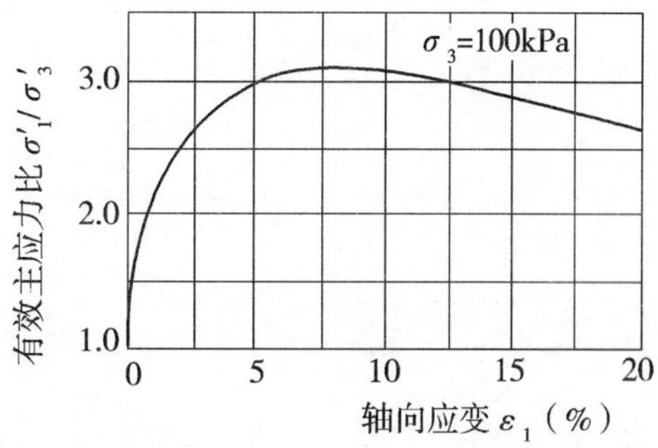

图 T 0145-14 有效主应力比与轴向应变的关系曲线

7.9 轴向应变与孔隙水压力的关系曲线按图 T 0145-15 绘制。

7.10 有效应力路径曲线按图 T 0145-16 绘制,并计算有效摩擦角和有效凝聚力。

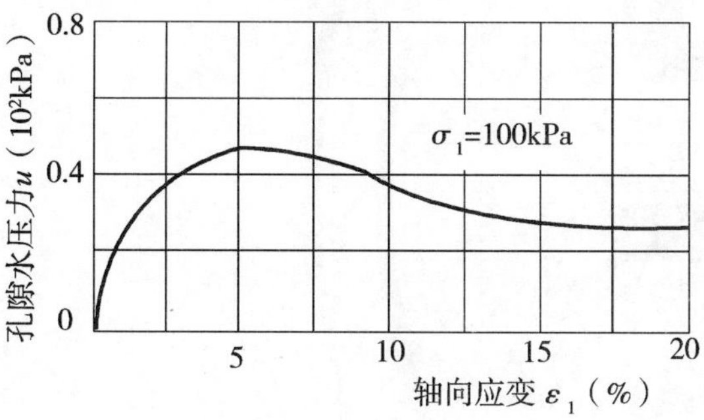

图 T 0145-15 孔隙水压力与轴向应变的关系曲线

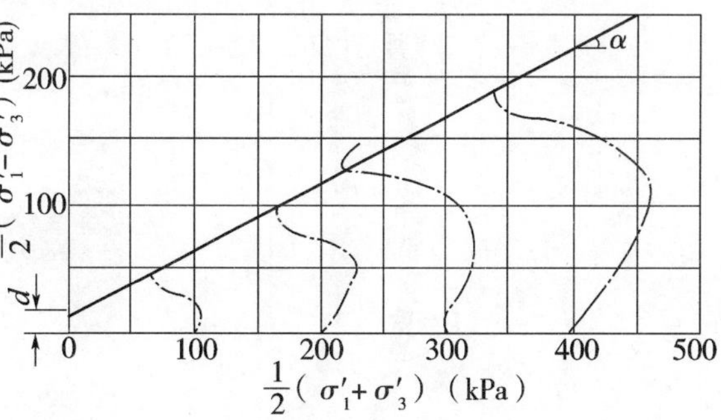

图 T 0145-16 有效应力路径曲线

有效摩擦角按下式计算:

$$\varphi' = \sin^{-1}\tan\alpha \tag{T 0145-14}$$

式中:φ'——有效摩擦角;

α——应力路径图上破坏点连线的倾角。

有效凝聚力按下式计算:

$$c' = \frac{d}{\cos\varphi'} \tag{T 0145-15}$$

式中:c'——有效凝聚力(kPa);

d——应力路径图上破坏点连续在纵坐标轴上的截距(kPa)。

7.11 破坏应力圆、摩擦角和凝聚力的确定,根据轴向应变与主应力差的关系曲线在直角坐标纸上绘制。

以($\sigma_1-\sigma_3$)的峰值为破坏点,无峰值时,取 15% 轴向应变时的主应力差值作为破坏点。以法向应力为横坐标,剪应力为纵坐标,在横坐标上以$\frac{\sigma_{1f}+\sigma_{3f}}{2}$为圆心,$\frac{\sigma_{1f}-\sigma_{3f}}{2}$为半径($f$注脚表示破坏),在 τ—σ 应力平面图上绘制破损应力图,并绘制不同周围压力下破损应力圆的包线。求出不排水强度参数(图 T 0145-17)。

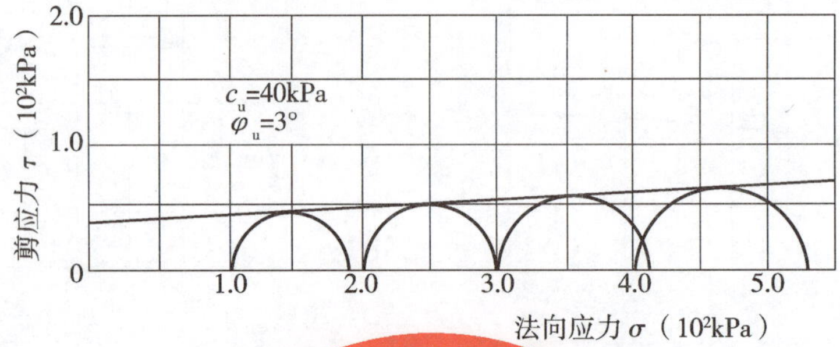

图 T 0145-17　不固结不排水剪强度包线

7.12　有效摩擦角和有效凝聚力,应以$\frac{\sigma'_{1f}+\sigma'_{3f}}{2}$为圆心,$\frac{\sigma'_{1f}-\sigma'_{3f}}{2}$为半径绘制有效破损应力圆确定(图 T 0145-18)。

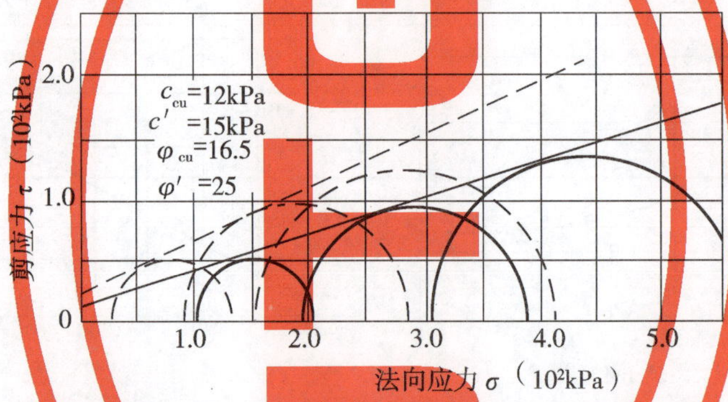

图 T 0145-18　固结不排水剪强度包线

7.13　本试验记录格式如表 T 0145-2、表 T 0145-3 和表 T 0145-4。

表 T 0145-2　三轴压缩试验记录(一)

工程名称________　土样编号________　土样说明________

试验方法　CU　试 验 者________　试验日期________

试样状态记录				周围压力(kPa)	350
	起始的	固结后	剪切后	反压力 u_0(kPa)	
直径 D(cm)	3.91			周围压力下的孔隙水压力	
高度 h_L(cm)	8.00	7.96	6.80	孔隙水压力系数 $B=\frac{\mu}{\sigma_3}$	
面积 A(cm^2)	12.00	11.76	6.9		
体积 V(cm^3)	96.00	93.60		破坏应变 ε_f(%)	6.9
质量 m(g)	188.54	192.50	193.21	破坏主应力差 $(\sigma_1-\sigma_3)$ (kPa)	101
密度(g/cm^3)	1.96	2.06		破坏大主应力 σ_{1f}	201
干密度 ρ_d(g/cm^3)	1.60			破坏孔隙水压力系数$\overline{B_f}=\frac{\mu_f}{\sigma_{1f}}$	0.53
试样含水率记录					

续上表

	起始的		剪切后		
				相应的有效大主应力 σ'_1(kPa)	148
盒号				相应的有效小主应力 σ'_3(kPa)	47
盒质量(g)	10	10		最大有效主应力比$\left[\frac{\sigma'_1}{\sigma'_3}\right]_{max}$	3.15
盒+湿土质量(g)	21.86	22.43			
湿土质量(g)	11.86	12.43	193.21	破坏点选值准则$\left[\frac{\sigma'_1}{\sigma'_3}\right]_{max}$	
盒+干土质量(g)	19.63	20.12			
干土质量(g)	9.63	10.12	153.90	孔隙水压力系数 $A_f=\frac{\mu_f}{B(\sigma_1-\sigma_3)_f}$	
水质量(g)	2.23	2.31	39.31		
饱和度 S_r	86.3			试样破坏情况描述　呈鼓状破坏	

表 T 0145-3　三轴压缩试验记录(二)(反压力和固结过程)

土样编号__________　试验者__________　校核者__________

固结周围压力__100kPa__　计算者__________　试验日期__________

加反压力过程							说明	固结过程						
时间(min)	周围压力 σ_3 (kPa)	反压力 u_0 (ka)	孔隙水压力 u (kPa)	孔隙水压力增量 Δu (kPa)	试验体积变化 读数(cm^3)	试验体积变化 体变量(cm^3)		时间(min)	排水量管 读数	排水量管 排水量	孔隙水压力 读数(kPa)	孔隙水压力 压力值(kPa)	体积变化管 读数(cm^3)	体积变化管 体变量(cm^3)
20:30	30	10	17	17	25.8	0.2		0.1			328	78	27.7	0
20:55	60	40	38	21	26.0	0		0.5			328	78	27.2	0.5
21:20	90	70	67	29	26.9	+0.9		1			328	78	27.05	0.65
7:38	120	100	93	26	27.0	+1.0		5			325	75	26.8	0.9
8:08	150	130	122	29	27.2	+1.2		9			322	72	26.7	1.0
8:58	180	160	152	30	27.3	+1.3	检查未达饱和	16			317	67	26.6	1.1
9:58	210	160						25			311	61	26.5	1.2
10:08			181	29				36			306	56	26.4	1.3
10:08	210	190	185		27.4	+1.4		64			299	49	26.2	1.5
12:08	240	220	215	30	27.5	+1.5		105			289	39	26.0	1.7
14:08	270	220						144			280	30	25.9	1.8
14:18			244	29				220			272	22	25.7	2.0
15:08	270	250	250		27.7	+1.7		300			263	13	25.55	2.15
17:30	300	250						420			256	6	25.4	2.30
								490			255	5	25.35	2.35

注:①体变量(-)号表示排水,(+)号表示吸水。

②本试验因加反压力,故固结时不用排水量管。

8 报告

8.1 土类(黏质土、砂类土)。

8.2 总抗剪强度参数 c_{cu}、φ_{cu}。

8.3 有效抗剪强度参数 c'、φ'。

8.4 孔隙水压力系数 A_f。

表 T 0145-4 三轴压缩试验记录(三)

土样编号________ 试验方法 CU 周围压力 100kPa 试 验 者________

计 算 者________ 校 核 者________ 试验日期________ 固结下沉量 $h=0.04$cm

测力计校正系数 $C=7.455$N/0.01mm 剪切速率 0.08mm/min

固结后高度 $h_c=7.96$cm 固结后面积 $A_c=11.76\text{cm}^2$

轴向变形读数(0.01mm)	轴向应变 $\varepsilon_1=\frac{\Delta h_i}{h_c}$ (%)	试样校正后面积 $A_a=\frac{A_c}{1-\varepsilon_1}$ (cm²)	测力计百分表读数 R (0.01mm)	主应力差 $(\sigma_1-\sigma_3)=\frac{RC}{A_a}\times100$ (kPa)	大主应力 $\sigma_1=(\sigma_1-\sigma_3)+\sigma_3$ (kPa)	孔隙水压力 读数(kPa)	孔隙水压力 压力值(kPa)	有效大主应力 σ'_1 (kPa)	有效小主应力 σ'_3 (kPa)	有效主应力比 $\frac{\sigma'_1}{\sigma'_3}$
0	0	11.76	0	0		255	5			
20	0.25	11.79	0.9	6	106	256	6	100	94	1.06
60	0.75	11.85	8.0	50	150	286	36	114	64	1.78
100	1.25	11.91	11.6	72	172	297	37	125	53	2.36
170	2.14	12.02	13.2	82	182	303	53	129	47	2.75
210	2.64	12.08	13.8	85	185	306	56	129	44	2.94
300	3.77	12.22	14.9	90	190	307	57	133	45	3.09
350	4.40	12.30	15.3	92	192	307	57	135	43	3.14
420	5.27	12.41	15.9	95	195	308	58	137	42	3.26
500	6.28	12.55	16.5	98	198	308	58	138	42	3.28
550	6.91	12.63	17.1	101	201	308	58	143	42	3.40
600	7.55	12.72	17.9	105	205	306	56	149	44	3.39
700	8.80	12.89	18.4	106	206	305	55	151	45	3.36
850	10.65	13.16	19.9	112	212	301	51	161	49	3.28
1 000	12.57	13.45	21.3	118	218	298	48	170	52	3.26
1 160	14.59	13.77	22.2	120	220	296	46	174	54	3.22
1 250	15.70	13.95	23.0	123	223	294	44	179	56	3.20

条文说明

1 固结不排水试验中测定孔隙水压力可求得土的有效强度指标,以便进行土体稳定的有效应力分析。试验中同时能测得总应力强度指标。

2　三轴仪由压力室、周围压力系统、轴向加压系统、孔隙水压力量测系统以及试样体积变化量测设备等组成。

按轴向加压的不同,三轴仪分为应变控制式和应力控制式两种。前者操作方便,应用广泛,故本规程规定采用此种仪器。

3　试验前要求对仪器进行检查,以保证施加的周围压力能保持恒压。孔隙水压力量测系统应无气泡。仪器管路应畅通,无漏水现象。

4　在试样两端涂硅脂,可以减少端部摩擦,有利于试样内应力分布均匀,孔隙水压力传递快。

橡皮膜对试验结果的影响有两方面:一方面是它的约束作用使试样强度增大;另一方面是膜的渗漏改变试样的含水率。是否对橡皮膜进行校正,可根据试验的精度要求及橡皮膜影响大小而定,规程未作明确规定。对于常规的、不大的周围压力下进行短期试验(如一日内完成),可不考虑橡皮膜的渗漏影响。

6.2　关于固结标准,可采用两种方法:一种是以固结排水量达到稳定作为固结标准;另一种是以孔隙水压力完全消散作为固结标准。一般试验中,都以孔隙水压力消散度来检验固结完成情况,故本规程规定以孔隙水压力消散95%作为判别固结的标准。

6.3　对于不同土类应选择不同的剪切速率,目的是使剪切过程中形成的孔隙水压力均匀增长,能测得比较符合实际的孔隙水压力。三轴压缩试验中,黏质土和粉质土剪切速率相差较大,故分别规定。砂类土的剪切速率以试验方便为原则,每分钟应变可在0.5% ~1.0%。

7　试验固结后的高度及面积可按实际的垂直变形量和排水量两种方法计算。鉴于试验过程中,装样时有剩余水分存在,而且垂直变形也不易测准确,因此,本规程建议采用两种方法。后一种方法是根据等应变条件推导而得,并认为饱和试样固结前后质量之差即为体积之差。剪切过程中的校正面积按平均断面计算剪损面积。

T 0146—1993　固结排水试验

1　目的和适用范围

1.1　固结排水试验(CD)是使试样先在某一周围压力作用下排水固结,然后在允许试样充分排水的情况下增加轴向压力直至破坏。

1.2　本试验适用于测定黏质土和砂类土的抗剪强度参数c_d、φ_d。

2　仪器设备

2.1　三轴压缩仪:应变控制式(图 T 0146-1),由周围压力系统、反压力系统、孔隙水压力量测系统和主机组成。

2.2　附属设备:包括击实器、饱和器、切土器、分样器、切土盘、承膜筒和对开圆模,应符合下列各图要求:

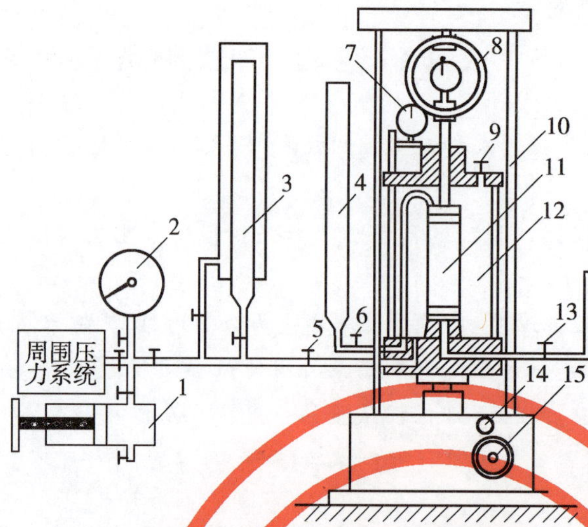

图 T 0146-1　应变控制式三轴压缩仪示意图

1-调压筒;2-周围压力表;3-体变管;4-排水管;5-周围压力阀;6-排水阀;7-变形量表;8-量力环;9-排气孔;10-轴向加压设备;11-试样;12-压力室;13-孔隙压力阀;14-离合器;15-手轮;16-量管阀;17-零位指示器;18-孔隙压力表;19-量管

2.2.1　击实器(图 T 0146-2)和饱和器(图 T 0146-3)。

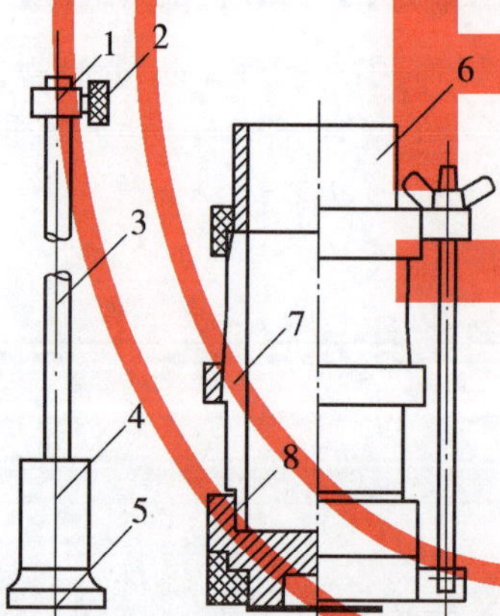

图 T 0146-2　击实器

1-套环;2-定位螺丝;3-导杆;4-击锤;5-底板;6-套筒;7-饱和器;8-底板

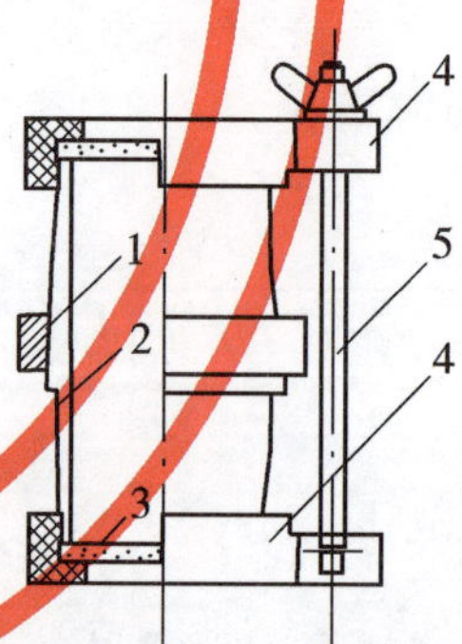

图 T 0146-3　饱和器

1-紧箍;2-土样筒;3-透水石;4-夹板;5-拉杆

2.2.2　切土盘(图 T 0146-4)、切土器(图 T 0146-5)和原状土分样器(图 T 0146-6)。

2.2.3　承膜筒(图 T 0146-7)及对开圆模(图 T 0146-8)。

2.3　百分表:量程 3cm 或 1cm,分度值 0.01mm。

2.4　天平:称量 200g,感量 0.01g;称量 1 000g,感量 0.1g。

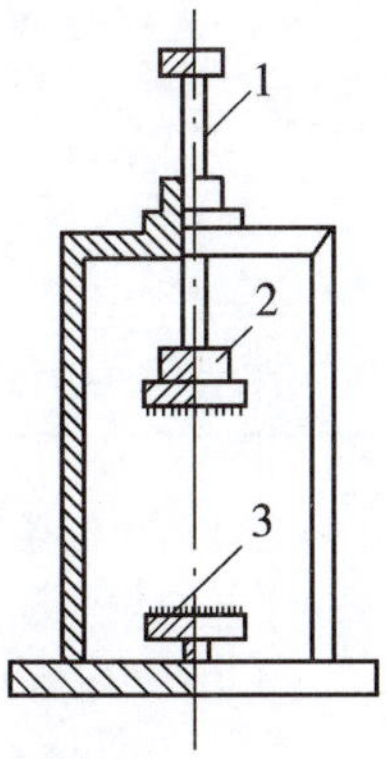

图 T 0146-4　切土盘

1-转轴;2-上盘;3-下盘

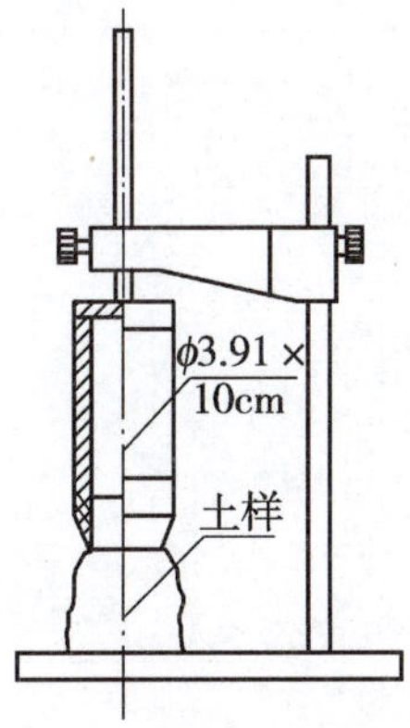

图 T 0146-5　切土器

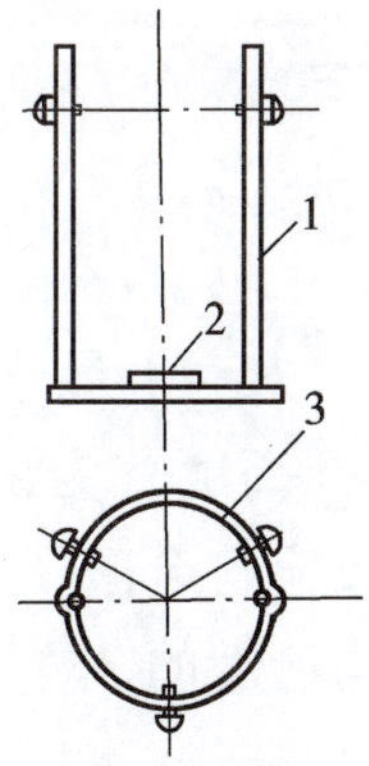

图 T 0146-6　原状土分样器（适用于软黏土）

1-滑杆;2-底座;3-钢丝架

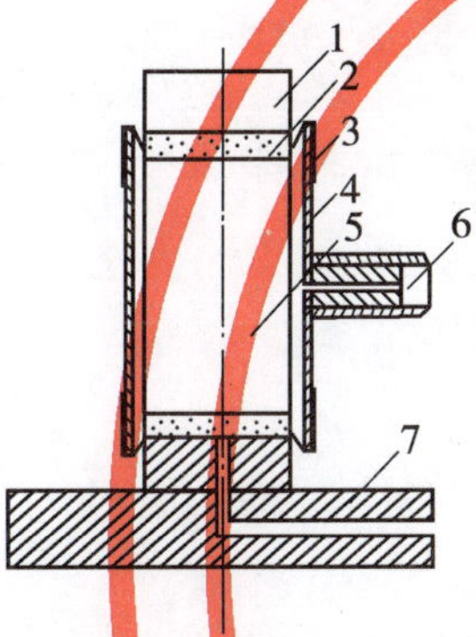

图 T 0146-7　承膜筒(橡皮膜借承膜筒套在试样外)

1-上帽;2-透水石;3-橡皮膜;4-承膜筒身;5-试样;6-吸气孔;7-三轴仪底座

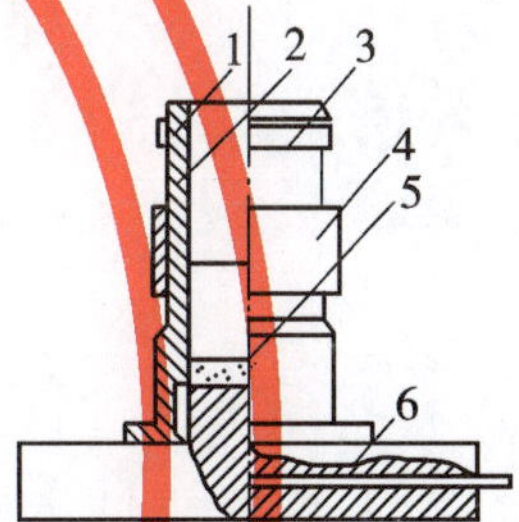

图 T 0146-8　对开圆模(制备饱和的砂样)

1-橡皮膜;2-制样圆模(两片组成);3-橡皮圈;4-圆箍;5-透水石;6-仪器底座

2.5　橡皮膜:应具有弹性,厚度应小于橡皮膜直径的 1/100,不得有漏气孔。

3　仪器检查

3.1　周围压力的测量精度为全量程的 1%,测读分值为 5kPa。

3.2　孔隙水压力系统内的气泡应完全排除。系统内的气泡可用纯水施加压力使气泡上升至试样顶部沿底座溢出,测量系统的体积因数应小于 $1.5 \times 10^{-5} cm^3/kPa$。

3.3　管路应畅通,活塞应能滑动,各连接处应无漏气。

3.4　橡胶膜在使用前应仔细检查,方法是在膜内充气,扎紧两端,然后在水下检查有无漏气。

4 试样制备

4.1 本试验需3~4个试样,分别在不同周围压力下进行试验。

4.2 试样尺寸:最小直径为35mm,最大直径为101mm,试样高度宜为试样直径的2~2.5倍,试样的最大粒径应符合表T 0146-1规定。对于有裂缝、软弱面和构造面的试样,试样直径宜大于60mm。

表 T 0146-1 试样的土粒最大粒径

试样直径 ϕ(mm)	允许最大粒径(mm)
$\phi<100$	试样直径的1/10
$\phi\geqslant100$	试样直径的1/5

4.3 原状土试样的制备:根据土样的软硬程度,分别用切土盘和切土器按本试验4.2规定切成圆柱形试样,试样两端应平整,并垂直于试样轴。当试样侧面或端部有小石子或凹坑时,允许用削下的余土修整。试样切削时应避免扰动,并取余土测定试样的含水率。

4.4 扰动土试样制备:根据预定的干密度和含水率,按下述方法备样后,在击实器内分层击实。粉质土宜为3~5层,黏质土宜为5~8层。各层土样数量相等,各层接触面应刨毛。

4.4.1 将扰动土样进行土样描述,如颜色、土类、气味及夹杂物等。如有需要,将扰动土样充分拌匀,取代表性土样进行含水率测定。

4.4.2 将块状扰动土放在橡皮板上用木碾或粉碎机碾散,但切勿压碎颗粒。如含水率较大不能碾散时,应风干至可碾散时为止。

4.4.3 根据试验所需土样数量,将碾散后的土样过筛。物理性试验如液限、塑限、缩限等试验,需过0.5mm筛;常规水理及力学试验土样,需过2mm筛;击实试验土样的最大粒径必须满足击实试验采用不同击实筒试验时的土样中最大颗粒粒径的要求。按规定过标准筛后,取出足够数量的代表性试样,然后分别装入容器内,标以标签。标签上应注明工程名称、土样编号、过筛孔径、用途、制备日期和人员等,以备各项试验之用。若系含有多量粗砂及少量细粒土(泥砂或黏土)的松散土样,应加水润湿松散后,用四分法取出代表性试样。若系净砂,则可用匀土器取代表性试样。

4.4.4 为配制一定含水率的试样,取过2mm筛的足够试验用的风干土1~5kg,按下述计算所需的加水量:

$$m_w=\frac{m}{1+0.01w_h}\times0.01(w-w_h) \qquad (T\ 0146\text{-}1)$$

式中:m_w——土样所需加水量(g);

m——风干含水率时的土样质量(g);

w_h——风干含水率(%);

w——土样所要求的含水率(%)。

将所取土样平铺于不吸水的盘内,用喷雾设备喷洒预计的加水量,并充分拌和;然后装入容器内盖紧,润湿一昼夜备用(砂类土浸润时间可酌量缩短)。

4.4.5 测定湿润土样不同位置的含水率(至少两个以上),要求差值满足含水率测定的允许平行差值。

4.4.6 对不同土层的土样制备混合试样时,应根据各土层厚度,按比例计算相应质量配合,然后按本方法4.4.1~4.4.4步骤进行扰动土的制备工序。

4.5 对于砂类土,应先在压力室底座上依次放上不透水板、橡皮膜和对开圆膜。将砂料填入对开圆膜内,分三层按预定干密度击实。当制备饱和试样时,在对开圆膜内注入纯水至1/3高度,将煮沸的砂料分三层填入,达到预定高度。放上不透水板、试样帽、扎紧橡皮膜。对试样内部施加5kPa负压力,使试样能站立,拆除对开膜。

4.6 对制备好的试样,量测其直径和高度。试样的平均直径 D_0 按下式计算:

$$D_0 = \frac{D_1 + 2D_2 + D_3}{4} \tag{T 0146-2}$$

式中:D_1、D_2、D_3——分别为上、中、下部位的直径。

5 试样饱和

5.1 抽气饱和

5.1.1 仪器设备

(1)真空饱和法整体装置如图T 0146-9所示。

(2)饱和器:尺寸形式见图T 0146-10~图T 0146-12。

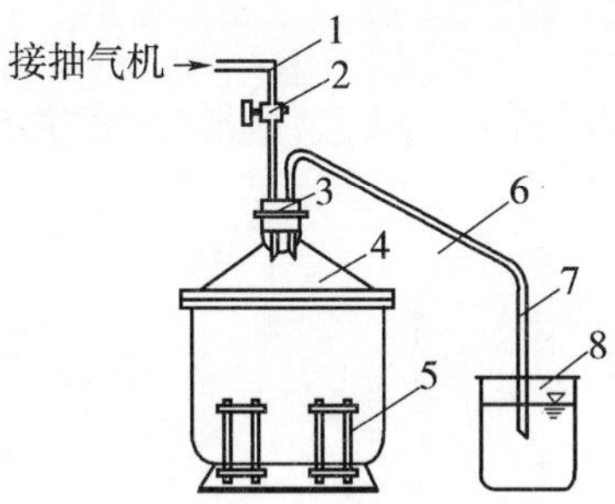

图T 0146-9 真空饱和法装置

1-排气管;2-二通阀;3-橡皮塞;4-真空缸;5-饱和器;6-管夹;7-引水管;8-水缸

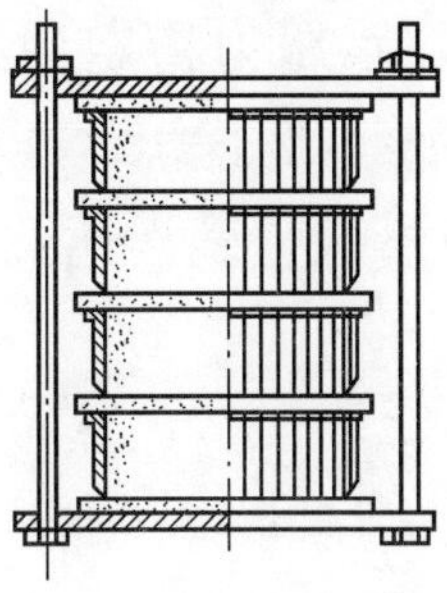

图T 0146-10 重叠式饱和器

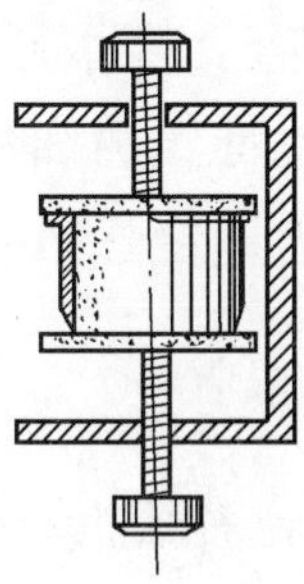

图T 0146-11 框架式饱和器

(3)真空缸:金属或玻璃制。

(4)抽气机。

(5)真空测压表。

(6)其他:天平、硬橡皮管、橡皮塞、管夹、二路活塞、水缸、凡士林等。

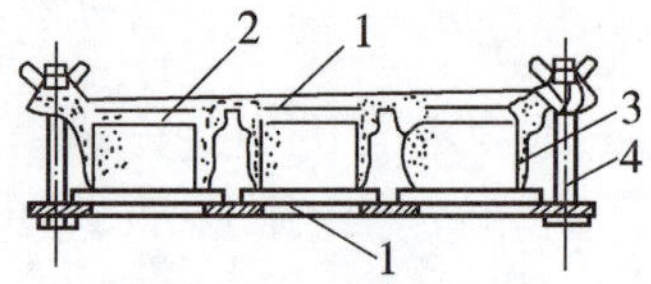

图 T 0146-12 平列式饱和器

1-夹板;2-透水石;3-环刀;4-拉杆

5.1.2 操作步骤

(1)将试件装入饱和器。

(2)将装好试件的饱和器放入真空缸内,盖口涂一薄层凡士林,以防漏气。

(3)关管夹,开阀门(见图 T 0146-9),开动抽气机,抽除缸内及土中气体。当真空压力表达到 -101.325kPa(一个负大气压力值)后,稍微开启管夹,使清水从引水管徐徐注入真空缸内。在注水过程中,应调节管夹,使真空压力表上的数值基本上保持不变。

(4)待饱和器完全淹没水中后,即停止抽气,将引水管自水缸中提出,令空气进入真空缸内,静待一定时间,借大气压力,使试件饱和。

(5)取出试件称质量,准确至 0.1g,计算饱和度。

5.2 水头饱和

将试样装于压力室内,施加 20kPa 周围压力。水头高出试样顶部 1m,使纯水从底部进入试样,从试样顶部溢出,直至流入水量和溢出水量相等为止。当需要提高试样的饱和度时,宜在水头饱和前,从底部将二氧化碳气体通入试样,置换孔隙中的空气,再进行水头饱和。

5.3 反压力饱和

试样要求完全饱和时,应对试样施加反压力。反压力系统与周围压力相同,但应用双层体变管代替排水量管。试样装好后,调节孔隙水压力等于 101.325kPa(大气压力),关闭孔隙水压力阀、反压力阀、体变管阀,测记体变管读数。开周围压力阀,对试样施加 10~20kPa的周围压力,开孔隙压力阀,待孔隙压力变化稳定,测记读数。关空隙压力阀。开体变管阀和反压力阀,同时施加周围压力和反压力,每级增量 30kPa,缓慢打开空隙压力阀,检查孔隙水压力增量,待孔隙水压力稳定后测记空隙水压力和体变管读数,再施加下一级周围压力和反压力。每施加一级压力都测定孔隙水压力。当孔隙水压力增量与周围压力增量之比 $\Delta u/\Delta\sigma_3 > 0.98$ 时,认为试样达到饱和。

6 试验步骤

6.1 试样安装

6.1.1 开孔隙水压力阀和排水阀,对孔隙水压力系统及压力室底座充水排气后,关孔隙水压力阀和排水阀。压力室底座上依次放上透水板、滤纸、试样及试样帽。试样周围贴浸湿的滤纸条，套上橡皮膜，将橡皮膜下端与底座扎紧。从试样底部充水，排除试样与橡皮膜之间的气泡，并将橡皮膜上部与试样帽扎紧。降低排水管，使管内水面位于试样中心以下20~40cm，吸除余水，关排水阀。需要测定应力应变时，应在试样与透水板之间放置中间夹有硅脂的两层圆形橡皮膜，膜中间应留直径为1cm的圆孔排水。

6.1.2 安装压力室罩，充水，关排气阀，压力室内不应有残留气泡。并将活塞对准测力计和试样顶部。提高排水管，使管内水面与试样高度的中心齐平，测记排水面读数。

6.1.3 开孔隙水压力阀，使孔隙水压力值等于大气压力，关闭孔隙水压力阀。

6.1.4 关排水阀，开周围压力阀，施加周围压力，周围压力值应与工程实际荷载相适应，最大一级周围压力应与最大实际荷载大致相等。

6.1.5 转动手轮，使试样帽与活塞及测力计接触，装上变形百分表，将测力计和变形百分表读数调至零位。

6.1.6 调整轴向压力、轴向应变和孔隙水压力为零点，并记下体积变化量管的读数。当需施加反压力时，按本试验5.3条步骤施加。

6.2 试样排水固结

6.2.1 开孔隙水压力阀，测定孔隙水压力。开排水阀。当需要测定排水过程时，测记排水管水面及孔隙水压力值，直至孔隙水压力消散95%以上。固结完成后，关排水阀，测记排水管读数和孔隙水压力读数。

6.2.2 微调压力机升降台，使活塞与试样接触，此时轴向变形百分表的变化值为试样固结时高度变化。

6.3 试样剪切

6.3.1 将轴向测力计、轴向变形百分表和孔隙水压力读数均调整至零。打开排水阀。

6.3.2 选择剪切应变速率，进行剪切。剪切速率采用每分钟应变0.003%~0.012%。

6.3.3 轴向压力和轴向变形，按下述测记。

(1)开动马达，接上离合器，开始剪切。试样每产生0.3%~0.4%的轴向应变，测记一次测力计读数和轴向应变。当轴向应变大于3%时,每隔0.7%～0.8%的应变值测记一次读数。

(2)当测力计读数出现峰值时,剪切应继续进行至超过5%的轴向应变为止。当测力计读数无峰值时,剪切应进行到轴向应变为15%～20%。

(3)在剪切过程中试样始终排水,孔隙水压力为零。

6.3.4 试验结束,关电动机和各阀门,开排气阀,排除压力室内的水,拆除试样,描述试样破坏形状。称试样质量,并测定含水率。

7 结果整理

7.1 试样固结的高度计算:

按实测固结下沉计算试样的固结后高度

$$h_c = h_0 - \Delta h_c \tag{T 0146-3}$$

按等应变简化式计算试样的固结后高度

$$h_c = h_0\left(1 - \frac{\Delta V}{V_0}\right)^{\frac{1}{3}} \tag{T 0146-4}$$

式中:h_c——试样固结后的高度(cm);

ΔV——试样固结后与固结前的体积变化(cm^3)。

7.2 试样固结后的面积按下式计算:

按实测固结下沉计算试样的固结后面积

$$A_c = \frac{V_0 - \Delta V}{h_c} \tag{T 0146-5}$$

按等应变简化式计算试样的固结后面积

$$A_c = A_0\left(1 - \frac{\Delta V}{V_0}\right)^{\frac{2}{3}} \tag{T 0146-6}$$

式中:A_c——试样固结后的断面积(cm^2)。

7.3 剪切时试样的校正面积按下式计算:

$$A_a = \frac{V_c - \Delta V_i}{h_c - \Delta h_i} \tag{T 0146-7}$$

式中:ΔV_i——剪切过程中试样的体积变化(cm^3);

Δh_i——剪切过程中试样的高度变化(cm)。

7.3.1 轴向应变按下式计算:

$$\varepsilon_1=\frac{\Delta h_i}{h_0} \tag{T 0146-8}$$

式中：ε_1——轴向应变值(%)；

Δh_i——剪切过程中的高度变化(mm)；

h_0——试样起始高度(mm)。

7.3.2 试样面积的校正按下式计算：

$$A_a=\frac{A_0}{1-\varepsilon_1} \tag{T 0146-9}$$

式中：A_a——试样的校正断面积(cm^2)；

A_0——试样的初始断面积(cm^2)。

7.3.3 主应力差按下式计算：

$$\sigma_1-\sigma_3=\frac{CR}{A_a}\times 10 \tag{T 0146-10}$$

式中：σ_1——大主应力(kPa)；

σ_3——小主应力(kPa)；

C——测力计校正系数(N/0.01mm)；

R——测力计读数(0.01mm)。

7.4 有效主应力比和孔隙水压力系数的计算。

7.4.1 有效主应力比按下列公式计算：

(1)有效大主应力：

$$\sigma'_1=\sigma_1-u \tag{T 0146-11}$$

式中：σ'_1——有效大主应力(kPa)；

u——孔隙水压力(kPa)。

(2)有效小主应力：

$$\sigma'_3=\sigma_3-u \tag{T 0146-12}$$

(3)有效主应力比：

$$\frac{\sigma'_1}{\sigma'_3}=1+\frac{\sigma'_1-\sigma'_3}{\sigma'_3} \tag{T 0146-13}$$

7.4.2 孔隙水压力系数按下列公式计算：

(1)初始孔隙水压力系数：

$$B=\frac{u_0}{\sigma_3} \tag{T 0146-14}$$

式中：B——初始孔隙水压力系数；

u_0——初始周围压力产生的孔隙水压力(kPa)。

(2)破坏时孔隙水压力系数：

$$A_f = \frac{u_f}{B(\sigma_1 - \sigma_3)_f} \quad (T\ 0146\text{-}15)$$

式中：A_f——破坏时的孔隙水压力系数；

u_f——试样破坏时，主应力差产生的孔隙水压力(kPa)。

7.5 绘制轴向应力 σ_1 与主应力差$(\sigma_1 - \sigma_3)$的关系曲线。

7.6 绘制轴向应变 ε_1 与主应力比$\frac{\sigma_1}{\sigma_3}$的关系曲线。

7.7 破损应力圆、摩擦角和凝聚力的确定(图 T 0146-13)。

以$(\sigma_1 - \sigma_3)$的峰值为破坏点，无峰值时，取15%轴向应变时的主应力差值作为破坏点。以法向应力为横坐标，剪应力为纵坐标，在横坐标上以$\frac{\sigma_{1f} + \sigma_{3f}}{2}$为圆心，$\frac{\sigma_{1f} - \sigma_{3f}}{2}$为半径($f$ 注脚表示破坏)，在 τ—σ 应力平面图上绘制破损应力图，并绘制不同周围压力下破损应力圆的包线。求出不排水强度参数。

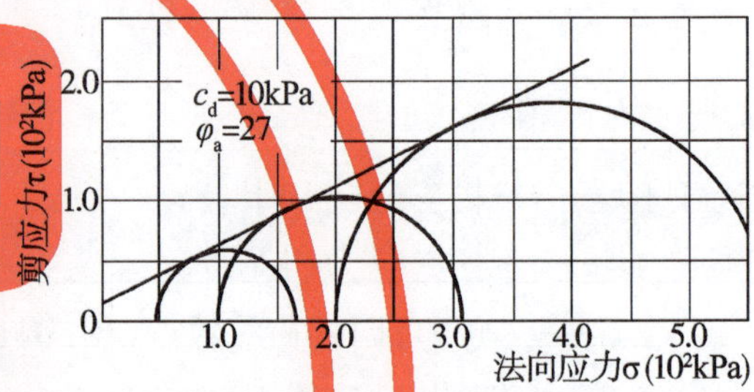

图 T 0146-13　固结水排强度包线

7.8 本试验记录格式如表 T 0146-2、表 T 0146-3 和表 T 0146-4。

表 T 0146-2　三轴压缩试验记录(一)

工程名称＿＿＿＿　土样编号＿＿＿＿　土样说明＿＿＿＿

试验方法　CD　试 验 者＿＿＿＿　试验日期＿＿＿＿

试样状态记录				周围压力(kPa)	350
	起始的	固结后	剪切后	反压力 u_0(kPa)	
直径 D(cm)	3.91			周围压力下的孔隙水压力	
高度 h_L(cm)	8.00	7.96	6.80	孔隙水压力系数 $B=\frac{\mu}{\sigma_3}$	
面积 A(cm²)	12.00	11.76	6.9		
体积 V(cm³)	96.00	93.60		破坏应变 ε_f(%)	6.9
质量 m(g)	188.54	192.50	193.21	破坏主应力差 $(\sigma_1-\sigma_3)$ (kPa)	101
密度(g/cm³)	1.96	2.06		破坏大主应力 σ_{1f}	201
干密度 ρ_d(g/cm³)	1.60			破坏孔隙水压力系数 $\bar{B}_f=\frac{\mu_f}{\sigma_{1f}}$	0.53
试样含水率记录					

续上表

	起始的		剪切后	相应的有效大主应力 σ'_1(kPa)	148
盒号				相应的有效小主应力 σ'_3(kPa)	47
试样状态记录				周围压力(kPa)	350
盒质量(g)	10	10		最大有效主应力比$\left[\frac{\sigma'_1}{\sigma'_3}\right]_{max}$	3.15
盒+湿土质量(g)	21.86	22.43			
湿土质量(g)	11.86	12.43	193.21	破坏点选值准则$\left[\frac{\sigma'_1}{\sigma'_3}\right]_{max}$	
盒+干土质量(g)	19.63	20.12			
干土质量(g)	9.63	10.12	153.90	孔隙水压力系数 $A_f=\frac{\mu_f}{B(\sigma_1-\sigma_3)_f}$	
水质量(g)	2.23	2.31	39.31		
饱和度 S_r	86.3			试样破坏情况描述　呈鼓状破坏	

表 T 0146-3　三轴压缩试验记录(二)(反压力和固结过程)

土 样 编 号__________ 试验者__________ 校 核 者__________

固结周围压力　100kPa　计算者__________ 试验日期__________

加反压力过程							说明	固结过程						
时间(min)	周围压力 σ_3(kPa)	反压力 u_0(kPa)	孔隙水压力 u(kPa)	孔隙水压力增量 Δu(kPa)	试验体积变化 读数(cm³)	试验体积变化 体变量(cm³)		时间(min)	排水量管 读数	排水量管 排水量	孔隙水压力 读数(kPa)	孔隙水压力 压力值(kPa)	体积变化管 读数(cm³)	体积变化管 体变量(cm³)
20:30	30	10	17	17	25.8	0.2		0.1			328	78	27.7	0
20:55	60	40	38	21	26.0	0		0.5			328	78	27.2	0.5
21:20	90	70	67	29	26.9	+0.9		1			328	78	27.05	0.65
7:38	120	100	93	26	27.0	+1.0		5			325	75	26.8	0.9
8:08	150	130	122	29	27.2	+1.2	检查未达饱和	9			322	72	26.7	1.0
8:58	180	160	152	30	27.3	+1.3		16			317	67	26.6	1.1
9:58	210	160						25			311	61	26.5	1.2
10:08			181	29				36			306	56	26.4	1.3
10:08	210	190	185		27.4	+1.4		64			299	49	26.2	1.5
12:08	240	220	215	30	27.5	+1.5		105			289	39	26.0	1.7
14:08	270	220						144			280	30	25.9	1.8
14:18			244	29				220			272	22	25.7	2.0
15:08	270	250	250		27.7	+1.7		300			263	13	25.55	2.15
17:30	300	250						420			256	6	25.4	2.30
								490			255	5	25.35	2.35

注:①体变量(-)号表示排水,(+)号表示吸水。

②本试验因加反压力,故固结时不用排水量管。

表 T 0146-4　三轴压缩试验记录(三)

土样编号________　试验方法 CD　周围压力 100kPa　试　验　者________

计 算 者________　校 核 者________　试验日期________　固结下沉量 $h = 0.04$cm

测力计校正系数 $C = 7.455$N/0.01mm　剪切速率 0.08mm/min

固结后高度 $h_c = 7.96$cm　固结后面积 $A_c = 11.76\text{cm}^2$

轴向变形读数(0.01mm)	轴向应变 $\varepsilon_1 = \frac{\Delta h_i}{h_c}$ (%)	试样校正后面积 $A_a = \frac{A_c}{1-\varepsilon_1}$ (cm²)	测力计百分表读数 R (0.01mm)	主应力差 $(\sigma_1 - \sigma_3) = \frac{RC}{A_c} \times 100$ (kPa)	大主应力 $\sigma_1 = (\sigma_1 - \sigma_3) + \sigma_3$ (kPa)	孔隙水压力		有效大主应力 σ'_1 (kPa)	有效小主应力 σ'_3 (kPa)	有效主应力比 $\frac{\sigma'_1}{\sigma'_3}$
						读数(kPa)	压力值(kPa)			
0	0	11.76	0	0		255	5			
20	0.25	11.79	0.9	6	106	256	6	100	94	1.06
60	0.75	11.85	8.0	50	150	286	36	114	64	1.78
100	1.25	11.91	11.6	72	172	297	37	125	53	2.36
170	2.14	12.02	13.2	82	182	303	53	129	47	2.75
210	2.64	12.08	13.8	85	185	306	56	129	44	2.94
300	3.77	12.22	14.9	90	190	307	57	133	45	3.09
350	4.40	12.30	15.3	92	192	307	57	135	43	3.14
420	5.27	12.41	15.9	95	195	308	58	137	42	3.26
500	6.28	12.55	16.5	98	198	308	58	138	42	3.28
550	6.91	12.63	17.1	101	201	308	58	143	42	3.40
600	7.55	12.72	17.9	105	205	306	56	149	44	3.39
700	8.80	12.89	18.4	106	206	305	55	151	45	3.36
850	10.65	13.16	19.9	112	212	301	51	161	49	3.28
1 000	12.57	13.45	21.3	118	218	298	48	170	52	3.26
1 160	14.59	13.77	22.2	120	220	296	46	174	54	3.22
1 250	15.70	13.95	23.0	123	223	294	44	179	56	3.20

8　报告

8.1　土类(黏质土、砂类土)。

8.2　抗剪强度参数 c_d、φ_d。

条文说明

1　固结排水试验的目的是测定土的应力应变关系,求得土的有效强度指标,从而研究各种土类的变形特性。

2　三轴仪由压力室、周围压力系统、轴向加压系统、孔隙水压力量测系统以及试样体积变化量测设备等组成。

按轴向加压的不同,三轴仪分为应变控制式和应力控制式两种。前者操作方便,应用广泛,故本规程规定采用此种仪器。

3　试验前要求对仪器进行检查，以保证施加的周围压力能保持恒压。孔隙水压力量测系统应无气泡。仪器管路应畅通，无漏水现象。

4　固结排水试验的剪切速率对试验结果的影响，主要是由于在剪切过程中存在孔隙水压力造成的。如剪切速度快，孔隙水压力不完全消散，就不能得到真实的有效强度指标。比较试验表明，对黏质土，剪切应变速率选用每分钟0.012%～0.003%，虽仍有微量的孔隙水压力产生，但对强度影响不大，故本规程采用该速率进行试验。

T 0177—2007　一个试样多级加荷试验

1　目的和适用范围

1.1　本试验采用一个试样多级施加周围压力和轴向压力进行剪切，以测定土的总强度参数 c、φ 和有效强度参数 c'、φ'。

1.2　本规程适用于无法取得多个试样（3～4 个）进行三轴试验的原状硬土、扰动土或有不规则裂隙的裂土。

2　仪器设备

2.1　三轴压缩仪。

2.2　附属设备。

2.3　其他：击实器、切土器、承膜筒等。

3　试样制备

3.1　本试验需 3～4 个试样，分别在不同周围压力下进行试验。

3.2　试样尺寸：最小直径为 35mm，最大直径为 101mm，试样高度宜为试样直径的 2～2.5 倍，试样的最大粒径应符合表 T 0144-1 规定。对于有裂缝、软弱面和构造面的试样，试样直径宜大于 60mm。

3.3　原状土试样的制备：根据土样的软硬程度，分别用切土盘和切土器按 3.2 规定切成圆柱形试样，试样两端应平整，并垂直于试样轴。当试样侧面或端部有小石子或凹坑时，允许用削下的余土修整。试样切削时应避免扰动，并取余土测定试样的含水率。

3.4　扰动土试样制备：根据预定的干密度和含水率，按下述备样。

3.4.1 将扰动土样进行土样描述,如颜色、土类、气味及夹杂物等。如有需要,将扰动土样充分拌匀,取代表性土样进行含水率测定。

3.4.2 将块状扰动土放在橡皮板上用木碾或粉碎机碾散,但切勿压碎颗粒。如含水率较大不能碾散时,应风干至可碾散时为止。

3.4.3 根据试验所需土样数量,将碾散后的土样过筛。物理性试验如液限、塑限、缩限等试验,需过0.5mm筛;常规水理及力学试验土样,需过2mm筛;击实试验土样的最大粒径必须满足击实试验采用不同击实筒试验时的土样中最大颗粒粒径的要求。按规定过标准筛后,取出足够数量的代表性试样,然后分别装入容器内,标以标签。标签上应注明工程名称、土样编号、过筛孔径、用途、制备日期和人员等,以备各项试验之用。若系含有多量粗砂及少量细粒土(泥砂或黏土)的松散土样,应加水润湿松散后,用四分法取出代表性试样。若系净砂,则可用匀土器取代表性试样。

3.4.4 为配制一定含水率的试样,取过2mm筛的足够试验用的风干土1~5kg,按本规程T 0102—2007中2.2步骤计算所需的加水量,然后将所取土样平铺于不吸水的盘内,用喷雾设备喷洒预计的加水量,并充分拌和,然后装入容器内盖紧,润湿一昼夜备用(砂类土浸润时间可酌量缩短)。

3.4.5 测定湿润土样不同位置的含水率(至少两个以上),要求差值满足含水率测定的允许平行差值。

3.4.6 对不同土层的土样制备混合试样时,应根据各土层厚度,按比例计算相应质量配合,然后按本方法3.4.1~3.4.4步骤进行扰动土的制备工序。

3.4.7 而后在击实器内分层击实,粉质土宜为3~5层,黏质土宜为5~8层,各层土样数量相等,各层接触面应刨毛。

3.5 对于砂类土,应先在压力室底座上依次放上不透水板、橡皮膜和对开圆膜。将砂料填入对开圆膜内,分三层按预定干密度击实。当制备饱和试样时,在对开圆膜内注入纯水至1/3高度,将煮沸的砂料分三层填入,达到预定高度。放上不透水板、试样帽、扎紧橡皮膜。对试样内部施加5kPa负压力,使试样能站立,拆除对开膜。

3.6 对制备好的试样,量测其直径和高度。试样的平均直径D_0按下式计算:

$$D_0 = \frac{D_1 + 2D_2 + D_3}{4} \tag{T 0177-1}$$

式中:D_1、D_2、D_3——分别为上、中、下部位的直径。

4 试样饱和

4.1 真空饱和

4.1.1 仪器设备

(1)真空饱和法整体装置如图 T 0177-1 所示。

(2)饱和器:尺寸形式见图 T 0177-2 ~ 图 T 0177-4。

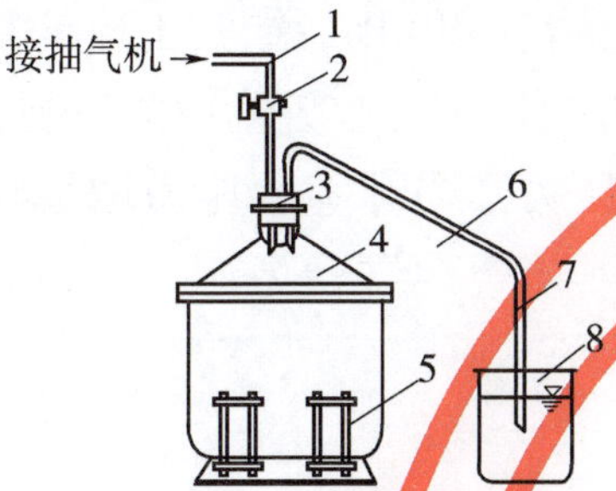

图 T 0177-1 真空饱和法装置

1-排气管;2-二通阀;3-橡皮塞;4-真空缸;5-饱和器;6-管夹;7-引水管;8-水缸

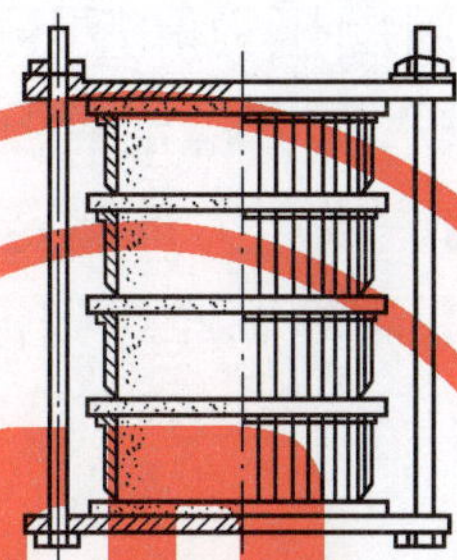

图 T 0177-2 重叠式饱和器

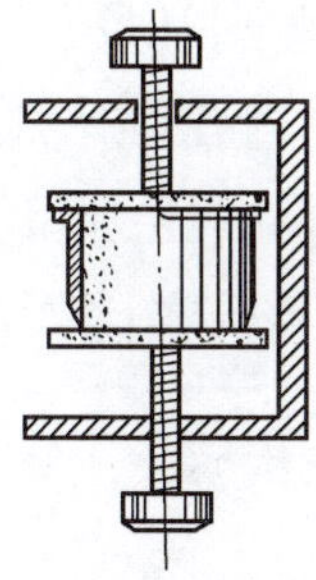

图 T 0177-3 框架式饱和器

(3)真空缸:金属或玻璃制。

(4)抽气机。

(5)真空测压表。

(6)其他:天平、硬橡皮管、橡皮塞、管夹、二路活塞、水缸、凡士林等。

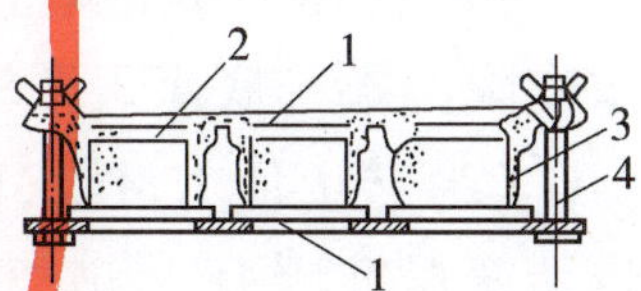

图 T 0177-4 平列式饱和器

1-夹板;2-透水石;3-环刀;4-拉杆

4.1.2 操作步骤

(1)将试件装入饱和器。

(2)将装好试件的饱和器放入真空缸内,盖口涂一薄层凡士林,以防漏气。

(3)关管夹,开阀门(见图 T 0177-1),开动抽气机,抽除缸内及土中气体。当真空压力表达到 -101.325kPa(一个负大气压力值)后,稍微开启管夹,使清水从引水管徐徐注入真空缸内。在注水过程中,应调节管夹,使真空压力表上的数值基本上保持不变。

(4)待饱和器完全淹没水中后,即停止抽气,将引水管自水缸中提出,令空气进入真空缸内,静待一定时间,借大气压力,使试件饱和。

(5)取出试件称质量,准确至 0.1g,计算饱和度。

4.2 水头饱和

将试样装于压力室内,施加 20kPa 周围压力。水头高出试样顶部 1m,使纯水从底部进入试样,从试样顶部溢出,直至流入水量和溢出水量相等为止。当需要提高试样的饱和度时,宜在水头饱和前,从底部将二氧化碳气体通入试样,置换孔隙中的空气,再进行水头饱和。

4.3 反压力饱和

试样要求完全饱和时,应对试样施加反压力。反压力系统与周围压力相同,但应用双层体变管代替排水量管。试样装好后,调节孔隙水压力等于101.325kPa(大气压力),关闭孔隙水压力阀、反压力阀、体变管阀,测记体变管读数。开周围压力阀,对试样施加10~20kPa的周围压力,开孔隙压力阀,待孔隙压力变化稳定,测记读数。关空隙压力阀。开体变管阀和反压力阀,同时施加周围压力和反压力,每级增量30kPa,缓慢打开空隙压力阀,检查孔隙水压力增量,待孔隙水压力稳定后测记空隙水压力和体变管读数,再施加下一级周围压力和反压力。每施加一级压力都测定孔隙水压力。当孔隙水压力增量与周围压力增量之比$\Delta u/\Delta\sigma_3>0.98$时,认为试样达到饱和。

5 试验步骤

5.1 试样安装

5.1.1 不固结不排水剪切试验(UU试验)。

(1)在压力室底座上依次放上不透水板、试样及试样帽,将橡皮膜套在试样外,并将橡皮膜两端与底座入试样帽分别扎紧。

(2)装上压力室罩,向压力室内注满纯水,关排气阀,压力室内不应有残留气泡。并将活塞对准测力计和试样顶部。

(3)关排水阀,开周围压力阀,施加周围压力,周围压力值应与工程实际荷载相适应,最大一级周围压力应与最大实际荷载大致相等。

(4)转动手轮,使试样帽与活塞及测力计接触,装上变形百分表,将轴向压力的测力计和轴向应变的变形百分表读数以及孔隙水压力调至零位。

5.1.2 固结不排水剪试验(CU试验)

(1)开孔隙水压力阀和排水阀,对孔隙水压力系统及压力室底座充水排气后,关孔隙水压力阀和排水阀。压力室底座上依次放上透水板、滤纸、试样及试样帽。试样周围贴浸湿的滤纸条,套上橡皮膜,将橡皮膜下端与底座扎紧。从试样底部充水,排除试样与橡皮膜之间的气泡,并将橡皮膜上部与试样帽扎紧。降低排水管,使管内水面位于试样中心以下20~40cm,吸除余水,关排水阀。需要测定应力应变时,应在试样与透水板之间放置中间夹有硅脂的两层圆形橡皮膜,膜中间应留直径为1cm的圆孔排水。

(2)安装压力室罩,充水。提高排水管,使管内水面与试样高度的中心齐平,测记排水面读数。

(3)开孔隙水压力阀,使孔隙水压力值等于大气压力,关闭孔隙水压力阀。

(4)施加周围压力:在压力室底座上依次放上不透水板、试样及试样帽,将橡皮膜套在试样外,并将橡皮膜两端与底座入试样帽分别扎紧。装上压力室罩,向压力室内注满纯水,关排气阀,压力室内不应有残留气泡。并将活塞对准测力计和试样顶部。关排水阀,开周围压力阀,施加周围压力,周围压力值应与工程实际荷载相适应,最大一级周围压力应与最大实际荷载大致相等。转动手轮,使试样帽与活塞及测力计接触,装上变形百分表,将轴向压力的测力计和轴向应变的变形百分表读数以及孔隙水压力调至零位。并记下体积变化量管的读数。

当需施加反压力饱和时:试样要求完全饱和时,应对试样施加反压力。反压力系统与周围压力相同,但应用双层体变管代替排水量管。试样装好后,调节孔隙水压力等于101.325kPa(大气压力),关闭孔隙水压力阀、反压力阀、体变管阀,测记体变管读数。开周围压力阀,对试样施加10~20kPa的周围压力,开孔隙压力阀,待孔隙压力变化稳定,测记读数。关空隙压力阀。开体变管阀和反压力阀,同时施加周围压力和反压力每级增量30kPa,缓慢打开空隙压力阀,检查孔隙水压力增量,待孔隙水压力稳定后测记空隙水压力和体变管读数,再施加下一级周围压力和反压力。每施加一级压力都测定孔隙水压力。当孔隙水压力增量与周围压力增量之比 $\Delta u/\Delta\sigma_3>0.98$ 时,认为试样达到饱和。

(5)试样剪切前关闭孔隙压力阀及量管阀。

5.2 试样剪切

5.2.1 不固结不排水剪试验(UU试验)。

(1)按本试验5.1.1的规定安装试样后,施加第一级周围压力(周围压力分2~3级施加)。

(2)剪切应变速率取每分钟为0.5%~1.0%,然后开始剪切。开始阶段,以试样应变每隔0.3%~0.4%测记测力计和轴向位移计读数;当应变达3%以后,每隔0.7%~0.8%测记一次。

(3)当测力计读数稳定或接近稳定时,记录轴向位移计读数和测力计读数,关闭电机停止剪切,将轴向压力退至零。

(4)施加第二级周围压力。此时测力计读数因施加周围压力而增加,应重新调至原来读数值,然后转动手轮。当测力计读数微动时,表示试样帽与测力计重新接触,再按原剪切速率剪切,直至测力计读数稳定或接近稳定为止。

(5)按本试验5.2.1中(4)进行其余各级周围压力的试验。最后一级周围压力下的剪切累积应不超过20%。

(6)试验结束后,关周围压力阀,尽快拆除压力室罩,取下试样称量,并测定剪切后的含水率。

5.2.2 固结不排水剪试验(CU试验)。

(1)按本试验5.1.2条规定安装试样后施加第一级周围压力,并按如下规定进行试样固结。

①开孔隙水压力阀和排水阀,对孔隙水压力系统及压力室底座充水排气后,关孔隙水压力阀和排水阀。压力室底座上依次放上透水板、滤纸、试样及试样帽。试样周围贴浸湿的滤纸条,套上橡皮膜,将橡皮膜下端与底座扎紧。从试样底部充水,排除试样与橡皮膜之间的气泡,并将橡皮膜上部与试样帽扎紧。降低排水管,使管内水面位于试样中心以下20~40cm,吸除余水,关排水阀。需要测定应力应变时,应在试样与透水板之间放置中间夹有硅脂的两层圆形橡皮膜,膜中间应留直径为1cm的圆孔排水。

②安装压力室罩,充水。提高排水管,使管内水面与试样高度的中心齐平,测记排水面读数。

③开孔隙水压力阀,使孔隙水压力值等于101.325kPa(大气压力),关闭孔隙水压力阀。

施加周围压力:在压力室底座上依次放上不透水板、试样及试样帽,将橡皮膜套在试样外,并将橡皮膜两端与底座入试样帽分别扎紧。装上压力室罩,向压力室内注满纯水,关排气阀,压力室内不应有残留气泡。并将活塞对准测力计和试样顶部。关排水阀,开周围压力阀,施加周围压力,周围压力值应与工程实际荷载相适应,最大一级周围压力应与最大实际荷载大致相等。转动手轮,使试样帽与活塞及测力计接触,装上变形百分表,将测力计和变形百分表读数调至零位。

调整轴向压力、轴向应变和孔隙水压力为零点,并记下体积变化量管的读数。

当需施加反压力饱和时:试样要求完全饱和时,应对试样施加反压力。反压力系统与周围压力相同,但应用双层体变管代替排水量管。试样装好后,调节孔隙水压力等于101.325kPa(大气压力),关闭孔隙水压力阀、反压力阀、体变管阀,测记体变管读数。开周围压力阀,对试样施加10~20kPa的周围压力,开孔隙压力阀,待孔隙压力变化稳定,测记读数。关空隙压力阀。开体变管阀和反压力阀,同时施加周围压力和反压力每级增量30kPa,缓慢打开空隙压力阀,检查孔隙水压力增量,待孔隙水压力稳定后测记空隙水压力和体变管读数,再施加下一级周围压力和反压力。每施加一级压力都测定孔隙水压力。当孔隙水压力增量与周围压力增量之比 $\Delta u/\Delta\sigma_3>0.98$ 时,认为试样达到饱和。

④待固结稳定后,关体变管阀或排水管阀。

(2)按本试验5.2.1中(2)及(3)的规定进行第一级试样剪切。

(3)第一级剪切完成后,轴向压力退至为零。待孔隙压力稳定后再施加第二级周围压力,并按本规程5.2.2中(1)的规定进行排水固结。

(4)试样固结稳定后,关体变管阀或排水管阀,正转手轮,使活塞与试样帽接触为止,记录轴向位移计读数 Δh_2(此时试样高度 $h_2=h_0-\Delta h_2$)。

(5)按本试验5.2.1中(2)及(3)的规定进行剪切。

(6)按本试验5.2.2中(3)的规定进行下一级周围压力下的试验,最后一级周围压力下的剪切累积应变量应不超过20%。

(7)按本试验5.2.1中(6)的规定拆除试样,称试样质量,并测定试验后试样的含水率。

6 结果整理

6.1 按下列两式计算不固结不排水试验施加第一级周围压力剪切时试样的轴向应变和面积：

$$\varepsilon_1 = \frac{\Delta h}{h_0} \times 100 \quad \text{(T 0177-2)}$$

$$A_a = \frac{A_0}{1 - 0.01\varepsilon_1} \quad \text{(T 0177-3)}$$

以上两式中：h_0——试样起始高度(cm)；

Δh——试样在剪切时的轴向变形(cm)；

ε_1——轴向应变(%)；

A_0——试样起始面积(cm^2)；

A_a——试样剪切时的面积(cm^2)。

6.2 按下列公式计算固结不排水剪切施加第一级周围压力后的试样高度和面积。

6.2.1 固结后试样的高度和面积：

$$h_c = h_0 - \Delta h_c$$

或

$$h_c = h_0\left(1 - \frac{\Delta V}{V_0}\right)^{1/3} \quad \text{(T 0177-4)}$$

$$A_c = \frac{V_0 - \Delta V}{h_0}$$

或

$$A_c = A_0\left(1 - \frac{\Delta V}{V_0}\right)^{2/3} \quad \text{(T 0177-5)}$$

6.2.2 剪切时试样的轴向应变及面积：

$$\varepsilon_1 = \frac{\Delta h_c}{h_c} \times 100 \quad \text{(T 0177-6)}$$

$$A_a = \frac{A_0}{1 - 0.01\varepsilon_1} \quad \text{(T 0177-7)}$$

以上四式中：h_c——固结后试样的高度(cm)；

Δh_c——固结变形量(轴向)(cm)；

V_0——试样起始体积(cm^3)；

ΔV——固结排水量(cm^3)。

6.2.3 施加第一级周围压力后,剪切终了时的高度和面积作为第二级周围压力下的起始高度和起始面积。

6.2.4 施加第二级周围压力后,剪切终了时的高度和面积作为第三级周围压力下的起始高度和起始面积。

6.3 计算主应力差、主应力比和孔隙压力系数。

6.3.1 按下式计算主应力差:

$$\sigma_1 - \sigma_3 = \frac{CR}{A_a} \times 10 \tag{T 0177-8}$$

式中:σ_1——大主应力(kPa);

σ_3——小主应力(kPa);

C——测力计校正系数(N/0.01mm);

R——测力计读数(0.01mm)。

6.3.2 按下式计算主应力比:

(1)有效大主应力:

$$\sigma'_1 = \sigma_1 - u \tag{T 0177-9}$$

式中:σ'_1——有效大主应力(kPa);

u——孔隙水压力(kPa)。

(2)有效小主应力:

$$\sigma'_3 = \sigma_3 - u \tag{T 0177-10}$$

(3)有效主应力比:

$$\frac{\sigma'_1}{\sigma'_3} = 1 + \frac{\sigma'_1 - \sigma'_3}{\sigma'_3} \tag{T 0177-11}$$

(4)总主应力比:

$$\frac{\sigma_1}{\sigma_3} = 1 + \frac{\sigma_1 - \sigma_3}{\sigma_3} \tag{T 0177-12}$$

6.3.3 按下式计算孔隙压力系数:

(1)初始孔隙水压力系数:

$$B = \frac{u_0}{\sigma_3} \tag{T 0177-13}$$

式中:B——初始孔隙水压力系数;

u_0——初始周围压力产生的孔隙水压力(kPa)。

(2)破坏时孔隙水压力系数:

$$A_f = \frac{u_f}{B(\sigma_1 - \sigma_3)_f} \tag{T 0177-14}$$

式中:A_f——破坏时的孔隙水压力系数;

u_f——试样破坏时,主应力差产生的孔隙水压力(kPa)。

6.4 制图

6.4.1 绘制不固结不排水剪应力应变关系曲线,见图 T 0177-5。

6.4.2 绘制固结不排水剪应力与应变曲线,见图 T 0177-6。

6.4.3 绘制固结不排水剪的法向力与剪应力曲线,见图 T 0177-7。

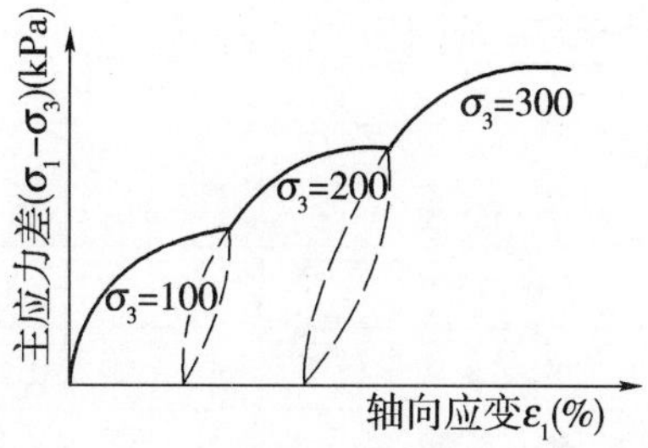

图 T 0177-5　不固结不排水剪的应力与应变关系曲线

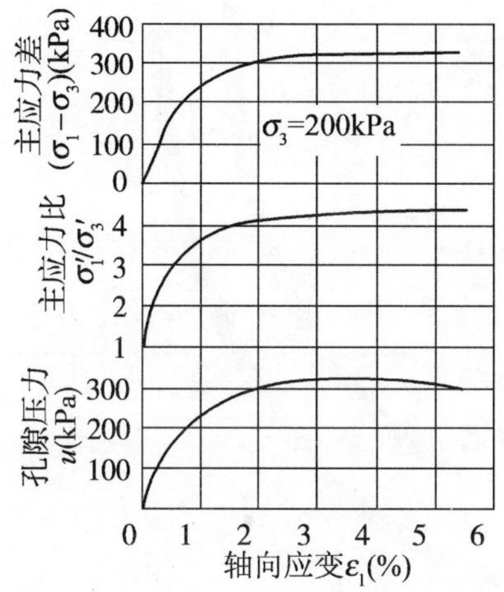

图 T 0177-6　固结不排水剪应力与应变曲线

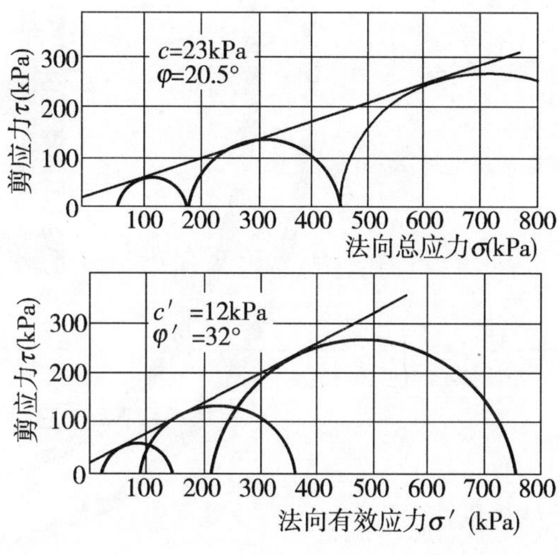

图 T 0177-7　一个试样固结不排水剪强度包线

6.5 本试验的记录格式如表 T 0177-1、表 T 0177-2 和表 T 0177-3。

表 T 0177-1　三轴压缩试验记录表(一)

工程名称________________	试 验 者________________
土样编号________________	计 算 者________________
土样说明________________	校 核 者________________
试验方法________________	试验日期________________

续上表

试样状态				周围压力 σ_3(kPa)	
	起始值	固结后	剪切后	反压力 u_0(kPa)	
直径 D(cm)				周围压力下的孔隙水压力 μ(kPa)	
高度 h(cm)				孔隙水压力系数 $B=\frac{\mu}{\sigma_3}$	
面积 A(cm^2)					
体积 V(cm^3)				破坏应变 ε_f(%)	
质量 m(g)				破坏主应力差 $(\sigma_1-\sigma_3)_f$(kPa)	
密度(g/cm^3)				破坏大主应力 σ_{1f}	
干密度 ρ_d(g/cm^3)					
试样含水率					
	起始值		剪切后	破坏孔隙水压力系数 $\overline{B}_f=\frac{\mu_f}{\sigma_{1f}}$	
盒号					
盒质量(g)				相应的有效大主应力 σ'_1(kPa)	
盒加湿土质量(g)					
湿土质量(g)				相应的有效小主应力 σ'_3(kPa)	
盒加干土质量(g)					
干土质量(g)				最大有效主应力比 $\left[\frac{\sigma'_1}{\sigma'_3}\right]_{max}$	
水质量(g)					
含水率 w(%)				孔隙水压力系数 $A_f=\frac{\mu_f}{B(\sigma_1-\sigma_3)_f}$	
饱和度 S_r					
试样破坏情况的描述	呈鼓状破坏 				
备注					

表 T 0177-2　三轴压缩试验记录表(二)

土 样 编 号____________　　计 算 者____________

固结周围压力____________　　校 核 者____________

试 验 者____________　　试验日期____________

加反压力过程							说明(检验结果)	固结过程							说明
时间(min)	周围压力 σ_3(kPa)	反压力 u_0(kPa)	孔隙压力 u(kPa)	孔隙压力增量 Δu(kPa)	试样体积变化			时间(min)	量管		孔隙水压力		体变管		
					读数(cm^3)	体变量(cm^3)			读数	排水量	读数(kPa)	压力值(kPa)	读数(cm^3)	体变值(cm^3)	

表 T 0177-3　三轴压缩试验记录表(三)

土样编号________　试验者________

试验方法________　计算者________

试验日期________　校核者________

周围压力：　kPa　　固结下沉量：Δh =　cm

剪切应变速率：　mm/min　　固结后高度：h_c =　cm

测力计率定系数：　N/0.01mm　　固结后面积：A_c =　cm^2

轴向变形读数(0.01 mm)	轴向应变 $\varepsilon_1=\frac{\Delta h_1}{h_c}$ (%)	试样校正后面积 $A_a=\frac{A_c}{1-\varepsilon_1}$ (cm^2)	测力计表读数 R (0.01mm)	主应力差 $(\sigma_1-\sigma_3)=\frac{RC}{A_a}\times 100$ (kPa)	大主应力 $\sigma_1=(\sigma_1-\sigma_3)+\sigma_3$ (kPa)	孔隙水压力		试样体积变化				有效大主应力 σ'_1 (kPa)	有效小主应力 σ'_3 (kPa)	有效主应力比 $\frac{\sigma'_1}{\sigma'_3}$	$\frac{\sigma_1-\sigma_3}{2}$ (kPa)	$\frac{\sigma_1+\sigma_3}{2}$ (kPa)	$\frac{\sigma'_1+\sigma'_3}{2}$ (kPa)
								排水管		体积变化							
						读数	压力值 (kPa)	读数	排出水量 (cm^3)	读数	体变量 (cm^3)						

7 报告

7.1 土类(黏质土、砂类土)。

7.2 总应力抗剪强度参数 c、φ。

7.3 有效应力抗剪强度参数 c'、φ'。

条文说明

1.1 在三轴压缩试验中,用一个试样多级加荷测定土的强度参数 c 和 φ 值,是根据库仑定律,假定 c、φ 值不因应力状态的变化而改变,破裂角 $\alpha=\left(45°+\frac{\varphi}{2}\right)$ 在第一级荷载下出现后,在以后各级荷载下,均保持不变。第一级荷载以后所施加的荷载只是增加摩擦强度,因而可以测定强度包线。

1.2 一个试样多级加荷三轴压缩试验原则上适用于黏质土、砂质土。由于是只采用一个试样确定强度包线,避免了多个试样的不均匀而造成的应力圆分散,各应力圆均能很好切于强度包线。但一个试样的代表性低于多个试样的代表性,故本规程只限于无法取得多个试样,或多个试样彼此性质不均匀的情况下采用此法,并不建议替代作为常规方法采用。

5.2.1 对于第一级围压作用下试样剪切完成后,须退除轴向压力(即测力计为零),使试样回复到等向受力状态,再施加下一级周围压力,这样可以消除固结时偏应力的影响,不致产生轴向蠕变变形,以保持试样在等向压力下固结,故规程作了退除轴向压力的规定。

一个试样多级加荷三轴试验的各级剪切变形随土的种类不同相差很大,故不能作统一规定。基本原则是第一级剪切变形应与多个试样试验的控制变形一致,最后一级达到的累积变形以不超过20%为准,中间剪切的轴向变形无法作出统一规定。各级剪切中,可以同时计算有效主应力比或绘制有效应力路径来控制。

破坏点的确定应与多个试样破坏标准的确定相一致。不另作规定。

对于软黏土及塑性大的土,因破坏点不显明,难以根据峰值或稳定值的近似点确定施加下一级周围压力的标准,因此可以按预先设定的轴向应变,施加各级周围压力。一般可以按以下标准进行,见图 T 0177-8。

第一级 轴向应变至16%;

第二级 轴向应变至18%;

第三级 轴向应变至20%。

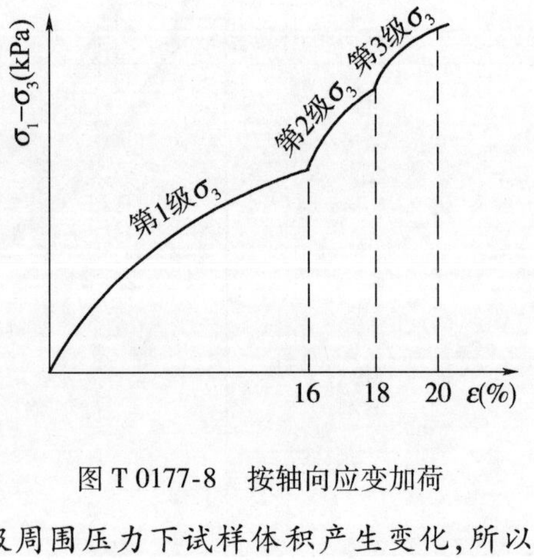

图 T 0177-8 按轴向应变加荷

6.2 采用该法进行试验,不固结不排水试验的试样面积修正与多个试样的试验相同。对于固结不排水试验,因为每一级周围压力下试样体积产生变化,所以试样面积修正还应考虑体积变化问题。目前仍按分级计算方法进行,即第一级周围压力下试样剪切终了时的状态作为下一级周围压力下试样的起始状态。面积修正计算仍按式 $A_a=\frac{A_c}{1-\varepsilon_i}$ 进行。式中:A_c 为试样在本级周围压力下固结后试样的实际面积;ε_i 为试样在本级周围压力下的剪切应变(不累计)。上述计算方法存在一定误差,有待今后继续完善。

24 土的无侧限抗压强度试验

T 0148—1993 细粒土无侧限抗压强度试验

1 目的和适用范围

1.1 无侧限抗压强度是试件在无侧向压力的条件下,抵抗轴向压力的极限强度。

1.2 本试验适用于测定饱和软黏土的无侧限抗压强度及灵敏度。

2 仪器设备

2.1 应变控制式无侧限抗压强度仪:如图T 0148-1,包括测力计、加压框架及升降螺杆。根据土的软硬程度,选用不同量程的测力计。

2.2 切土盘:见图 T 0148-2。

2.3 重塑筒:筒身可拆为两半,内径 40mm,高 100mm,如图T 0148-3。

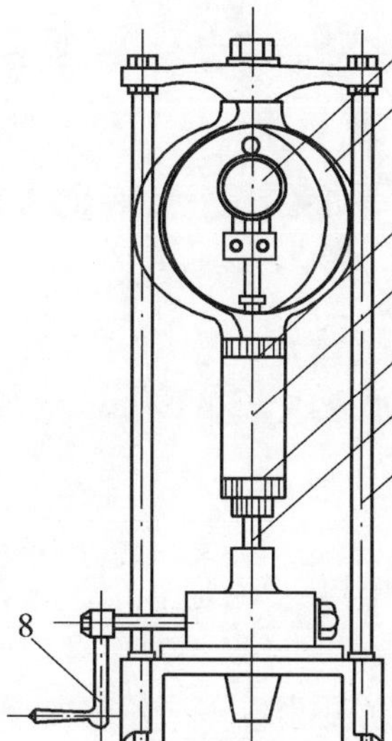

图 T 0148-1 应变控制式无侧限抗压强度仪

1-百分表;2-测力计;3-上加压杆;4-试样;5-下加压板;6-升降螺杆;7-加压框架;8-手轮

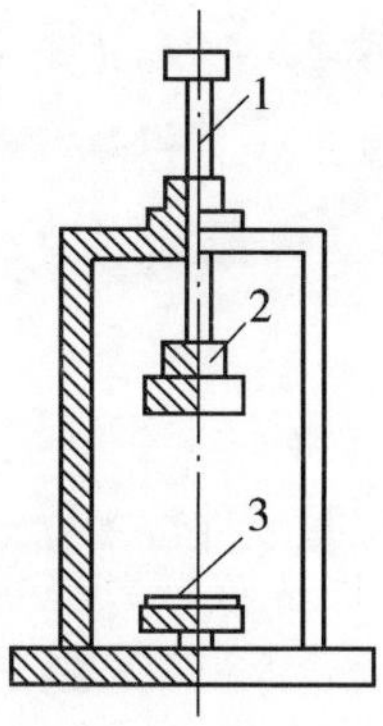

图 T 0148-2 切土盘

1-转轴;2-上盘;3-下盘

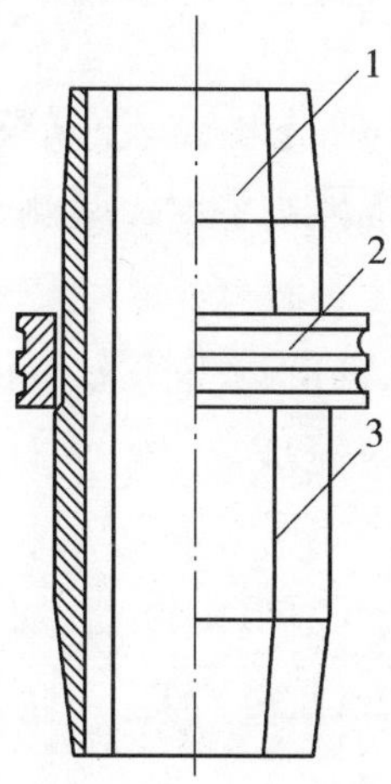

图 T 0148-3 重塑筒

1-重塑筒筒身(可以拆成两半);2-钢箍;3-接缝

2.4 百分表:量程10mm,分度值0.01mm。

2.5 其他:天平(感量0.1g)、秒表、卡尺、直尺、削土刀、钢丝锯、塑料布、金属垫板、凡士林等。

3 试样

3.1 将原状土样按天然层次方向放在桌上,用削土刀或钢丝锯削成稍大于试件直径的土柱,放入切土盘的上下盘之间,再用削土刀或钢丝锯沿侧面自上而下细心切削。同时边转动圆盘,直至达到要求的直径为止。取出试件,按要求的高度削平两端。端面要平整,且与侧面垂直,上下均匀。如试件表面因有砾石或其他杂物而成空洞时,允许用土填补。

3.2 试件直径和高度应与重塑筒直径和高度相同,一般直径为40~50mm,高为100~120mm。试件高度与直径之比应大于2,按软土的软硬程度采用2.0~2.5。

4 试验步骤

4.1 将切削好的试件立即称量,准确至0.1g。同时取切削下的余土测定含水率。用卡尺测量其高度及上、中、下各部位直径,按下式计算其平均直径 D_0:

$$D_0=\frac{D_1+2D_2+D_3}{4} \tag{T 0148-1}$$

式中: D_0——试件平均直径(cm);

D_1、D_2、D_3——试件上、中、下各部位的直径(cm)。

4.2 在试件两端抹一薄层凡士林;如为防止水分蒸发,试件侧面也可抹一层薄凡士林。

4.3 将制备好的试件放在应变控制式无侧限抗压强度仪下加压板上,转动手轮,使其与上加压板刚好接触,调测力计百分表读数为零点。

4.4 以轴向应变1%/min~3%/min的速度转动手轮(0.06~0.12mm/min),使试验在8~20min内完成。

4.5 应变在3%以前,每0.5%应变记读百分表读数一次;应变达3%以后,每1%应变记读百分表读数一次。

4.6 当百分表达到峰值或读数达到稳定,再继续剪3%~5%应变值即可停止试验。如读数无稳定值,则轴向应变达20%时即可停止试验。

4.7 试验结束后,迅速反转手轮,取下试件,描述破坏情况。

4.8 若需测定灵敏度，则将破坏后的试件去掉表面凡士林，再加少许土，包以塑料布，用手捏搓，破坏其结构，重塑为圆柱形，放入重塑筒内，用金属垫板挤成与筒体积相等的试件，即与重塑前尺寸相等，然后立即重复本试验 4.3 ~4.7 步骤进行试验。

5 结果整理

5.1 按下式计算轴向应变：

$$\varepsilon_1 = \frac{\Delta h}{h_0} \tag{T 0148-2}$$

$$\Delta h = n\Delta L - R \tag{T 0148-3}$$

式中：ε_1——轴向应变(%)；

h_0——试件起始高度(cm)；

Δh——轴向变形(cm)；

n——手轮转数；

ΔL——手轮每转一转，下加压板上升高度(cm)；

R——百分表读数(cm)。

5.2 按下式计算试件平均断面积：

$$A_a = \frac{A_0}{1-\varepsilon_1} \tag{T 0148-4}$$

式中：A_a——校正后试件的断面积(cm^2)；

A_0——试件起始面积(cm^2)。

5.3 应变控制式无侧限抗压强度仪上试件所受轴向应力按下式计算：

$$\sigma = \frac{10CR}{A_a} \tag{T 0148-5}$$

式中：σ——轴向压力(kPa)；

C——测力计校正系数(N/0.01mm)；

R——百分表读数(0.01mm)；

A_a——校正后试件的断面积(cm^2)。

5.4 以轴向应力为纵坐标，轴向应变为横坐标，绘制应力—应变曲线(图 T 0148-4)。以最大轴向应力作为无侧限抗压强度。若最大轴向应力不明显，取轴向应变 15% 处的应力作为该试件的无侧限抗压强度 q_u。

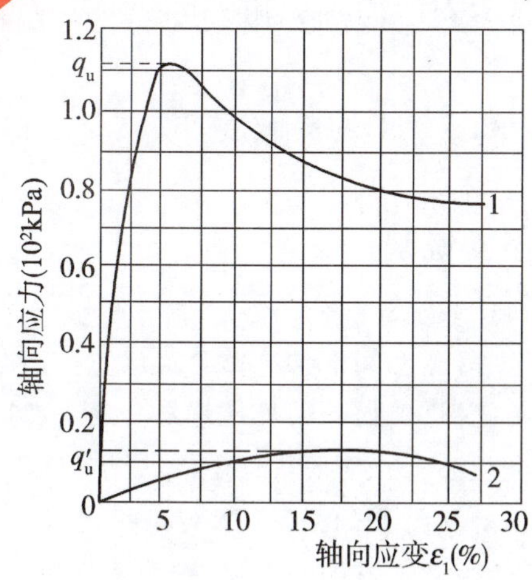

图 T 0148-4 轴向应力与应变的关系曲线
1-原状试样；2-重塑试样

5.5 按下式计算灵敏度 S_t：

$$S_t = \frac{q_u}{q'_u} \tag{T 0148-6}$$

式中：q_u——原状试件的无侧限抗压强度(kPa)；

q'_u——重塑试件的无侧限抗压强度(kPa)。

5.6 本试验记录格式如表 T 0148-1。

表 T 0148-1 无侧限抗压强度试验记录

工程名称________ 试 验 者________

土样编号________ 计 算 者________

取土深度________ 校 核 者________

土样说明________ 试验日期________

试验前试件高度 h_0 = cm　试验前试件直径 D_0 = cm　无侧限抗压强度 q_u = kPa

试验试件面积 A_0 = cm^2　试件质量 m = g　灵敏度 S_t = 　q'_u = kPa

试件密度 ρ = g/cm^3　测力计校正系数 C = N/0.01mm　试件破坏时情况：

测力计百分表读数 R (0.01mm)	下压板上升高度 ΔL (cm)	轴向变形 Δh (cm)	轴向应变 ε_1 (%)	校正后面积 A_a (cm^2)	轴向荷载 P (N)	轴向应力 σ (kPa)	备注
(1)	(2)	(3)	(4)	(5)	(6)	(7)	
		(2) - (1)	$\frac{(3)}{h}$	$\frac{A_0}{1-(4)}$	(1) × C	$\frac{(6)}{(5)}$	

6 报告

6.1 土的鉴别分类和代号。

6.2 土的无侧限抗压强度 q_u(kPa)。

6.3 土的灵敏度 S_t。

条文说明

1 无侧限抗压强度是试件在侧面不受任何限制的条件下所承受的最大轴向应力。关于试验的适用范围，国内外的规定基本一致。在国内，以往规定为能切成圆柱状，且在自重作用下不发生变形的饱和软黏土。美国 ASTM 标准规定适用于具有足够黏性，而允许在无 侧限状态下进行试验的饱和黏质土。英国 BS 1377—75 标准规定适用于饱和的无裂隙的黏质土。为此，本规程的适用范围为饱和黏质土，但需具有两个条件，一个是试件在自重下能自立不变形；另一个是在不排水条件下，要求试验时有一定的应变速率，在较短时间内完成试验。

2 目前采用的无侧限抗压强度仪器，一般有应变控制式和应力控制式两种。应变控制式仪器操作简单,精度高,质量轻,故应用广泛。本规程只采用应变式。

3 试件的高度与直径应有适当的比值,本规程建议该比值为 2 ~ 2.5。关于试件直径大小,建议采用 3.5 ~ 4cm。

测定土的灵敏度时,重塑试件应保持同原状试件相同的密度和湿度。

4 试件受压破坏时,一般有脆性破坏和塑性破坏两种。脆性破坏有明显的破坏面,轴向压力具有峰值,破坏值容易选取。对于塑性破坏的试件,规定选取应变 20% 的抗压强度为破坏值,但试验应进行到应变达 35%;《土工试验方法标准》(GB/T 50123—1999)规定选取应变为 15% 的抗压强度为破坏值,但试验应进行到应变达 20%。为了与国标和三轴压缩试验取得一致,这次修订时改为选取应变 15% 的抗压强度为破坏值,但试验应进行到应变达 20%。

5 公式(T 0148-2)和公式(T 0148-3)中 Δh 和 h_0 的单位为 cm,而 ΔL 和 R 的单位则为 0.01mm,计算时应将 mm 化为 cm,代入上式。公式(T 0148-5)中的 10 为单位换算系数。

25　粗粒土和巨粒土的最大干密度试验

T 0133—1993　表面振动压实仪法

1　目的和适用范围

1.1　本方法是测定粗粒土和巨粒土最大干密度的试验方法。

1.2　本试验规定采用表面振动压实仪法测定无黏性自由排水粗粒土和巨粒土(包括堆石料)的最大干密度。

1.3　本试验方法适用于通过0.075mm标准筛的土颗粒质量百分数不大于15%的无黏性自由排水粗粒土和巨粒土。

1.4　对于最大颗粒尺寸大于60mm的巨粒土,因受试筒允许最大粒径的限制,宜按本试验3.3规定处理。

2　仪器设备

2.1　振动器:见图T 0133-1,功率0.75～2.2kW,振动频率30～50Hz,激振力10～80kN。钢制夯:可牢固于振动电机上,且有一厚15～40mm夯板。夯板直径应略小于试筒内径2～5mm。夯与振动电机总重在试样表面产生18kPa以上的静压力。

2.2　试筒:见表T 0133-1或根据土体颗粒级配选用较大试筒。但固定试筒的底板须固定于混凝土基础上或至少质量为450kg混凝土块上。试筒容积宜用灌水法每年标定一次。

表 T 0133-1　试样质量及仪器尺寸

土粒最大尺寸(mm)	试样质量(kg)	试筒尺寸		套筒高度(mm)	装料工具
		容积(cm^3)	内径(mm)		
60	34	14 200	280	250	小铲或大勺
40	34	14 200	280	250	小铲或大勺
20	11	2 830	152	305	小铲或大勺
10	11	2 830	152	305	ϕ25mm漏斗
5或<5	11	2 830	152	305	ϕ3mm漏斗

2.3 套筒:内径应与试筒配套,高度为 170 ~ 250mm;与试筒固定后内壁须成直线连接。

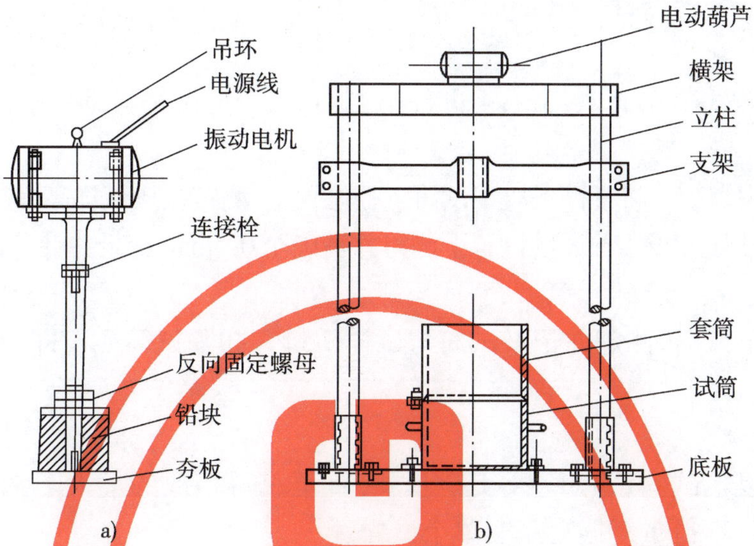

图 T 0133-1 表面振动压实仪试验装置

2.4 台秤、电动葫芦、标准筛(圆孔筛:60mm、40mm、20mm、10mm、5mm、2mm、0.075mm)。

2.5 直钢条:宜用尺寸为 350mm × 25mm × 3mm(长 × 宽 × 厚)。

2.6 深度仪或钢尺:量测精度要求至 0.5mm。

2.7 大铁盘:其尺寸宜用 600mm × 500mm × 80mm(长 × 宽 × 高)。

2.8 其他:烘箱、小铲、大勺及漏斗、橡皮锤、秒表、试筒布套等。

3 试验步骤

3.1 干土法

3.1.1 充分拌匀烘干试样,即使其颗粒分离程度尽可能小;然后大致分成三份。测定并记录空试筒质量。

3.1.2 用小铲或漏斗将任一份试样徐徐装填入试筒,并注意使颗粒分离程度最小(装填量宜使振毕密实后的试样等于或略低于筒高的 1/3);抹平试样表面。然后可用橡皮锤或类似物敲击几次试筒壁,使试料下沉。

3.1.3 将试筒固定于底板上,装上套筒,并与试筒紧密固定。

3.1.4 放下振动器,振动6min。吊起振动器。

3.1.5 按本试验3.1.2~3.1.4进行第二层、第三层试样振动压实。

3.1.6 卸去套筒。将直钢条放于试筒直径位置上,测定振毕试样高度。读数宜从四个均布于试样表面至少距筒壁15mm的位置上测得并精确至0.5mm,记录并计算试样高度H_0。

3.1.7 卸下试筒,测定并记录试筒与试样质量。扣除试筒质量即为试样质量。计算最大干密度ρ_{dmax}。

3.1.8 重复本试验3.1.1~3.1.7步骤,直至获得一致的最大干密度。但须制备足够的代表性试料,不得重复振动压实单个试样。

3.2 湿土法

3.2.1 按湿法试验时,可对烘干试料加足量水,或用现场湿土料进行。拌匀试料颗粒级配及含水率(使颗粒分离程度尽可能小),然后大致分成三份。如果向干料中加水,则需最小饱和时间约1/2h;加水量宜加到足够分量,即在拌和盘中无自由水滞积,且在振密过程中基本保持饱和状态。

注:对于估算向烘干试料中的加水量,起初可尝试每4.5kg试料约加1 000mL的水量,或按下式估算:

$$M_w = M_s\left(\frac{\rho_w}{\rho_d} - \frac{1}{G_s}\right) \quad \text{(T 0133-1)}$$

式中:M_w——加水量(g);

ρ_d——由起初振密结果所估算的干密度(g/cm^3);

M_s——试样质量(g);

ρ_w——水的密度(g/cm^3);

G_s——土粒比重。

3.2.2 将试筒固定于底板上。用小铲或大勺将任一份湿料徐徐填入试筒(装填量宜使振毕试样等于或略低于筒高的1/3)。

3.2.3 放下振动器,振动6min。吊起振动器,吸去试样表面自由水。

3.2.4 按本试验3.2.2、3.2.3进行第二层、第三层试样振动压实。

3.2.5 卸下试筒。吸去加重底板上及边缘的所有自由水。将百分表架支杆插入每个试筒导向瓦套孔中;刷净试筒顶沿面上及加重底板上位于试筒导向瓦两侧测量位置所积落的细粒土,并尽量避免将这些细粒土刷进试筒内。然后分别测读并记录试筒导向瓦每侧试筒顶沿面(中心线处)各三个百分表读数,共12个读数(其平均值即为百分表初始读数 R_i);再从加重底板上测读并记录出相应读数(其平均值即为终了百分表读数 R_f)。

3.2.6 测定振毕试样含水率后。计算最大干密度 ρ_{dmax}。

3.2.7 同本试验3.1.8。

3.3 对于粒径大于60mm的巨粒土,因受试筒允许最大粒径的限制,应按相似级配法制备缩小粒径的系列模型试料。相似级配法粒径及级配按以下公式及图T 0133-2计算。

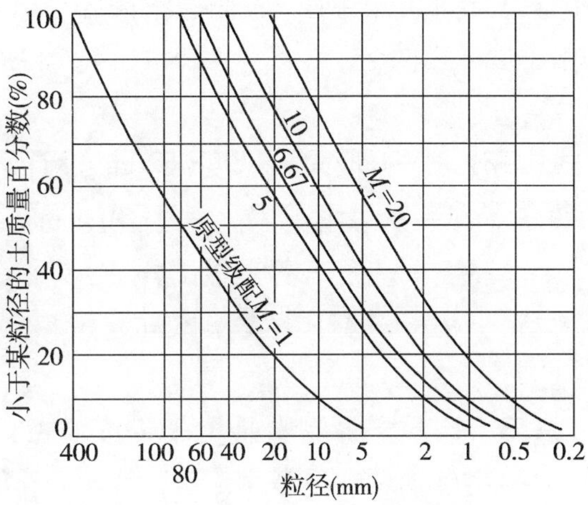

图T 0133-2 原型料与模型料级配关系

相似级配模型试料粒径:

$$d=\frac{D}{M_r} \quad (\text{T 0133-2})$$

式中:D——原型试料级配某粒径(mm);

d——原型试料级配某粒径缩小后的粒径,即模型试料相应粒径(mm);

M_r——粒径缩小倍数,通常称为相似级配模比;

$$M_r=\frac{D_{max}}{d_{max}} \quad (\text{T 0133-3})$$

D_{max}——原型试料级配最大粒径(mm);

d_{max}——试样允许或设定的最大粒径,即60mm、40mm、20mm、10mm等。

相似级配模型试料级配组成与原型级配组成相同,即:

$$P_{M_r}=P_p \quad (\text{T 0133-4})$$

式中:P_{M_r}——原型试料粒径缩小 M_r 倍后(即为模型试料)相应的小于某粒径 d 含量百分数(%);

P_p——原型试料级配小于某粒径 D 的含量百分数(%)。

4 结果整理

4.1 对于干土法,最大干密度 ρ_{dmax}(g/cm³)按下式计算:

$$\rho_{dmax}=\frac{M_d}{V} \quad (\text{T 0133-5})$$

$$V = A_c H$$

式中：ρ_{dmax}——最大干密度(g/cm^3),计算至0.001；

M_d——干试样质量(g)；

V——振毕密实试样体积(cm^3)；

A_c——标定的试筒横断面积(cm^2)；

H——振毕密实试样高度(cm)。

4.2 对于湿土法,最大干密度按下式计算：

$$\rho_{dmax} = \frac{M_m}{V(1 + 0.01w)} \tag{T 0133-6}$$

式中：ρ_{dmax}——最大干密度(g/cm^3),计算至0.001；

V——振毕密实试样体积(cm^3)；

M_m——振毕密实湿试样质量(g)；

w——振毕密实湿试样含水率(%)。

4.3 巨粒土原型料最大干密度应按以下方法确定：

4.3.1 作图法

延长图T 0133-3中最大干密度ρ_{dmax}与相似级配模比M_r的关系直线至$M_r = 1$处,即读得原型试料的ρ_{Dmax}值。

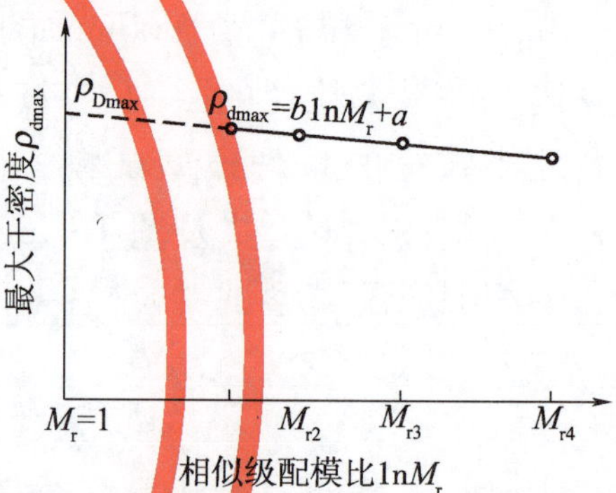

图T 0133-3 模型料ρ_{dmax}—M_r关系

4.3.2 计算法

对几组系列试验结果用曲线拟合法可整理出下式：

$$\rho_{dmax} = a + b\ln M_r \tag{T 0133-7}$$

式中：a、b——试验常数。

由于$M_r = 1$时,$\rho_{dmax} = \rho_{Dmax}$,所以$a = \rho_{Dmax}$

即

$$\rho_{dmax} = \rho_{Dmax} + b\ln M_r \tag{T 0133-8}$$

令$M_r = 1$时,即得原型试料ρ_{Dmax}的值。

4.4 计算干土法所测定的最大干密度试验结果的平均值作为试验报告的最大干密度值,当湿土法结果比干土法高时,采用湿土法试验结果的平均值。

4.5 压实指标计算。

如果已测定最小干密度ρ_{dmax}[采用测定ρ_{dmax}的试筒及装料工具以干土样松填法试验测定,或采用(T 0123—1993)的方法],且已知土料的沉积或填筑干密度ρ_d,则相对密度

D_r 可按下式计算：

$$D_r=\frac{e_{max}-e_0}{e_{max}-e_{min}} \tag{T 0133-9}$$

或

$$D_r=\frac{(\rho_d-\rho_{dmin})\rho_{dmax}}{(\rho_{dmax}-\rho_{dmin})\rho_d} \tag{T 0133-10}$$

式中：D_r——相对密度，计算至0.01；

ρ_{dmin}——最小干密度（g/cm^3）；

ρ_{dmax}——最大干密度（g/cm^3）；

e_0——天然孔隙比或填土的相应孔隙比；

e_{max}——最大孔隙比；

e_{min}——最小孔隙比；

ρ_d——天然干密度或填土的相应干密度（g/cm^3）。

如果粒径大于60mm的巨粒土难以测定其最小干密度，但当已知土料的沉积或填筑干密度 ρ_D 时，则压实度 K 可按下式计算：

$$K=\frac{\rho_D}{\rho_{Dmax}}\times 100 \tag{T 0133-11}$$

4.6 本试验记录格式如表 T 0133-2。

表 T 0133-2 最大干密度试验记录

试料编号 CR21　　试料来源 XBKD　　试料最大料径 60mm

相似级配模比 1.33　　振动频率 50Hz　　全振幅 0.5mm

振动历时 3×10min　　试验日期 ______

试验方法		单位	干土法	
平行测定次数		(kg)	1	2
试样＋试筒质量		(kg)	42.700	42.850
试筒质量		(kg)	12.800	12.800
试样质量	干土法 M_d	(kg)	29.900	30.051
	湿土法 M_m	(kg)		
试筒容积 V_c		(kg)	14 200	14 200
试筒横断面积 A_c		(cm^2)	615.75	615.75
百分表初读数 R_i		(mm)	42.275	46.350
百分表终读数 R_f		(mm)	33.250	36.405
试样表面至试筒顶面距离 $\Delta H=\lvert R_i-R_f\rvert+T_p^*$		(mm)	21.025	21.945
试样体积 $V=[V_c-A_c(\Delta H/10)]\times 10^{-6}$		(m^3)	0.012 905 4	0.012 848 8
试样干密度	干土法 M_d/V	(g/cm^3)	2.316 9	2.338 7
	湿土法 $M_m/[V(1+0.01w^{**})]$	(g/cm^3)		
最大干密度（即平均值）ρ_{dmax}		(g/cm^3)	2.327 8	

续上表

试验方法		干土法
任意两个试验值的偏差范围(以平均值百分数表示)	(%)	0.94
标准差 S	(g/cm^3)	0.001 4
* T_p = 加重底板厚度,12mm; * * w = 振毕湿试样含水率(%)		试验异常情况:

试验者______ 计算者______ 校核者______

4.7 精密度及允许差。

最大干密度试验结果精度要求如表 T 0133-3 所列。最大干密度 ρ_{dmax}(g/cm^3),取三位有效数字。

表 T 0133-3 最大干密度试验结果精度

试料粒径 (mm)	标准差 S (g/cm^3)	两个试验结果的允许范围 (以平均值百分数表示) (%)
<5	±0.013	2.7
5~60	±0.022	4.1

5 报告

5.1 试料来源,外观描述。

5.2 试筒尺寸及方法。

5.3 任何反常现象,如试料损失、分离,加重底板过分倾斜等。

条文说明

1 本试验规定采用表面振动压实仪法测定无黏聚性自由排水粗粒土和巨粒土(小于0.075mm的干颗粒质量百分数不大于15%)的最大干密度。定性地说,本法可适用于颗粒土,特别是击实试验无法或难以确定最大干密度及最佳含水率的高透水性土,此时本法也可测定得出最佳含水率,如果将试料按击实试验那样制备不同含水率(最好相差1%~2%,并要充分拌和均匀才行)的话。

英国、瑞典等国家标准采用表面振动压实仪法。本规程系根据冯冠庆、杨荫华的研究结果制定的。

2 表面振动压实仪法,目前多采用H形支架,以扶持振动器作垂直振动。试验配置两种尺寸的试筒及相应附加荷重(但在试样表面产生的静压力仍为18kPa),从而适用于不同粒径的土样(表T 0133-1)。

试验表明,对于不同级配特征的土料,当表面静压力(即振动器总重量作用在试验样表面上的静压力)从7kPa增至200kPa时,压实干密度随之先增大而后降低。因此,试验应根据土料的级配特征确定试验表面静压力。按目前国内试验设备的现状宜取18kPa以上。对粗粒土的系统试验表明,不同级配特征的粗、巨粒土,其振动压实的最佳振动频率、激振力和振动时间不同。当土料全为粗、巨粒土时,根据土料级配特征的不同，最佳振动频率范围为30~50Hz，最佳激振力为50~80kN，最佳振动时间为3~4min。

3 试验表明，压实干密度随振动历时的增长而增大，当振至6min左右时，干密度变化甚微，基本稳定。本规程规定振动6min。通常振动时间为3~4min压实效率较高。

由于振动器的激振力(F)为4.2kN，当表面静压力$p_s=14$kPa时，振动器总重(Q)为0.84kN，因此，相应振动器加速度(幅值)$a_p=FQ=5g$。$a_p=5g$时，相应振幅0.55mm即为最优振幅。

表面振动器法也是分三层压实时，干密度值较大。

4.7 本法在测定试样体积时暂要求其试验测定精度与振动台法(T 0132—1993)相同。

《93规程》中密度采用的计量单位(kg/m^3)不是法定计量单位，本次修订改为法定计量单位(g/cm^3)。

T 0132—1993 振动台法

1 目的和适用范围

1.1 本方法是测定粗粒土和巨粒土最大干密度的比选试验方法。

1.2 本试验规定采用振动台法测定无黏性自由排水粗粒土和巨粒土(包括堆石料)的最大干密度。

1.3 本试验方法适用于通过0.075mm标准筛的干颗粒质量百分数不大于15%的无黏性自由排水粗粒土和巨粒土。

1.4 对于最大颗粒尺寸大于60mm的巨粒土，因受试筒允许最大粒径的限制，宜按3.3规定处理。

2 仪器设备

2.1 振动台(图T 0132-1)：固定于混凝土基础上；振动台面尺寸至少550mm×550mm，且具有足够刚度。振动台最大负荷应满足试筒、套筒、试样、加重底板及加重块等质量的要求，不宜小于200kg；其频率20~60Hz可调，双振幅0~2mm可调。

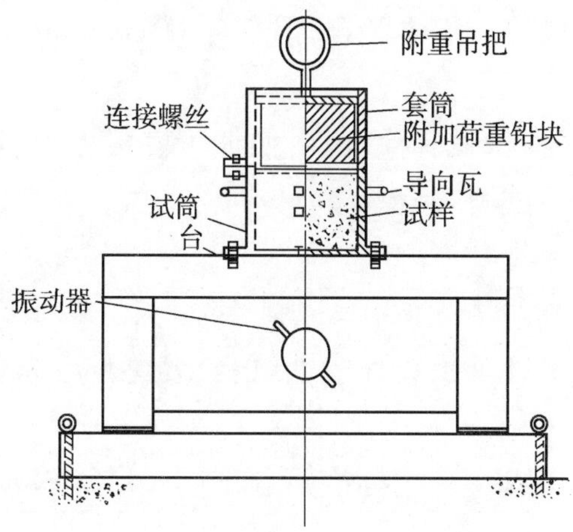

图T 0132-1 振动台法试验装置

2.2 试筒：圆柱形金属筒，按表T 0132-1规定选用。试筒容积宜用灌水法每年标定一次。

2.3 套筒：内径宜与试筒配套一致，见表T 0132-1，且与试筒紧密固定后内壁成直线连接。

2.4 加重底板：底板为12mm厚的钢板，其直径略小于相应试筒内径，中心应有15mm

未穿通的提吊螺孔。

表 T 0132-1　试样质量及仪器尺寸

土粒最大尺寸(mm)	试样质量(kg)	试筒尺寸		套筒高度(mm)	装料工具
		容积(cm^3)	内径(mm)		
60	34	14 200	280	250	小铲或大勺
40	34	14 200	280	250	小铲或大勺
20	11	2 830	152	305	小铲或大勺
10	11	2 830	152	305	ϕ25mm 漏斗
5 或 <5	11	2 830	152	305	ϕ3mm 漏斗

2.5　加重块:对于相应采用的试筒,加重块及其加重底板在试样表面产生的静压力应根据碾压设备确定,一般应大于 18kPa。

2.6　百分表及表架:百分表量程至少 50mm 以上,分度值为 0.025mm。表架支杆应能插入试筒导向瓦套孔中,并使百分表表头杆中心线与试筒中心线或内壁面平行。

2.7　台秤:应具有足够测定试筒及试样总质量的量程,且达到所测定土质量 0.1% 的精度。所用台秤,对于 ϕ280mm 试筒,量程至少 50kg,感量 6g;对于 ϕ152mm 试筒,量程至少 30kg,感量 2g。

2.8　起吊机:起重量至少 180kg。

2.9　标准筛(圆孔筛):60mm、40mm、20mm、10mm、5mm、2mm、0.075mm。

2.10　其他工具:如加重底板提手、烘箱、金属盘、小铲、大勺及漏斗、橡皮锤、秒表、直钢尺、试筒布套等。

3　试样

3.1　采集代表性试料,妥善贮存备用。

3.2　采用标准筛分法(T 0115—2007)测定各粒组的颗粒百分数。

3.3　对于粒径大于 60mm 的巨粒土,因受试筒允许最大粒径的限制,应按相似级配法制备缩小粒径的系列模型试料。相似级配法粒径及级配按以下公式及图 T 0132-2 计算。

相似级配模型试料粒径:

$$d = \frac{D}{M_r} \qquad (T\ 0132\text{-}1)$$

式中：D——原型试料级配某粒径(mm)；

d——原型试料级配某粒径缩小后的粒径，即模型试料相应粒径(mm)；

M_r——粒径缩小倍数，通常称为相似级配模比：

$$M_r = \frac{D_{max}}{d_{max}} \qquad (T\ 0132\text{-}2)$$

D_{max}——原型试料级配最大粒径(mm)；

d_{max}——试样允许或设定的最大粒径，即60mm、40mm、20mm、10mm等。

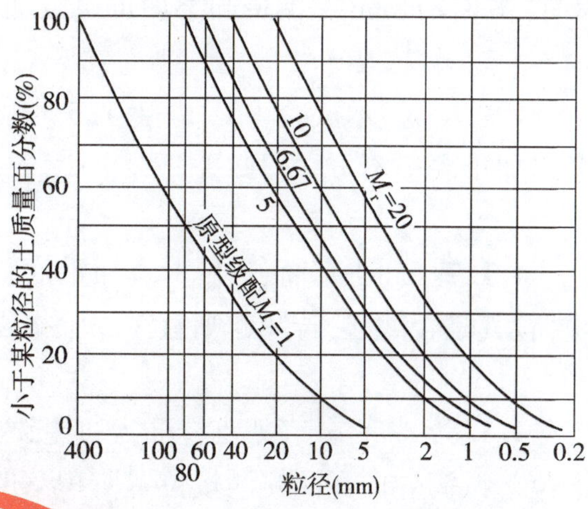

图 T 0132-2　原型料与模型料级配关系

相似级配模型试料级配组成与原型级配组成相同，即：

$$P_{M_r} = P_p \qquad (T\ 0132\text{-}3)$$

式中：P_{M_r}——原型试料粒径缩小 M_r 倍后(即为模型试料)相应的小于某粒径 d 含量百分数(%)；

P_p——原型试料级配小于某粒径 D 的含量百分数(%)。

3.4　如果采用干土法进行试验，则需将试样在烘箱内烘至恒量，并用烘干法测定现场试料含水率。烘干后，应完全剥去弱胶结物，以免增大颗粒的自然尺寸。

4　试验步骤

4.1　干土法

4.1.1　充分拌匀烘干试样，即使其颗粒分离程度尽可能小；然后大致分成三份。测定并记录空试筒质量。

4.1.2　用小铲或漏斗将任一份试样徐徐装填入试筒，并注意使颗粒分离程度最小(装填量宜使振毕密实后的试样等于或略低于筒高的1/3)；抹平试样表面。然后可用橡皮锤或类似物敲击几次试筒壁，使试料下沉。

4.1.3　放置合适的加重底板于试料表面上，轻轻转动几下，使加重底板与试样表面密合一致。卸下加重底板把手。

4.1.4　将试筒固定于振动台面上，装上套筒，并与试筒紧密固定。将合适的加重块置于加重底板上，其上部尽量不与套筒内壁接触。

4.1.5　设定振动台在振动频率50Hz下的垂直振动双振幅为0.5mm；或在振动频率60Hz下的垂直振动双振幅为0.35mm。振动试筒及试样等，在50Hz下振动10min；在

60Hz 下振动 8min。振毕卸去加重块及加重底板。

4.1.6 按本试验 4.1.2~4.1.5 步骤进行第二层、第三层试料振动压实。但第三层振毕加重底板不再立即卸去。

4.1.7 卸去套筒,然后检查加重底板是否与试样表面密合一致,即按压加重底板边缘,看其是否翘起,若翘起则宜在试验报告中注明。

4.1.8 将百分表架支杆插入每个试筒导向瓦套孔中;刷净试筒顶沿面上及加重底板上位于试筒导向瓦两侧测量位置所积落的细粒土,并尽量避免将这些细粒土刷进试筒内。然后分别测读并记录试筒导向瓦每侧试筒顶沿面(中心线处)各三个百分表读数,共 12 个读数(其平均值即为百分表初始读数 R_i);再从加重底板上测读并记录出相应读数(其平均值即为终了百分表读数 R_f)。

4.1.9 卸去加重底板,并从振动台面上卸下试筒。在此过程中,尽可能避免加重底板上及试筒沿面上落积的细粒土进入试筒里。如这些细粒土质量超过试样总质量的 0.2%,应测定其质量并注明于试验报告中。

4.1.10 在合适的台秤上测定并记录试筒及试样总质量,扣除空试筒质量即为试样质量,或仔细地将试筒里试样全部倒入已知质量的盘中称量。计算最大干密度 ρ_{dmax}。

4.1.11 重复本试验 4.1.1~4.1.10 步骤,直至获得一致的最大干密度值(最好在 2% 内)。如果发现产生过分的颗粒破碎或者是有棱角的石渣、堆石料或风化软弱岩试料,则宜尽量制备足够数量代表性试样,以避免单个试样重复使用。

4.2 湿土法

4.2.1 按湿法试验时,可对烘干试料加足量水,或用现场湿土料进行。拌匀试料颗粒级配及含水率(使颗粒分离程度尽可能小),然后大致分成三份。如果向干料中加水,则需最小饱和时间约 1/2h;加水量宜加到足够分量,即在拌和盘中无自由水滞积,且在振密过程中基本保持饱和状态。

注:对于估算向烘干试料中的加水量,起初可尝试每 4.5kg 试料约加 1 000mL 的水量,或按下式估算:

$$M_w = M_s\left(\frac{\rho_w}{\rho_d} - \frac{1}{G_s}\right) \quad (\text{T 0132-4})$$

式中:M_w——加水量(g);

ρ_d——由起初振密结果所估算的干密度(g/cm^3);

M_s——试样质量(g)；

ρ_w——水的密度(g/cm^3)；

G_s——土粒比重。

4.2.2 装试筒于振动台上。启动振动台，用小铲或勺将任一份湿料徐徐装填入试筒(装填料宜使振毕试样等于或略低于筒高的1/3)。每次添加试料后，宜察看试样表面是否滞积有少量自由水。若无，可用海绵蘸水挤入、小器皿注入或其他工具加入足量水。在此过程中，振动台的振幅或振动频率或这两者须随时调节，以阻止试样颗粒过分沸动或松散。大致振动2~3min后，宜用尽可能不带走土粒的办法吸去试样表面的所有自由水。

4.2.3 按本试验4.1.3、4.1.4步骤装上加重底板、套筒及加重块。

4.2.4 振动试筒及试样等，按本试验4.1.5步骤进行振动。振毕，卸去加重块及加重底板。吸去试样表面所有自由水。

4.2.5 按本试验4.1.3~4.1.5步骤进行第二层、第三层试料的振动压实。但第三层振毕加重底板不再立即卸去。

4.2.6 卸下套筒。吸去加重底板上及边缘的所有自由水。按本试验4.1.8步骤测读并记录百分表读数。

4.2.7 按本试验4.1.9步骤卸下加重底板及试筒，然后测定并记录试筒与试样的总质量。为测定试样的含水率，仔细地将试筒中全部湿试样倒入已知质量的盘中，并将黏附于试筒内壁及筒的所有颗粒冲洗于盘中；然后在烘箱中将试样烘至恒量，测定并记录其烘干质量。

5 结果整理

5.1 对于干土法，最大干密度按下式计算：

$$\rho_{dmax}=\frac{M_d}{V} \tag{T 0132-5}$$

式中：ρ_{dmax}——最大干密度(g/cm^3)，计算至0.001；

M_d——干试样质量(kg)；

V——振毕密实试样体积(m^3)；

$$V=\left[V_c-A_c\left(\frac{\Delta H}{10}\right)\right]\times10^{-6}$$

V_c——标定的试筒体积(cm^3)；

A_c——标定的试筒横断面积(cm^2)；

$$\Delta H = (R_i - R_f) + T_p \quad \text{(顺时针读数百分表)}$$
$$= (R_f - R_i) + T_p \quad \text{(逆时针读数百分表)}$$

R_i——初始百分表读数(0.01mm);

R_f——振毕后加重底板上相对位置百分表终读数的均值(0.01mm);

T_p——加重底板厚度(mm)。

5.2 对于湿土法,最大干密度按下式计算:

$$\rho_{dmax} = \frac{M_m}{V(1 + 0.01w)} \tag{T 0132-6}$$

式中:M_m——振毕密实湿试样质量(kg);

w——振毕密实试样含水率(%)。

5.3 巨粒土原型料最大干密度应按以下方法确定:

5.3.1 作图法

延长图 T 0132-3 中最大干密度 ρ_{dmax} 与相似级配模比 M_r 的关系直线至 $M_r = 1$ 处,即读得原型试料的 ρ_{Dmax} 值。

5.3.2 计算法

对几组系列试验结果用曲线拟合法可整理出下式:

$$\rho_{dmax} = a + b\ln M_r \tag{T 0132-7}$$

式中:a、b——试验常数。

由于 $M_r = 1$ 时,$\rho_{dmax} = \rho_{Dmax}$,所以 $a = \rho_{Dmax}$

即

$$\rho_{dmax} = \rho_{Dmax} + b\ln M_r \tag{T 0132-8}$$

令 $M_r = 1$ 时,即得原型试料 ρ_{Dmax} 的值。

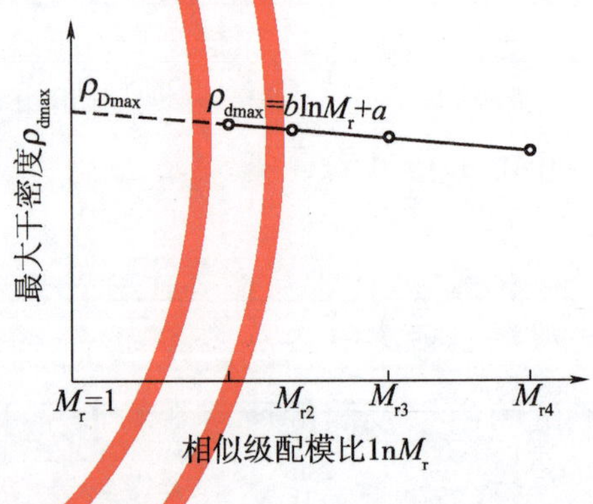

图 T 0132-3 模型料 ρ_{dmax}—M_r 关系

5.4 计算干土法所测定的最大干密度试验结果的平均值作为试验报告的最大干密度值。当湿土法结果比干土法高时,采用湿土法试验结果的平均值。

5.5 压实指标计算。

如果已测定最小干密度 ρ_{dmax}[采用测定 ρ_{dmax} 的试筒及装料工具以干土样松填法试验测定,或采用(T 0123—1993)的方法],且已知土料的沉积或填筑干密度 ρ_d,则相对密度 D_r 可按下式计算:

$$D_r = \frac{e_{max} - e_0}{e_{max} - e_{min}} \tag{T 0132-9}$$

或

$$D_r = \frac{(\rho_d - \rho_{dmin})\rho_{dmax}}{(\rho_{dmax} - \rho_{dmin})\rho_d} \qquad (T\ 0132\text{-}10)$$

式中：D_r——相对密度，计算至0.01；

ρ_{dmin}——最小干密度(g/cm^3)；

ρ_{dmax}——最大干密度(g/cm^3)；

e_0——天然孔隙比或填土的相应孔隙比；

e_{max}——最大孔隙比；

e_{min}——最小孔隙比；

ρ_d——天然干密度或填土的相应干密度(g/cm^3)。

如果粒径大于60mm的巨粒土难以测定其最小干密度，但当已知土料的沉积或填筑干密度ρ_D时，则压实度K可按下式计算：

$$K = \frac{\rho_D}{\rho_{Dmax}} \times 100 \qquad (T\ 0132\text{-}11)$$

5.6 本试验记录格式如表T 0132-2。

表T 0132-2 最大干密度试验记录

试料编号 CR21　　试料来源 XBKD　　试料最大料径 60mm

相似级配模比 1.33　　振动频率 50Hz　　全振幅 0.5mm

振动历时 3×10min　　试验日期 ______

试验方法			干土法	
平行测定次数		(kg)	1	2
试样+试筒质量		(kg)	42.700	42.850
试筒质量		(kg)	12.800	12.800
试样质量	干土法 M_d	(kg)	29.900	30.051
	湿土法 M_m	(kg)		
试筒容积 V_c		(kg)	14 200	14 200
试筒横断面积 A_c		(cm^2)	615.75	615.75
百分表初读数 R_i		(mm)	42.275	46.350
百分表终读数 R_f		(mm)	33.250	36.405
试样表面至试筒顶面距离 $\Delta H = \mid R_i - R_f \mid + T_p^*$		(mm)	21.025	21.945
试样体积 $V = [V_c - A_c(\Delta H/10)] \times 10^{-6}$		(m^3)	0.012 905 4	0.012 848 8
试样干密度	干土法 M_d/V	(g/cm^3)	2.316 9	2.338 7
	湿土法 $M_m/[V(1+0.01w^{**})]$	(g/cm^3)		
最大干密度(即平均值)ρ_{dmax}		(g/cm^3)	2.327 8	
任意两个试验值的偏差范围(以平均值百分数表示)		(%)	0.94	
标准差 S		(g/cm^3)	0.011 4	
* T_p = 加重底板厚度，12mm； ** w = 振毕湿试样含水率(%)			试验异常情况：	

试验者______　　计算者______　　校核者______

5.7 精密度及允许差。

最大干密度试验结果精度要求如表 T 0132-3 所列。最大干密度 ρ_{dmax} (g/cm^3),取三位有效数字。

表 T 0132-3 最大干密度试验结果精度

试料粒径(mm)	标准差 S (g/cm^3)	两个试验结果的允许范围(以平均值百分数表示)(%)
<5	±0.013	2.7
5~60	±0.022	4.1

6 报告

6.1 试料来源,外观描述。

6.2 试筒尺寸及方法。

6.3 任何反常现象,如试料损失、分离,加重底板过分倾斜等。

条文说明

1 本试验规定采用振动台法测定无黏性自由排水粗粒土和巨粒土(小于 0.075mm 的干颗粒质量百分数不大于 15%)的最大干密度。

振动台法与表面振动压实仪法均是采用振动方法测定土的最大干密度。前者是整个土样同时受到垂直方向的振动作用,而后者是振动作用自土体表面垂直向下传递的。研究成果表明,这两种方法对无黏聚性自由排水土最大干密度试验的测定结果基本一致,但前者试验设备及操作较复杂;后者相对较简易,且更接近于现场振动碾压的实际状况。各单位可根据试验设备情况选择试验方法,但推荐优先考虑采用表面振动压实仪法。

顺便指出的是,已有的国内外研究结果表明,对于像砂卵漂石及堆石料(Rockfill materials)这样的无黏聚性自由排水土而言,普氏击实法不是最合适的测定最大干密度的方法,国内外一致公认采用振动方法,而不采用普氏击实法。因此,本规程建议对于粗、巨粒土应采用本次增列的振动方法测定无黏聚性自由排水土的最大干密度。

2 为满足试筒、套筒、试样、加重底板及加重块等质量的要求,振动台最大负荷不宜小于 200kg。试筒容积随土粒最大尺寸而异,对于 60mm 允许最大料径,试筒容积达 14 200cm^3。试样允许最大粒径应与试筒尺寸相对应,见表 T 0132-1。为便于操作,须配备一台起吊机。

加重块的质量对振动台法振动压实粗、巨粒土的压实效果影响较大,它与土的级配特征关系密切。

3 对于大于 60mm 的巨粒土,因受试筒允许最大粒径的限制,宜采用按相似级配法缩小粒径的系列模型试料。目前有多种处理办法,如剔除超径颗粒、等量代替法、相似级配法及渐近线辅助法等,各法均有优缺点。但相似级配法外插得到的巨粒土及堆石料的最大干密度因得到现场振动碾压及原位实测资料的印证,因此使该法具有实用意义。从而本规程推荐用该法。

满足本试验精度要求的最少试样个数即是测定一个最大干密度值所需制备的最少土样数,这些土样应同时制备。一般制备2～4个试样即可。对于巨粒土，则是预定的模型试料个数的2～4倍。

4　试验方法分干土法和湿土法两种。干土法采用烘干试样；湿土法则对烘干试样加足量的水，或用现场的土料进行试验。

试验表明，无论是分层装填试料，还是施加不同的附加荷重，振动干密度均随振动历时的延长而增大；且当历时达8min以后，振动压实干密度基本上趋于稳定，即使分三层振动时，从8min至10min时的干密度增大也不显著。本规程规定，在50Hz下振动10min；在60Hz时，参照ASTM等规定振动8min。

试验表明，试样分层装填振压可以显著提高干密度。分三层装填振动压实干密度最大。本规程规定分三层装填试样。

试验还发现，当振动频率为25～30Hz时，有一个最优振幅0.50mm，相应的振动加速度为1.81g；当频率为47.5～50Hz时，有一个最优振幅0.30mm，相应的加速度为2.73g。由图T 0132-4可见，为得到较大的干密度值，应采用振动频率47.5～50Hz，最优振幅0.25mm，相应的最优加速度为2.5g。

当振动加速度超过一定值（如3.63g）时，试样颗粒会产生分离现象，这表明加速度不可太大。

5　根据原型土样最大粒径分别选取至少4个适当的相似模比值M_{r1}、M_{r2}、M_{r3}、M_{r4}，并分别制备相应的土样。测定出对应于每一个M值的土样的最大干密度值ρ_{dmax}后，以ρ_{dmax}为纵坐标，M_r为横坐标，将这些相应的M_r与ρ_{dmax}点在半对数坐标纸上。

试验表明，巨粒土相似级配模型料最大干密度与相似模比之间存在着半对数线性关系，如图T 0132-5所示。若视原型料为相似模比$M_r=1$时的模型料，则其最大密度点也必落在图中半对数直线上，即将图中ρ_{dmax}与$1nM_r$直线延长至$M_r=1$处，便得到原型料最大干密度$\rho_{dmax}=2.34g/cm^3$。若用曲线拟合法，可得：

$$\rho_{dmax} = -0.06\ln M_r + 2.34$$

显然，当$M_r=1$时，有$\rho_{dmax}=2.34g/cm^3$，与作图法一致。

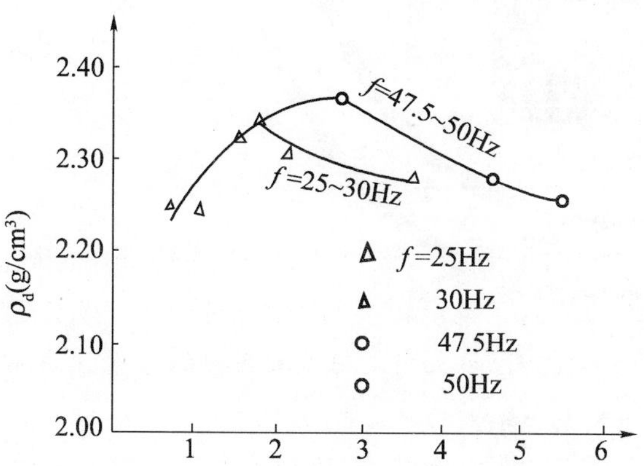

图T 0132-4　振动加速度对干密度的影响

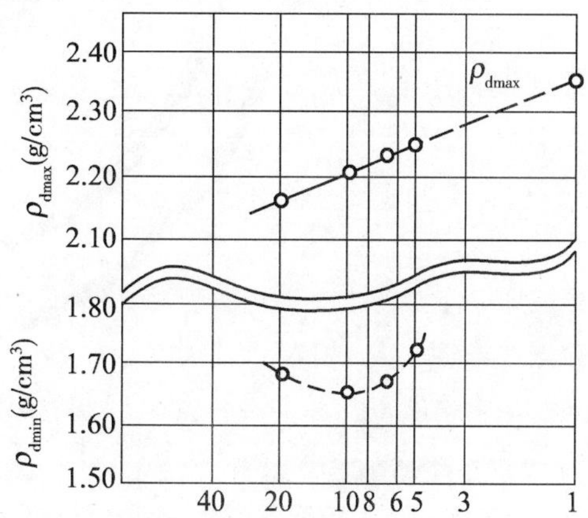

图T 0132-5　模型干密度与模型比的关系

从表T 0132-4可见，按现行规程振动台法所测定的最大干密度均低于现场碾压试验干密度中值。而推荐方法所测定的最大密度则接近或超过现场碾压干密度中值。这表明，推荐方法与现场碾压试验结果基本一致。

按推荐方法试验结果，易知某工程主堆石填方为：主堆石$K=92.7\%$，垫层料$K=100.8\%$。因此，推荐的室内试验方法有可能确定巨粒土及堆石料的现场填筑标准。

表 T 0132-4　现场试验结果

对比	现场 TZP—12t 牵引式振动碾碾压试验					室内试验,最大干密度(g/cm^3)			
试验 料别	最大粒径 d_{max} (mm)	层厚 Δh (cm)	碾压遍数	碾压干密度 ρ_d 及 $\bar{\rho}_d$ (g/cm^3)	设计干密度 ρ_d (g/cm^3)	推荐方法		原水电部《土工试验规程》振动台法	备注
						振动台法	表面振动压实仪法		
主堆石料	400	80	6	2.12~2.23 平均 2.17	2.10	2.34			
	600		8	2.08~2.30 平均 2.19				2.15	
垫层	80	40	6	2.37~2.40 平均 2.39	2.30	2.37	2.35	2.17	

6　从表 T 0132-4 可见,两个试验结果的范围为 0.94,小于允许值 4.1,表明最大密度试验结果满足精度要求。

《93 规程》中密度采用的计量单位(kg/m^3)不是法定计量单位,本次修订改为法定计量单位(g/cm^3)。

26 粗粒土的直接剪切试验

T 0178—2007 粗粒土直接剪切试验

1 目的和适用范围

1.1 本试验采用应力控制式或应变控制式大型直接剪切仪测定粗、巨粒土的抗剪强度参数。试验描述以应力控制式大型直接剪切试验为例。

1.2 本试验方法适用于最大粒径为60mm的粗颗粒土。

2 仪器设备

2.1 应力控制式大型直剪仪：由上剪切盒、下剪切盒、传压板、滚珠排、垂直加压框架和水平加压支座等组成，如图T 0178－1。

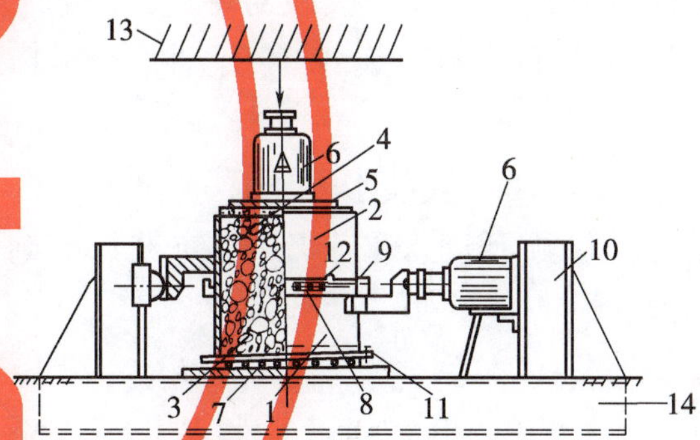

图T 0178-1 大型直剪仪示意图

1-下剪切盒；2-上剪切盒；3-透水板；4-试样；5-传压板；6-千斤顶；7-滚轴排；8-开缝装置；9-水槽；10-水平加荷支座；11-进水孔；12-固定销；13-上反力横梁；14-下反力横梁

2.1.1 剪切盒：形状宜采用圆形，尺寸：D/d_{max}为8～12，H/d_{max}为4～8。

2.1.2 加荷设备双向油压千斤顶2台和稳压装置。

2.2 百分表：量程30mm，分度值0.01mm。

2.3 其他设备：真空泵（附真空测压表）、饱和器（附金属真空缸）、粗筛一套（筛孔孔径分别60mm、40mm、20mm、10mm、5mm、2mm）、磅秤（分度值250g）、台秤、托盘天平、水平尺、拌和工具、恒湿设备与击实锤。

3 试验步骤

3.1 制备和安装

3.1.1 试样按（T 0102—2007）的规定进行备料。根据试验要求的干密度、含水率和试样尺寸,计算并称取试验所需的土样数量。对无黏性粗颗粒土,为防止颗粒分离,也可根据装填层数,分层称取试验所需的土样。

3.1.2 将下吊放在滚轴排上,并在下剪切盒上安放开缝环及钢珠[控制剪切开缝尺寸为(1/3 ~ 1/4)d_{max}],然后将上剪切盒放上,务使上、下盒同心,并用固定插销定位。

3.1.3 将称好的试样拌匀后分层装入剪切盒内(层次可根据高度与层缝错开的原则而定,一般为3或5层)。每一层应击实至要求的高度。对黏质粗颗粒土,每层表面刨毛后,再填第二层。重复上述步骤至最后一层,整平表面。

3.1.4 试样如需饱和,对无黏性粗颗粒土,宜用水头饱法;对黏质粗颗粒土宜用真空饱和法。

3.1.5 在试样面上依次放上透水板、传压板、垂直千斤顶和传压板等,并与液压稳定器管路连接。要求安装对中,传压板应用水平尺校平。上、下反力钢梁应水平。然后安装2 ~ 4个垂直百分表,徐徐开动垂直千斤顶,使各部接触。记录变形起始读数。

3.1.6 安装水平千斤顶和水平百分表,务使水平千斤顶的着力线通过剪切面的中心。徐徐开动水平千斤顶,使其与下剪切盒的着力点接触(即水平百分表开始微动)即停止。

3.1.7 每组试验应制备4或5个试样,其密度差值不得大于0.03g/cm^3,含水率差值不得大于1%。在不同压力下进行试验,各级垂直压力级差大致相同。

3.2 快剪试验(Q)

3.2.1 按本试验3.1.5的规定安装试样和定位,但在试样上、下面接触处,安放与透水板厚度相等的不透水钢板。在试样上一次施加额定的垂直荷载,使其在整个试验过程中保持恒定。

3.2.2 拔除上、下剪切盒的固定销并取掉开缝环。记录垂直、水平千斤顶、百分表等的读数。随即开动水平千斤顶,施加水平荷载,每30s加一级,并测读一次水平百分表和垂直百分表的读数。起始水平荷载按垂直荷载的7% ~ 10%施加。当某级水平荷载下的剪切位移超过前一级剪切位移的1.5 ~ 2.0倍时,改为按5%施加。每施加一级水平荷载,测读垂直和水平百分表各一次。

当水平荷载读数不再增加或剪切变形急骤增长时,即认为已剪损。若无上述两种情况出现,应控制剪切变形达试样直径的1/15 ~ 1/10,方可停止试验。应控制试样在5 ~

10min 内达到剪切破坏。

3.2.3 试验结束后,尽快卸去百分表、水平荷载、垂直荷载和加荷设备。视需要对剪切面作简要描述。取剪切面附近的试样,测定其剪切后含水率与颗粒级配。

3.3 固结快剪试验(R)

3.3.1 按本试验 3.2.1 的规定进行试样安装和定位。但试样上、下两面的不透水板换放细铜丝布和透水钢板。

3.3.2 在试样上施加垂直荷载后,如每小时垂直变形小于 0.03mm,则认为变形稳定。测记此时垂直百分表读数。

3.3.3 试样达到固结稳定后,按本试验 3.2.2 和 3.2.3 的规定进行剪切。

3.4 慢剪试验(S)

3.4.1 按本试验 3.2.1 的规定进行试样安装和定位。但试样上、下两面的不透水板改放细铜丝布和透水钢板。

3.4.2 按本试验 3.3.2 的规定进行试样固结。

3.4.3 试样达到固结稳定,拔除上、下剪切盒固定销并取掉开缝环。检查垂直千斤顶、水平千斤顶、百分表等,记录其读数。开动水平千斤顶,施加水平荷载,每隔 1min 测记一次水平百分表读数和垂直百分表读数。若 1min 内剪切变形不超过 0.01mm,则施加下一级水平荷载。起始水平荷载每级按垂直荷载的 7% ~10% 施加,当某级水平荷载下的剪切位移超过前一级剪切位移的 1.5 ~2.0 倍时,改为按 5% 施加。

当水平荷载读数不再增加或剪切变形急骤增长,即认为已剪损。若无上述两种情况出现,应控制剪切变形达试样直径的 1/5 ~1/10,方可停止试验。

3.4.4 试验结束后,按本试验 3.2.3 的规定拆除试样,并测定其剪切后含水率与颗粒级配。

4 结果整理

4.1 按下列公式计算垂直压力和剪应力:

$$P=\frac{P_{\mathrm{v}}+\Delta P}{A} \qquad (\mathrm{T\ 0178\text{-}1})$$

$$\tau=\frac{P_h-F}{A} \quad (T\ 0178\text{-}2)$$

$$P_v=C_vR_v \quad (T\ 0178\text{-}3)$$

$$P_h=C_hR_h \quad (T\ 0178\text{-}4)$$

式中：P、τ——分别为垂直压力和剪应力(kPa)；

P_v、P_h——分别为垂直荷载和水平荷载(kN)；

C_v、C_h——分别为垂直千斤顶和水平千斤顶上压力表的率定系数(kN/kPa)；

R_v、R_h——分别为垂直和水平千斤顶压力表读数(kPa)；

F——某垂直压力下仪器摩擦力(kN)；

ΔP——附加垂直荷载，包括透水板、传压板和千斤顶的重力，千斤顶以上的设备重力不计在内(kN)；

A——试样面积(m^2)。

4.2 以剪应力和垂直变形为纵坐标，水平位移为横坐标，分别绘制某级垂直压力下剪应力 τ 与水平位移 ΔL 关系曲线和垂直变形 Δs 与水平位移 ΔL 关系曲线，见图 T 0178-2 和图 T 0178-3。

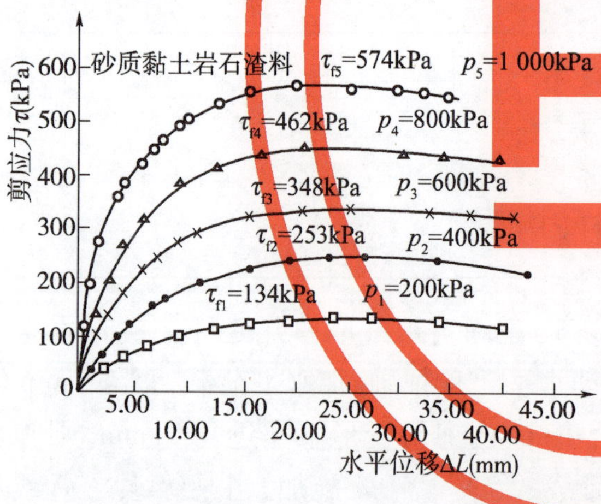

图 T 0178-2 剪应力与水平位移关系曲线

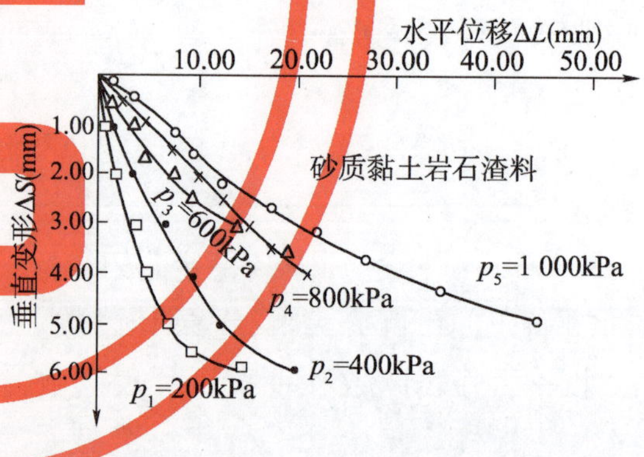

图 T 0178-3 水平位移与垂直变形关系曲线

4.3 取剪应力 τ 与水平位移 ΔL 关系曲线上峰值或稳定值作为抗剪强度。如无明显峰值，则取水平位移达到试样直径 1/15～1/10 处的剪应力作为抗剪强度 S。

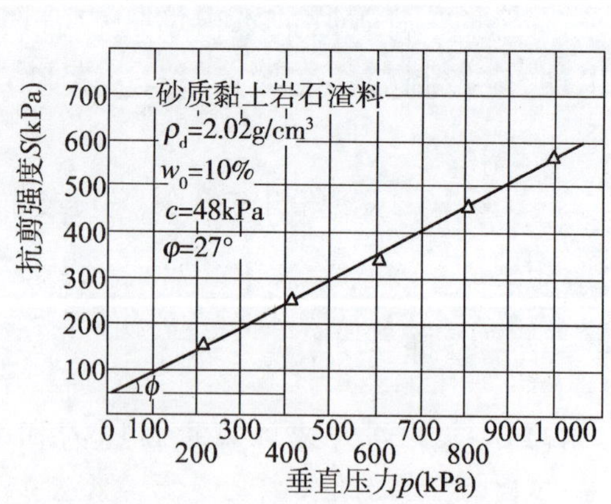

图 T 0178-4 抗剪强度与垂直压力关系曲线

4.4 以抗剪强度 S 为纵坐标，垂直压力 P 为横坐标，绘制抗剪强度 S 与垂直压力 P 的关系曲线，如图 T 0178-4 所示。直线的倾角为粗颗粒土的内摩擦角 φ，直线在纵坐标轴上的截距为粗颗粒土

的黏聚力 c。

4.5 本试验的记录格式如表 T 0178-1，试验结果见图 T 0178-4。

表 T 0178-1 粗颗粒土直接剪切试验记录表

工程名称＿＿＿＿＿ 钻孔编号＿＿＿＿＿ 试验者＿＿＿＿＿

制样日期＿＿＿＿＿ 计 算 者＿＿＿＿＿ 校核者＿＿＿＿＿

试样方法 快剪(Q) 固结快剪（R） 慢剪(S)

垂直压力 p =	kPa	试样面积 A =	m^2
固结时间 t =	h	开缝尺寸 t_1 =	mm
剪切速率 S =	mm/min	摩擦力 F =	kN
起始干密度 ρ_d =	g/cm^3	千斤顶率定系数:	
风干含水率 w =	%	C_v =	kN/kPa
破坏剪应力 τ=	kPa	C_h =	kN/kPa

水平压力表读数(kPa)	剪应力τ(kPa)	垂直压力表读数(kPa)	水平位移(0.01mm)				垂直变形(0.01mm)			
			百分表读数 ΔL			累计增量 $\Sigma\Delta L$	百分表读数 ΔL			累计增量 $\Sigma\Delta L$
			1	2	平均		1	2	平均	
备注										

5 报告

5.1 土的鉴别分类和代号。

5.2 粗粒土的抗剪强度指标 c、φ 值。

条文说明

2 对粗颗粒土进行直剪试验时，试样尺寸取决于最大粒径。根据国内外现有资料，统计了各试验研究单位所用试样尺寸与最大粒径的比值。

由统计分析可知：试样直径与最大粒径的比值(D/d_{max})变化范围较大，为 4～12.5。其中径径比为 7.5～10 的统计数为 64%，径径比小于 7.5 的占 25%，径径比大于 10 的占 11%；高径比的变化为 1.5～10，其中高径比为 4～8 的占 53%，高径比大于 8 的占 17%，高径比小于 4 的占 30%。以上各单位采用的比值较集中为：径径比为 7.5～10，高径比为 4～8。

不同的径径比和不同的高径比，对粗颗粒土的摩擦角的影响如图 T 0178-5、图 T 0178-6。为此确定试样尺寸与最大粒径关系时，应同时考虑高径比，推荐径径比为 8～12，高径比为 4～8。

根据统计资料分析,粗颗粒土直剪仪的剪切盒多数为圆形,其次是方形,少数为长方形。因圆形受力条件与应力分布比方形的好,而方形的比长方形的好,故本试验推荐圆形直剪仪。

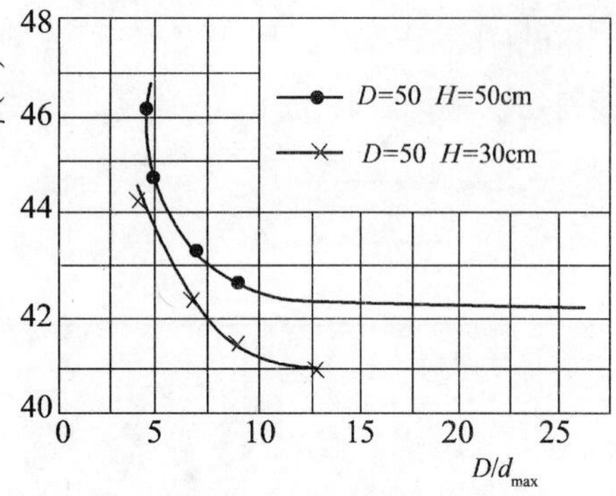

图 T 0178-5 $\varphi—D/d_{max}$关系曲线

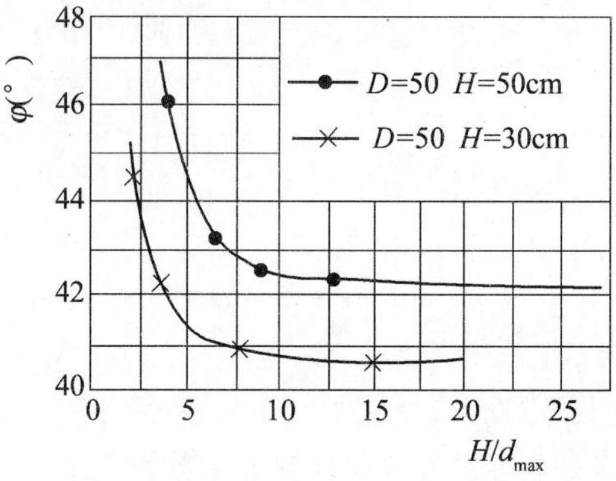

图 T 0178-6 $\varphi—H/d_{max}$关系曲线

3.1.2 粗颗粒土在剪切过程中,颗粒的位置不断调整,在剪切区产生错动、翻滚和剪损现象。在直剪仪中,试样受剪力盒约束及剪切面固定,因此,剪切时粗粒要发生翻滚和错动较困难,导致颗粒剪破,剪切过程中伴随着明显的剪胀,使测得的强度偏高。为此,应在上、下剪切盒之间开一定的缝隙。开缝的目的在于避免颗粒剪破,使试样沿弱面剪切。但开缝过大,也不恰当,因剪切区侧限作用过小,试样易从剪切缝挤出;开缝过小,不能消除约束的影响。根据国内资料综合分析,粗颗粒土直剪试验的开缝尺寸推荐$(1/3 \sim 1/4)d_{max}$作为其使用标准。

3.1.3 试样制备选用以下方法:

(1)击实法。采用与室内击实试验相同的功能分3~5层及层缝交错法将试料击实至控制密度。

(2)振捣法。对砂砾石等无黏性粗颗粒土采用机械振捣到控制密度。

(3)静压法。用千斤顶施加静压力,分层将试料压实到控制密度。

试样制备方法应尽可能与现场施工情况一致。对于土坝及土石坝工程或回填基础的含黏质土粗颗粒土,一般可采用击实法制备试样。击锤底面积应比试样面积小,便于击实时排气,塑流揉搓,以与实际压实结构相似。对于无黏性粗颗粒土,采用振捣法制备,接近振动碾施工情况。静压法不便排气,静压时粗粒受压不均匀,在重要工程中也无使用经验,故不拟推荐。

3.1.4 试样饱和常用的方法有真空抽气饱和法、毛细管饱和法和浸水饱和法。根据实践,真空抽气饱和法的饱和度最高,效果最好,适用于含黏质土的粗颗粒土;毛细管饱和法次之,可用于无黏性粗颗粒土;浸水饱和法易使气体封闭在土内,并造成细粒在水的作用下,向下移动,淤填孔隙,使试样密度不均匀,饱和效果最差,一般不宜使用。

3.2.1 粗颗粒土在高压情况下,抗剪强度与垂直压力呈非线性关系,不符合库仑方程的直线关系。因此,在设备出力允许条件下,采用的最大垂直压力应符合建筑物或地基中的受力情况;如限于仪器设备能力达不到要求的出力时,应在提交试验资料时予以说明。

3.2.2~3.2.4 水平剪切力施加方法。根据国内的情况,水平剪切力的施加方法有以下三种。

(1)应变控制法。按水平位移计读数的等速递增作为标准。

(2)时间控制法。采用液压稳压器均匀推动水平千斤顶施加水平剪切力,控制试样在3~5min(有的单位控制在5~10min)内剪损。

(3)应力控制法。按水平压力计读数递增水平剪切力。本规程推荐应力控制法。

剪切速率的大小直接关系到试样排水,是影响抗剪强度的主要因素之一。对应力控制法来说,剪切速率指水平荷载分级大小和加荷快慢这两个问题。

①水平荷载分级大小。分级施加水平荷载主要在于求得较规律的 τ—ΔL 关系曲线。目前国内外采用的分级方法有以下两种：其一是按估计的最大剪切力的百分数分级。大多数单位采用 $0.1P_{hmax}$ 和 $0.05P_{hmax}$ 两级（P_{hmax} 为最大剪应力）。美国 ASTMD3080—72 在固结排水条件下土的直剪试验标准方法中，规定应力控制法的水平剪应力的增量约等于 0.1 估计最大剪应力，当达到估算破坏力的 50% ~ 70% 时，减少增量至 $0.05P_{hmax}$。其二是按施加的垂直压力的百分数分级，国内大多数单位采用 $0.1P_v$ 或 $0.05P_v$ 两级 P_v（为垂直压力）。不论采用哪种分级方法，水平剪切力施加不得少于 10 级，开始可按 $0.1P_v$ 施加，加至破坏力的 50% ~70% 后可减至 $0.05P_v$。

②水平荷载施加速率。快剪试验（包括固结快剪试验）主要是求剪切过程中含水率保持不变时的抗剪强度，要求在较短时间内剪损。大部分单位采用快剪剪损历时控制在5 ~10min 内，每 30s 施加一级，但剪损总历时不应超过 10 min，使试样含水率变化最小，以符合快剪要求。

慢剪试验要求在剪切过程中试样的孔隙压力完全消散，因此，试验要有充分的排水时间。关于施加水平剪切力的时间间隔，目前无统一规定。美国水道试验站规定，每加一级水平剪切力，固结度至少要达到 95%。法国中央土木试验室试验法则只有原则规定，即用最慢的剪切速率进行剪切，施加水平荷载，原则上要求在每级荷载下变形达稳定为止。但为了操作方便，本规程规定，每 1min 内位移小于 0.01mm 时再施加下一级荷载。

3.3.2　目前对试样在垂直荷载作用下达到稳定的控制标准，大多数单位用每小时变形不大于 0.01 ~0.05mm。本规程规定在垂直荷载作用下，每小时垂直变形不大于0.03mm为变形稳定标准，这与原大型固结试验的变形稳定标准一致。

4.3　粗颗粒土直剪试验中现行破坏标准有以下两种，即：极限强度标准和剪切位移标准。

据调查统计，国内许多单位采用极限强度标准作为破坏标准，即以 τ—ΔL 关系曲线上的峰值或稳定值作为破坏值。该值的概念与极限平衡理论相符，本规程推荐采用极限强度标准。

但粗颗粒土剪切试验中，有时没有明显的峰值，国内外资料建议采用相应于下列变形时的剪应力作为破坏值。

(1) 塑性材料　　$\Delta L_{max} > (1/15)D$

(2) 半脆性材料　　$\Delta L_{max} = (1/15)D$

(3) 脆性材料　　$\Delta L_{max} = (1/15) - (1/20)D$

本规程建议在剪切试验过程中无峰值或稳定值时，可用 ΔL_{max} 值为 $\left(\frac{1}{15} \sim \frac{1}{10}\right)D$ 作为确定破坏值的标准。

27 粗粒土的三轴压缩试验

T 0147—1993 粗粒土三轴压缩试验

1 目的和适用范围

1.1 本试验方法适用于测定最大粒径为60mm粗粒土的抗剪强度指标参数。

1.2 根据路面基层的受力状态和使用条件,本试验方法采用应变控制式试验,试样在不饱水、不固结和不排水情况下测定抗剪强度参数。

1.3 试件尺寸为ϕ30cm×60cm和ϕ30cm×75cm两种规格。

2 仪器设备

2.1 粗粒土三轴压缩试验仪(见图T 0147-1)包括:

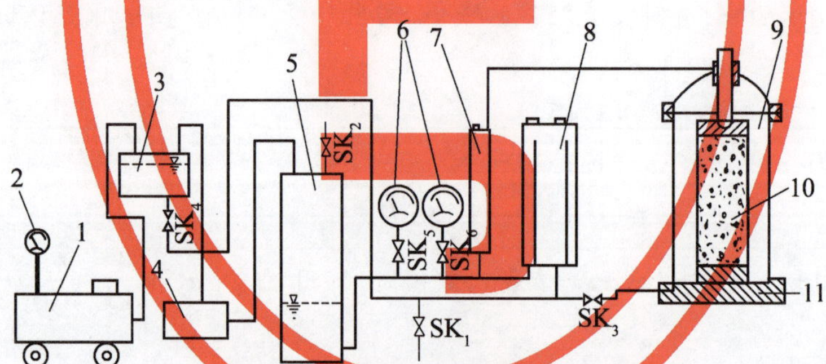

图T 0147-1 三轴压缩仪控制系统

1-空压机;2-电接点压力表;3-水罐;4-定值器;5-蓄能器;6-标准压力表;7-油封管;8-体变管;9-压力室;10-试件;11-放水口

2.1.1 试验主机:由主机架、油缸、压力室和压力移动滑车组成。仪器轴向最大允许使用荷载为500kN。

2.1.2 操作控制屏:由侧压力(或称周围压力)恒定系统、体变量测装置、电器控制组件等组成。

2.1.3 液压站:由液压油箱、液压泵和无级调速系统组成。

2.1.4 空气压缩机(简称:空压机)。

2.2 附属设备包括:

2.2.1 压力室起吊装置(电动葫芦)。

2.2.2 标准测力计(量程为10t、30t各一套)。

2.2.3 轴向应变测量装置(表架和量程为5cm的百分表)。

2.2.4 对开成型筒(图T 0147-2)及承膜筒。

2.2.5 击实设备。

2.2.6 磅秤:称量100kg,感量50g。

2.2.7 托盘秤:称量5kg,感量1.0g。

2.2.8 托盘天平:称量100g,感量0.1g。

2.2.9 烘箱、瓷盘(盆)、铝盒各若干。

2.2.10 橡皮膜若干。

2.2.11 扭力扳手和活动扳手等工具。

2.2.12 圆孔筛(孔径按试验要求确定)。

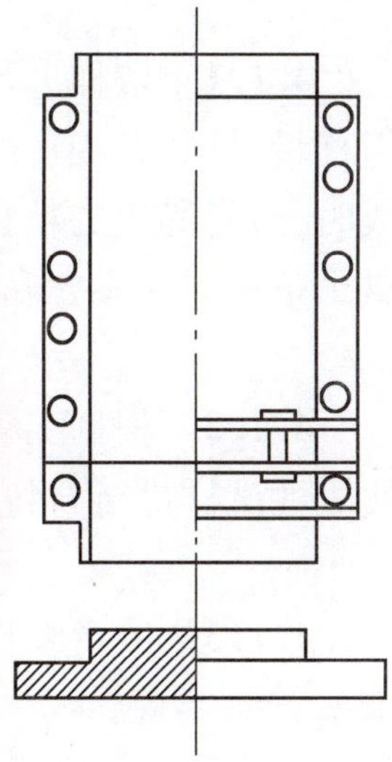

图 T 0147-2 对开成型筒

3 仪器检查

3.1 检查轴向加压系统及侧压力恒压系统等运行是否正常。

3.2 检查体变测量系统运行是否正常。

3.3 检查压力室的密封性、传压活塞在轴套内滑动是否正常,管路、接头、阀门等是否畅通、不漏气。

3.4 检查橡皮膜是否完好。

3.5 标定无级调速阀上的刻度与油缸上升速度的关系。

3.6 检查蓄能器水位标高,其标高不应高于蓄能器高度的1/3,亦不得低于水面指示管。水罐内水位应高于罐高的3/4。

3.7 测力计使用超过半年或温差过大时,应重新标定。

3.8 安装测力计时,应根据试件最大破坏荷载,选用适当量程。

4 试样

4.1 试样准备

4.1.1 取样进行筛分。筛的孔径按试验材料类型不同分别选用。经筛分的试料分组称量,堆放备用;并计算通过各级筛孔的质量百分数。如果需要准确控制试样的级配组成时,对含黏土的粒料材料,黏着的细粒土不易分散,可将粗料中的各级粒料用水洗过筛烘干备用。对不含黏土的粒料材料,则将全部试料依次过筛备用。

4.1.2 根据工程需要,从粗料(粒径大于5mm)和细料(粒径小于0.5mm)中分别取代表性试样进行石料磨耗和液限、塑限等物理性质试验。

4.1.3 测定颗粒粒径小于0.5mm细料和粒径大于0.5mm各级粒料材料的天然含水率。

4.1.4 对超过仪器允许粒径的颗粒含量的处理,可采用下述方法:

若超过粒径颗粒含量小于5%时,可采用剔除法,即把超径颗粒剔除。

若超过粒径颗粒含量大于5%时,则采用等质量代换法处理,方法是按仪器允许的全部粗料(从粒径为5mm至最大粒径之间的粗料)按比例等质量代换超径颗粒含量。新的级配组成可按下式计算:

$$p_i = \frac{100 - p_m}{p_m - p_5}(p_{0i} - p_5) + p_{0i} \tag{T 0147-1}$$

式中:p_i——代换后某粒径的粒料通过百分数(%);

p_5——原级配中粒径为5mm的粒料通过百分数(%);

p_m——原级配中粒径为60mm的粒料通过百分数(%);

p_{0i}——原级配中某粒径粒料的通过百分数(%)。

4.1.5 分级确定粒径为0.5~60mm的某级粒料的饱和吸水率(w_a),即将粒径为

0.5 ~60mm的风干后的某级粒径(质量为 m_s)浸泡至吸水饱和,再把表面揩干,然后称湿质量(m)。某级粒料的饱和吸水率为:

$$w_a(\%) = \frac{m - m_s}{m_s} \times 100 \tag{T 0147-2}$$

4.2 试件制备

4.2.1 试件尺寸:试件直径为 30cm,高度 60cm;若试件压缩量较大时,试件高度可采用 75cm。

4.2.2 根据试件体积和密度要求,计算每个试件需要材料的干质量。为防止试样粗细颗粒分离,要求试件密实度均匀一致,试样应分层装填(一般分 6 层)。按材料组成要求分层计算所需的试料,分层配料。粒径小于 0.5mm 的细粒另置,大于 0.5mm 的各级粒料可放一堆。

4.2.3 计算试件每层装填试料的需要加水量:

$$m_w = (w_d - w_l)m_s + \sum_{i=1}^{n}(w_{id} - w_{il})m_i \tag{T 0147-3}$$

式中:m_w——试件需要的加水量(kg);

w_d——细料的设计含水率(%);

w_l——细料的天然含水率(%);

w_{id}、w_{il}——0.5 ~60mm 粒料中某级粒料的设计含水率和天然含水率(%);

m_s——细料的干质量(kg);

m_i——0.5 ~60mm 粒料中某级粒料的干质量(kg);

n——0.5 ~60mm 粒料按相邻筛孔孔径划分的级数。

4.2.4 把水加到粒径大于 0.5mm 的粒料中,充分拌和,然后掺入细粒继续拌和,直至拌匀为止。

4.2.5 将拌好的试料放入盘(盆)内,用塑料薄膜盖严,待用。为避免差错,应任意抽查复称其中一份,每份试料质量应为试件总湿质量的 1/6。

4.2.6 在压力室试样底座上加盖板,扎好橡皮膜,安装成型筒。将橡皮膜外翻套在成型筒上,让橡皮膜顺直,使之与成型筒壁紧贴。

4.2.7 逐层装入试料,每装一层,先用细钢钎捣实,再用击实法使试料达到要求的密实度(用高度控制其密实度)。然后将表面刨松,再装第二层。依此类推,直至最后一层。

4.2.8 整平试件顶面,加上盖板和试件帽,卸除对开成型筒,脱去橡皮膜,用钢尺量测试件的实际高度。测量误差不得大于±2mm。再套上完好的橡皮膜,并将两头扎紧。

4.2.9 制件结束后,扫清底盘。

4.2.10 安装压力室,用扭力扳手旋紧和底盘连接的螺栓,然后往压力室内加满水,旋紧加水孔螺帽,置压力室于剪切试验仪机座上,静置24h,使试件内水分充分渗润。

5 试验步骤

5.1 合上电源开关,接通电源。总电源指示灯亮,指示电源接通。

5.2 将钮子开关扳向油缸上升位置。按油缸起动按钮,逆时针旋转无级调速阀,压力室在油缸推动下快速上升。当与测力计下端接近时,顺时针旋动调速阀,使油缸缓慢上升,直到测力计百分表指针微动即关机。调整测力计百分表指针为零。

5.3 将电接点压力表调至高于所需周围压力200kPa左右,定值器旋至截止位置(反时针),其余阀门处于关闭状态。按空压机按钮,压力上升到调定压力后,自动停止。此时打开标准侧压力表开关SK_5,缓缓调整定值器至所需侧压力为止(侧压力分别采用100kPa、150kPa、200kPa、250kPa)。稳定后,记录体变管读数。

5.4 逆时针旋开加压截止阀SK_3,压力便自动加入压力室,可见体变管内油液面下降(表示试件压缩)。与此同时,逆时针旋开油封开关。

5.5 待侧压力稳定后(即体变管液面不动),此时记录测力计百分表读数,重新调整测力计百分表为零,并记录体变管读数。

5.6 按下油缸起动按钮,然后旋动(逆时针方向)无级调速阀到规定位置,使剪切速率为1.5mm/min。此时试件开始剪切。

5.7 剪切开始阶段,试件每产生1.0mm的垂直变形,测记轴向压力和垂直变形、体变各一次。当应力—应变曲线接近峰值时,应适当加密读数。一般应按每产生0.5mm的垂直变形记录一次读数。当轴向测力计百分表数读不再上升或有明显减小时,表明已出现峰值,继续测读1~2次读数,即可停机。若没有出现峰值,则当相邻两级的应力差小于5kPa时,即可关机。

5.8 当采用一个试件做四级侧压力的剪切试验时,侧压力由小到大,分级进行。在第一级侧压力作用下,施加轴向压力进行剪切,当轴向测力计百分表不再上升或相邻两级应力差小于5kPa时关机。立刻施加第二级侧压力。稳定10min后，再施加轴向压力进行剪切，当轴向测力计百分表不再上升或相邻两级应力差小于5kPa时关机。如此继续进行第三、第四级侧压力作用下的剪切试验，直至试件剪损为止。

5.9 试验进行中，若因试件剪胀，体变管内油液面向上推至顶点时，应将内管水排除，才能继续剪切。排除内管水时，首先关闭SK_3，后再开SK_1，让内管水经SK_1阀排出。当内管水面达到所需的位置，再关阀SK_1。待压力稳定后，再旋开SK_3，继续剪切。（注意：排水时，应停止剪切，并使试件悬停于原处。）

5.10 试验进行中，若体积压缩很大，致使体变管内管油液面下降至底部，此时应先关闭SK_3，后旋开SK_4。水罐内压力大于周围压力，罐内水自动加入体变管内，将外管之水压回蓄能器。此时恒压系统压力升高，然后将放水阀SK_2适当旋开放气，补水到所需位置。先关闭SK_4，后关闭SK_2，待恒压系统压力平衡稳定后，再旋开SK_3，继续剪切。（注意：在补水时，应停止剪切，并使试件悬停于原处）。

5.11 剪切试验结束后，关闭侧压力阀SK_3及油封阀。把钮子开关扳向油缸下降位置，按下油缸起动按钮，使油缸迅速下降。打开排气阀放气。打开压力室加水孔和排水孔螺帽，排除压力室内的水。卸除压力室与底座的连接螺栓。吊起压力室，揩干试件周围的余水。脱去橡皮膜，描述试件的破坏情况。卸下试件，从中部取样，测定含水率。必要时，结合含水率试验，取烘干后试样进行颗粒分析，以了解颗粒的剪损情况。

6 结果整理

6.1 计算试件的最大主应力σ_1和应变ε_1

6.1.1 计算轴向荷载P：

$$P = CR \tag{T 0147-4}$$

式中：P——轴向荷载(N)；

C——测力计校正系数(10N/0.01mm)；

R——测力计百分表读数(0.01mm)。

6.1.2 计算轴向应变ε_1：

$$\varepsilon_1 = \frac{\Delta h}{h_0} \tag{T 0147-5}$$

式中：Δh——试件的轴向变形(cm)；

h_0——试件的初始高度(cm)。

6.1.3 计算试件剪切过程中的体积变化ΔV：

$$\Delta V = \Delta V_1 + \Delta V_2 \qquad (T\ 0147\text{-}6)$$

式中:ΔV_1——从体变管测读的体积变化量(压缩为负,膨胀为正)(cm^3);

ΔV_2——柱塞在剪切过程中伸入压力室而引起的体积变化量(为负值)(cm^3),$\Delta V_2 = \frac{\pi d^2}{4} \cdot \Delta h = 44.2\Delta h$(其中柱塞直径 $d = 7.5cm$)。

6.1.4 校正后的试件截面积 A_a:

$$A_a = \frac{V_0 + \Delta V}{h_0 - \Delta h} \qquad (T\ 0147\text{-}7)$$

式中:V_0—— 试件的初始体积(cm^3)。

6.1.5 应力差:

$$\sigma_1 - \sigma_3 = \frac{P}{A_a} \qquad (T\ 0147\text{-}8)$$

式中:σ_3——侧压力(kPa)。

6.1.6 最大主应力 σ_1:

$$\sigma_1 = \frac{P}{A_a} + \sigma_3 \qquad (T\ 0147\text{-}9)$$

6.2 计算抗剪强度指标 c、φ 值

6.2.1 确定试件剪切破坏极限值 σ_{1max}。

6.2.2 c、φ 可分别采用作图法或计算法求解。

(1)作图法。

以主应力为纵坐标,剪应力 τ 为纵坐标。在横坐标上,以 $\frac{\sigma_{1max} + \sigma_3}{2}$ 点为圆心,以 $\frac{\sigma_{1max} - \sigma_3}{2}$ 为半径,画莫尔圆。再作这几个莫尔圆的包线。包线的倾角即为摩擦角 φ,包线与纵坐标的截距即为凝聚力 c,如图 T 0147-3 所示。

(2)计算法。

$$\varphi = \arcsin \frac{m-1}{m+1} \qquad (T\ 0147\text{-}10)$$

$$c = \frac{b}{2\sqrt{m}}$$

注:相关系数要求达到0.99以上。

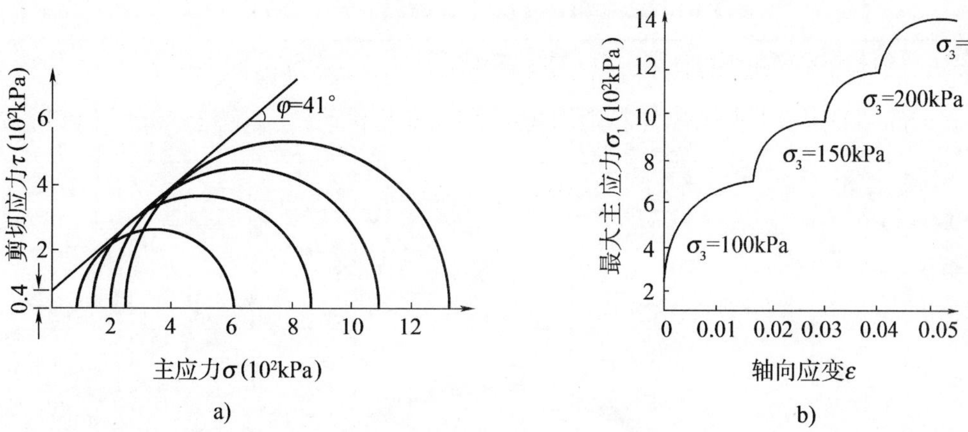

图 T 0147-3　应力应变曲线的莫尔包线

a)莫尔包线;b)应力应变曲线

$$m=\frac{\sum(\sigma_3\sigma_{1\max})-\frac{1}{n}(\sum\sigma_3)(\sum\sigma_{1\max})}{\sum\sigma_3^2-\frac{1}{n}(\sum\sigma_3)^2}$$

式中:n——试件的个数或侧压力的级数;

$$b=\sigma_{1\max}-m\sigma_3$$

$\sigma_{1\max}$——各级侧压力作用时,最大主应力极限值的平均值;

σ_3—— 四级侧压力的平均值。

6.3 本试验记录格式如表 T 0147-1 和表 T 0147-2。

表 T 0147-1　粗粒土大三轴试验记录(一)

工程名称＿＿＿＿＿＿＿＿　　试验者＿＿＿＿＿＿＿＿

土样编号＿＿＿＿＿＿＿＿　　计算者＿＿＿＿＿＿＿＿

土样说明＿＿＿＿＿＿＿＿　　校核者＿＿＿＿＿＿＿＿

试验日期＿＿＿＿＿＿＿＿

试 件 编 号		试验时试件状态		
材 料 配 比	粗料 70% 细料 20%	质量	(kg)	93.3
成型条件	分层击实	高度 h_0	(cm)	59.9
细粒设计相对含水率(w/w_L)	0.5	直径 d	(cm)	30
加荷速度(mm/min)	1.5	面积 A_0	(cm^2)	706.86
侧压力 σ_3(kPa)	50→100→150→200	体积 V_0	(cm^3)	42 340.82
测力计标定系数 C(10N/0.01mm)	11.904 8	干密度 ρ_d	(g/cm^3)	2.2

表 T 0147-2　粗粒土大三轴试验记录(二)

轴向荷载		轴向应变		试件体积变化				校正后面积 (cm^2) $A_Q=\frac{V_0+\Delta V}{h_0-\Delta h}$	应力差 (10^2kPa) $\sigma_1-\sigma_2=\frac{P}{A_a}$	主应力 (10^2kPa) σ_1
测力计百分表读数 (0.01mm) R	轴向荷载 10N $P=CR$	百分表读数 (0.01mm) Δh	应变 ε $\frac{\Delta h}{h_0}$	体变管读数 (cm^3) ΔV	体变管读数差 (cm^3) $\Delta V_1=\Delta V_1-\Delta V_{10}$	柱塞进入压力室体积 (cm^3) $\Delta V_2=44.2\times\Delta h$	体变 (cm^3) ΔV			
0		0		-300						
$\sigma_3=100$kPa		-4=0		-660						
106	1 261.91	100	0.001 7	-690	-390	-4.42	-394.42	701.44	1.80	2.80
168	2 000.00	200	0.003 3	-680	-380	-8.84	-388.84	702.71	2.85	3.85
211	2 511.91	300	0.005 0	-650	-350	-13.26	-363.26	704.32	3.57	4.57
239	2 845.26	400	0.006 7	-605	-305	-17.68	-322.68	706.19	4.03	5.03
259	3 083.34	500	0.008 3	-560	-260	-22.10	-282.10	708.06	4.35	5.35
274	3 261.92	600	0.010 0	-515	-215	-26.52	-241.52	709.94	4.59	5.59
285	3 392.87	700	0.011 7	-460	-160	-30.94	-190.94	711.99	4.77	5.77
294	3 500.01	800	0.0134	-410	-110	-35.36	-145.36	713.97	4.90	5.90
301	3 583.35	900	0.015 0	-360	-60	-39.78	-99.78	715.95	5.01	6.01
304	3 619.06	1 000	0.016 7	-310	-10	-44.20	-54.20	717.94	5.04	6.04
$\sigma_3=150$kPa										
304	3 619.06	1 015	0.0169	-555	-255	-44.86	-399.86	713.95	5.07	6.57

7　报告

7.1　土的鉴别分类和代号。

7.2　土的抗剪强度指标 c、φ 值。

条文说明

1　在现行柔性路面的设计和计算方法中,路面各结构层材料的弹性模量是沿深度方向逐层减小的。然而,对于冰冻地区化冻初期土基、石方土基、桥涵顶面和旧路补强中出现的软夹层等类型的路面各结构层,其弹性模量却是沿深度方向按强弱强的形式变化的,这种结构型称为具有刚性下卧层的柔性路面结构。根据力学计算的分析,对具有刚性下卧层的路面结构,除在面层表面轮隙中心处产生比较大的弯拉应力外,同时在粒料基层中还产生比较大的剪应力。因此,对具有刚性下卧层的路面结构,设计时需要验算基层材料的抗剪强度。西安公路研究所利用四川简阳水电设备厂制造的 SZ30—2A 型大三轴仪,对级配砾石、泥结碎石和级配砾石掺灰三种基层材料抗剪强度指标的测定方法和影响抗剪强度的因素进行了系统的试验研究,取得了一定经验,提出了这方面的研究报告和试验方法。本规程列入了粗粒土大三轴压缩试验，以测定粒料材料的抗剪强度参数(c,φ)，为柔性路面设计提供参数。

若土粒最大粒径大于60mm，要求试样直径尺寸不小于最大粒径的5倍，试样高度为直径的2倍以上。

2 仪器轴向最大允许使用荷载为500kN，试样的最大使用侧压力为$\sigma_3 = 1\,500$ kPa，分别采用液压和气压作为轴向和侧向压力源。试件尺寸有两种规格，即ϕ30cm×60cm和ϕ30cm×75cm，一般多用前者，后者仅在试件压缩较大时采用，通常试件高度为直径的2~2.5倍即可。由于压力室较重，操作时需用起吊装置，例如电动葫芦。测定粗粒土的抗剪强度参数时，所加荷载要比普通三轴仪大得多，因此标准测力计的量程一般为100~300kN。测量轴向变形时，需用大量程(达5cm)百分表。

3 试验前应对仪器的加压系统、体变量测系统、压力室、传压活塞、橡皮膜和蓄能器水位标高等进行检查，标定无级调速阀上的刻度与油缸上升速度的关系。

4 试验用材料的最大粒径过大或过小，都不能真实反映粒料材料试验结果的可靠性。根据国内外经验，试件的最大允许粒径以不超过试件直径的1/5为宜。

修筑路面基层实际使用的材料，其粒径有的超过仪器允许粒径的规定。对超径材料的处理，一般有三种方法：

(1)简单剔除法：剔除超径颗粒，把余下部分按100%计。但这样做的结果，改变了原样品的级配组成，细粒含量相对增加，从而改变了原样品的性质。因此，这种方法只适用于超径颗粒含量很少(小于5%)的情况。

(2)几何相似法：按几何相似条件等比例将原级配缩小。这样做，虽然保持了级配的均匀系数不变，但却改变了粗细颗粒的级配组成，与原级配相比，细粒含量增加，不能模拟原样品的性质。因此，本规程未采用这种方法。

(3)等质量代换法：按仪器允许的全部粗料(从粒径为5mm至最大粒径之间的粗料)按比例等质量代换超径颗粒含量。这样，既保持了粗料的骨架作用和粗细料的含量不变，又有保持粗粒级配的连续性和近似性。因此，本试验采用这种方法处理超径颗粒。

大量路况调查结果表明，路面基层实测的密度都比较高，干密度一般均在2.2g/cm^{3}以上，故制备试件时的设计干密度确定为2.2g/cm^3。

按试件尺寸和设计干密度，计算试件需要的材料总质量。为使试样沿试件高度方向分布均匀和便于击实，制备试件时试样采用分层装填击实法。为防止试件在装填时发生粗细颗粒分离，各层所需的试样用量应分层备料。比较试验表明，试件成型方式不同，骨料的破碎程度亦不同，静压法的碎石破碎率要比击实法大一倍左右。因此，本试验的成型方法采用击实法。

试验证明，试料的含水率是影响试验结果的重要因素，必须严格准确地加以控制。当试料的总含水率增加1%~2%时，φ将降低8%~28%，c值将降低68%~97%。总含水率增加，导致细料含水率的明显改变，细料可由硬塑状态改变成软塑状态。因而如何控制试料的含水率就成为试验的主要问题。根据细料的物理特性，用相对含水率能较正确地反映细料的性质。同时还应考虑粒料材料的饱和吸水量。对粒径小于0.5mm的土，应测定其液限和塑限。粒径大于0.5mm的粒料，还应分别测定各级粒组材料的饱和吸水量。然后按试验设计含水率计算整个试件中粒料材料和土的加水量。

5 作用在路面上的车轮荷载，其主要特征是瞬时多次重复作用。为使剪切试验的状态接近于路面基层的实际工作状态，试件宜采用不饱水、不固结排水的快剪试验方法。本试验剪切速率为1.5mm/min。剪切开始阶段，试件每产生1mm的垂直变形，测记轴向压力、垂直变形和体变各一次。当应力应变曲线接近峰值时，应适当加密读数。

车轮荷载作用下的路面力学计算结果表明，路面基层以内产生的侧压力均小于200kPa。因此，本试验的侧压力分别采用50kPa、100kPa、150kPa和200kPa四级,以便绘制四个莫尔圆,确定抗剪强度参数。

6 求解c、φ值时,作图法和计算法均可采用,一般宜用前者,或两者并列,以便相互校核。本试验示例结果为:作图法,$c=40$ kPa,$\varphi=40°$;计算法,$c=33$ kPa,$\varphi=40.53°$,$r=0.9995$。可见,作图法和计算法所得c、φ值接近。

28　土的膨胀性试验

T 0124—1993　自由膨胀率试验

1　目的和适用范围

1.1　自由膨胀率为松散的烘干土粒在水中和空气中分别自由堆积的体积之差与在空气中自由堆积的体积之比,以百分数表示,用以判定无结构力的松散土粒在水中的膨胀特性。

1.2　本试验方法适宜用于膨胀土。

2　仪器设备

2.1　玻璃量筒:容积 50mL,最小刻度 1mL。

2.2　量土杯:容积 10mL,内径 20mm,高度 32.8mm。

2.3　无颈漏斗:上口直径 50 ~ 60mm,下口直径 4 ~ 5mm。

2.4　搅拌器:由直杆和带孔圆盘构成(图 T 0124-1)。

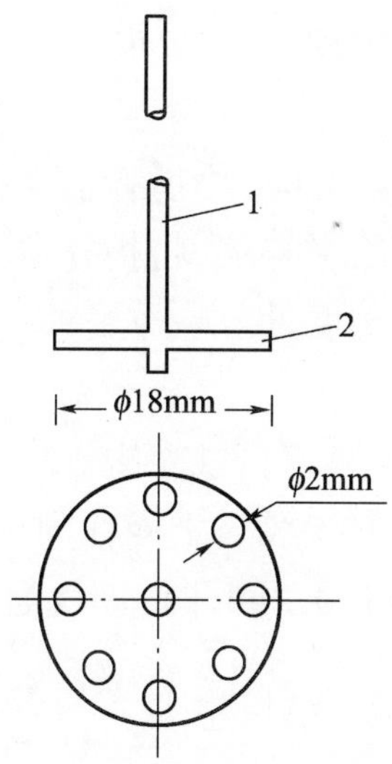

图 T 0124-1　搅拌器示意图
1-直杆;2-圆盘

2.5　天平:称量 200g,感量 0.01g。

2.6　其他:烘箱、平口刀、支架、干燥器、0.5mm 筛等。

3　试剂

5% 纯氯化钠溶液。

4　试验步骤

4.1　取代表性风干土样碾碎,使其全部通过 0.5mm 筛。混合均匀后,取约 50g 放入盛土盒内,移入烘箱,在 105 ~ 110℃ 温度下烘至恒量,取出,放在干燥器内冷却至室温。

4.2 将无颈漏斗装在支架上，漏斗下口对正量土杯中心，并保持距杯口 10mm 距离，如图 T 0124-2 所示。

4.3 从干燥器内取出土样，用匙将土样倒入量土杯中，盛满后沿杯口刮平土面，再将量土杯中土样倒入匙中，将量土杯按图 T 0124-2 所示仍放在漏斗下口正中处。将匙中土样一次倒入漏斗，用细玻璃棒或铁丝轻轻搅动漏斗中土样，使其全部漏下，然后移开漏斗，用平口刀垂直于杯口轻轻刮去多余土样(严防振动)，称记杯中土质量。

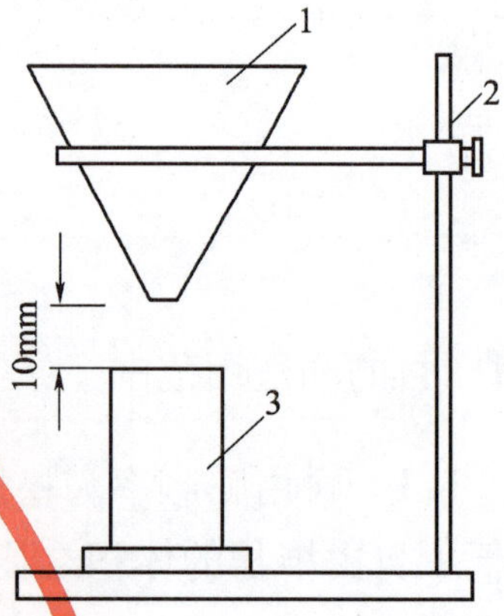

图 T 0124-2　量样装置
1-漏斗；2-支架；3-量土杯

4.4 按本试验 4.3 规定，称取第二个试样，进行平行测定，两次质量差值不得大于0.1g。

4.5 将量筒置于试验台上，注入蒸馏水 30mL，并加入 5mL 5%的分析纯氯化钠溶液，然后将量土杯中的土样倒入量筒内。

4.6 用搅拌器搅拌量筒内悬液，搅拌器应上至液面下至底，搅拌 10 次(时间约 10s)取出搅拌器，将搅拌器上附着的土粒冲洗入量筒，并冲洗量筒内壁，使量筒内液面约至 50mL 刻度处。

4.7 量筒中土样沉积后约每隔 5h，记录一次试样体积，体积估读至 0.1mL。读数时要求视线与土面在同一平面上，如土面倾斜，取高低面读数的平均值。当两次读数差值不大于 0.2mL 时，即认为膨胀稳定。用此稳定读数计算自由膨胀率。

5 结果整理

5.1 按下式计算土样的自由膨胀率：

$$\delta_{ef} = \frac{V - V_0}{V_0} \times 100 \tag{T 0124-1}$$

式中：δ_{ef}——自由膨胀率(%)，计算至 1%；

V——土样在量筒中膨胀稳定后的体积(mL)；

V_0——量土杯容积(mL)，即干土自由堆积体积。

5.2 本试验记录格式如表 T 0124-1。

表 T 0124-1　自由膨胀率试验记录

工程名称		试验者	
土样说明	过0.5mm筛	计算者	
量筒型号	50cm^3	校核者	
量土杯容积	10 cm^3	试验日期	

土样编号	干土质量(g)	量筒编号	不同时间(h)体积读数(cm^3)					自由膨胀率	
			2	4	6	8	10	δ_{ef} (%)	平均值 (%)
1	9.64	1	16.2	16.5	16.7	16.8	16.8	68	69
	9.65	2	16.4	16.6	16.8	16.9	16.9	69	
2	9.70	3	18.0	18.3	18.5	18.7	18.7	87	88
	9.72	4	18.2	18.4	18.6	18.8	18.8	88	

5.3　精密度和允许差。

本试验应做两次平行测定，取其算术平均值，其平行差值应为：$\delta_{ef} \geq 60\%$ 时不大于 8%；$\delta_{ef} < 60\%$ 时不大于 5%。

6　报告

6.1　土的鉴别分类和代号。

6.2　土的自由膨胀率 δ_{ef} 值（%）。

条文说明

1　自由膨胀率是反映土膨胀性的指标之一，它与土的黏土矿物成分、胶粒含量、化学成分和水溶液性质等有着密切的关系。本试验的目的在于测定黏质土在无结构力影响下的膨胀潜势，初步评定黏质土的胀缩性。自由膨胀率与液限试验相配合，对判别膨胀土可得到满意的结果。自由膨胀率试验具有方法简单易行、便于室内大量试验、出成果较快等优点。

2　无颈漏斗是自由膨胀率试验中的主要设备，与支架和量土杯配成量样装置。

比较试验表明，用 100mL 比用 50mL 测得的结果系统性地偏大，说明量筒容积大的水量多、土柱矮、压力小，土粒浸水膨胀的效果好。本试验从精度着眼规定用 50mL 量筒，但考虑到上述优点，也允许采用 100mL 量筒。

3　黏土颗粒在悬液中有时有长期混浊的现象，为了加速试验，可采用加凝聚剂的办法，本试验规定加入 5% 氯化钠溶液 5mL。

4　土样制备是至关重要的。首先是土样过筛的孔径大小问题。用不同孔径过筛的试样进行比较试验，其结果是过筛孔径越小，10mL 容积的土越轻，自由膨胀率越小。本规程规定过 0.5mm 筛孔作为标准。各种分散程度也会引起黏粒含量的很大差异。因此，为了取得相对稳定的试验条件，规定采用过筛、四分法取样,并要求充分分散。规程规定用标准烘干法(105~110℃)制备土样。

因试样是用体积法量取,紧密或松散会影响自由膨胀率的大小。为消除这个影响因素,规定采用漏斗和支架、固定落距、一次倒入的方法,并将量土杯内径统一规定为20mm,高度略大于内径,使在装土、刮平时避免或减轻自重和振动的影响。

搅拌的目的是使悬液中土粒分散,充分吸水膨胀。搅拌的方法有量筒反复倒转和上下来回搅拌两种。前者操作困难,工作强度大;后者有随搅拌次数的增加,读数有增大的趋势。本试验规定试样在水中浸泡24h后再开始测试。

5.3 本规程按自由膨胀率大小规定了不同的精度要求。自由膨胀率大者,平行差值取高限;自由膨胀率小者,平行差值取低限。

T 0125—1993 无荷载膨胀率试验

1 目的和适用范围

1.1 本试验用于测定试样在无荷载有侧限条件下,浸水后在高度方向上的单向膨胀与原高度的比值,这一比值称膨胀率,以百分数表示。

1.2 本试验方法适用于测定原状土和击实土样的无荷载膨胀率,供评价黏质土膨胀势能时参考。

2 仪器设备

2.1 膨胀仪:见图 T 0125-1,其环刀内径 58mm,高 35mm,顶土块高 15mm。

2.2 固结仪。

2.3 百分表:量程 10mm,分度值 0.01mm。

2.4 天平:称量 200g,感量 0.01g。

2.5 其他:烘箱、干燥器、磁钵(附橡皮研杵)、修土刀、秒表、表面皿等。

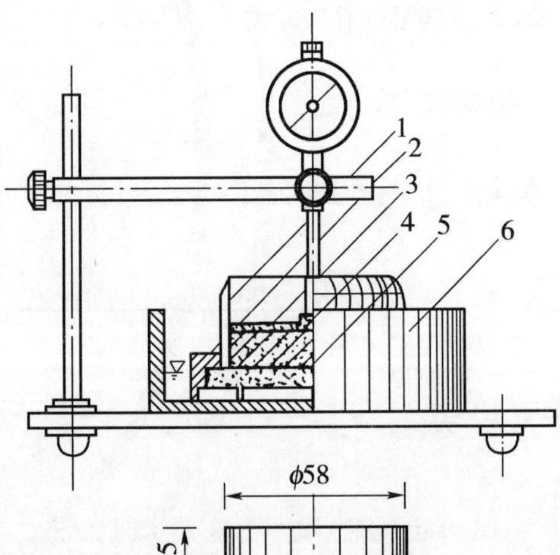

图 T 0125-1 膨胀仪(单位:mm)

1-环刀;2-底座;3-有孔活塞板;4-土样;5-透水石;6-水盆

3 试验步骤

3.1 按工程需要取原状土或制备成所需状态的扰动土样,整平其两端;在环刀内壁涂一薄层凡士林,刃口向下,放在土样上。用修土刀将土样修成略大于环刀直径的土柱,将环刀垂直下压,边压边修,直至土样进入环刀内的厚度超过1cm时为止。

3.2 齐环刀刃口将土样修平，用顶土块从刃口端顶入，齐环刀钝口将顶出的余土修去，制成厚度宜为 20mm 的试样，取出顶土块，擦净环刀外壁，称环、土总质量，准确至 0.01g。

3.3 在底座中置湿润的透水石 1 块，将环刀钝口端旋在底座上，使试样底面与透水石顶面接触，然后一并放到水盆中。

3.4 将有孔活塞板放在试样顶面上，对准活塞中心，将百分表装好，并记录百分表读数。

3.5 注纯水入盆，盆内水面须经常保持约与试样底面高度齐平。

3.6 记下开始注水时间，按 5min、10min、20min、30min、1h、2h、3h、24h 及以后第隔 24h 测记百分表读数，直至试样不再膨胀为止。

3.7 移去百分表，将试样从环刀内推出，放入表面皿中，称皿土合质量，准确至 0.01g。

3.8 将试样入烘箱，烘至恒量。取出，放在干燥器内，等冷却后称量，准确至 0.01g。

4 结果整理

4.1 按下式计算任一时间的无荷载膨胀率：

$$\delta_e = \frac{\Delta H}{H_0} \times 100 \qquad (T\ 0125\text{-}1)$$

$$\Delta H = R_t - R_0 \qquad (T\ 0125\text{-}2)$$

式中：δ_e——时间 t 时土的无荷载膨胀率(%)，计算至 0.1；

ΔH——时间 t 时试样膨胀的增量(mm)；

H_0——试样起始高度(mm)；

R_t——时间 t 时百分表读数(mm)；

R_0——试验开始时百分表读数(mm)。

4.2 按下式计算试验前的含水率 w_i 及孔隙比 e_0：

$$w_i = \frac{m - m_s}{m_s} \times 100 \qquad (T\ 0125\text{-}3)$$

$$e_0 = \frac{\rho_s}{\rho_{d0}} - 1 \qquad (T\ 0125\text{-}4)$$

式中：w_i——试验前含水率(%)，计算至 0.1；

e_0——试验前孔隙比，计算至 0.01；

m——试验前湿土质量(g)；

m_s——干土质量(g);

ρ_s——土粒密度(g/cm^3),数值上等于土粒比重;

ρ_{d0}——试验前试样干密度(g/cm^3)。

4.3 按下式计算膨胀稳定后的含水率 w_H 及孔隙比 e_H:

$$w_H = \frac{m_H - m_s}{m_s} \times 100 \qquad (T\ 0125\text{-}5)$$

$$e_H = \frac{\rho_s}{\rho_{dH}} - 1 \qquad (T\ 0125\text{-}6)$$

式中:w_H——膨胀稳定后含水率(%),计算至0.1;

e_H——膨胀稳定后孔隙比,计算至0.01;

m_H——膨胀稳定后湿土质量(g);

ρ_{dH}——膨胀稳定后干密度(g/cm^3)。

4.4 如有需要,可以时间为横坐标,膨胀率为纵坐标,绘制膨胀率与经过时间的关系曲线。

4.5 本试验记录格式如表T 0125-1。

表 T 0125-1 无荷载膨胀试验记录

工程编号________ 试 验 者________

土样编号________ 计 算 者________

土样说明________ 校 核 者________

土样体积 $V_1 = 53\text{cm}^3$ 试验日期________

膨胀含水率测定			
环刀编号			10
环刀+湿土质量(g)	(1)		181.4
环刀+干土质量(g)	(2)		161.2
环刀质量(g)	(3)		56.3
湿土质量(g)	(4)	(1)-(3)	125.1
干土质量(g)	(5)	(2)-(3)	104.9
水的质量(g)	(6)		20.2
含水率(%)	(7)	$\frac{(6)}{(5)}\times 100$	19.3
土体积(cm^3)	(8)	$V_1(1+V_H)$	60
密度(g/cm^3)	(9)	$\frac{(4)}{(8)}$	2.09
干密度(g/cm^3)	(10)	$\frac{(5)}{(8)}$	1.75
土粒比重	(11)		
孔隙比	(12)	$\frac{(11)}{(10)}-1$	0.55

续上表

无荷载膨胀率测定							
测定时间			经过时间			百分表读数	膨胀率
						R	δ_e
d	h	min	d	h	min	(mm)	(%)
							$\frac{R_t - R_0}{H_0} \times 100$
15	8	30				0	
	9				30	0.10	0.5
	10			1	30	0.40	2.0
	12			3	30	0.50	2.5
	18			9	30	1.00	5.0
16	8			23	30	1.60	8.0
18	15		3	6	30	1.90	9.5
19	8		3	23	30	2.2	11.0
	18		4	9	30	2.4	12.0
20	8		4	23	30	2.5	12.5
22	8		6	23	30	2.6	13.0
23	8		7	23	30	2.6	13.0

4.6 精密度和允许差。

本试验应做两次平行测定，取其算术平均值，其平行差值应为：$\delta_e \geq 10\%$ 时不大于 1%；$\delta_e < 10\%$ 时不大于 0.5%。

5 报告

5.1 土的鉴别分类和代号。

5.2 土的无荷载膨胀率 δ_e 值(%)。

条文说明

1 无荷载膨胀率试验是测定试样在无荷载有侧限条件下浸水后的单向膨胀率，适用于原状土和击实土试样。

2 试样尺寸对膨胀率是有影响的。在统一的膨胀稳定标准下，膨胀率随试样高度的增加而减小，随直径的增大而增大。为了在无荷载条件下试验时间不致拖得太长，选用试样高 20mm，直径 58mm；即环刀内径 58mm，高 35mm，扣去顶土块高 15mm，得净高为 20mm。

3 膨胀率与土的自然状态关系非常密切。起始含水率、干密度都直接影响试验结果。为了防止透水石的水分影响初始读数,要求透水石先烘干,再埋置在切削试样剩余的碎土中1h,使大致具备与试样相同的湿度。

有些规程规定不放滤纸,以排除滤纸变形对试验结果的影响。但有时透水石会粘带试样表层土,使试验后物理指标的测定受到影响。国内有单位采用薄型滤纸(打字机中的垫纸),在不同压力下量测浸水前后的滤纸变形量相差很小,可以忽略对试验结果的影响。

试验用水的成分、离子浓度(pH值)和水温对膨胀率都有一定的影响。水溶液成分不同,交换离子越高的土,其膨胀率也越大。而当水溶液成分相同时,膨胀性随溶液浓度的增长而减弱。天然水的pH值对膨胀率的影响不大,远比溶液的成分和离子浓度的影响小。规程中规定采用纯水(蒸馏水)或天然水。

比较试验表明,6h内变形不超过0.01mm时,计算的膨胀率仅相差0.1%。因此,选用6h内变形不超过0.01mm作为无荷载膨胀率试验的稳定标准。

4 膨胀率与经过时间的关系曲线有需要时才绘制。

T 0126—1993 有荷载膨胀率试验

1 目的和适用范围

1.1 为了模拟覆盖压力或某一特定荷载条件,可按实际荷载大小做有荷载有侧限的膨胀率试验,或做不同荷载下的膨胀率试验。

1.2 本试验方法适用于测定原状土或击实黏质土在特定荷载下的膨胀率,或测定荷载与膨胀的关系曲线。

2 仪器设备

2.1 主要仪器为固结仪。

2.1.1 膨胀仪:见图T 0126-1,其环刀内径58mm,高35mm,顶土块高15mm。

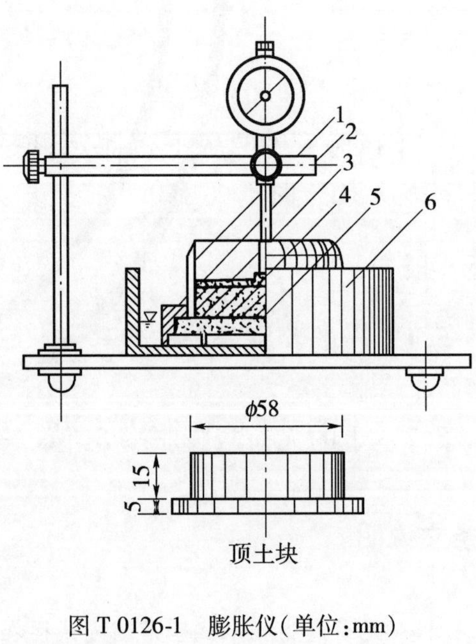

图T 0126-1 膨胀仪(单位:mm)
1-环刀;2-底座;3-有孔活塞板;4-土样;5-透水石;6-水盆

2.1.2 固结仪:备一个等直径的环刀接环,接高10mm。

2.1.3 百分表:量程10mm,分度值0.01mm。

2.1.4 天平:称量200g,感量0.01g。

2.1.5 其他:烘箱、干燥器、磁钵(附橡皮研杵)、修土刀、秒表、表面皿等。

2.2 试验前,固结仪应在不同压力下进行变形校正。以膨胀仪容器代替压缩容器时,也应事先做好联合变形校正,并检查仪器的平衡状况和注水通路。

3 试验步骤

3.1 按工程需要取原状土或制备成所需状态的扰动土样,整平其两端;在环刀内壁涂一薄层凡士林,刃口向下,放在土样上。用修土刀将土样修成略大于环刀直径的土柱,将环刀垂直下压,边压边修,直至土样进入环刀内的厚度超过 1cm 时为止。

3.2 齐环刀刃口将土样修平,用顶土块从刃口端顶入,齐环刀钝口将顶出的余土修去,制成厚度宜为 20mm 的试样,取出顶土块,擦净环刀外壁,称环、土总质量,准确至 0.01g。

3.3 试样放入容器后,放上透水石和盖板,安装百分表,施加 1kPa 的压力,使仪器各部分接触。百分表短针对准整数 3 或 4,长针对零,记下初读数。

3.4 一次或分级连续施加所要求的荷载。待每小时变形不超过 0.01mm 时,即认为变形稳定,随后向容器注入蒸馏水,并始终保持水面超过土顶面约 5mm,使试样自下而上浸水。

3.5 浸水后每隔 2h 测记百分表读数一次,至两次差值不超过 0.01mm 时为止。

3.6 放水,解除荷载,取出试样,擦干环壁及其他表面水,称量,烘干,计算膨胀后含水率和孔隙比。

3.7 需要时,可在膨胀稳定后,按砝码的具体情况,分 3 ~ 4 个等级,逐次退荷到零,并测定各级荷载下的膨胀稳定值。

4 结果整理

4.1 按下式计算有荷载膨胀率:

$$\delta_{ep} = \frac{R_t + R_p - R_0}{H_0} \times 100 \tag{T 0126-1}$$

式中:δ_{ep}——荷载 P(kPa)作用下的膨胀率(%),计算至 0.1;

H_0——试样的初始高度(mm);

R_t——荷载 P 作用下膨胀稳定后的百分表读数(mm);

R_p——荷载 P 作用下仪器的压缩变形量(mm);

R_0——试样加荷前百分表读数(mm)。

4.2 本试验记录格式如表 T 0126-1。

表 T 0126-1 有荷载膨胀试验记录

工程编号＿＿＿＿＿＿　　　　试 验 者＿＿＿＿＿＿

土样编号＿＿＿＿＿＿　　　　计 算 者＿＿＿＿＿＿

土样说明＿＿＿＿＿＿　　　　校 核 者＿＿＿＿＿＿

土样体积　$V_1=53\text{cm}^3$　　　　试验日期＿＿＿＿＿＿

膨胀含水率测定			
环 刀 编 号			10
环刀 + 湿土质量(g)	(1)		181.4
环刀 + 干土质量(g)	(2)		161.2
环刀质量(g)	(3)		56.3
湿土质量(g)	(4)	(1) - (3)	125.1
干土质量(g)	(5)	(2) - (3)	104.9
水的质量(g)	(6)		20.2
含水率(%)	(7)	$\frac{(6)}{(5)}\times 100$	19.3
土体积(cm^3)	(8)	$V_1(1+V_H)$	60
密度(g/cm^3)	(9)	$\frac{(4)}{(8)}$	2.09
干密度(g/cm^3)	(10)	$\frac{(5)}{(8)}$	1.75
土粒比重	(11)		
孔隙比	(12)	$\frac{(11)}{(10)}-1$	0.55

有荷载膨胀率测定							
测定时间			经过时间			百分表读数	膨胀率
d	h	min	d	h	min	R(mm)	δ_{ep}(%)
							$\frac{R_t+R_p-R_0}{H_0}\times 100$
15	8	30				0	
	9				30	0.10	0.5
	10			1	30	0.40	2.0
	12			3	30	0.50	2.5
	18			9	30	1.00	5.0
16	8			23	30	1.60	8.0
18	15		3	6	30	1.90	9.5
19	8		3	23	30	2.2	11.0
	18		4	9	30	2.4	12.0
20	8		4	23	30	2.5	12.5
22	8		6	23	30	2.6	13.0
23	8		7	23	30	2.6	13.0

4.3 精密度和允许差。

本试验应做两次平行测定,取其算术平均值,其平行差值应为:$\delta_{ep} \geqslant 10\%$ 时不大于 1%;$\delta_{ep} < 10\%$ 时不大于 0.5%。

5 报告

5.1 土的鉴别分类和代号。

5.2 土的有荷载膨胀率 δ_{ep} 值(%)。

条文说明

1 有荷载膨胀率试验是在有侧限条件下,按实际荷载大小测定原状土或击实黏质土的膨胀率。

2 本试验涉及加荷问题,所以瓦氏膨胀仪已完全不适用。目前应用比较普遍的仍是固结仪。仪器在压力下的变形会影响试验结果,应予校正。

3 为了保持试样始终浸在水中,要求注入至土样顶面以上5mm。为了方便排气,采取逐步加水。装百分表时,要考虑试验时可能发生沉降和胀升两种情况。

一次连续加荷是指将总荷载分成几级,一次连续加完。具体做法是如总荷载大于150kPa时,每级可定为5kPa;小于150kPa时,每级可定为2.5~4kPa。

同一种试样,荷载越大,稳定越快;无荷载时,膨胀稳定最慢。对不同试样,则反映出膨胀率越大,稳定越慢,历时越长。因此,本试验规定2h的读数差不超过0.01mm,作为稳定标准是可行的,但要防止因试样含水率较高或荷载过大产生的假稳定。因此,规程规定应测定试样试验前、试验后的含水率,计算孔隙比,根据计算的饱和度,推断试样是否已充分吸水膨胀。

T 0127—1993 膨胀力试验

1 目的和适用范围

1.1 膨胀力是土体在吸水膨胀时所产生的内应力。本试验用于测定试样在体积不变时由于膨胀所产生的最大内应力。

1.2 本试验方法适用于原状土和击实土试样,采用加荷平衡法。

2 仪器设备

2.1 单轴固结仪:见图 T 0127-1,试样面积 $30cm^2$ 和 $50cm^2$,高 2cm。附杠杆式加压设备。为了加荷方便准确,宜用铁砂和盛砂桶代替砝码和吊盘。

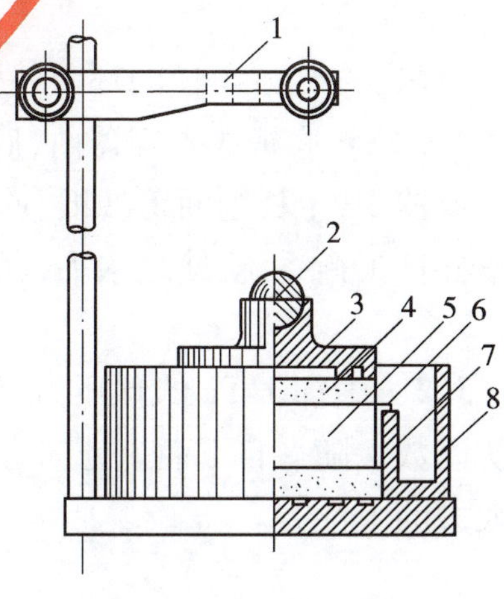

图 T 0127-1 固结仪

1-量表架;2-钢珠;3-加压上盖;4-透水石;5-试样;6-环刀;7-护环;8-水槽

2.2 环刀:直径为61.8mm和79.8mm,高度为20mm。环刀应具有一定的刚度,内壁应保持较高的光洁度,宜涂一薄层硅脂或聚四氟乙烯。

2.3 透水石:由氧化铝或不受土腐蚀的金属材料组成,其透水系数应大于试样的渗透系数。用固定式容器时,顶部透水石直径小于环刀内径0.2~0.5mm;当用浮环式容器时,上下部透水石直径相等。

2.4 变形量测设备:量程10mm,最小分度为0.01mm的百分表或零级位移传感器。

2.5 其他:天平、秒表、烘箱、钢丝锯、刮土刀、铝盒等。

3 试验步骤

3.1 制样和装样

3.1.1 制样

(1)根据工程需要切取原状土样或制备所需湿度密度的扰动土样。切取原状土样时,应使试样在试验时的受压情况与天然土层受荷方向一致。

(2)用钢丝锯将土样修成略大于环刀直径的土柱。然后用手轻轻将环刀垂直下压,边压边修,直至环刀装满土样为止。再用刮刀修平两端,同时注意刮平试样时,不得用刮刀往复涂抹土面。在切削过程中,应细心观察试样并记录其层次、颜色和有无杂质等。

(3)擦净环刀外壁,称环刀与土总质量,准确至0.1,并取环刀两面修下的土样测定含水率。试样需要饱和时,应进行抽气饱和。

3.1.2 装样

(1)在切好土样的环刀外壁涂一薄层凡士林然后将刀口向下放入护环内。

(2)将底板放入容器内,底板上放透水石、滤纸,借助提环螺丝将土样环刀及护环放入容器中,土样上面覆滤纸、透水石,然后放下加压导环和传压活塞,使各部密切接触,调整杠杆平衡系统,使之水平,保持平稳。

3.2 施加1kPa的预压力,使试样与仪器各部接触。安好百分表,调节指针位置,记下初读数。随后自下而上地向容器注入蒸馏水,并始终保持水面足够低,而不致使试样受到太大的上浮力。

3.3 当百分表指针顺时针转动时,说明土体开始膨胀,立即往盛砂桶加适量铁砂,使百分表指针仍回到初读数。加铁砂要避免冲击力。

3.4 及时称余砂重(铁砂总重－余砂重＝平衡荷重)。当平衡荷重足以产生仪器变形时,在加下一级平衡荷重时,百分表指针应反方向转动以扣除与该级平衡荷重相应的仪器变形量。

3.5 当测试时间过长需要中断试验时,可用杠杆上下的固定螺旋或磅秤上的制动栓,在维持百分表指针不变的条件下,将其固定,以保证中断期间试样不发生膨胀变形。

3.6 维持某级平衡荷重达2h或更长而得到恒定试样高度时,则试样在该级平衡荷重下达到稳定。

3.7 试验结束后,吸去容器内水,卸除荷重,取出试样,称试样质量,并测定含水率。

4 结果整理

4.1 膨胀力按下式计算:

$$p_e = \frac{W \times m}{A} \qquad (T\ 0127\text{-}1)$$

式中:p_e——膨胀力(kPa),计算至0.1;

W——总平衡荷重(N);

A——试样面积(cm^2);

m——加压设备的杠杆比。

4.2 本试验记录格式如表T 0127-1。

表T 0127-1 膨胀力试验记录

工程名称＿＿＿＿＿＿ 试 验 者＿＿＿＿＿＿

土样编号＿＿＿＿＿＿ 计 算 者＿＿＿＿＿＿

仪器编号＿＿＿＿＿＿ 校 核 者＿＿＿＿＿＿

土样说明 击实土样 试验日期＿＿＿＿＿＿

日期 (d h min)	荷重(铁砂总重50N)			仪器变形量 (mm)	试验前后状态
	余砂量(N)	平衡荷重(N)	压力(kPa)		
					试样面积＝$30cm^3$
4 8(浸水)					环＋湿土质量＝172g
10	48.2	1.8	7	0.01	环＋试验后湿土质量＝175.8g
16	46.0	4.0	16	0.03	环＋干土质量＝159g
26	40.5	9.5	38	0.04	环的质量＝57g
50	35.7	14.7	57	0.06	起始含水率＝12.8%
10 14	33.1	16.9	68	0.07	试验后含水率＝16.2%
58	31.1	18.9	76	0.08	干密度＝$1.7g/cm^3$
11 44	30.2	19.8	80	0.09	比重＝2.72
12 36	29.7	20.3	82	0.09	孔隙比＝0.6
14 42	29.5	20.5	82	0.09	
16 42	29.5	20.5	82	0.09	
		膨胀力(kPa)	82	杠杆比1:12	

4.3 精密度和允许差。

本试验应做两次平行测定,取其算术平均值,其平行差值应为:$p_e \geqslant 30\text{kPa}$ 时不大于 5kPa;$p_e < 30\text{kPa}$ 时不大于 2kPa。

5 报告

5.1 土的鉴别分类和代号。

5.2 土的膨胀力 p_e 值(kPa)。

条文说明

1 膨胀力是黏质土遇水而产生的内应力。伴随此力的解除,土体发生膨胀,从而使土基上建筑物或路面等受到破坏。根据实测,当不允许土体发生膨胀时,有些黏质土的膨胀力可达 1 600kPa,所以对膨胀力的测定是有现实意义的。室内测定膨胀力的方法和仪器有多种,国内外采用最多的是以外力平衡内力的方法,即平衡法。实际应用时,应尽量接近现场原位情况。

2 为了加荷方便准确,常规固结仪应配以铁砂和盛砂筒,以代替砝码和吊盘。

3 在平衡法试验中,平衡不及时或施加过量的压力都会影响到潜能势的发挥。表 T 0127-2 的试验资料说明,膨胀力随允许变形值的增大而增加。当允许变形值由 0.01mm 增至 0.1mm 时,膨胀力将提高 50% 左右。为了提高试验质量,允许变形量应限制到 0.005mm。但由于仪器本身的变形和量测精度不够,由此而引起操作上的困难,所以本试验规定允许变形值为 0.01mm。要求对变形较大的仪器(如固结仪),在施加平衡荷载时,注意使百分表指针不要退回到初读数,而是指向与压力相对应的仪器变形位置。还规定在加荷平衡时,指针应指向小于平衡位置 0.01mm 范围内,目的是为等待压缩稳定和为累积仪器变形值留有余地。

表 T 0127-2 试样允许变形与膨胀力的关系

允许变形值(mm)	密度(g/cm^3)	孔隙比	试验前含水率(%)	试验后含水率(%)	膨胀力(kPa)
0.01	2.0	0.61	16.9	22.3	119
0.05	2.0	0.61	16.9	22.3	140
0.10	2.0	0.61	16.8	22.1	182
0.20	2.0	0.61	16.6	21.9	208

在稳定时间问题上,试验资料表明,达到最大膨胀力的时间并不长,浸水后 3 ~ 5h 内变化较大,以后则趋于平缓。因此,规定以加荷平衡后 2h 不再膨胀作为稳定标准是可行的。

29 冻土试验

T 0179—2007 冻土密度浮称法试验

1 目的和适用范围

1.1 冻土密度是冻土单位体积的质量，它是冻土的基本物理特性指标之一。冻土密度试验应根据冻土的特点和试验条件选用不同的试验方法。本试验方法适用于原状冻土和人工冻土。

1.2 浮称法适用于表面无显著孔隙的冻土。

2 仪器设备

2.1 天平(图 T 0179-1)：称量 1 000g，分度值 0.1g。

2.2 液体密度计：分度值为 0.001g/cm^3。

2.3 温度计：测量范围为 -30 ~ +20℃，分度值为 0.1 ℃。

2.4 量筒：容积为 1 000mL。

2.5 盛液筒：容积为 1 000 ~2 000mL。

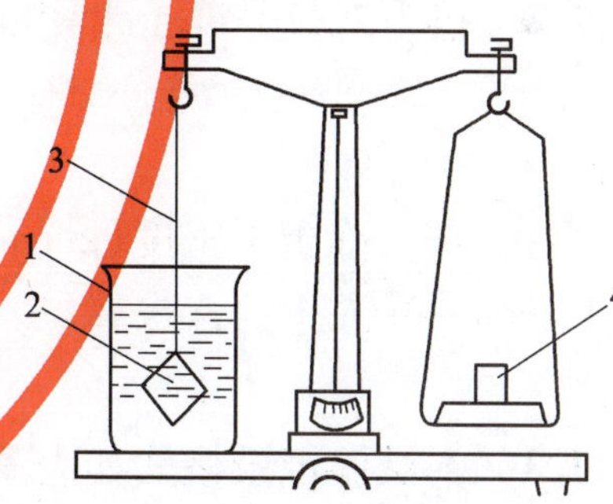

图 T 0179-1 浮重天平
1-盛液筒；2-试样；3-细线；4-砝码

3 试验步骤

3.1 调整天平，将盛液筒置于天平一端。

3.2 切取质量为 300 ~1 000g 的冻土试样，用细线捆紧，放入盛液筒中并悬吊在天平挂钩上称量，准确至 0.1g。

3.3 将事先预冷接近冻土试样温度的煤油缓慢注入盛液筒，液面宜超过试样顶面 2cm，并用温度计量测煤油温度，准确至 0.1 ℃。

3.4 称取试样在煤油中的质量,准确至0.1g。

3.5 从煤油中取出冻土试样,削去表层带煤油的部分,然后按规定取样测定冻土的含水率。

3.6 采用0 ℃水时,应快速测定,试样表面不得发生融化。

4 结果整理

4.1 按下列两式计算冻土密度ρ_f:

$$\rho_f = \frac{m_1}{V} \tag{T 0179-1}$$

$$V = \frac{m_1 - m_2}{\rho_m} \tag{T 0179-2}$$

式中:ρ_f——冻土密度(g/cm^3),计算至0.01;

V——冻土试样体积(cm^3);

m_1——冻土试样质量(g);

m^2——冻土试样在煤油中的质量(g);

ρ_m——试验温度下煤油的密度(g/m^3),可由煤油密度与温度关系曲线查得。

4.2 按下式计算冻土干密度:

$$\rho_{fd} = \frac{\rho_f}{1 + 0.01w} \tag{T 0179-3}$$

式中:ρ_{fd}——冻土干密度(g/cm^3),计算至0.01;

w——冻土的含水率(%)。

4.3 本试验记录格式如表T 0179-1。

表T 0179-1 冻土密度试验记录表(浮称法)

工程名称＿＿＿＿＿＿＿＿　　试验者＿＿＿＿＿＿＿＿

钻孔编号＿＿＿＿＿＿＿＿　　计算者＿＿＿＿＿＿＿＿

试验日期＿＿＿＿＿＿＿＿　　校核者＿＿＿＿＿＿＿＿

试样编号	土样描述	煤油温度(℃)	煤油密度(g/cm^3)	试样质量(g)	试样在油中质量(g)	试样体积(cm^3)	密度(g/cm^3)	平均值(g/cm^3)
		(1)	(2)	(3)	(4)	(5)	(6)	(7)
						$\frac{(3)-(4)}{(2)}$	$\frac{(3)}{(5)}$	

4.4 试验应进行不少于两组平行试验。对于整体状构造的冻土,两次测定的差值不应大于0.03g/cm^3,并取其算术平均值;对于层状和网状构造和其他富冰冻土,宜提供两次测定值。

5 报告

5.1 冻土的鉴别分类和代号。

5.2 冻土的密度 ρ_f 值。

5.3 冻土的干密度 ρ_{fd}值。

条文说明

冻土密度试验宜在负温环境下进行。无负温环境时,应采取保温措施和快速测定。在试验过程中,冻土表面不得发生融化。

1 冻土密度是冻土的基本物理指标之一。它是冻土地区工程建设中计算土的冻结或融化深度、冻胀或融沉、冻土热学和力学指标、验算冻土地基强度等所需的重要指标。测定冻土的密度,关键是准确测定试样的体积。

3 考虑到国内不少单位没有低温试验室,故规定无负温环境时应保持试验过程中试样表面不得发生融化,以免改变冻土的体积。

T 0180—2007 冻土密度浮力法试验

1 目的和适用范围

浮力法适用于表面无显著孔隙的冻土。本试验方法适用于原状冻土和人工冻土。

2 仪器设备

2.1 浮力仪(含电子天平)(图T 0180-1):称量大于1 000g以上,感量0.001g。

2.2 液体密度计:分度值为0.001g/cm^3。

2.3 温度计:测量范围为 −30 ~ +20℃,分度值为0.1 ℃。

2.4 量筒:容积为1 000mL。

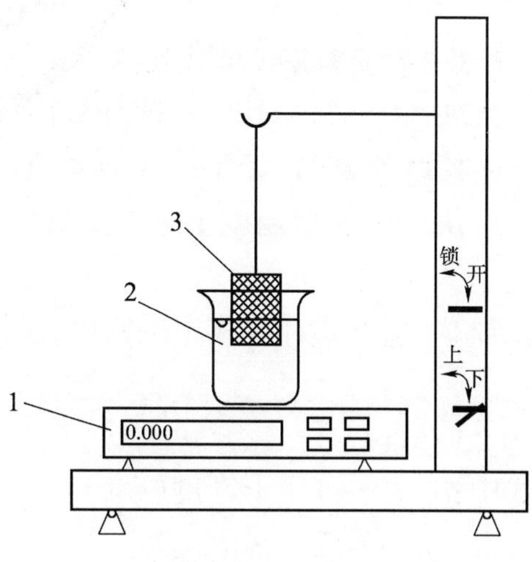

图T 0180-1 浮力仪

1-电子天平;2-盛液筒;3-盛粗粒土的铁丝筐

2.5 盛液筒:容积为1 000 ~2 000mL。

3 试验步骤

3.1 调整天平,将盛液筒置于天平上。

3.2 切取质量为300 ~1 000g的冻土试样,称重量 m_1,准确至0.1g。用细线捆紧,放入盛液筒中并悬吊在挂钩上。

3.3 将事先预冷接近冻土试样温度的煤油缓慢注入盛液筒,液面宜超过试样顶面2cm,并用温度计量测煤油温度,准确至0.1℃。

3.4 称烧杯、杯中煤油和悬没煤油中的试样的总质量 m_2,准确至0.1g。

3.5 从煤油中取出冻土试样,削去表层带煤油的部分,然后按规定取样测定冻土的含水率 w。

4 结果整理

4.1 按下式计算冻土密度:

$$\rho_f = \frac{m_1}{V} \tag{T 0180-1}$$

$$V = \frac{m_2 - m_3}{\rho_m} \tag{T 0180-2}$$

式中:ρ_f——冻土密度(g/cm^3),计算至0.001;

V——冻土试样体积(cm^3);

m_1——冻土试样质量(g);

m_2——烧杯、杯中煤油和悬没煤油中的冻土试样的总质量(g);

m_3——烧杯、杯中煤油的质量(g);

ρ_m——试验温度下煤油的密度(g/m^3),可由煤油密度与温度关系曲线查得。

4.2 按下式计算冻土干密度:

$$\rho_{fd} = \frac{\rho_f}{1 + 0.01w} \tag{T 0180-3}$$

式中:ρ_{fd}——冻土干密度(g/cm^3),计算至0.001;

ρ_f——冻土密度(g/cm^3);

w——冻土含水率(%)。

4.3 本试验记录格式如表 T 0180-1。

表 T 0180-1 冻土密度试验记录表(浮力法)

工程名称________________ 试验日期________________

试 验 者________ 计算者________ 校 核 者________________

野外编号	室内编号	温度 T (℃)	某一温度下煤油的相对密度	冻土质量 m_1(g)	烧杯、杯中水和悬没煤油中的冻土试样的浮力 m_2 (g)	烧杯和杯中水的质量 m_3 (g)	冻土密度 ρ_f (g/cm³)	冻土密度平均值 $\bar{\rho}_f$ (g/cm³)
		(1)	(2)	(3)	(4)	(5)	(6)	(7)
	1							
	2							

4.4 试验应进行不少于两组平行试验。对于整体状构造的冻土,两次测定的差值不应大于 0.03g/cm³,并取其算术平均值;对于层状和网状构造和其他富冰冻土,宜提供两次测定值。

5 报告

5.1 冻土的鉴别分类和代号。

5.2 冻土的密度 ρ_f 值。

5.3 冻土的干密度 ρ_{fd} 值。

条文说明

本试验与(T 0179—2007)具有相同的物理试验原理。前者是测量物体放入液体后液体质量的增加量(即:物体所受到的浮力),而后者是测量物体受到液体浮力作用后的质量。

冻土密度试验宜在负温环境下进行。无负温环境时,应采取保温措施和快速测定。在试验过程中,冻土表面不得发生融化。

1 冻土密度是冻土的基本物理指标之一。它是冻土地区工程建设中计算土的冻结或融化深度、冻胀或融沉、冻土热学和力学指标、验算冻土地基强度等所需的重要指标。测定冻土的密度,关键是准确测定试样的体积。

3 考虑到国内不少单位没有低温试验室,故规定无负温环境时应保持试验过程中试样表面不得发生融化,以免改变冻土的体积。

T 0181—2007　冻土密度联合测定法试验

1　目的和适用范围

联合测定法适用于砂质土和层状、网状结构的黏质冻土。本试验方法适用于原状冻土和人工冻土。

2　仪器设备

2.1　排液筒:见图 T 0181-1。

2.2　台秤:称量:5kg,分度值 1g。

2.3　量筒:容量 1 000mL,分度值 10mL。

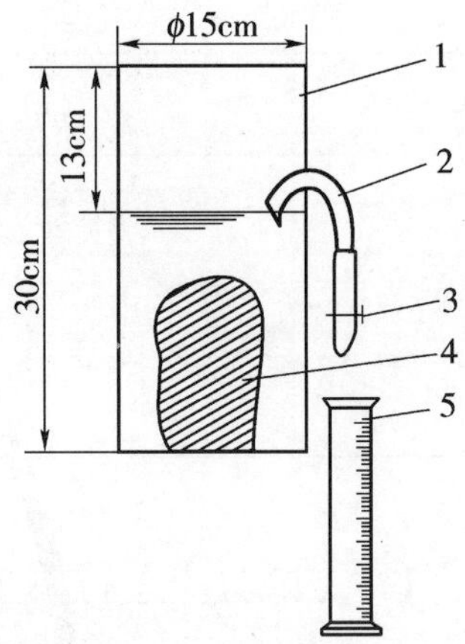

图 T 0181-1　排液管装置示意图
1-排液筒;2-虹吸管;3-止水夹;4-冻土试样;5-量筒

3　试验步骤

3.1　将排液筒置于台秤上,拧紧虹吸管止水夹。排液筒在台秤上的位置,在试验过程中不得移动。

3.2　取 1 000 ~ 1 500g 冻土试样,并称质量。

3.3　将接近 0℃的清水缓慢倒入排液筒,使水面超过虹吸管顶。

3.4　松开虹吸管的止水夹,使排液筒中的水面徐徐下降,待水面稳定和虹吸管不再出水时,拧紧止水夹,称排液筒和水的质量。

3.5　将冻土试样轻轻放入排液筒中,随即松开止水夹,使排液筒中的水流入量筒内。

3.6　水流停止后,拧紧止水夹,立即称排液筒、水和试样质量。同时测读量筒中水的体积,用以校核冻土试样的体积。

3.7　使冻土试样在排液筒内充分融化成松散状态,澄清。补加清水使水面超过虹吸管顶。

3.8　松开止水夹,排水。当水流停止后,拧紧止水夹,并称排液筒、水和土颗粒质量。

3.9　在试验过程中应保持水面平稳,在排水和放入冻土试样时排液筒不得发生上下剧烈晃动。

4 结果整理

4.1 按下式计算冻土密度：

$$\rho_f = \frac{m}{m + m_1 - m_2}\rho_w \qquad (T\ 0181\text{-}1)$$

式中：ρ_f——冻土密度(g/cm^3)，计算至0.01；

m——冻土试样质量(g)；

m_1——筒加水的质量(g)；

m_2——筒、水和试样的质量(g)；

ρ_w——水的密度(g/cm^3)。

4.2 按下式计算冻土含水率：

$$w = \left[\frac{m(G_s - 1)}{(m_3 - m_1)G_s} - 1\right] \times 100 \qquad (T\ 0181\text{-}2)$$

式中：w——冻土含水率(%)，计算至0.1；

m——冻土试样质量(g)；

m_1——筒加水的质量(g)；

m_3——筒、水和土颗粒的质量(g)；

G_s——土颗粒的比重，可实测也可采用经验值。

4.3 本试验记录格式如表 T 0181-1。

表 T 0181-1 冻土密度和含水率试验记录表(联合测定法)

工程名称＿＿＿＿＿＿＿＿　　试验者＿＿＿＿＿＿＿＿

钻孔编号＿＿＿＿＿＿＿＿　　计算者＿＿＿＿＿＿＿＿

试验日期＿＿＿＿＿＿＿＿　　校核者＿＿＿＿＿＿＿＿

试样编号	试样质量 m(g)	筒加水质量 m_1 (g)	筒加水加土样质量 m_2(g)	筒加水加土颗粒质量 m_3 (g)	土粒比重 G_s	土样体积 V (cm^3)	密度 ρ_f (g/cm^3)	含水率 w (%)
	(1)	(2)	(3)	(4)	(5)	(6)	(7)	(8)
						$\frac{(1)+(2)+(3)}{\rho_w}$	$\frac{(1)}{(6)}$	$\frac{(1)\times[(5)-1]}{[(4)-(2)]\times(5)}-1$

4.4 精密度和允许差。

4.4.1 冻土密度试验应进行不少于两组平行试验。对于整体状构造的冻土,两次测定的差值不应大于 0.03g/cm^3,并取其算术平均值;对于层状和网状构造和其他富冰冻土,宜提供两次测定值。

4.4.2 冻土含水率试验须进行二次平行测定,取其算术平均值。允许平行差值应符合表 T 0181-2 规定。

表 T 0181-2 冻土含水率测定的允许平行差值

含水率(%)	允许平行差值(%)	含水率(%)	允许平行差值(%)
5 以下 40 以下	0.3 ≤1	40 以上	≤2

5 报告

5.1 冻土的鉴别分类和代号。

5.2 冻土的密度 ρ_f 值。

5.3 冻土的含水率 w 值。

条文说明

联合测定法是采用一个试样,同时测定密度和含水率两个指标。这种方法对冻土更为适用。由于冻土的结构极不均匀,用一般方法分别取试样测定冻土的含水率和密度,往往使这些指标间彼此不协调。用联合测定法同时测定含水率和密度,这样就能克服分别测定时存在的缺点,使试验资料彼此协调。

联合测定法是通过量测已知质量的试样所排开水的体积来求得容重(或密度),并利用颗粒比重来计算含水率。在计算中取水的密度为 1g/cm^3,温度对水的密度的影响可以忽略不计。

联合测定法只适用于易分散的层状和网状结构的黏质土和砂质土。

冻土密度试验宜在负温环境下进行。无负温环境时,应采取保温措施和快速测定。在试验过程中,冻土表面不得发生融化。

冻土密度是冻土的基本物理指标之一。它是冻土地区工程建设中计算土的冻结或融化深度、冻胀或融沉、冻土热学和力学指标、验算冻土地基强度等所需的重要指标。测定冻土的密度,关键是准确测定试样的体积。

考虑到国内不少单位没有低温试验室,故规定无负温环境时应保持试验过程中试样表面不得发生融化,以免改变冻土的体积。

冻土的基本构造有整体状、层状和网状,不同构造的冻土的均匀性差别较大。因此,冻土密度平行试验的差值较之融土密度平行试验的差值要大。整体状的冻土的结构一般比较均匀,故要求平行试验差值为 0.03g/cm^3,与融土试验的规定一致;而层状和网状构造冻土的结构均匀性差,平行试验的差值往往大于 0.03g/cm^3,此时,可以提供试验值的范围。冻土含水率二次平行试验的允许差与融土试验的规定一致。

T 0182—2007　冻土密度环刀法试验

1　目的和适用范围

环刀法适用于温度高于－3℃的黏质和砂质冻土。本试验方法适用于原状冻土和人工冻土。

2　仪器设备

2.1　环刀:容积应大于或等于500cm^3。

2.2　天平:称量2 000g,分度值0.2g。

2.3　其他:切土器、钢丝锯等。

3　试验步骤

3.1　本试验宜在负温环境中进行。无负温环境时,必须快速进行。切样和试验过程中的试样表面不得发生融化。

3.2　取原状土样,整平其两端,将环刀刃口向下放在土样上。

3.3　用切土刀(或钢丝锯)将土样削成略大于环刀直径的土柱,然后将环刀垂直下压,边压边削,至土样伸出环刀为止。将两端余土削去修平,取剩余的代表性土样测定含水率。

3.4　擦净环刀外壁称量环刀加湿土质量 m_1 和环刀质量 m_2,计算出湿土质量 m,准确至0.2g。

4　结果整理

4.1　按下列两式计算冻土密度和干密度:

$$\rho_f = \frac{m}{V} \tag{T 0182-1}$$

$$\rho_{fd} = \frac{\rho_f}{1+0.01w} \tag{T 0182-2}$$

$$m = m_1 - m_2$$

式中:ρ_f——密度(g/cm^3),计算至0.01;

ρ_{fd}——干密度(g/cm^3),计算至0.01;

V——湿土体积(cm^3);

m_1——环刀加湿土质量(g),准确至0.2;

m_2——环刀质量(g),准确至0.2;

m——湿土质量(g);

w——含水率(%)。

4.2 本试验记录格式如表T 0182-1。

表T 0182-1 冻土密度试验记录表(环刀法)

工程名称__________ 试验者__________

钻孔编号__________ 计算者__________

试验日期__________ 校核者__________

试样编号	土样描述	试样体积(cm^3)	湿土质量(g)	湿密度(g/cm^3)	含水率(%)	干密度(g/cm^3)	平均干密度(g/cm^3)
		(1)	(2)	$(3)=\frac{(2)}{(1)}$	(4)	$(5)=\frac{(3)}{1+0.01\times(4)}$	(6)

4.3 精密度和允许差。

本试验应进行两次平行试验。其平行差值不应大于$0.03g/cm^3$。取其算术平均值。

5 报告

5.1 冻土的鉴别分类和代号。

5.2 冻土的密度ρ_f值。

5.3 冻土的干密度ρ_{fd}值。

条文说明

冻土密度试验宜在负温环境下进行。无负温环境时,应采取保温措施和快速测定。在试验过程中,冻土表面不得发生融化。

冻土密度是冻土的基本物理指标之一。它是冻土地区工程建设中计算土的冻结或融化深度、冻胀或融沉、冻土热学和力学指标、验算冻土地基强度等所需的重要指标。测定冻土的密度,关键是准确测定试样的体积。

考虑到国内不少单位没有低温试验室，故规定无负温环境时应保持试验过程中试样表面不得发生融化，以免改变冻土的体积。

T 0183—2007　冻土密度充砂法试验

1　目的和适用范围

充砂法用于表面有明显孔隙的冻土。本试验方法适用于原状冻土和人工冻土。

2　仪器设备

2.1　金属测筒：内径宜用15cm，高度宜用13cm。

2.2　量砂：粒径0.25～0.5mm的干净标准砂。

2.3　漏斗：上口直径可为15cm，下口直径为1.5cm，高度为10cm。

2.4　天平：称量5 000g，分度值1g。

3　试验步骤

3.1　切取冻土试样。试样宜取直径为8～10cm的圆形或$l \times b \times h$[(8～10 cm)×(8～10 cm)×(8～10 cm)]的方体。试样底面必须削平。称试样质量。

3.2　将试样平面朝下放入测筒内。试样底面与测筒底面必须接触紧密。

3.3　用标准砂充填冻土试样与筒壁之间的空隙和试样顶面。

3.3.1　取一定量的清洗干净校准后的干燥标准砂。标准砂的温度应接近冻土试样的温度。

3.3.2　用漏斗架将漏斗置于测筒上方。漏斗下口与测筒上口应保持5～10cm的距离。

3.3.3　用薄板挡住漏斗下口，并将标准砂充满漏斗后移开挡板，使砂充入测筒。与此同时，不断向漏斗补充标准砂，使砂面始终保持与漏斗上口齐平。在充砂过程中不得敲击或振动漏斗和测筒。

3.3.4　当测筒充满标准砂后，移开漏斗，轻轻刮平砂面，使之与测筒上口齐平。在刮砂过程中不应将砂压密。

3.4 称测筒、试样和充砂的总质量。

4 结果整理

4.1 按下列三式计算冻土密度:

$$\rho_f = \frac{m}{V} \quad (T\ 0183\text{-}1)$$

$$V = V_0 - \left(\frac{m_3 - m_1 - m}{\rho_s}\right) \quad (T\ 0183\text{-}2)$$

$$\rho_s = \frac{m_2 - m_1}{V_0} \quad (T\ 0183\text{-}3)$$

式中:ρ_f——冻土密度(g/cm^3),计算至0.01;

m——冻土试样质量(g);

V——试样体积(cm^3);

V_0——测筒容积(cm^3);

m_1——测筒质量(g);

m_2——筒、砂总质量(g);

m_3——测筒、试样和量砂的总质量(g);

ρ_s——量砂的密度(g/cm^3)。

4.2 本试验记录格式如表T 0183-1。

表T 0183-1 冻土密度试验记录表(充砂法)

工程名称________　试验者________

钻孔编号________　计算者________

试验日期________　校核者________

试样编号	测筒质量(g)	试样质量(g)	测筒、试样加量砂质量(g)	量砂质量(g)	量砂密度(g/cm^3)	测筒容积(cm^3)	试样体积(cm^3)	冻土密度(g/cm^3)	平均密度(g/cm^3)
	(1)	(2)	(3)	(4)	(5)	(6)	(7)	(8)	(9)
				(3)-(1)-(2)			$(6)-\frac{(4)}{(5)}$	$\frac{(2)}{(7)}$	

4.3 精密度和允许差。

本试验需进行两次平行测定,其平行差值不大于0.03g/cm^3,取算术平均值。

5 报告

5.1 冻土的鉴别分类和代号。

5.2 冻土的密度 ρ_f 值。

条文说明

为了适应冻土结构的不均匀性，所用环刀容积要大一些，但太大会增加取样的困难。环刀尺寸国外有的采用直径为 100 ~ 120mm，高度为 80 ~ 100mm。本规程规定不宜小于 500cm^3。

冻土密度试验宜在负温环境下进行。无负温环境时，应采取保温措施和快速测定。在试验过程中，冻土表面不得发生融化。

冻土密度是冻土的基本物理指标之一。它是冻土地区工程建设中计算土的冻结或融化深度、冻胀或融沉、冻土热学和力学指标、验算冻土地基强度等所需的重要指标。测定冻土的密度，关键是准确测定试样的体积。

考虑到国内不少单位没有低温试验室，故规定无负温环境时应保持试验过程中试样表面不得发生融化，以免改变冻土的体积。

T 0184—2007　冻结温度试验

1　目的和适用范围

本试验的目的是用量热法测定土体的冻结温度。本试验方法适用于原状和扰动的黏质土和砂质土。

2　仪器设备

2.1　仪器设备包括零温瓶、低温瓶、测温设备及试样杯等，如图 T 0184-1 所示。

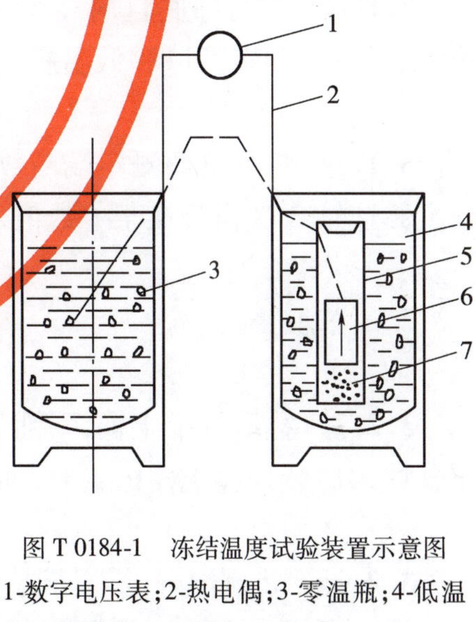

图 T 0184-1　冻结温度试验装置示意图

1-数字电压表；2-热电偶；3-零温瓶；4-低温瓶；5-塑料管；6-试样杯；7-干砂

2.1.1　零温瓶：容积为 3.57L，内盛冰水混合物（其温度应为 0℃ ±0.1℃）。

2.1.2　低温瓶：容积为 3.57L，内盛低融冰晶混合物，其温度宜为 −7.6℃。

2.1.3　测温设备：由热电偶和数字电压表组成。热电偶宜用 0.2mm 的铜和康铜线材制成。数字电压表：量程 2mV，分度值为 1μV。

2.1.4　试样杯：用黄铜制成，直径 3.5cm，高 5cm，带有杯盖。

2.2 其他:用于配制低融冰晶混合物的氯化钠、氯化钙,硬质聚氯乙烯管(直径5cm,长25cm),切土刀等。

3 试验步骤

3.1 原状土试验

3.1.1 土样应按自然沉积方向放置。剥去蜡封和胶带,开启土样筒取出土样。

3.1.2 试样杯内壁涂一薄层凡士林,杯口向下放在土样上。将试样杯垂直下压,并用切土刀沿杯外壁切削土样。边压边削至土样达到试样杯高度,用钢丝锯整平杯口,擦净外壁,盖上杯盖,并取余土测定含水率。

3.1.3 将热电偶的测温端插入试样中心,杯盖周侧用硝基漆密封。

3.1.4 零温瓶内装入用纯水制成的冰块,冰块直径应小于2cm,再倒入纯水,使水面与冰块面相平,然后插入热电偶零温端。

3.1.5 低温瓶内装入用浓度2mol/L氯化钠等溶液制成的盐冰块,其直径应小于2cm,再倒入相同浓度的氯化物溶液,使之与冰块面相平。

3.1.6 将封好底且内装5cm高干砂的塑料管插入低温瓶内,再把试样杯放入塑料管内。然后,塑料管口和低温瓶口分别用橡皮塞和瓶盖密封。

3.1.7 将热电偶测定端与数字电压表相连,每分钟测量一次热电势,当电势值突然减少并连续3次稳定在某一数值(相应的温度即为冻结温度),试验结束。

3.2 扰动冻土试验

3.2.1 称取风干土样,平铺于搪瓷盘内,按所需的加水量将纯水均匀喷洒在土样上,充分拌匀后装入盛土器内盖紧,润湿24h(砂质土的润湿时间可酌减)。

3.2.2 将制配好的土样装入试样杯中,以装实装满为止。杯口加盖。将热电偶测温端插入试样中心。杯盖周侧用硝基漆密封。

3.2.3 按本试验3.1.4~3.1.7的规定进行试验。

4 结果整理

4.1 按下式计算冻结温度：

$$t=\frac{V}{K} \tag{T 0184-1}$$

式中：t——冻结温度(℃)，计算至0.1；

V——热电势跳跃后的电压稳定值(μV)；

K——热电偶的标定系数(℃/μV)。

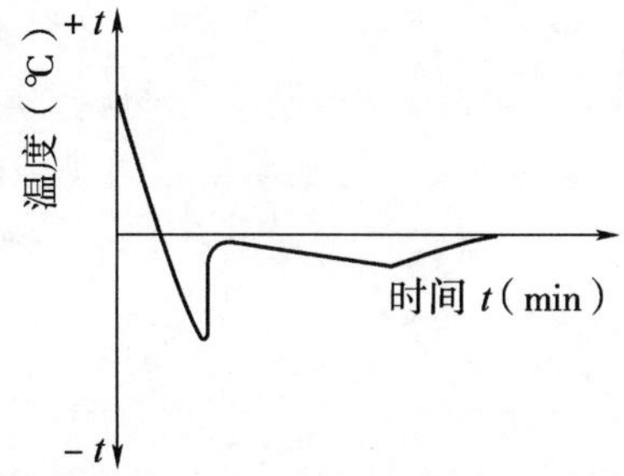

图 T 0184-2 土的冻结过程曲线

4.2 绘制温度和时间过程曲线，如图 T 0184-2。

4.3 本试验记录格式如表 T 0184-1。

表 T 0184-1 冻结温度试验记录表

工程名称＿＿＿＿＿＿＿＿ 试验者＿＿＿＿＿＿＿＿

钻孔编号＿＿＿＿＿＿＿＿ 计算者＿＿＿＿＿＿＿＿

试验日期＿＿＿＿＿＿＿＿ 校核者＿＿＿＿＿＿＿＿

热电偶编号：	热电偶系数 K		(℃/μV)	
序号	历时(min)	电压表示值(μV)	实际温度(℃)	备注
	(1)	(2)	(3)	
	—	—	(2)/K	

5 报告

5.1 冻土的鉴别分类和代号。

5.2 冻土的冻结温度 t 值。

条文说明

1 土的冻结是以土中孔隙水结晶为表征。冰结温度是判别土是否处于冻结状态的指标。纯水的结冰温度为0 ℃，土中水分由于受到土颗粒表面能的束缚且含有化学物质，其冻结温度均低于0 ℃。土的冻结温度主要取决于土颗粒的分散度、土中水的化学成分和外加载荷。

2 本试验采用热电偶测温法，因此需要零温瓶和低温瓶。若采用贝克曼温度计(分辨度为0.05 ℃、量程为 −10 ~ +20℃)测温，则可省略温瓶、数字表和热电偶。

3.1.7 土中的液态水变成固态的冰这一结晶过程大致要经历三个阶段：先形成很小的分子集团，称为结晶中心或称生长点(germs)；再由这种分子集团生长变成稍大一些团粒，称为晶核(nuclei)；最后由这些小团粒结合或生长,产生冰晶(icecrystal)。从冻结过程的温度曲线上,可以看出:第一阶段,土体开始冷却和过冷,此时土中尚未冻结成冰,其持续时间取决于土中的水量和冷却速度;第二阶段,土中冰晶已形成,由于水结晶而放出大量的潜热,使土体温度剧烈上升;第三阶段,孔隙水结冰阶段,这阶段中土体的稳定温度就是土中水的冻结温度。所以,土中水冻结的时间过程一般须经历过冷、跳跃、恒定及降低阶段,见本试验图 T 0184-2。当出现跳跃时,热电势会突然减小,接着稳定在某一数值,此即为开始冻结。因而规程中规定:"当电热值突然减小并连续 3 次稳定在某一数值(该稳定温度即为冻结温度),试验结束"。

T 0185—2007 冻土导热系数试验

1 目的和适用范围

导热系数是表示土体导热能力的指标。本试验的目的是用稳态比较法测定冻土的导热系数。本试验方法适用于扰动的黏质土和砂质土。

2 仪器设备

试验装置由恒热系统、测温系统和试样盒组成,见图 T 0185-1。

2.1 恒温系统:由两个尺寸为 $l \times b \times h$(50 cm × 20 cm × 50 cm)的恒温箱和两台低温循环冷浴组成。恒温箱与试样盒接触面应采用 5mm 厚的平整铜板。两个恒温箱分别提供两个不同的负温环境(−10 ℃和 −25 ℃)。恒温准确度应为 +0.1 ℃。

2.2 测温系统:由热电偶、零温瓶和量程为 2mV、分度值 1μV 的数字电压表组成。

2.3 试样盒:两只,其外形尺寸均为 $l \times b \times h$(25cm × 25cm × 25cm),盒的两侧为厚 5mm 的平整铜板。试样盒的另两侧、底面和上端盒盖应采用尺寸为 25cm × 25cm、厚 3mm 的胶木板。

3 试验步骤

3.1 将风干试样平铺在搪瓷盘内,按所需的含水率和土样制备要求制备土样。

3.2 将制备好的土样按要求的密度装入一个试样盒,装实装满后加盒盖。装土时,将两支热电偶的测温端放置在试样两侧铜板内壁的中心位置。

3.3 另一个试样盒装入石蜡,作为标准试样。装石蜡时,按要求安放两支热电偶。

3.4 将分别装好石蜡和试样的两个试样盒按图 T 0185-1 的方式安装好,驱动夹紧螺杆使试样盒和恒温箱的各铜板面紧密接触。

3.5 接通测温系统。

3.6 开动两个低温循环冷浴，分别设定冷浴循环液温度为 −10℃和 −25℃。

3.7 冷浴循环液达到要求温度后再运行 8h，开始测温。每隔 10min 测定一次标准试样和冻土试样两侧壁面的温度，并记录。当各点的温度连续 3 次测得的差值小于 0.1℃时，试验结束。

3.8 取出冻土试样，测定其含水率和密度。

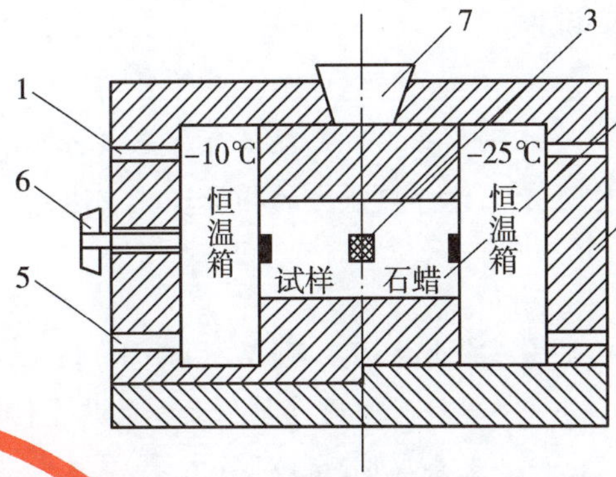

图 T 0185-1 导热系数试验装置示意图

1-冷浴循环液出口；2-试样盒；3-热电偶；4-保温材料；5-冷浴循环液进口；6-夹紧螺杆；7-保温盖

4 结果整理

4.1 按下式计算导热系数：

$$\lambda = \frac{\lambda_0 \Delta\theta_0}{\Delta\theta} \qquad (\text{T 0185-1})$$

式中：λ——冻土导热系数[W/(m · K)]，计算至 0.001；

λ_0——石蜡的导热系数，0.279W/(m · K)；

$\Delta\theta_0$——石蜡样品盒内两壁面温差(℃)；

$\Delta\theta$——待测试样盒两壁面温差(℃)。

4.2 本试验的记录表格式如表 T 0185-1。

表 T 0185-1 冻土导热系数试验记录表

工程名称＿＿＿＿＿＿ 试验者＿＿＿＿＿＿ 校 核 者＿＿＿＿＿＿

钻孔编号＿＿＿＿＿＿ 计算者＿＿＿＿＿＿ 试验日期＿＿＿＿＿＿

试样含水率 w＿＿＿＿% 石蜡导热系数 λ_0 0.279 W/(m · K) 试样密度 ρ＿＿＿＿ g/cm³

序 号	时间(min)	石蜡样温差(℃)	试样温差(℃)	导热系数[W/(m · K)]	备 注
	(1)	(2)	(3)	(4)	
				$\lambda_0(2)/(3)$	

5 报告

5.1 冻土的鉴别分类和代号。

5.2 冻土的导热系数 λ 值。

条文说明

1 冻土导热系数是在单位厚土层,其层面温度相差 1 ℃时,单位时间内在单位面积上通过的热量,它表示土体导热能力的指标。其表达式为:

$$\lambda = q\frac{\Delta h}{\Delta t}$$

式中:λ——冻土导热系数[W/(m·K)];

q——单位时间通过单位面积的热量[J/(m²·s)];

Δh——土层厚度(m);

Δt——层面温差(℃)。

导热系数用于土体冻融深度、热量周转、温度场计算以及冻土地区建筑工程有关的热工计算中。因此,在土的热物理指标中占有相当重要的位置。

导热系数的测定方法分两大类:稳定态法和非稳定态法。稳定态法测定时间较长,但试验结果的重复性较好;非稳定态法具有快速特点,但结果重复性较差。因此,本试验采用稳定态法。稳定态法中,通常使用热电流计法,但国产热流计的性能欠佳,故采用比较法,采用导热系数稳定的物质作为标准试样。

3.3 采用比较法测定冻土导热系数应采用导热系数稳定的物质作为标准试样。一般常用标准砂、石蜡等。标准砂的密度控制不易准确,因而,本规程采用石蜡作为标准试样。

3.7 稳态比较法应遵循测点温度不随时间而变化的原则,但实际上很难做到测点温度绝对不变。因此规定连续 3 次同一测点温差值小于 0.1 ℃则认为已满足方法原理。

T 0186—2007 未冻含水率试验

1 目的和适用范围

未冻含水率是冻土物理力学性质变化的主导因子之一。本试验的目的是测定试样在不同初始含水率状态时的冻结温度,推算未冻含水率。本试验方法适用于黏质土和砂质土。

2 仪器设备

2.1 仪器设备包括零温瓶、低温瓶、测温设备及试样杯等,如图 T 0186-1 所示。

2.1.1 零温瓶:容积为 3.57L,内盛冰水混合物(其温度应为 0℃ ±0.1℃)。

2.1.2 低温瓶:容积为 3.57L,内盛低融冰晶混合物,其温度宜为 -7.6℃。

2.1.3 测温设备:由热电偶和数字电压表组成。热电偶宜用 0.2mm 的铜和康铜线材制成。数字电压表:量程 2mV,分度值为 1μV。

2.1.4 试样杯:用黄铜制成,直径 3.5cm,高 5cm,带有杯盖。

2.2 其他:用于配制低融冰晶混合物的氯化钠、氯化钙,硬质聚氯乙烯管(直径 5cm,长 25cm),切土刀等。

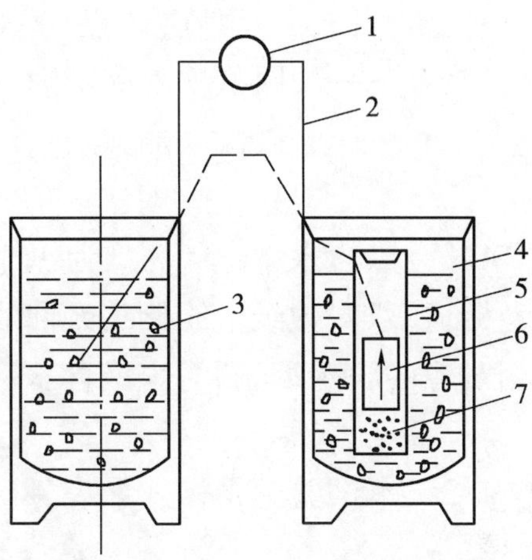

图 T 0186-1 冻结温度试验装置示意图

1-数字电压表;2-热电偶;3-零温瓶;4-低温瓶;5-塑料管;6-试样杯;7-干砂

3 试验步骤

3.1 称取风干土样,平铺于搪瓷盘内,按所需的加水量将纯水均匀喷洒在土样上,充分拌匀后装入盛土器内盖紧,润湿 24h(砂质土的润湿时间可酌减)。按上述方法制备 3 个试样。其中 1 个试样按所需的加水量加纯水制备;另两个试样的加水量宜使试样处于液限和塑限状态作为初始含水率。

3.2 将制配好的土样装入试样杯中,以装实装满为止。杯口加盖。将热电偶测温端插入试样中心。杯盖周侧用硝基漆密封。

3.3 零温瓶内装入用纯水制成的冰块,冰块直径应小于 2cm,再倒入纯水,使水面与冰块面相平,然后插入热电偶零温端。

3.4 低温瓶内装入用浓度 2mol/L 氯化钠等溶液制成的盐冰块,其直径应小于 2cm,再倒入相同浓度的氯化物溶液,使之与冰块面相平。

3.5 将封好底且内装 5cm 高干砂的塑料管插入低温瓶内,再把试样杯放入塑料管内。然后,塑料管口和低温瓶口分别用橡皮塞和瓶盖密封。

3.6 将热电偶测定端与数字电压表相连,每分钟测量一次热电势,当电势值突然减少并连续 3 次稳定在某一数值(相应的温度即为冻结温度),试验结束。

4 结果整理

4.1 按下列三式计算未冻含水率:

$$w_n = A t_f^{-B} \tag{T 0186-1}$$

$$A = w_L t_L^{B} \tag{T 0186-2}$$

$$B = \frac{\ln w_L - \ln w_P}{\ln t_P - \ln t_L} \tag{T 0186-3}$$

式中：w_n——未冻含水率(%)，计算至0.1；

w_L——液限(%)；

w_P——塑限(%)；

A、B——与土的性质有关的常数；

t_f——冻结温度(冰点)绝对值(℃)；

t_L——液限试样的冻结温度绝对值(℃)；

t_P——塑限试样的冻结温度绝对值(℃)。

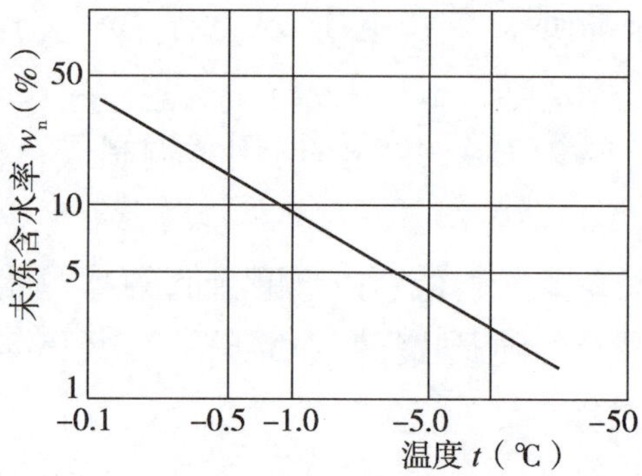

图 T 0186-2　未冻含水率与温度的关系

4.2　以含水率(w_L、w_P)为纵坐标，冻结温度为横坐标，在双对数纸上绘制关系曲线，如图 T 0186-2。从曲线上查得需测试样的冻结温度 T_f 相对应的含水率，即为未冻含水率。

4.3　本试验记录格式如表 T 0186-1。

表 T 0186-1　未冻含水率试验记录表

工程名称＿＿＿＿＿＿＿＿＿　试验者＿＿＿＿＿＿＿＿＿

钻孔编号＿＿＿＿＿＿＿＿＿　计算者＿＿＿＿＿＿＿＿＿

试验日期＿＿＿＿＿＿＿＿＿　校核者＿＿＿＿＿＿＿＿＿

序号	历时(min)	电压表示值(μV)	实际温度(℃)	B	A	未冻含水率 w_n(%)
	(1)	(2)	(3)	(4)	(5)	(6)
			(2)/K			
冻结温度(冰点)绝对值 t_f(℃)						
液限试样的冻结温度绝对值 t_L(℃)						
塑限试样的冻结温度绝对值 t_P(℃)						

4.4　精密度和允许差

未冻含水率两次平行试验的差值，在0～－3℃范围内不超过2%；低于－3℃不超过1%。

5　报告

5.1　冻土的鉴别分类和代号。

5.2　冻土的未冻含水率 w_n 值。

条文说明

1　在《土工试验规程》(SL 237—1999)中,将相对含冰量和未冻含水率两个指标进行联合测定,从总的含水率中减去测定的含冰量,即可得到未冻含水率。

测定的方法有许多种,诸如量热法、微波法、核磁共振法等。它们分别以热量平衡、微波吸收和核磁共振等原理为依据。量热法是一种经典的方法,其试验原理明确,具有一定的准确度,但操作及计算较繁;其他方法大都需要复杂而昂贵的仪器,一般单位难以采用。

本规程采用的方法是依据未冻含水率与负温为指数函数的规律,通过测定不同初始含水率的冻结温度(冰点),利用双对数关系计算出未冻含水率的两点法。该法能满足试验准确度的要求,同时,与冻结温度试验方法相同。

3.1　未冻含水率随初始含水率的变化略有变化。初始含水率过小,会因冰点测定不准而带来较大的误差。因此,不同初始含水率宜在液限和塑限之间。

3.2　可以将制备好的三个不同初始含水率的试样,同时放入装试样杯的聚氯乙烯管内,一起进行试验。

T 0187—2007　冻胀率试验

1　目的和适用范围

本试验的目的是测定土冻结过程的冻胀率,从而计算表征土冻胀性的冻胀率。本试验方法适用于原状的及扰动的黏质土和砂质土。

2　仪器设备

试验装置由试样盒、恒温箱和温控系统、温度监测系统、变形量测系统、补水系统及加压系统组成。

2.1　试样盒:由外径120mm、壁厚为10mm、高为100mm的有机玻璃筒作为侧壁,沿高度每隔10mm设热敏电阻温度计插入孔,底板和顶盖结构能提供恒温液循环和外界水源补充通道,如图T 0187-1。

2.2　恒温箱:容积不小于0.8m^3,内设冷液循环管路和加热器(功率为500W),通过热敏电阻温度计与温度控制仪相连,使试验期间箱温保持在1℃ ±0.5 ℃。

2.3　温度控制系统:由低温循环浴和温度控制仪组成,提供试验所需的顶、底板温度。

2.4　温度监测系统:由热敏电阻温度计、数字电压表组成,监测试验过程中土样、顶、底板温度和箱温变化。

2.5 补水系统:由恒定水位装置(图 T 0187-1)通过塑料管与顶板相连,水位应低于顶板与土样接触面 10mm。

2.6 变形监测系统:百分表或位移传感器(量程 30mm、分度值 0.01mm)。

2.7 加压系统:由加压框架和砝码组成。

3 试验步骤

3.1 原状土

3.1.1 土样应按自然沉积方向放置,剥去蜡封和胶带,开启土样筒取出土样。

3.1.2 用切土器将原状土样削成直径为 100mm、高为 50mm 的试样,称量确定密度并取余土测定初始含水率。

3.1.3 在有机玻璃试样盒内壁涂上一薄层凡士林,放在底板上并放一张滤纸,然后将试样从顶装入盒内,让其自由滑落在底板上。

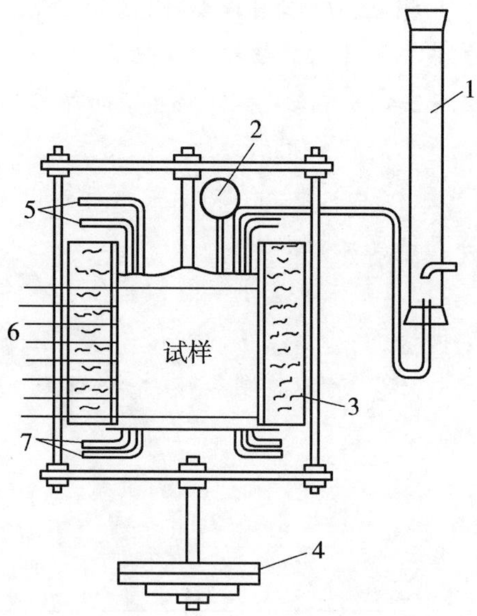

图 T 0187-1 试样盒结构示意图

1-供水装置;2-百分表;3-保温材料;4-加压装置;5-正温循环液进出口;6-热敏电阻测温点;7-负温循环液进出口

3.1.4 在试样顶面上放一张滤纸,然后放上顶板,并稍稍加力,以使土柱与顶、底板接触紧密。

3.1.5 将盛有试样的试样盒放入恒温箱内,试样周侧、顶、底板内插入热敏电阻温度计。试样周侧包裹 50mm 厚的泡沫塑料保温。连接顶、底板冷液循环管路及底板补水管路,供水并排除底板内气泡,调节供水装置水位(若考虑无水源补充状态,可切断供水)。安装百分表或位移传感器。

3.1.6 若需模拟原状土天然受力状态,可施加相应的荷载。

3.1.7 开启恒温箱、试样顶、底板冷浴,设定恒温箱冷浴温度为 -15 ℃,箱内温度为 1℃;顶、底板冷浴,设定冷浴温度为 1 ℃。

3.1.8 试样恒温 6h,并监测温度和变形。待试样初始温度均匀达到 1 ℃以后,开始试验。

3.1.9 底板温度调节到 -15 ℃并持续 0.5h,让试样迅速从底面冻结,然后将底板温度调节到 -2 ℃。黏质土以 0.3 ℃/h,砂质土以 0.2 ℃/h 速度下降。保持箱温和顶板温度均匀为 1 ℃,记录初始水位。每隔 1h 记录水位、温度和变形量各 1 次。试验持续 72h。

3.1.10 试验结束后,迅速从试样盒中取出试样,量测试样高度并测定冻结深度。

3.2 扰动土

3.2.1 称取风干土样约 700g,加纯水拌和呈稀泥浆,装入内径为 100mm 的有机玻璃筒内,加压固结,直至达到所需初始含水率要求后,将土样从有机玻璃筒中推出,并将土样高度切削到 50mm。

3.2.2 在有机玻璃试样盒内壁涂上一薄层凡士林,放在底板上并放一张滤纸,然后将试样从顶装入盒内,让其自由滑落在底板上。

3.2.3 在试样顶面上放一张滤纸,然后放上顶板,并稍稍加力,以使土柱与顶、底板接触紧密。

3.2.4 将盛有试样的试样盒放入恒温箱内,试样周侧、顶、底板内插入热敏电阻温度计。试样周侧包裹 50mm 厚的泡沫塑料保温。连接顶、底板冷液循环管路及底板补水管路,供水并排除底板内气泡,调节供水装置水位(若考虑无水源补充状态,可切断供水)。安装百分表或位移传感器。

3.2.5 若需模拟原状土天然受力状态,可施加相应的荷载。

3.2.6 开启恒温箱、试样顶、底板冷浴,设定恒温箱冷浴温度为 -15 ℃,箱内温度为 1℃;顶、底板冷浴,设定冷浴温度为 1 ℃。

3.2.7 试样恒温 6h,并监测温度和变形。待试样初始温度均匀达到 1 ℃以后,开始试验。

3.2.8 底板温度调节到 -15 ℃并持续 0.5h,让试样迅速从底面冻结,然后将底板温度调节到 -2 ℃。黏质土以 0.3 ℃/h,砂质土以 0.2 ℃/h 速度下降。保持箱温和顶板温度均匀为 1 ℃,记录初始水位。每隔 1h 记录水位、温度和变形量各 1 次。试验持续 72h。

3.2.9 试验结束后,迅速从试样盒中取出试样,量测试样高度并测定冻结深度。

4 结果整理

4.1 按下式计算冻胀率:

$$\eta_f = \frac{\Delta h}{H_f} \times 100 \tag{T 0187-1}$$

式中:η_f——冻胀率(%),计算至0.01;

Δh——试样总冻胀率(mm);

H_f——冻结深度(不包括冻胀量)(mm)。

4.2 本试验记录格式如表T 0187-1。

表T 0187-1 冻胀率试验记录表

工程名称＿＿＿＿＿＿＿＿ 试验者＿＿＿＿＿＿＿＿

土样编号＿＿＿＿＿＿＿＿ 计算者＿＿＿＿＿＿＿＿

试验日期＿＿＿＿＿＿＿＿ 校核者＿＿＿＿＿＿＿＿

试样含水率 w ＿＿＿% 土样结构＿＿＿ 试样密度 ρ ＿＿＿ g/cm³

序号	时间(h)	测温数字电压表读数(mV)					变形量(mm)	备注
		1	2	3	4	5		

5 报告

5.1 土的鉴别分类和代号。

5.2 土的冻胀率 η_f 值(%)。

条文说明

1 土体不均匀冻胀变形是寒区工程大量破坏的重要因素之一。因此,各项工程开展之前,必须对工程所在地区的土体作出冻胀性评价,以便采取相应措施,确保工程构筑物的安全可靠。土体冻胀变形的基本特征值是冻胀率。但由于各地冻结深度等条件不同,其冻胀率值相差很大。为了便于比较冻胀变形的强弱,因此,采用冻胀率与该冻结土层厚度之比,即冻胀率(用百分数计)作为土体冻胀性的特征值。

在特定条件下,土的冻胀性是确定的。但在土的冻胀性的评价方法和等级划分标准上,目前国内外不尽一致。我国《冻土地区建筑地基基础设计规范》(JGJ 118—98)采用冻胀率来分级,如表T 0187-2。

表 T 0187-2 冻胀性分级表

冻胀率(%)	$\eta_f \leqslant 1$	$1 < \eta_f \leqslant 3.5$	$3.5 < \eta_f \leqslant 6$	$6 < \eta_f \leqslant 12$	$\eta_f > 12$
冻胀等级	不冻胀	弱冻胀	冻胀	强冻胀	特强冻胀

我国《水工建筑物抗冰冻设计规范》(SL 211—98)则按冻胀量进行划分,如表 T 0187-3。

表 T 0187-3 冻胀性分级表

冻胀量 Δh(mm)	$\Delta h \leqslant 20$	$20 < \Delta h \leqslant 50$	$50 < \Delta h \leqslant 120$	$120 < \Delta h \leqslant 220$	$\Delta h > 220$
冻胀性级别	I	II	III	IV	V

在《建筑地基基础设计规范》(GB 50007—2002)中,按地基土含水状态、地下水补给条件和冻胀性关系,分为不冻胀、弱冻胀、冻胀、强冻胀及特强冻胀性五类。

美国用冻胀速度分级,俄罗斯(гОСТ 28622—90)按冻胀率划分,其标准与我国接近。

土的冻胀性,可通过现场直接观测和室内试验来测定。室内试验不受季节和时间限制,能控制冻结过程上有关条件,便于标准化。但影响土冻胀的因素如土的结构状态、现场冻融情况、地下水变化等条件的模拟和控制比较复杂。

3 原状冻土和扰动冻土的结构差异较大,为对冻胀性作出正确评价,试验一般应采用原状土进行。若条件不允许,非采用扰动土不可时,应在试验报告中予以说明。本试验方法与目前美国、俄罗斯等国所用方法基本一致。所得数据用于评价该种土的冻胀性略偏大,在工程设计上偏安全。

试样尺寸以往多采用直径和高度均为15~24cm。国外各国的试样尺寸也不尽相同。本规程考虑到原状土取土设备的尺寸及土体的均匀程度,试样尺寸建议采用直径10cm,高5cm。

在水源的补给上,根据不同条件分封闭和敞开系统的两种方法。衔接的多年冻土地区及地下水位较深的季节冻土地区,无外界水源(大气降雨、人工给排水)补给条件的地区,可视为封闭系统;而有水源补给条件的地区,可视为敞开系统,本规程所列方法为敞开系统。若进行封闭系统的试验,可将供水装置关闭。

土体冻胀率是土质、温度和外载条件的函数。当土质已定且不考虑外载时,温度条件就至关重要。其中起主导作用的因素是降温速度。冻胀率与降温速度大致呈抛物线型关系。考虑到自然界地表温度是逐渐下降的,在本规程规定底板温度的调节使黏质土以0.3 ℃/h,砂质土以0.2 ℃/h的速度下降,是使试验所得冻胀率较大的情况。

另外,也可采用一定冻结速度的冻结方法,即零度等温线下移速度的控制方法。这种方法在室内试验较难控制。

T 0188—2007 冻土融化压缩试验

1 目的和适用范围

本试验的目的是测定冻土的融沉系数和融化压缩系数,供冻土地基的融化和压缩沉降计算用。本试验方法适用于冻结黏质土和粒径小于2mm的冻结砂质土。

2 仪器设备

2.1 融化压缩仪(图 T 0188-1):加热传压板应采用导热性能好的金属材料制成。试样环应采用有机玻璃或其他导热性低的非金属材料制成,其尺寸宜为:内径 79.8mm,高 40.0mm。保温外套可用聚苯乙烯或聚氨酯泡沫塑料。

2.2 加荷设备:可采用量程为 2 000kPa 的杠杆式、磅秤式和其他相同量程的加荷设备。杠杆平衡后,灵敏度为其最大输出力值的 0.02%。当杠杆输出力为最大值的 2.5% 时,相对误差不超过 1%,在 2.5% 以下时,不考虑。

2.3 变形测量设备:量程为 10mm,分度值为 0.01mm的百分表或位移传感器。

2.4 恒温供水设备。

2.5 原状冻土取样器:钻具开口内径为 79.8mm。

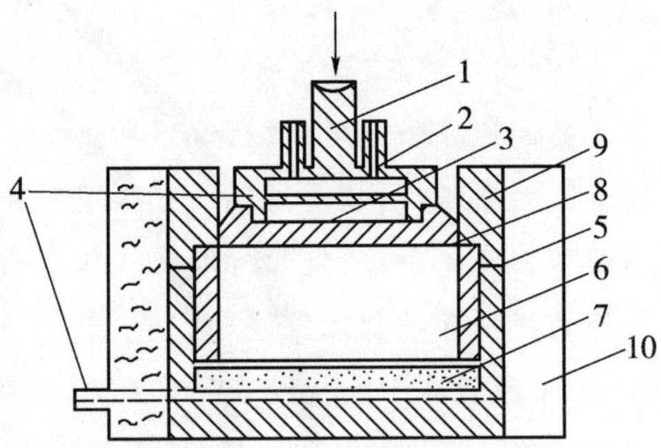

图 T 0188-1　融化压缩仪示意图

1-加热传压板;2-热循环水进出口;3-透水板;4-上下排水口;5-试样环;6-试样;7-透水板;8-滤纸;9-导环;10-保温外套

3 试验步骤

3.1 试验宜在负温环境下进行。在切样和装样过程中不得使试样表面发生融化。

3.2 用冻土取样器钻取冻土试样,其高度应大于试样环高度。将钻样剩余的冻土取样测定含水率。钻样时必须保持试样的层面与原状土一致,且不得上、下倒置。

3.3 将冻土样装入试样环,使之与环壁紧密接触。刮平上、下面,但不得造成试样表面发生融化。测定冻土试样的密度。

3.4 在融化压缩容器内先放透水板,其上放一张润湿滤纸。将装有试样的试样环放在滤纸上,套上护环。在试样上放滤纸和透水板,再放上加热传压板。然后装上保温外套。放置融化压缩容器位于加压框架正中。安装百分表或位移传感器。

3.5 施加 1kPa 的压力,调平加压杠杆。调整百分表或位移传感器到零位。

3.6 用胶管连接加热传压板的热循环水进出口与事先装有温度为 40 ~ 50 ℃水的恒温水槽,并打开开关和开动恒温器,以保持水温。

3.7 试样开始融沉时即开动秒表,分别记录 1min、2min、5min、10min、30min、60min 时

的变形量。以后每2h观测记录一次,直至变形量在两小时内小于0.05mm时为止,并测记最后一次变形量。

3.8 融沉稳定后,停止热水循环,并开始加荷进行压缩试验。加荷等级视实际工程需要确定,宜取50kPa、100kPa、200kPa、400kPa、800kPa,最后一级荷载应比土层的计算压力大100~200kPa。

3.9 施加每级荷载后24h为稳定标准,并测记相应的压缩量。直至施加最后一级荷载压缩稳定为止。

3.10 试验结束后,迅速拆卸仪器各部件,取出试样,测定含水率。

4 结果整理

4.1 按下式计算冻土融沉系数:

$$a_0 = \frac{\Delta h_0}{h_0} \times 100 \tag{T 0188-1}$$

式中:a_0——冻土融沉系数(%),计算至0.01;

Δh_0——冻土融化下沉量(cm);

h_0——冻土试样初始高度(cm)。

4.2 按下式计算冻土试样初始孔隙比:

$$e_0 = \frac{\rho_w G_s (1 + 0.01w)}{\rho_0} - 1 \tag{T 0188-2}$$

式中:e_0——冻土试样初始孔隙比,计算至0.01;

ρ_w——水的密度(g/cm^3);

ρ_0——试样初始密度(g/cm^3);

G_s——土粒比重;

w——试样含水率(%)。

4.3 按下列两式计算融沉稳定后和各级压力下压缩稳定后的孔隙比:

$$e = e_0 - (h - \Delta h_0)\frac{1 + e_0}{h_0} \tag{T 0188-3}$$

$$e_i = e - (h - \Delta h)\frac{1 + e}{h} \tag{T 0188-4}$$

式中:e、e_i——分别为融沉稳定后和压力作用下压缩稳定后的孔隙比,计算至0.01;

e_0——冻土试样初始孔隙比;

h、h_0——分别为融沉稳定后和初始试样高度(cm);

Δh、Δh_0——分别为压力作用下稳定后的下沉量和融沉下沉量(cm)。

4.4 按下式计算某一压力范围内的冻土融化压缩系数:

$$a = \frac{e_i - e_{i+1}}{p_{i+1} - p_i} \tag{T 0188-5}$$

式中:a——某一压力范围内的融化压缩系数(Mpa^{-1}),计算至0.01;

p_{i+1}、p_1——分级压力值(kPa);

e_{i+1}、e_i——与分级压力相应的孔隙比。

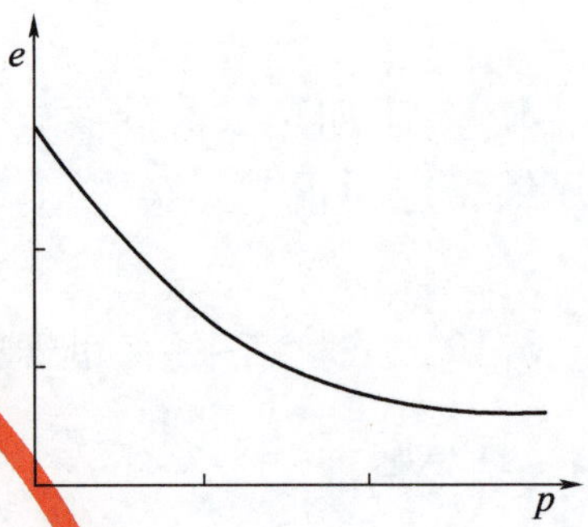

图 T 0188-2 孔隙比与压力关系曲线

4.5 绘制孔隙比与压力关系曲线,如图 T 0188-2。

4.6 本试验记录格式如表 T 0188-1。

表 T 0188-1 冻土融化压缩试验记录表

工程名称__________ 试验者__________

钻孔编号__________ 计算者__________

试验日期__________ 校核者__________

融沉后试样高度 h: cm			融沉后试样孔隙比 e:		
加压历时 t (h,min)	压力 p (kPa)	试样总变形量 $\Sigma\Delta h_i$ (mm)	压缩后试样高度 h (mm) $h = h - \Sigma\Delta h_i$	孔隙比 $e_i = \frac{\Sigma\Delta h_i(1+e)}{h}$	融化压缩系数 a (MPa^{-1})

5 报告

5.1 冻土的鉴别分类和代号。

5.2 冻土融沉系数 a_0 值(%)。

5.3 某一压力范围内的冻土融化压缩系数 a 值(%)。

条文说明

融沉系数是冻土融化过程中在自重作用下的相对下沉量。融化压缩系数是冻土融化后,在外荷作用下,所产生的压缩变形称融化压缩。融化压缩系数是单位荷载下的孔隙比变化量。

1 冻土融化时在荷载作用下将同时发生融化下沉和压密。在单向融化条件下,这种沉降符合一维沉降。融化下沉是在土体自重作用下发生的,而压缩沉降则与外部压力有关。目前国内外在进行冻土融化压缩试验时首先是在微小压力下测出冻土融化后的沉降量,计算冻土的融沉系数,然后分级施加荷载测定各级荷载下的压缩沉降,并取某压力范围计算融化压缩系数。由此可以计算冻土融化压缩的总沉降量。

冻土的融沉和压缩的试验方法,有室内试验和原位试验两种。室内试验方法国内外进行的时间久,也比较成熟。

2　冻土融化压缩试验的试样尺寸,国外取高度(h)与直径(d)之比为 $h/d \geq 1/2$,最小直径取5cm,对于不均匀的层状和网状构造的黏质土,则根据其构造情况加大直径并使 $h/d = 1/3 \sim 1/5$。国内曾采用的试样环面积为 $45cm^2$、$78cm^2$ 两种,试样高度有2.5cm、4cm。考虑到便于利用固结仪改装融化压缩仪,故规定可取试样环直径与固结仪大环刀直径(7.98cm)一致,高度则考虑冻土构造的不均匀性,取4cm,这样高度与直径之比基本为1∶2。

为了模拟天然地层的融化过程,在试验中必须保持试样自上而下的单向融化,因此,除单向加热使试样自上而下融化外,还必须避免侧向热传导而造成试样的侧向融化,这样,以防止侧向传热。

3.1　试验时在负温环境下或较低室外温下进行。土温太低,切样时往往造成脆性破碎;太高时,切样时表面要发生局部融化。温度一般控制在 -0.5 ~1.0 ℃为宜。

3.2　室内试验采用的冻土试样有原状冻土和用扰动融土制备的冻土试样。一般应采用原状土。

根据原状冻土相同的土质、含水率的扰动土制成的冻土试样进行的对比试验表明:扰动冻土试样的融沉系数小于原状冻土的融沉系数,其差值一般均小于5%。因此,在没有条件采取原状冻土时,可用扰动融土根据冻土天然构造及物理指标(含水率、密度)进行制样。必要时,对融沉系数作适当的修正。

3.5　测定融沉系数 a_0 值时,本规程规定施加1kPa的压力。这主要是考虑克服试样与环壁之间的摩擦力。而且,冻土在融化过程中单靠自重下沉的过程往往很长,所以,施加这一小量压力可以加快下沉速度,又不致对融化土骨架产生过大的压缩,对 a_0 的影响甚微。

3.6　试验中当融化速度超过天然条件下的排水速度时,融化土层不能及时排水,使融化下沉发生滞后现象。当遇到试样含冰(水)量较大时,若融化速度过快,土体常发生崩解现象,使土颗粒与水分一起挤出,导致试验失败或 a_0 值偏大。因此,循环热水的温度应加以控制。根据已有试验,本规程规定水温控制在40 ~50℃。加热循环水应畅通,水温要逐渐升高。当试样含冰(水)量大或试验环境温度较高时,可适当降低水温,以控制4cm 高度的试样在2h 内融化完为宜。

30 土中化学成分试验

T 0149—1993 酸碱度试验

1 目的和适用范围

本方法适用于各类土。

2 仪器设备

2.1 酸度计:应附玻璃电极、甘汞电极或复合电极,以及电磁搅拌器等。

2.2 电动振荡器。

2.3 天平:称量100g,感量0.01g。

3 试剂

3.1 pH4.01标准缓冲溶液:称10.21g经105~110℃烘干的苯二甲酸氢钾($KHC_8H_4O_4$分析纯)溶于水后定容至1L。

3.2 pH6.87标准缓冲溶液:称3.53g经105~110℃烘干的Na_2HPO_4(分析纯)和3.39g KH_2PO_4(分析纯)溶于水中,定容至1L。

3.3 pH9.18标准缓冲溶液3.8g硼砂($Na_2B_4O_7 \cdot 10H_2O$分析纯)溶于无CO_2的冷水中,定容至1L。此溶液的pH值易于变化,所以应贮存于密闭的塑料瓶中(宜保存使用两个月)。

3.4 饱和氯化钾(KCl)溶液:向少量纯水中加入KCl,边加入边搅拌,直至不继续溶解为止。

4 试验步骤

4.1 酸度计的校正:在测定土样前应按照所用仪器的使用说明书校正酸度计。

4.2 土悬液的制备:称取通过 1mm 筛的风干土样 10g,放入具塞的广口瓶中,加水 50mL(土水比为 1:5)。在振荡器上振荡 3min。静置 30min。

4.3 土悬液 pH 值的测定:将 25 ~ 30mL 的土悬液盛于 50mL 烧杯中,将该烧杯移至电磁搅拌器上。再向该烧杯中加一只搅拌子。然后将已校正完毕的玻璃电极、甘汞电极(或复合电极)插入杯中,开动电磁搅拌器搅拌 2min,从酸度计的表盘(或数字显示器)上直接测定出 pH 值,准确至 0.01。测记土悬液温度。进行温度补偿操作。

4.4 测定完毕,应关闭酸度计和电磁搅拌器的电源,用水冲洗电极,并用滤纸吸干电极上沾附的水。若一批试验测完后第二天仍继续测定的话,可将玻璃电极部分浸泡在纯水中。

5 精密度和允许差

酸碱度试验 pH 值的测定结果要求两次称样平行测定结果允许偏差为 0.1。

6 报告

6.1 土的鉴别分类和代号。

6.2 土的 pH 值。

条文说明

2 甘汞电极是目前常用的参比电极。甘汞电极是由含有饱和甘汞的氯化钾溶液与金属汞相接触的电极体系以及盐桥两部分组成,两部分分别套以玻璃管。盐桥下端底部焊上石棉丝与外部测定液相通。盐桥用溶液为饱和氯化钾溶液。在使用前应将电极侧管的小橡皮塞取下,以使管内氯化钾溶液借重力维持一定的流速。

3 土悬液的制备:浸提液有水和氯化钾盐溶液等,本规程按国标选用水为浸提液。水土比可采用 1:1、2.5:1 和 5:1 等。本规程选用 5:1 的水土比。用时规定振荡 3min,静止 30min 测定。

T 0150—1993 烧失量试验

1 目的和适用范围

本方法适用于各类土。

2 仪器设备

2.1 高温炉:自动控制温度达 1 300℃。

2.2 分析天平:称量100g,感量0.000 1g。

2.3 瓷坩埚、干燥器、坩埚钳等。

3 试验步骤

3.1 先将空坩埚放入已升温至950℃的高温炉中灼烧0.5h,取出稍冷(0.5~1min),放入干燥器中冷却0.5h,称量。

3.2 称取通过1mm筛孔的烘干土(在100~105℃烘干8h)1~2g(称准到0.000 1g),放入已灼烧至恒量的坩埚中,把坩埚放入未升温的高温炉内,斜盖上坩埚盖。徐徐升温至950℃,并保持恒温0.5h,取出稍冷,盖上坩埚盖。放入干燥器内,冷却0.5h后称量。重复灼烧称量,至前后两次质量相差小于0.5mg,即为恒量。至少做一次平行试验。

4 结果整理

4.1 烧失量(计算至0.001)按下式计算:

$$烧失量(\%)=\frac{m-(m_2-m_1)}{m}\times 100 \tag{T 0150-1}$$

式中:m——烘干土样质量(g);

m_1——空坩埚质量(g);

m_2——灼烧后土样+坩埚质量(g)。

4.2 烧失量试验记录格式如表T 0150-1。

表T 0150-1 烧失量试验记录

工程编号______ 试验计算者______

土样编号______ 校 核 者______

土样说明______ 试 验 日 期______

灼烧温度	(℃)	950	
试验次数		1	2
土样质量	m (g)	1.790	2.103
灼烧残渣+坩埚质量	m_2 (g)	21.602	20.395
空坩埚质量	m_1 (g)	19.876	18.366
烧失量	(%)	3.536	3.537
平均烧失量	(%)	3.536 5	

4.3 精密度和允许差。

烧失量试验结果精度应符合表T 0150-2的规定。

表 T 0150-2　矿质全量分析及烧失量测定结果允许偏差

测定值(%)	绝对偏差(%)	相对偏差(%)
>50	<0.9	1.0~1.5
50~30	<0.7	1.5~2.0
30~10	<0.5	2.0~3.0
10~5	<0.3	3.0~4.0
5~1	<0.2	4.0~5.0
1~0.1	<0.05	5.0~6.0
0.1~0.05	<0.006	6.0~8.0
0.05~0.01	<0.004	8.0~10.0
0.01~0.005	<0.001	10.0~12.0
0.005~0.001	<0.000 6	12~15.0
<0.001	<0.000 15	15.0~20.0

5　报告

5.1　土的鉴别分类和代号。

5.2　土的烧失量(%)。

条文说明

3　烧失量是全量分析的一个组成部分。它不包括吸湿水,仅包括有机质和结合水,石灰性土中还包括二氧化碳(由碳酸盐所产生)。因此,必须用烘干土做烧失量测定。

关于烧失量的灼烧温度,有文献采用550℃或700℃,同时也有采用950℃的,本规程统一采用950℃。但确系中性和酸性土时,亦可采用700℃。

坩埚放入干燥器中的平衡时间,要尽量一致,称量应越快越好,以免样品吸湿。称量时切不可用手直接拿取坩埚,可戴上干净的汗布手套拿取,也可用坩埚夹取。

若遇到有机质含量高的样品时,可预先放在四孔小电炉上碳化后,再放入高温炉中灼烧。

T 0151—1993　有机质含量试验

1　目的和适用范围

本试验的目的在于了解土中有机质的含量。本试验方法适用于有机质含量不超过15%的土。测定方法采用重铬酸钾容量法——油浴加热法。

2　仪器设备

2.1　分析天平:称量200g,感量0.000 1g。

2.2 电炉:附自动控温调节器。

2.3 油浴锅:应带铁丝笼。

2.4 温度计:0 ~250℃,精度1℃。

3 试剂

3.1 0.075 0mol/L $\frac{1}{6}K_2Cr_2O_2$—H_2SO_4 溶液:用分析天平称取经105 ~110℃烘干并研细的重铬酸钾44.123 1g,溶于800mL蒸馏水中(必要时可加热),缓缓加入浓硫酸1 000mL,边加入边搅拌,冷却至室温后用水定容至2L。

3.2 0.2mol/L硫酸亚铁(或硫酸亚铁铵)溶液:称取硫酸亚铁($FeSO_4 \cdot 7H_2O$ 分析纯)56g或硫酸亚铁铵[$(NH_4)_2SO_4FeSO_4 \cdot 6H_2O$]80g,溶于蒸馏水中,加15mL浓硫酸(密度1.84g/mL化学纯)。然后加蒸馏水稀释至1L,密封贮于棕色瓶中。

3.3 邻菲咯啉指示剂:称取邻菲咯啉($C_{12}N_8N_2 \cdot H_2O$)1.485g,硫酸亚铁($FeSO_4 \cdot 7H_2O$)0.695g,溶于100mL蒸馏水中,此时试剂与Fe^{2+}形成红棕色络合物,即$[Fe(C_{12}H_8N_2)_3]^{2+}$。贮于棕色滴瓶中。

3.4 石蜡(固体)或植物油2kg。

3.5 浓硫酸(H_2SO_4)(密度1.84g/mL化学纯)。

3.6 灼烧过的浮石粉或土样:取浮石或矿质土约200g,磨细并通过0.25mm筛,分散装入数个瓷蒸发皿中,在700 ~800℃的高温炉内灼烧1 ~2h,把有机质完全烧尽后备用。

4 硫酸亚铁(或硫酸亚铁铵)溶液的标定

准确吸取$K_2Cr_2O_7$标准溶液3份,每份20mL分别注入150mL锥形瓶中,用蒸馏水稀释至60mL左右,满入邻菲咯啉指示剂3 ~5滴,用硫酸亚铁(或硫酸亚铁铵)溶液进行滴定,使锥形瓶中的溶液由橙黄经蓝绿色突变至橙红色为止。按用量计算硫酸亚铁(或硫酸亚铁铵)溶液的浓度,准确至0.000 1mol/L,取3份计算结果的算术平均值即为硫酸亚铁(或硫酸亚铁铵)溶液的标准浓度。

5 试验步骤

5.1 用分析天平准确称取通过100目筛的风干土样0.1000～0.5000g，放入一干燥的硬质试管中，用滴定管准确加入0.0750mol/L $\frac{1}{6}K_2Cr_2O_7$—H_2SO_4 标准溶液10mL(在加入3mL时摇动试管使土样分散)，并在试管口插入一小玻璃漏斗，以冷凝蒸出之水汽。

5.2 将8～10个已装入土样和标准溶液的试管插入铁丝笼中(每笼中均有1～2个空白试管)，然后将铁丝笼放入温度为185～190℃的石蜡油浴锅中，试管内的液面应低于油面。要求放入后油浴锅内油温下降至170～180℃，以后应注意控制电炉，使油温维持在170～180℃，待试管内试液沸腾时开始计时，煮沸5min，取出试管稍冷，并擦净试管外部油液。

5.3 将试管内试样倾入250mL锥形瓶中，用水洗净试管内部及小玻璃漏斗，使锥形瓶中的溶液总体积达60～70mL，然后加入邻菲咯琳指示剂3～5滴，摇匀，用硫酸亚铁(或硫酸亚铁铵)标准溶液滴定，溶液由橙黄色经蓝绿色突变为橙红色时即为终点，记下硫酸亚铁(或硫酸亚铁铵)标准溶液的用量，精确至0.01mL。

5.4 空白标定：即用灼烧土代替土样，取2个试样，其他操作均与土样试验相同，记录硫酸亚铁用量。

6 结果整理

6.1 有机质含量(计算至0.001)按下式计算：

$$\text{有机质}(\%)=\frac{C_{FeSO_4}(V'_{FeSO_4}-V_{FeSO_4})\times 0.003\times 1.724\times 1.1}{m_s} \qquad (T\ 0151\text{-}1)$$

式中：C_{FeSO_4}——硫酸亚铁标准溶液的浓度(mol/L)；

V'_{FeSO_4}——空白标定时用去的硫酸亚铁标准溶液的量(mL)；

V_{FeSO_4}——测定土样时所用去的硫酸亚铁标准溶液的量(mL)；

m_s——土样质量(将风干土换算为烘干土)(g)；

0.003——$\frac{1}{4}$碳原子的摩尔质量(g/mmol)；

1.724——有机碳换算成有机质的系数；

1.1——氧化校正系数。

6.2 本试验记录格式如表T 0151-1。

表 T 0151-1　有机质含量试验记录

工程编号＿＿＿＿＿＿＿＿　　试验计算者＿＿＿＿＿＿＿＿

土样编号＿＿＿＿＿＿＿＿　　校　核　者＿＿＿＿＿＿＿＿

土样说明＿＿＿＿＿＿＿＿　　试 验 日 期＿＿＿＿＿＿＿＿

<table>
<tr><td colspan="6">硫酸亚铁标准液浓度:0.143 4 mol/L</td></tr>
<tr><td colspan="4">试验次数</td><td>1</td><td>2</td></tr>
<tr><td>土样质量</td><td>m_s</td><td colspan="2">(g)</td><td>0.399 2</td><td>0.401 6</td></tr>
<tr><td rowspan="3">空白标定消耗硫酸亚铁标准液的量</td><td rowspan="3">V'_{FeSO_4}</td><td rowspan="3">(mL)</td><td>滴定前读数</td><td>0.00</td><td>0.00</td></tr>
<tr><td>滴定后读数</td><td>24.87</td><td>24.87</td></tr>
<tr><td>滴定消耗</td><td>24.87</td><td>24.87</td></tr>
<tr><td rowspan="3">滴定土样消耗标准液的量</td><td rowspan="3">V_{FeSO_4}</td><td rowspan="3">(mL)</td><td>滴定前读数</td><td>0.00</td><td>0.00</td></tr>
<tr><td>滴定后读数</td><td>19.20</td><td>19.20</td></tr>
<tr><td>滴定消耗</td><td>19.20</td><td>19.20</td></tr>
<tr><td colspan="4">有机质(%)</td><td>1.16</td><td>1.15</td></tr>
<tr><td colspan="4">平均有机质(%)</td><td colspan="2">1.15</td></tr>
</table>

注:①如滴定消耗硫酸亚铁铵标准液小于 10mL,应适当减少土样量,重做。

②如用邻苯氨基苯甲酸为指示剂滴定时,瓶内溶液不宜超过 60 ~ 70mL,滴定前溶液呈棕红色,终点为暗绿色(或灰蓝绿色)。

③本法氧化有机质程度平均约 90%,故应乘以 1.1 才为土的有机质含量。

6.3　精密度和允许差。

有机质含量试验结果精度应符合表 T 0151-2 的规定。

表 T 0151-2　有机质测定的允许偏差

测定值(%)	绝对偏差(%)	相对偏差(%)
10 ~ 5	<0.3	3 ~ 4
5 ~ 1	<0.2	4 ~ 5
1 ~ 0.1	<0.05	5 ~ 6
0.1 ~ 0.05	<0.004	6 ~ 7
0.05 ~ 0.01	<0.006	7 ~ 9
<0.01	<0.008	9 ~ 15

7　报告

7.1　有机质土代号。

7.2　土的有机质含量(%)。

条文说明

1 测定有机质的方法很多，有容量法、质量法、比色法等。但应用普遍的为容量法。在容量分析法中最普遍的则是 $K_2G_2O_2$ 法。故本规程选用了重铬酸钾容量法。因该法的氧化能力有一定限度，有机质含量大于15%的土样不宜直接采用该法测定。若要测定时，可称磨细土样1份（准确到1mg）与经过高温灼烧并磨细的矿质土9份（准确到1mg）充分混匀；再从中称样分析，其结果以称样量的1/10计算。

若土样中含有 Cl^-、Fe^{2+}、Mn^{2+} 等还原性物质，则须去除或经校正，否则本法不适用。

5 有机质是指土中碳、氮、氢、氧为主，还有少量硫、磷和金属元素组成的有机化合物。本试验仅测定土中的有机碳，再乘以1.724的经验系数和1.1的氧化校正系数后换算为有机质，以烘干土的质量百分比表示。

T 0152—1993 易溶盐试验待测液的制备

1 目的和适用范围

本方法适用于各类土。

2 仪器设备

2.1 过滤设备：包括真空泵、平底瓷漏斗、抽滤瓶。

2.2 离心机：转速为4 000r/min。

2.3 天平：称量200g，感量0.01g。

2.4 广口塑料瓶：1 000mL。

2.5 往复式电动振荡机。

3 制备步骤

3.1 称取通过1mm筛孔的烘干土样50～100g（视土中含盐量和分析项目而定），精确至0.01g，放入干燥的1 000mL广口塑料瓶中（或1 000mL三角瓶内）。按土水比例1∶5加入不含二氧化碳的蒸馏水（即把蒸馏水煮沸10min，迅速冷却），盖好瓶塞，在振荡机上振荡（或用手剧烈振荡）3min，立即进行过滤。

3.2 采用抽气过滤时，滤前须将滤纸剪成与平底瓷漏底部同样大小，并平放在漏斗底上，先加少量蒸馏水抽滤，使滤纸与漏斗底密接。然后换上另一个干洁的抽滤瓶进行抽滤。抽滤时要将土悬浊液摇匀后倾入漏斗,使土粒在漏斗底上铺成薄层,填塞滤纸孔隙,以阻止细土粒通过,在往漏斗内倾入土悬浊液前须先行打开抽气设备,轻微抽气,可避免滤纸浮起,以致滤液浑浊。漏斗上要盖一表皿,以防水汽蒸发。如发现滤液浑浊,须反复过滤至澄清为止。

3.3 当发现抽滤方式不能达到滤液澄清时,应用离心机分离。所得的透明滤液,即为水溶性盐的浸出液。

3.4 水溶性盐的浸出液,不能久放。pH、CO_3^{2-}离子、HCO_3^-离子等项测定,应立即进行,其他离子的测定最好都能在当天做完。

条文说明

3 用水浸提水溶性盐时采用的水土比有多种,如1:1、2:1、5:1、10:1和饱和土浆浸出液等。水土比不同将影响测定结果。在选择水土比和浸提时间时,应力求将易溶性盐完全溶解出来,而尽可能不使中溶盐和难溶盐溶解。同时要防止浸出液中的离子与土粒上吸附的离子发生交换性置换作用。

水土比例、振荡时间和提取方式对盐分的溶出量都有一定的影响。试验证明,像$Ca(HCO_3)_2$和$CaSO_4$这样的中溶性和难溶性盐,随着水土比例的增大和浸泡时间的延长,其溶出量逐渐增大,致使水溶性盐的分析结果产生误差。为了便于资料交流,本规程采用国内普遍采用的水土比(5:1)和浸提时间(3min)。

水浸提液的过滤问题是该项试验成败的关键。目前采用抽滤方法效果较好,且操作简便。如抽滤方式不能达到滤液澄清时,可采用离心机分离。

因碳酸根与碳酸氢根容易互相转化,故待测液制备后应立即进行此项分析。否则,某些土类待测液的pH和滴定时消耗的酸量,常因二氧化碳的逸出或吸收等原因而发生变化。

T 0153—1993 易溶盐总量的测定——质量法

1 目的和适用范围

本试验法适用于各类土。

2 仪器设备

2.1 分析天平:称量200g,感量0.000 1g;

2.2 水浴锅、瓷蒸发皿、干燥器。

3 试剂

3.1 15%的H_2O_2。

3.2 2%的 Na_2CO_3 溶液:2.0g 无水 Na_2CO_3 溶于少量水中,稀释至100mL。

4 试验步骤

4.1 用移液管吸取浸出液50mL或100mL(视易溶盐含量多少而定),注入已经在105～110℃烘至恒量(前后两次质量之差不大于1mg)的瓷蒸发皿中,盖上表皿,架空放在沸腾水浴上蒸干(若吸取溶液太多时,可分次蒸干)。蒸干后残渣如呈现黄褐色时(有机质所致),应加入15% H_2O_2 1～3mL,继续在水浴锅上蒸干,反复处理至黄褐色消失。

4.2 将蒸发皿放入105～110℃的烘箱中烘干4～8h,取出后放入干燥器中冷却0.5h,称量。再重复烘干2～4h,冷却0.5h,用分析天平称量、反复进行至前后两次质量差值不大于0.000 1g。

5 结果整理

5.1 易溶盐总量按下式计算:

$$易溶盐总量(\%)=\frac{m_2-m_1}{m_s}\times 100 \qquad (T\ 0153\text{-}1)$$

式中:m_2——蒸发皿加蒸干残渣质量(g),计算至0.001;

m_1——蒸发皿质量(g);

m_s——相当于50mL或100mL浸出液的干土样质量(g)。

5.2 易溶盐总量试验记录格式如表T 0153-1。

表T 0153-1 易溶盐总量试验记录表

工程编号________________ 试验计算者________________

土样编号________________ 校　核　者________________

土样说明________________ 试 验 日 期________________

吸取浸出液体积 V	(mL)	50	
试验次数		1	2
残渣+蒸发皿的质量	(g)	57.397 4	57.482 8
蒸发皿的质量	(g)	57.385 0	57.470 0
残渣的质量	(g)	0.012 4	0.012 8
全盐量	(%)	0.124	0.128
全盐量平均值	(%)	0.126	

注:①残渣中如果 $CaSO_4\cdot 2H_2O$ 或 $MgSO_4\cdot 7H_2O$ 的含量较高时,105～110℃不能除尽这些水合物中所含的结晶水,在称量时较难达到"恒量",遇此情况应在180℃烘干。但潮湿盐土含 $CaCl_2\cdot 6H_2O$ 和 $MgCl_2\cdot 6H_2O$ 的量较高,这类化合物极易吸湿、水解,即使在180℃干燥,也不能得到满意结果。遇到这样土样,可在浸出液中先加入10mL 2% Na_2CO_3 溶液,蒸干时即生成 $NaCl$、Na_2SO_4、$CaCO_3$、$MgCO_3$ 等沉淀,再在180℃烘干2h,即可达到"恒量",加入的 Na_2CO_3 量应从盐分总量中减去。

②由于盐分(特别是镁盐)在空气中容易吸水,故在相同的时间和条件下冷却称量。

5.3 精密度和允许差。

易溶盐总量试验结果精度应符合表 T 0153-2 的规定。

表 T 0153-2　易溶盐总量(质量法)两次测定的允许偏差

全盐量范围(%)	允许相对偏差(%)	全盐量范围(%)	允许相对偏差(%)
<0.05	15~20	0.2~0.4	5~10
0.05~0.2	10~15	>0.5	<5

6　报告

6.1 土的鉴别分类和代号。

6.2 土的全盐量(%)。

条文说明

1　测定易溶盐总量的方法有质量法、电导法等。本规程采用质量法。该法不需要特殊的仪器设备,且比较精确,故在室内分析中应用广泛。电导法虽然简单、快速,但受各种因素如颗粒成分、盐分组成、温度等影响,故本规程未采用。

3　土中易溶盐包括所有氯化物盐类、易溶的硫酸盐类和碳酸盐类,还包括水溶性有机质等。在采用质量法测定水溶性盐总量时,应用 H_2O_2 除去烘干残渣中的有机质后,即为水溶性盐总量。

T 0154—1993　易溶盐碳酸根及碳酸氢根的测定

1　目的和适用范围

本方法适用于各类土。

2　仪器设备

2.1 酸式滴定管:刻度 0.1mL。

2.2 移液管(大肚型):25mL。

2.3 三角瓶:150mL 或 200mL。

2.4 分析天平:称量 200g,感量 0.000 1g。

2.5 量筒、容量瓶、电热干燥箱等。

3 试剂

3.1 0.1mol/L $\frac{1}{2}H_2SO_4$ 标准溶液。

量取浓硫酸(密度1.848g/mL)3mL,加入到1 000mL去除CO_2的蒸馏水中,然后稀释定容至5 000mL,按本规程第4条标定。

3.2 0.1%甲基橙指示剂。

0.1g甲基橙溶于100mL蒸馏水中。

3.3 0.5%酚酞指示剂。

0.5g酚酞溶于50mL 95%酒精中,再加50mL蒸馏水。

4 硫酸标准溶液的标定

称取在160～108℃下烘2～4h的无水$Na_2CO_3$3份。每份约0.1g,精确至0.000 1g,分别放入3个三角瓶中,注入25mL煮沸逐出CO_2的蒸馏水使其溶解。加入甲基橙指示剂2滴,用配制好的硫酸标准溶液滴定至溶液由黄色突变为橙色为止,记下硫酸标准的用量(mL)。硫酸标准溶液的准确浓度应按照式(T 0154-1)计算,精确至0.000 1mol/L。取三个计算结果的算术平均值作为硫酸标准溶液的确切浓度。

$$C=\frac{m}{V\times 0.053} \tag{T 0154-1}$$

式中:C——$\frac{1}{2}H_2SO_4$ 溶液的浓度(mol/L);

m——无水碳酸钠的质量(g);

V——$\frac{1}{2}H_2SO_4$ 溶液的用量(mL);

0.053——$\frac{1}{2}Na_2CO_3$ 的摩尔质量(g/mmol)。

5 试验步骤

5.1 用移液管吸取浸出液25mL,注入三角瓶中,滴加0.5%酚酞指示剂2～3滴,如试液不显红色,表示无CO_3^{2-}存在。如试液显红色时,则表示有CO_3^{2-}存在,即以H_2SO_4标准溶液滴定,随滴随摇,至红色刚一消失即为终点,记录消耗H_2SO_4标准溶液的体积,精确至0.01mL(V_1)。

5.2 在上述试液中再加入0.1%甲基橙指示剂1～2滴,继续用H_2SO_4标准溶液滴定至试液由黄色突变为橙红色为止,读取第二次滴定消耗的H_2SO_4标准溶液的体积。精确至0.01mL(V_2)。

5.3 滴定后的试液,可供测定 Cl^- 用。

6 结果整理

6.1 碳酸根和碳酸氢根含量按下列各式计算:

$$CO_3^{2-}\left(\text{mmol}\ \frac{1}{2}CO_3^{2-}/\text{kg}\right)=\frac{2V_1\times c}{m}\times 1\,000 \quad (\text{T 0154-2})$$

$$CO_3^{2-}(\%)=CO_3^{2-}\left(\text{mmol}\ \frac{1}{2}CO_3^{2-}/\text{kg}\right)\times 0.030\,0\times 10^{-1} \quad (\text{T 0154-3})$$

$$HCO_3^-(\text{mmol}\ HCO_3^-/\text{kg})=\frac{(V_2-V_1)\times c}{m}\times 1\,000 \quad (\text{T 0154-4})$$

$$HCO_3^-(\%)=HCO_3^-(\text{mmol}\ HCO_3^-/\text{kg})\times 0.061\,0\times 10^{-1} \quad (\text{T 0154-5})$$

式中:V_1——滴定 CO_3^{2-} 时消耗 H_2SO_4 标准液体积(mL);

V_2——滴定 HCO_3^- 时消耗 H_2SO_4 标准体积(mL);

c——$\frac{1}{2}$ H_2SO_4 标准溶液的浓度(mol/L);

m——相当于分析时所取浸出液体积的干土质量(g);

0.030 0——$\frac{1}{2}CO_3^{2-}$ 摩尔质量(g/mmol);

0.061 0——HCO_3^- 的摩尔质量(g/mmol)。

6.2 碳酸根与碳酸氢根试验记录格式如表 T 0154-1。

表 T 0154-1 碳酸根与碳酸氢根试验记录

工程编号＿＿＿＿＿＿＿ 试验计算者＿＿＿＿＿＿＿

土样编号＿＿＿＿＿＿＿ 校 核 者＿＿＿＿＿＿＿

土样说明＿＿＿＿＿＿＿ 试 验 日 期＿＿＿＿＿＿＿

项目	单位		
吸取浸出液的体积	(mL)	25	
吸取浸出液体积相当的干土质量	(g)		
H_2SO_4 标准液的浓度	(mol/L)	0.010 24	
试验次数		1	2
滴定 CO_3^{2-} 时消耗 H_2SO_4 标准液体积	(mL)	0.74	0.72
滴定 HCO_3^- 时消耗 H_2SO_4 标准液体积	(mL)	8.12	8.10
CO_3^{2-}	(%)	0.018	0.174
CO_3^{2-} 平均值	(%)	0.017 7	
HCO_3^-	(%)	0.166	0.166
HCO_3^- 平均值	(%)	0.166	

6.3 精密度和允许差。

碳酸根及碳酸氢根测定结果的精度应符合表 T 0154-2 的规定。

表 T 0154-2 易溶盐各离子的允许偏差

各离子含量的范围 m(mol/kg)								相对偏差(%)
CO_3^{2-}	HCO_3^-	SO_4^{2-}	Cl^-	Ca^{2+}	Mg^{2+}	Na^+	K^+	
<2.5	<5.0	<2.5	<5.0	<2.5	<2.5	<5.0	<5.0	10~15
2.5~5.0	5.0~10	2.5~5.0	5.0~10	2.5~5.0	2.5~5.0	5.0~10	5.0~10	5~10
5.0~25	10~50	5.0~25	10~50	5.0~25	5.0~25	10~50	10~50	3~10
>25	>50	>25	>50	>25	>25	>50	>50	<3

7 报告

7.1 土的鉴别分类和代号。

7.2 土的碳酸根含量(%)。

7.3 土的碳酸氢根含量(%)。

条文说明

5 碳酸根与碳酸氢根用双指示剂中和滴定时,终点不易掌握好,特别是在滴定碳酸根时等当点应当是 pH 为 8.3,此时酚酞应呈微红色。如果滴定到无色,pH 已小于 7.7,故滴定时可以用近似浓度的纯 $NaHCO_3$,溶液如同量的酚酞指示剂作终点对照。滴定 HCO_3^- 到等当点的 pH 为 3.8,其终点应该是明显的橙红色,但常因溶液中剩下的 CO_2 过多,使终点变化不明显;可同时用一份水,加同量的甲基橙指示剂作对照。为了使终点变化明显,也可以改用溴甲酚绿-甲基橙混合指示剂,但终点由蓝绿色变为橙色。

T 0155—1993 易溶盐氯根的测定——硝酸银滴定法

1 目的和适用范围

本方法适用于各类土。

2 仪器设备

酸式滴定管(25mL)。

3 试剂

3.1 5%铬酸钾指示剂。

称取铬酸钾(K_2CrO_4)5g 溶于少量蒸馏水中,逐滴加如入 1mol/L 硝酸银 $AgNO_3$ 溶液至砖红色沉淀不消失为止,放置一夜后过滤,滤液稀释至 100mL。贮在棕色瓶中备用。

3.2 0.02mol/L 硝酸银标准溶液。

准确称取经 105 ~110℃烘干 30min 的分析纯 $AgNO_3$ 3.397g,用蒸馏水溶解,倒入 1L 容量瓶中,用蒸馏水定容。贮于棕色细口瓶中。

3.3 0.02mol/L 碳酸氢钠($NaHCO_3$)溶液。

称取 1.7g $NaHCO_3$,溶于纯水中,稀释至 1L。

4 试验步骤

4.1 在滴定碳酸根和碳酸氢根以后的溶液中继续滴定 Cl^-。首先在此溶液中滴入 0.02mol/L $NaHCO_3$ 溶液几滴,使溶液恢复黄色(pH 为 7),然后再加入 5% 铬酸钾指示剂0.5mL,用硝酸银标准溶液滴定至浑浊液由黄绿色突变成砖红色,即为滴定终点。(可用标定硝酸银溶液浓度时的终点颜色作为标准进行比较)。记录所用硝酸银的毫升数(V)。

4.2 如果不利用测定 CO_3^{2-}、HCO_3^- 的溶液时,可用移液管另取两份新的土样浸出液,每份 25mL,放入三角瓶中。加入甲基橙指示剂,逐滴加入 0.02mol/L 碳酸氢钠($NaHCO_3$)溶液至试液变为纯黄色,控制 pH 为 7,再加入 5% K_2CrO_4 指示剂 5 ~6 滴,用硝酸银标准溶液滴定,直至生成砖红色沉淀,记录 $AgNO_3$ 标准溶液用量。若浸出液中 Cl^- 含量很高,可减少浸出液用量,另取 1 份进行测定。

5 结果整理

5.1 氯根含量按下式计算:

$$Cl^-(\text{mmol/kg}) = \frac{V \times c}{m} \times 1\,000 \tag{T 0155-1}$$

$$Cl^-(\%) = Cl^-(\text{mmol/kg}) \times 0.035\,5 \times 10^{-1} \tag{T 0155-2}$$

式中:c——硝酸银标准溶液的浓度(mol/L);

V——滴定用硝酸银溶液体积(mL);

m——相当于分析时所取浸出液体积的干土质量(g);

0.035 5——氯根的摩尔质量(g/mmol)。

5.2 氯根试验记录格式如表 T 0155-1。

表 T 0155-1　氯根试验记录

工程编号＿＿＿＿＿＿　　试验计算者＿＿＿＿＿＿

土样编号＿＿＿＿＿＿　　校　核　者＿＿＿＿＿＿

土样说明＿＿＿＿＿＿　　试 验 日 期＿＿＿＿＿＿

项目	单位		
吸取浸出液的体积 V	(mL)	25	
与吸取浸出液相当的土样质量	(g)		
$AgNO_3$ 标准液的浓度	(mol/L)	0.018 04	
试验次数		1	2
滴定试样消耗 $AgNO_3$ 标准液的量	(mL)	0.88	0.90
Cl^-	(%)	0.011	0.012
Cl^- 平均值	(%)	0.012	

注：①K_2CrO_4 指示剂的浓度对滴定结果有影响，溶液中 CrO_4^{2-} 离子浓度过大，会使终点提前出现，使滴定结果偏低；反之，CrO_4^{2-} 浓度太低，则终点推迟出现而使结果偏高。一般应每 5mL 溶液加 K_2CrO_4 指示剂 1 滴。

②滴定过程中生成的 AgCl 沉淀容易吸附 Cl^-，使溶液中的 Cl^- 浓度降低，以致未到等当点时即过早产生砖红色 Ag_2CrO_4 沉淀。故滴定时须不断剧烈摇动，使被吸附的 Cl^- 释放出来。

5.3　精密度和允许差。

氯根测定结果的精度应符合表 T 0155-2 的规定。

表 T 0155-2　易溶盐各离子的允许偏差

各离子含量的范围 m(mol/kg)								相对偏差(%)
CO_3^{2-}	HCO_3^-	SO_4^{2-}	Cl^-	Ca^{2+}	Mg^{2+}	Na^+	K^+	
<2.5	<5.0	<2.5	<5.0	<2.5	<2.5	<5.0	<5.0	10～15
2.5～5.0	5.0～10	2.5～5.0	5.0～10	2.5～5.0	2.5～5.0	5.0～10	5.0～10	5～10
5.0～25	10～50	5.0～25	10～50	5.0～25	5.0～25	10～50	10～50	3～10
>25	>50	>25	>50	>25	>25	>50	>50	<3

6　报告

6.1　试验方法。

6.2　土的鉴别分类和代号。

6.3　土的氯根含量(%)。

条文说明

4　当水提取液呈黄色时，会影响判定终点，可在滴定前加入 30% H_2O_2 1～2mL，煮沸使黄色消失，冷却后测定。

T 0156—1993 易溶盐氯根的测定——硝酸汞滴定法

1 目的和适用范围

本方法适用于各类土。

2 仪器设备

2.1 酸式滴定管(50mL)、三角瓶(150mL)、试剂瓶、量筒。

2.2 移液管(大肚型)25mL、容量瓶 1L。

2.3 天平:称量 200g,感量 0.000 1g。

3 试剂

3.1 混合指示剂:0.5g 二苯偶氮碳酰肼与 0.05g 溴酚蓝及 0.12g 二甲苯蓝 FF 混合,溶于 100mL 95% 的酒精中,保存于棕色试制瓶中。

3.2 0.025mol/L 硝酸汞标准溶液:称取 8.34g 分析纯硝酸汞[$Hg(NO_3)_2 \cdot 1/2H_2O$],溶于 100mL 加有 1 ~ 1.5mL 浓硝酸的蒸馏水中,最后加水定容至 1 000mL,充分摇匀。其标准浓度用 0.025mol/L 氯化钠标准溶液标定(标定方法与滴定待测液相同)。

3.3 0.05mol/L 硝酸溶液:量取 3.2mL 浓硝酸(比重 1.42),稀释至 1 000mL,摇匀,备用。

4 试验步骤

4.1 吸取待测定液 25mL 于 150mL 三角瓶中。

4.2 加混合指示剂 10 滴,并用 0.05mol/L HNO_3 溶液调至溶液呈蓝绿色。即用 $Hg(NO_3)_2$标准溶液滴定至突变为紫色即为终点,记下消耗之体积(mL)。

5 结果整理

5.1 氯根含量按下式计算:

$$Cl^-(\text{mmol/kg}) = \frac{V \times c}{m} \times 1\,000 \quad (T\ 0156\text{-}1)$$

$$Cl^-(\%) = Cl^-(\text{mmol/kg}) \times 0.035\,5 \times 10^{-1} \quad (T\ 0156\text{-}2)$$

式中:c——$\frac{1}{2}Hg(NO_3)_2$ 溶液的浓度(mol/L);

V——滴定用硝酸汞溶液体积(mL);

m——相当于分析时所取浸出液体积的干土质量(g);

0.035 5——Cl^-的摩尔质量(g/mmol)。

5.2 氯根试验记录格式如表 T 0156-1。

表 T 0156-1 氯根试验记录

工程编号________ 试验计算者________

土样编号________ 校 核 者________

土样说明________ 试 验 日 期________

项目	单位		
吸取浸出液的体积 V	(mL)		
与吸取浸出液相当的土样质量	(g)		
$\frac{1}{2}Hg(NO_3)_2$ 溶液的浓度	(mol/L)		
试验次数		1	2
滴定试样消耗$\frac{1}{2}Hg(NO_3)_2$ 溶液的量	(mL)		
Cl^-	(%)		
Cl^-平均值	(%)		

注:①在滴定过程中,必须控制溶液的 pH 在 3.0~3.5 范围内,pH 高于此范围有负误差,pH 低于此范围有正误差。

②如果待测液有颜色,则对终点有干扰,可用稀硝酸酸化后的活性炭吸附脱色,过滤后滴定;也可直接用硝酸酸化待测液后,再加微热,使有机质絮固脱色,过滤后滴定;或者蒸干待测液,用过氧化氢去除有机质,再溶解后进行滴定。

③加入指示剂过量时也会使结果偏低。

5.3 精密度和允许差。

氯根测定结果的精度应符合表 T 0156-2 的规定。

表 T 0156-2 易溶盐各离子的允许偏差

各离子含量的范围 m(mol/kg)								相对偏差(%)
CO_3^{2-}	HCO_3^-	SO_4^{2-}	Cl^-	Ca^{2+}	Mg^{2+}	Na^+	K^+	
<2.5	<5.0	<2.5	<5.0	<2.5	<2.5	<5.0	<5.0	10~15
2.5~5.0	5.0~10	2.5~5.0	5.0~10	2.5~5.0	2.5~5.0	5.0~10	5.0~10	5~10
5.0~25	10~50	5.0~25	10~50	5.0~25	5.0~25	10~50	10~50	3~10
>25	>50	>25	>50	>25	>25	>50	>50	<3

6 报告

6.1 试验方法。

6.2 土的鉴别分类和代号。

6.3 土的氯根含量(%)。

条文说明

4 在试验过程中应熟悉注意事项。特别是滴定近终点时,一定放慢滴定速度,每滴一滴应充分摇匀,否则会超过终点,造成误差。

T 0157—1993 易溶盐钙和镁离子的测定——EDTA 配位滴定法

1 目的和适用范围

本方法适用于各类土。

2 仪器设备

2.1 移液管:(大肚型)25mL。

2.2 三角瓶:150mL。

2.3 滴定管:(酸式)25mL,或 50mL,准确至 0.1mL。

2.4 试剂瓶。

3 试剂

3.1 0.01mol/L EDTA 标准溶液。

3.1.1 0.01mol/L EDTA 标准溶液:先将乙二胺四乙酸二钠(Na_2EDTA,$Na_2H_2C_{10}H_{12}O_8N_2 \cdot 2H_2O$,相对分子质量 372.1,分析纯)在 80℃ 干燥约 2h,保存于干燥器中。将3.72g Na_2EDTA,溶于 1L 水中,充分摇动,贮于塑料试制瓶中。EDTA 二钠盐在水中溶解缓慢,在配制溶液时须常摇动促溶,最好放置过夜后备用。

3.1.2 EDTA 溶液的标定。

(1)用分析天平称取经 110℃ 干燥的 $CaCO_3$(优级纯或一级)约 0.40g,称准至 0.000 1g,放在 400mL 烧杯内,用少量蒸馏水润湿,慢慢加入 1:1的盐酸约 10mL,盖上表皿,小心地加热促溶,并驱尽 CO_2,冷却后定量地转移入 500mL 容量瓶中用蒸馏水定容。

(2)用移液管吸取本方法 3.1.2(1)的溶液 25.00mL 于 250mL 三角瓶中,加 20mL

pH10 的氨缓冲溶液和少许 K—B 指示剂(或铬黑 T 指示剂),用配好的 EDTA 溶液滴定至溶液由酒红色变为蓝绿色为终点。同时做空白试验。按下式计算 EDTA 溶液的浓度(mol/L)取三次标定结果的平均值。

$$C_{EDTA}=\frac{m}{0.1001\times(V-V_0)} \tag{T 0157-1}$$

式中:0.100 1——$CaCO_3$ 的摩尔质量(g/mmol);

m——每份滴定所用 $CaCO_3$ 的质量(g);

V——标定时所用 EDTA 溶液的体积(mL);

V_0——空白标定所用 EDTA 溶液的体积(mL)。

3.2 pH10 的氨缓冲液:67.5g NH_4Cl(化学纯)溶于无 CO_2 水中,加入新开瓶的浓氨水(化学纯,比重 0.9,含 NH_3 25%)570mL,用水稀释至 1L,贮于塑料瓶中,并注意防止吸收空气中的 CO_2。

3.3 K—B 指示剂:0.5g 酸性铬蓝 K 和 0.1g 萘酚绿 B,与 100g、105℃烘过的 NaCl 一同研细磨匀,越细越好,贮于棕色瓶中。

3.4 铬黑 T 指示剂:0.5g 铬黑 T 与 100g 烘干的 NaCl(三级)共研至极细,贮于棕色瓶中。

3.5 钙指示剂:0.5g 钙指示剂[2—羟基(2—羟基—4 磺酸—1—萘偶氮基)—3—萘甲酸,$C_{21}H_{14}O_7N_2S$]与 50g NaCl(需经烘焙)研细混匀,贮于棕色瓶中,放在干燥器中保存。

3.6 2mol/L NaOH 溶液:8.0g NaOH 溶于 100mL 无 CO_2 水中。

4 试验步骤

4.1 $Ca^{2+}+Mg^{2+}$ 含量的测定:用移液管吸取土样浸出液 25.00mL 于 150mL 三角瓶中,加 pH10 缓冲溶液 2mL,摇匀后加 K—B 指示剂约 0.1g。用 EDTA 标准溶液滴定至溶液由酒红色突变为纯蓝色为终点。记录 EDTA 溶液的用量(V_2)(mL),精确至 0.01mL。

4.2 Ca^{2+} 的测定:用 25mL 移液管另吸取土样浸出液 25mL 于三角瓶中,加 1∶1 HCl 1 滴,充分摇动,煮沸 1min 排出 CO_2,冷却后,加 2mol/L NaOH 2mL,摇匀,放置 1~2min,使溶液 pH 值达 12.0 以上、加入钙指示剂约 0.1g,即以 EDTA 标准溶液滴定,接近终点时须逐滴加入,充分摇动,直至溶液由红色突变为纯蓝色。记录 EDTA 溶液的用量 V_1(mL),精确至 0.01mL。

5 结果整理

5.1 钙和镁离子含量按下列各式计算:

$$Ca^{2+}\left(\text{mmol}\ \frac{1}{2}Ca^{2+}/\text{kg}\right)=\frac{c\times V_1\times 2}{m}\times 1\ 000 \tag{T 0157-2}$$

$$Ca^{2+}(\%)=Ca^{2+}\left(\text{mmol}\ \frac{1}{2}Ca^{2+}/\text{kg}\right)\times 0.020\ 0\times 10^{-1} \tag{T 0157-3}$$

$$Mg^{2+}\left(\text{mmol}\ \frac{1}{2}Mg^{2+}/\text{kg}\right)=\frac{c\times(V_2-V_1)\times 2}{m}\times 1000 \tag{T 0157-4}$$

$$Mg^{2+}(\%)=Mg^{2+}\left(\text{mmol}\ \frac{1}{2}Mg^{2+}/\text{kg}\right)\times 0.012\ 2\times 10^{-1} \tag{T 0157-5}$$

式中：c——EDTA 标准溶液的浓度(mol/L)；

m——相当于分析时所取浸出液体积的干土质量(g)；

0.020 0——$\frac{1}{2}$钙离子的摩尔质量(g/mmol)；

0.012 2——$\frac{1}{2}$镁离子的摩尔质量(g/mmol)。

注：①土的水提取液中，如含有 Fe^{3+}、Al^{3+}、Mn^{2+}、Ti^{4+} 及其他重金属离子时，会影响滴定终点，可在酸性溶液中加 1:2的三乙醇胺 2mL。以消除其影响。

②测定 Ca^{2+} 或 $Ca^{2+}+Mg^{2+}$ 时，都必须严格控制溶液的 pH，所以在加入 NaOH 或 pH10 缓冲溶液后，应再用精密 pH 试纸检验，确认 pH 合格后再加入指示剂进行滴定，否则终点会不明显。

5.2 钙、镁离子试验记录格式如表 T 0157-1。

表 T 0157-1 钙、镁离子试验记录

工程编号________ 试 验 者________

土样编号________ 校 核 者________

土样说明________ 试验日期________

项目		单位	1	2
吸取提取液的体积	V	(mL)	25	
EDTA		(mol/L)	0.010 20	
试验次数			1	2
滴定 Ca^{2+} 时所用 EDTA 的量	V_1	(mL)	4.18	4.20
滴定 $Ca^{2+}+Mg^{2+}$ 时所用 EDTA 的量	V_2	(mL)	5.40	5.42
Ca^{2+}		$(\text{mmol}\ \frac{1}{2}Ca^{2+}/\text{kg})$	0.085 3	0.085 7
Ca^{2+} 平均值		$(\text{mmol}\ \frac{1}{2}Ca^{2+}/\text{kg})$	0.085 5	
Ca^{2+}		(%)	0.034 2	0.034 2
Ca^{2+} 的平均值		(%)	0.034 2	
Mg^{2+}		$(\text{mmol}\ \frac{1}{2}Mg^{2+}/\text{kg})$	0.249	0.249
Mg^{2+} 平均值		$(\text{mmol}\ \frac{1}{2}Mg^{2+}/\text{kg})$	0.249	
Mg^{2+}		(%)	0.006 1	0.006 1
Mg^{2+} 的平均值		(%)	0.006 1	

5.3 精密度和允许差

钙离子和镁离子测定结果的精度应符合表 T 0157-2 的规定。

表 T 0157-2 易溶盐各离子的允许偏差

各离子含量的范围 m(mol/kg)								相对偏差(%)
CO_3^{2-}	HCO_3^-	SO_4^{2-}	Cl^-	Ca^{2+}	Mg^{2+}	Na^+	K^+	
<2.5	<5.0	<2.5	<5.0	<2.5	<2.5	<5.0	<5.0	10 ~ 15
2.5 ~ 5.0	5.0 ~ 10	2.5 ~ 5.0	5.0 ~ 10	2.5 ~ 5.0	2.5 ~ 5.0	5.0 ~ 10	5.0 ~ 10	5 ~ 10
5.0 ~ 25	10 ~ 50	5.0 ~ 25	10 ~ 50	5.0 ~ 25	5.0 ~ 25	10 ~ 50	10 ~ 50	3 ~ 10
>25	>50	>25	>50	>25	>25	>50	>50	<3

6 报告

6.1 土的鉴别分类和代号。

6.2 土的钙离子含量(%)。

6.3 土的镁离子含量(%)。

条文说明

4 采用 EDTA 配位滴定法试验时,一定要注意控制溶液的 pH 值。测定钙时,必须调整 pH 值在 12 以上(可用 pH 广泛试纸试验),且调好后应及时滴定,以防溶液吸收空气中的 CO_2,而生成 $CaCO_3$ 沉淀,使滴定终点延长。

T 0158—1993 易溶盐硫酸根的测定——质量法

1 目的和适用范围

本方法适用于各类土。

2 仪器设备

2.1 高温电炉:温度可自控,最高炉温 1 100℃。

2.2 瓷坩埚:30mL。

2.3 坩埚钳:长柄的。

2.4 水浴埚、烧杯、紧密滤纸、漏斗。

2.5 移液管(大肚型)、量筒、试剂瓶等。

2.6 漏斗架。

2.7 表面皿、玻璃支架、玻璃棒。

3 试剂

3.1 1∶3盐酸:1 份浓盐酸加 3 份蒸馏水混合。

3.2 10% 氯化钡水溶液:称取由 $BaCl_2 \cdot 2H_2O$ 10g 溶于水后,再加水稀释至 100mL。

3.3 1% 硝酸银溶液:1g $AgNO_3$ 溶于 100mL 蒸馏水中。如有杂质应过滤,滤液要透明。

4 试验步骤

4.1 吸取 50 ~ 100mL 水浸提液于 150mL 烧杯中,在水浴上蒸干。用 1∶3盐酸溶液 5mL 处理残渣,再蒸干,并在 100 ~ 105℃ 烘干 1h。

4.2 用 2mL 1∶3盐酸和 10 ~ 30mL 热蒸馏水洗涤,用致密滤纸过滤,除去二氧化硅,再用热水洗至无氯离子反应(用硝酸银检验无浑浊)为止。

4.3 滤出液在烧杯中蒸发至 30 ~ 40mL,在不断搅动中途趁热滴加 10% 氯化钡至沉淀完全。在上部清液再滴加几滴氯化钡,直至无更多沉淀生成时,再多加 2 ~ 4mL 氯化钡。在水浴上继续加热 15 ~ 30min,取下烧杯静置 2h。

4.4 用紧密无灰滤纸过滤,烧杯中的沉淀用热水洗 2 ~ 3 次后转入滤纸,再洗至无氯离子反应为止,但沉淀也不宜过多洗涤。

4.5 将滤纸包移入已灼烧称恒量的坩埚中,小心烤干,灰化至呈灰白色。

4.6 在 600℃ 高温电炉中灼烧 15 ~ 20min,然后在干燥器中冷却 30min 后称量。再将坩埚灼烧 15 ~ 20min,称至恒量(两次称量之差小于 0.000 5g)。

4.7 用相同试剂和滤纸同样处理,做空白试验,测得空白质量。

5 结果整理

5.1 硫酸根含量按下式计算:

$$SO_4^{2-}(\%)=\frac{(m_1-m_2)\times 0.4116}{m}\times 100 \qquad (T\ 0158\text{-}1)$$

$$SO_4^{2-}\left(\text{mmol}\ \frac{1}{2}SO_4^{2-}/\text{kg}\right)=\frac{SO_4^{2-}(\%)}{0.0480}\times 10 \qquad (T\ 0158\text{-}2)$$

式中：m_1—— 硫酸钡的质量(g)；

m_2——空白标定的质量(g)；

m—— 相当于分析时所取浸出液体积的干土质量(g)；

0.411 6——硫酸钡换算为硫酸根(SO_4^{2-})的系数；

0.048 0——$\frac{1}{2}$硫酸钡的摩尔质量(g/mmol)。

5.2 硫酸根试验记录格式如表 T 0158-1。

表 T 0158-1 硫酸根试验记录(质量法)

工程编号________ 试验计算者________

土样编号________ 校　核　者________

土样说明________ 试 验 日 期________

吸取提取液的体积(mL)		50	
试验次数		1	2
(坩埚+沉淀)质量	(g)	18.353 5	19.004 6
空坩埚质量	(g)	18.351 2	19.002 2
沉淀质量	(g)	0.002 3	0.002 4
空白试验结果	(g)	0.000 4	0.000 4
SO_4^{2-}	(%)	0.007 8	0.008 2
SO_4^{2-}平均值	(%)	0.008 0	
SO_4^{2-}	(mmol $\frac{1}{2}SO_4^{2-}$/kg)	0.081	0.085
SO_4^{2-}平均值	(mmol $\frac{1}{2}SO_4^{2-}$/kg)	0.083	

注：①本方法适用于含硫酸根量较高的土样，含量低者应采用其他方法。

②硫酸钡沉淀应在微酸性溶液中进行，一方面可以防止某些阴离子如碳酸根、碳酸氢根、磷酸根和氢氧根等与钡离子发生共沉淀现象，另一方面硫酸钡沉淀在微酸性溶液中能使结晶颗粒增大，更便于过滤和洗涤。沉淀溶液的酸度不能太高，因硫酸钡沉淀的溶解度随酸度的增大而增大，最好控制在 0.05mol/L 左右。

③硫酸钡沉淀同滤纸灰化时，应保证空气的充分供应，否则沉淀易被滤纸烧成的炭所还原 $BaSO_4+4C\rightarrow BaS+4CO$。当发生这种现象时，沉淀呈灰色或黑色，这可在冷却后的沉淀中加入 2～3 滴浓硫酸，然后小心加热至二氧化硫白烟不再发生为止，再在 600℃的温度下灼烧至恒量。炉温不能过高，否则硫酸钡开始分解。

5.3 精密度和允许差。

硫酸根测定结果的精度应符合表 T 0158-2 的规定。

表 T 0158-2 易溶盐各离子的允许偏差

各离子含量的范围 m(mol/kg)								相对偏差(%)
CO_3^{2-}	HCO_3^-	SO_4^{2-}	Cl^-	Ca^{2+}	Mg^{2+}	Na^+	K^+	
<2.5	<5.0	<2.5	<5.0	<2.5	<2.5	<5.0	<5.0	10 ~ 15
2.5 ~ 5.0	5.0 ~ 10	2.5 ~ 5.0	5.0 ~ 10	2.5 ~ 5.0	2.5 ~ 5.0	5.0 ~ 10	5.0 ~ 10	5 ~ 10
5.0 ~ 25	10 ~ 50	5.0 ~ 25	10 ~ 50	5.0 ~ 25	5.0 ~ 25	10 ~ 50	10 ~ 50	3 ~ 10
>25	>50	>25	>50	>25	>25	>50	>50	<3

6 报告

6.1 试验方法。

6.2 土的鉴别分类和代号。

6.3 土的硫酸根含量(%)。

条文说明

质量法测定硫酸根,适用于硫酸根含量高的试样。该法是测硫酸根的标准方法。质量法精确度高,但操作冗长,所需待测液较多,且待测液须特别清亮。

T 0159—1993 易溶盐硫酸根的测定——EDTA 间接配位滴定法

1 目的和适用范围

本方法适用于各类土。

2 仪器设备

2.1 分析天平:称量 200g,感量 0.000 1g。

2.2 酸式滴定管:50mL,准确至 0.1mL。

2.3 三角瓶:150mL 或 200mL。

2.4 移液管:(大肚型)25mL,50mL。

3 试剂

3.1 钡镁混合剂:2.44g $BaCl_2 \cdot 2H_2O$(化学纯)和2.04g $MgCl_2 \cdot 6H_2O$(化学纯)溶于水,稀释至1L,此溶液中Ba^{2+}和Mg^{2+}的浓度各为0.01mol/L,每毫升约可沉淀SO_4^{2-} 1mg。

3.2 pH10的氨缓冲液:67.5g NH_4Cl(化学纯)溶于无CO_2水中,加入新开瓶的浓氨水(化学纯,比重0.9,含NH_3 25%)570mL,用水稀释至1L,贮于塑料瓶中,并注意防止吸收空气中的CO_2。

3.3 1∶4 HCl溶液:1份浓HCl(化学纯)与4份水混合。

3.4 K—B指示剂:0.5g酸性铬蓝K和0.1g萘酚绿B,与100g、105℃烘过的NaCl一同研细磨匀,越细越好,贮于棕色瓶中。

3.5 铬黑T指示剂:0.5g铬黑T与100g烘干的NaCl(三级)共研至极细,贮于棕色瓶中。

3.6 0.01mol/L EDTA标准溶液:先将乙二胺四乙酸二钠(Na_2EDTA,$Na_2H_2C_{10}H_{12}O_8N_2 \cdot 2H_2O$,相对分子质量372.1,分析纯)在80℃干燥约2h,保存于干燥器中。将3.72g Na_2EDTA,溶于1L水中,充分摇动,贮于塑料试制瓶中。EDTA二钠盐在水中溶解缓慢,在配制溶液时须常摇动促溶,最好放置过夜后备用。

4 EDTA溶液的标定按下述方法进行。

4.1 用分析天平称取经110℃干燥的$CaCO_3$(优级纯或一级)约0.40g,称准至0.000 1g,放在400mL烧杯内,用少量蒸馏水润湿,慢慢加入1∶1的盐酸约10mL,盖上表皿,小心地加热促溶,并驱尽CO_2,冷却后定量地转移入500mL容量瓶中用蒸馏水定容。

4.2 用移液管吸取本试验4.1的溶液25.00mL于250mL三角瓶中,加20mL pH10的氨缓冲溶液和少许K—B指示剂(或铬黑T指示剂),用配好的EDTA溶液滴定至溶液由酒红色变为蓝绿色为终点。同时做空白试验。按下式计算EDTA溶液的浓度(mol/L)取三次标定结果的平均值。

$$C_{EDTA} = \frac{m}{0.1001 \times (V - V_0)} \qquad \text{(T 0159-1)}$$

式中:0.100 1——$CaCO_3$的摩尔质量(g/mmol);

m——每份滴定所用$CaCO_3$的质量(g);

V——标定时所用EDTA溶液的体积(mL);

V_0——空白标定所用EDTA溶液的体积(mL)。

5 试验步骤

5.1 用移液管吸取25.00mL土水比1:5的土样浸出液于150mL三角瓶中,加1:4 HCl 5滴,加热至沸,趁热用移液管缓缓地准确加入过量25%~100%的钡镁混合液(约5~10mL)。

注:继续微沸5min,然后放置2h以上。

5.2 加pH10缓冲液5mL,加铬黑T指示剂少许或K—B指示剂约0.1g,摇匀。用EDTA标准溶液滴定由酒红色变为纯蓝色。如终点前颜色太浅,可补加一些指示剂。记录EDTA标准溶液的消耗体积V_1(mL)。

5.3 空白标定:取25mL水,加入1:4 HCl 5滴,钡镁混合液5mL或10mL(注意,其用量应与上述待测液相同),pH10缓冲液5mL和铬黑T指示剂少许或K—B指示剂约0.1g,摇匀后用EDTA标准溶液滴定由酒红色变为纯蓝色,记录EDTA溶液的用量V_2(mL)。

5.4 土样浸出液中钙镁总量的测定(如Ca^{2+}、Mg^{2+}已知,可免去此步):吸取与5.1相同体积的土样浸出液(25mL),放在150mL三角瓶中,加1:1 HCl两滴,摇匀,加热至沸1min,除去CO_2冷却。加pH10缓冲溶液3.5mL,加K—B指示剂约0.1g,用EDTA标准溶液滴定,溶液由紫红色变成蓝绿色即为终点,记录消耗EDTA溶液的体积V_3(mL)。

6 结果整理

6.1 硫酸根含量按下式计算:

$$SO_4^{2-}\left(\text{mmol}\ \frac{1}{2}SO_4^{2-}/\text{kg}\right)=\frac{2c(V_2+V_3-V_1)}{m}\times 1\,000 \qquad (T\ 0159\text{-}2)$$

$$SO_4^{2-}(\%)=SO_4^{2-}\left(\text{mmol}\ \frac{1}{2}SO_4^{2-}/\text{kg}\right)\times 0.048\,0\times 10^{-1} \qquad (T\ 0159\text{-}3)$$

式中:c——EDTA标准液的浓度(mol/L);

m——相当于分析时所取浸出液体积的干土质量(g);

0.048 0——$\frac{1}{2}$硫酸根的摩尔质量(g/mmol)。

注:由于土中SO_4^{2-}含量变化比较大,有些土中SO_4^{2-}含量很高,可用下式判断所加沉淀剂$BaCl_2$是否足量,$V_2+V_3-V_1=0$,表明土中无SO_4^{2-}。$V_2+V_3-V_1<0$,则表明操作有误,如果$V_2+V_3-V_1=A$mL,A mL$+A\times 25\%\leq$所加$BaCl_2$的体积数,表明加入的沉淀剂足量;若A mL$+A\times 25\%>$所加$BaCl_2$体积数,表示所加沉淀剂不够,应重新少取待测液,或多加沉淀剂重新测SO_4^{2-}。

6.2 硫酸根试验记录格式如表T 0159-1。

表 T 0159-1 硫酸根试验记录（EDTA 间接配位滴定法）

工程编号＿＿＿＿＿＿＿＿ 试验计算者＿＿＿＿＿＿＿＿

土样编号＿＿＿＿＿＿＿＿ 校 核 者＿＿＿＿＿＿＿＿

土样说明＿＿＿＿＿＿＿＿ 试 验 日 期＿＿＿＿＿＿＿＿

吸取浸出液的体积 V(mL)	25	
EDTA 二钠盐溶液的浓度(mol/L)	0.010 20	
试验次数	1	2
待测液经沉淀后剩余钡镁合剂所消耗 EDTA 的量 V_1(mL)	6.70	6.72
钡镁合剂(空白标定)所消耗 EDTA 液的量 V_2(mL)	5.20	5.20
同体积待测液中原有 Ca^{2+}、Mg^{2+} 所消耗 EDTA 液的量 V_3(mL)	5.50	5.50
SO_4^{2-} (mmol $\frac{1}{2}SO_4^{2-}$/kg)	0.816	0.812
SO_4^{2-} (mmol $\frac{1}{2}SO_4^{2-}$/kg)平均值	0.814	
SO_4^{2-} (%)	0.078	0.078
SO_4^{2-} (%)的平均值	0.078	

6.3 精密度和允许差。

硫酸根测定结果的精度应符合表 T 0159-2 的规定。

表 T 0159-2 易溶盐各离子的允许偏差

各离子含量的范围 m(mol/kg)								相对偏差(%)
CO_3^{2-}	HCO_3^-	SO_4^{2-}	Cl^-	Ca^{2+}	Mg^{2+}	Na^+	K^+	
<2.5	<5.0	<2.5	<5.0	<2.5	<2.5	<5.0	<5.0	10~15
2.5~5.0	5.0~10	2.5~5.0	5.0~10	2.5~5.0	2.5~5.0	5.0~10	5.0~10	5~10
5.0~25	10~50	5.0~25	10~50	5.0~25	5.0~25	10~50	10~50	3~10
>25	>50	>25	>50	>25	>25	>50	>50	<3

7 报告

7.1 试验方法。

7.2 土的鉴别分类和代号。

7.3 土的硫酸根含量(%)。

条文说明

6 由于土中 SO_4^{2-} 含量变化较大，为了掌握加沉淀剂 $BaCl_2$ 是否足量，必须经初步试验，具体试验应按注解进行。

T 0160—1993 易溶盐钠和钾离子的测定——火焰光度法

1 目的和适用范围

本方法适用于各类土。

2 仪器设备

2.1 火焰光度计。

2.2 分析天平：称量200g,感量0.000 1g。

2.3 容量瓶、试剂瓶、移液管。

3 试剂

3.1 0.1mol/L 硫酸铝溶液：称取34.2g $Al_2(SO_4)_3$ 溶于水中,稀释至1 000mL。

3.2 钾(K^+)标准溶液：精确称取经105～110℃烘干的分析纯KCl 0.190 7g,在少量纯水中溶解,转入1 000mL容量瓶中定容,贮于塑料瓶中。此溶液含K^+0.1mg/mL,以此为母液可稀释配制所需浓度的标准系列。

3.3 钠(Na^+)标准溶液：精确称取550℃灼烧过的NaCl 0.2542g,在少量纯水中溶解,转入1 000mL容量瓶中定容,贮于塑料瓶中,此溶液含Na^+0.1mg/mL,以此为母液可稀释配制成所需浓度的标准系列。

4 仪器分析法标准曲线的测绘

分别取浓度适宜的钠、钾溶液标准系列。按测定试样相同条件,在火焰光度计上测出各浓度的读数,宜测5～7点,以读数为纵坐标,钠、钾浓度为横坐标,在直角坐标上绘制关系曲线,并注明试验条件。

5 试验步骤

用移液管吸取一定量的土浸出液,放在火焰光度计上,按仪器说明书的要求进行操作。当Na^+、K^+含量超过仪器容许范围时,宜稀释后再操作。测Na^+时用钠滤光片,测K^+时用钾滤光片。记下仪器读数,注明试验条件,分别查钠、钾标准曲线,分别计算含量。

6 结果整理

6.1 钠、钾离子含量按下列各式计算：

$$Na^{+}(\text{mmolNa}^{+}/\text{kg})=\frac{C_{Na}\times\frac{25}{V}}{m}\times\frac{1.0}{23} \qquad (T\ 0160\text{-}1)$$

$$Na^{+}(\%)=Na^{+}(\text{mmolNa}^{+}/\text{kg})\times 0.023\times 10^{-1} \qquad (T\ 0160\text{-}2)$$

$$K^{+}(\text{mmolK}^{+}/\text{kg})=\frac{C_{K}\times\frac{25}{V}}{m}\times\frac{1.0}{39.1} \qquad (T\ 0160\text{-}3)$$

$$K^{+}(\%)=K^{+}(\text{mmolK}^{+}/\text{kg})\times 0.0391\times 10^{-1} \qquad (T\ 0160\text{-}4)$$

式中：C_{Na}——待测液中钠离子浓度（10^{-6}）；

C_K——待测液中钾离子浓度（10^{-6}）；

V——吸取土样浸出液的体积（mL）；

m——相当于分析时所取浸出液体积的干土质量（g）；

1.0——由 10^{-6} 换算成千克的系数；

23——钠离子的摩尔质量（g/mol）；

40.1——钾离子的摩尔质量（g/mol）。

6.2 钠、钾离子试验记录格式如表 T 0160-1。

表 T 0160-1 钠、钾离子试验记录（火焰光度法）

工程编号＿＿＿＿＿＿＿＿ 试验计算者＿＿＿＿＿＿＿＿

土样编号＿＿＿＿＿＿＿＿ 校 核 者＿＿＿＿＿＿＿＿

土样说明＿＿＿＿＿＿＿＿ 试 验 日 期＿＿＿＿＿＿＿＿

项目	单位		
吸取滤液体积 V	(mL)		
试验序号		1	2
由标准曲线查出 Na^+ 量	(10^{-6})		
Na^+	(%)		
$Na^{\%}$ 的平均值	(%)		
Na^+	(mmol Na^+%/kg)		
平均值	(mmol Na^+%/kg)		
由标准曲线查出 K^+ 量	(10^{-6})		
K^+	(%)		
K^+ 的平均值	(%)		
K^+	(mmol K^+/kg)		
平均值	(mmol K^+/kg)		

6.3 精密度和允许差。

钠和钾离子测定结果的精度应符合表 T 0160-2 的规定。

表 T 0160-2 易溶盐各离子的允许偏差

各离子含量的范围 m(mol/kg)								相对偏差(%)
CO_3^{2-}	HCO_3^-	SO_4^{2-}	Cl^-	Ca^{2+}	Mg^{2+}	Na^+	K^+	
<2.5	<5.0	<2.5	<5.0	<2.5	<2.5	<5.0	<5.0	10~15
2.5~5.0	5.0~10	2.5~5.0	5.0~10	2.5~5.0	2.5~5.0	5.0~10	5.0~10	5~10
5.0~25	10~50	5.0~25	10~50	5.0~25	5.0~25	10~50	10~50	3~10
>25	>50	>25	>50	>25	>25	>50	>50	<3

7 报告

7.1 土的鉴别分类和代号。

7.2 土的钠离子含量(%)。

7.3 土的钾离子含量(%)。

条文说明

1 火焰光度法是发散光谱分析中比较简单的一种方法。它是利用火焰激发使原子的电子跃迁而释放能量产生特征谱线。由于激发的能量较低,仅有碱金属和碱土金属能用此方法激发,所产生的发射光谱经滤光片后用光电池和检流计来测其发射强度。这种方法简便、迅速、灵敏度较高,常用来测定钠、钾的含量。尤其是当它们含量较低时,用火焰光度法优于其他方法,故本规程选用该法。

5 用火焰光度法测定 Na^+、K^+,激发状况的变化是导致误差的重要原因,因此,在试验过程中必须使激发状况稳定。试液中其他成分的干扰也是误差的原因。为此,绘制标准曲线时,配制标准溶液所用的盐类,应与土样中的主要盐类一致。

T 0161—1993 中溶盐石膏测定——盐酸浸提硫酸钡质量法

1 目的和适用范围

本方法适用于含石膏较多(>1%)的土类。

2 仪器设备

2.1 分析天平:称量 200g,感量 0.000 1g。

2.2 离心机(4 000r/min);80mL 离心管。

2.3 高温电炉、瓷坩埚。

2.4 移液管、容量瓶、烧杯。

3 试剂

3.1 70% 乙醇:700mL 无水乙醇用水稀释至 1 000mL。

3.2 1mol/L HCl:83.3mL 浓 HCl 用水稀释至 1L。

3.3 10% $BaCl_2$ 溶液(W/V):称取 10g $BaCl_2 \cdot 2H_2O$ 用水溶成 100mL。

3.4 1∶1氨(NH_3)水:1 份浓氨(NH_3)水 +1 份水。

3.5 1∶1 HCl:1 份浓 HCl +1 份水。

3.6 1%(W/V)甲基橙指示剂:1g 甲基橙指示剂溶于 100mL 水中。

4 试验步骤

4.1 洗去盐分:在 1% 感量天平上称取通过 0.25mm 的风干土样 1 ~ 10g(约含石膏 0.1 ~ 0.8g)于离心管中,加 50mL 70% 乙醇,在 2 500 ~ 3 000r/min 离心机中,倾去洗液,反复洗涤直到 SO_4^{2-} 反应为止。

4.2 用 1mol/L HCl 浸提:给脱盐后的土样中加 1mol/L HCl 约 30mL 搅动、离心、将清液倾入 100mL 容量瓶中,反复三次,最后用水定容。

4.3 沉淀 $BaSO_4$:吸取清液 30mL,于 250mL 烧杯中,加甲基橙指示剂 2 ~ 3 滴,用 1∶1氨水中和至黄色,然后加 1mL 1∶1 HCl 加热至沸。再按下述进行。

4.3.1 吸取 50 ~ 100mL 水浸提液于 150mL 烧杯中,在水浴上蒸干。用 1∶3盐酸溶液 5mL 处理残渣,再蒸干,并在 100 ~ 105℃烘干 1h。

4.3.2 用 2mL 1∶3盐酸和 10 ~ 30mL 热蒸馏水洗涤,用致密滤纸过滤,除去二氧化硅,再用热水洗至无氯离子反应(用硝酸银检验无浑浊)为止。

4.3.3 滤出液在烧杯中蒸发至 30 ~ 40mL,在不断搅动中途趁热滴加 10% 氯化钡至沉淀完全。在上部清液再滴加几滴氯化钡,直至无更多沉淀生成时,再多加 2 ~ 4mL 氯化钡。在水浴上继续加热 15 ~ 30min,取下烧杯静置 2h。

4.3.4 用紧密无灰滤纸过滤,烧杯中的沉淀用热水洗 2 ~ 3 次后转入滤纸,再洗至无氯离子反应为止,但沉淀也不宜过多洗涤。

4.3.5 将滤纸包移入已灼烧称恒量的坩埚中,小心烤干,灰化至呈灰白色。

4.3.6 在600℃高温电炉中灼烧15~20min,然后在干燥器中冷却30min后称量。再将坩埚灼烧15~20min,称至恒量(两次称量之差小于0.0005g)。

4.3.7 用相同试剂和滤纸同样处理,做空白试验,测得空白质量。

5 结果整理

5.1 石膏含量按下式计算:

$$CaSO_4 \cdot 2H_2O(\%) = \frac{(m_1 - m_0) \times 0.738 \times 2}{m_s} \times 100(1 + H) \qquad (T\ 0161\text{-}1)$$

式中: m_0——空坩埚质量(g);

m_1——坩埚+$BaSO_4$质量(g);

0.738——将$BaSO_4$换算成$CaSO_4 \cdot 2H_2O$的系数($CaSO_4 \cdot 2H_2O$/ $BaSO_4$);

2——分取系数(100mL/50mL);

H——以烘干基的土样吸湿水分数。

5.2 本试验记录格式如表T 0161-1。

表T 0161-1 中溶盐试验记录(质量法)

工程名称＿＿＿＿＿＿ 试验计算者＿＿＿＿＿＿

土样编号＿＿＿＿＿＿ 校 核 者＿＿＿＿＿＿

土样说明＿＿＿＿＿＿ 试 验 日 期＿＿＿＿＿＿

风干土样量		(g)		
土样吸湿水分数		(H)		
吸取待测液的体积		(mL)		
试验次数			1	2
空坩埚的质量	m_0	(g)		
(空坩埚+$BaSO_4$)的质量	m_1	(g)		
$CaSO_4 \cdot 2H_2O$		(%)		
$CaSO_4 \cdot 2H_2O$平均值		(%)		

5.3 精密度和允许差。

中溶盐石膏($CaSO_4 \cdot 2H_2O$)试验结果精度要求质量法允许绝对误差为0.2%;容量法允许绝对误差为0.05%。

6 报告

6.1 土的鉴别分类和代号。

6.2 土中石膏含量(%)。

条文说明

石膏在水中的溶解度仅约 2g/L。土中的石膏含量小于1%时,尚易用水浸提法将其全部浸出。但含量大于1%时,水浸提法很难浸提完全,而且由于石膏与土溶液中的 Na_2CO_3 作用时,在石膏颗粒表面常形成一层难溶的 $CaCO_3$ 胶膜,因而更难用水把石膏浸提出来,在此情况下,应选用 1mol/L 的 HCl 浸提法。

为了加快土中石膏的溶解,土样的颗粒应小于 0.25mm。沉淀灰化时,不应出现明火燃烧,以免沉淀飞出损失。同时灰化要充分,以免残留的碳素使硫酸钡还原为硫化钡。为避免发生这种反应,高温炉灼烧时的温度以不超过600℃为宜。

T 0162—1993 难溶盐碳酸钙测定——气量法

1 目的适用范围

本方法适用于各类土。

2 仪器设备

2.1 气量法测量装置(二氧化碳约测计示意图见图 T 0162-1)。

2.2 天平:称量 200g,感量 0.01g。

2.3 气压计。

2.4 温度计。

3 试剂

3.1 1∶3 HCl:1 份 HCl 和 3 份水混合。

3.2 0.1% 甲基红指示剂。

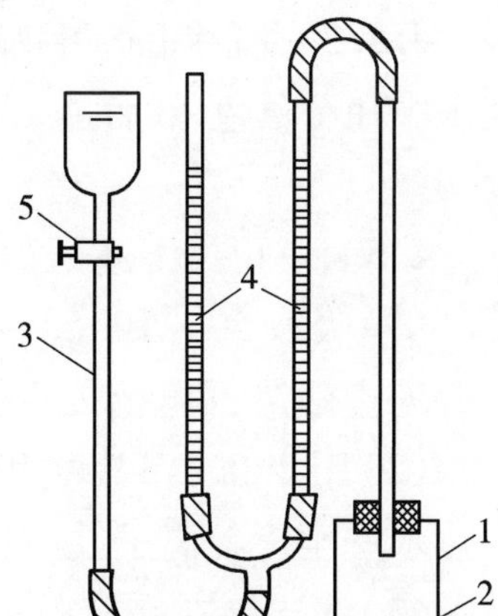

图 T 0162-1 二氧化碳约测计示意图
1-广口瓶;2-坩埚;3-移动管;4-量管;5-阀门

4 试验步骤

4.1 安装好二氧化碳约测计(如图 T 0162-1 所示),将加有微量盐酸和数滴甲基红指示剂的红色水溶液注入量管中。

4.2 称取过0.5mm筛,经105～110℃烘干的试样1～5g,精确至0.01g,放入广口瓶中。再将盛有1∶3 HCl溶液的瓷坩埚也放入广口瓶塞中,塞紧瓶塞。打开阀门上下移动管(3),使管(3)和(4)三个管的水面齐平。

4.3 将管(3)继续下移,当管(4)的右边管内水面下降很快时,表示接头处漏气,应仔细检查各接头并用石蜡溶液密封至不漏气。三管水面齐平后,关闭阀门,记下管(4)右边管内的起始水位读数。

4.4 手持长柄夹子夹住广口瓶,使坩埚中的盐酸倾出与瓶中的土样充分反应,当管(4)右边管内水面受到CO_2气体压力而下降时,打开阀门。静置10min,当管(4)右边管内水面稳定时,再移动管(3),使三管水面齐平。记下管(4)右边管内水面最终的水位读数。最终读数与起始读数之差即为产生的CO_2体积,同时记录试验时的温度和气压。

4.5 重复下述操作,进行空白试验。并从试样产生的CO_2体积中减去空白试验值。

4.5.1 洗去盐分:在1%感量天平上称取通过0.25mm的风干土样1～10g(含石膏0.1～0.8g)于离心管中,加50mL70%乙醇,在2 500～3 000r/min离心机中,倾去洗液,反复洗涤直到SO_4^{2-}反应为止。

4.5.2 用1mol/L HCl浸提:给脱盐后的土样中加1mol/L HCl约30mL搅动、离心、将清液倾入100mL容量瓶中,反复三次,最后用水定容。

4.5.3 沉淀$BaSO_4$:吸取清液30mL,于250mL烧杯中,加甲基橙指示剂2～3滴,用1∶1氨水中和至黄色,然后加1mL 1∶1 HCl加热至沸。

4.5.4 再按下述处理。

(1)吸取50～100mL水浸提液于150mL烧杯中,在水浴上蒸干。用1∶3盐酸溶液5mL处理残渣,再蒸干,并在100～105℃烘干1h。

(2)用2mL 1∶3盐酸和10～30mL热蒸馏水洗涤,用致密滤纸过滤,除去二氧化硅,再用热水洗至无氯离子反应(用硝酸银检验无浑浊)为止。

(3)滤出液在烧杯中蒸发至30～40mL,在不断搅动中途趁热滴加10%氯化钡至沉淀完全。在上部清液再滴加几滴氯化钡,直至无更多沉淀生成时,再多加2～4mL氯化钡。在水浴上继续加热15～30min,取下烧杯静置2h。

(4)用紧密无灰滤纸过滤,烧杯中的沉淀用热水洗2～3次后转入滤纸,再洗至无氯离子反应为止,但沉淀也不宜过多洗涤。

(5)将滤纸包移入已灼烧称恒量的坩埚中,小心烤干,灰化至呈灰白色。

(6)在600℃高温电炉中灼烧15~20min,然后在干燥器中冷却30min后称量。再将坩埚灼烧15~20min,称至恒量(两次称量之差小于0.000 5g)。

(7)用相同试剂和滤纸同样处理,做空白试验,测得空白质量。

5 结果整理

5.1 碳酸钙含量按下式计算:

$$CaCO_3(\%)=\frac{V\times\rho\times2.272}{m_s\times10^6}\times100 \qquad (T\ 0162\text{-}1)$$

式中:m_s——烘干土的质量(g);

V——CO_2 的体积(mL);

ρ—— 在试验的温度和气压下 CO_2 的密度(μg/mL),从附录B查出;

2.272——由 CO_2 换算成 $CaCO_3$ 的系数;

10^6——微克与克的换算系数。

5.2 碳酸盐试验记录格式如表T 0162-1。

表T 0162-1 碳酸盐试验记录(气量法)

工程名称＿＿＿＿＿＿＿＿ 试验计算者＿＿＿＿＿＿＿＿
土样编号＿＿＿＿＿＿＿＿ 校 核 者＿＿＿＿＿＿＿＿
土样说明＿＿＿＿＿＿＿＿ 试 验 日 期＿＿＿＿＿＿＿＿

试验时的大气压力	(Pa)		
试验时的温度	(℃)		
试验次数		1	2
土样质量	m_s(g)		
CO_2的体积	V(mL)		
$CaCO_3$	(%)		
$CaCO_3$ 平均值	(%)		

5.3 精密度和允许差。

碳酸钙试验结果精度应符合表T 0162-2的规定。

表T 0162-2 碳酸钙测定允许偏差

碳酸钙(%)	绝对偏差(%)	相对偏差(%)
20~10	<1	5~7
10~5	<0.8	7~11
5~1	<0.6	11~17
<1	<0.2	17~25

6 报告

6.1 土的鉴别分类和代号。

6.2 土中碳酸钙含量(%)。

条文说明

4 为防止 CO_2 在水中的溶解,装入量管的水应呈酸性。为了便于观察,水中可加入一些指示剂。水中含一定量的酸时还可以减小集气管中水蒸气分压。故在计算 CO_2 压力时可减小误差。

气量法受温度影响,特别是广口瓶与量管(4)右肢尤甚。因此,需用长柄夹子夹住广口瓶,即使摇动时也不要用手接触量管(4)左肢,以免人体温度影响气体体积。

试验装置不漏气是做好该试验的前提。读数时保持三管水面齐平是为了使两个量管(4)所受压力均为一个大气压。

T 0163—1993 阳离子交换量试验——EDTA—铵盐快速法

1 目的和适用范围

EDTA—铵盐法既适用中性、酸性土,又适用于石灰性土样。

2 仪器设备

2.1 电动离心机(转速3 000 ~4 000r/min)。

2.2 离心管:100mL。

2.3 带橡皮头玻璃棒。

2.4 天平:称量200g,感量0.001g。

2.5 凯氏蒸馏瓶。

2.6 滴定管、三角瓶等。

3 试剂

3.1 0.005mol/L EDTA(乙二胺四乙酸)与1mol/L 醋酸铵(NH_4OAc)混合液:称取化学纯醋酸铵77.09g 及 EDTA 1.641g,加水溶解后一起洗入1 000mL 容量瓶中,再加蒸馏水中至900mL左右，以1:1的氢氧化铵或稀醋酸调至pH7.0（适用于中性、酸性土）或8.5（适用于石灰性土），然后用水定容。

3.2 95%酒精：工业用，应无铵离子反应。

3.3 2%硼酸溶液：称取20g硼酸用热蒸馏水（约60℃）溶解，冷却后稀释至1 000mL，最后用稀盐酸或稀氢氧化钠调节pH至4.5（定氮混合指示剂显淡红色）。

3.4 氧化镁（固体）：在高温电炉中经500~600℃灼烧0.5h，使氧化镁中可能存在的碳酸镁转化成氧化镁，提高其利用率，同时防止蒸馏时大量气泡发生。

3.5 0.1%溴百里酚蓝指示剂：称取0.1g溴百里酚蓝溶于100mL无水酒精中（pH6.2~7.6，颜色黄~蓝）。

3.6 0.05mol/L盐酸标准溶液：取浓盐酸4.17mL，用水稀释至1 000mL，用硼砂标准溶液标定（可参见T 0154—1993中第4条）。

3.7 K—B指示剂：称取0.5g酸性铬蓝K与1g萘酚绿B加50g分析纯硫酸钾，在玛瑙研钵中充分研磨混合，贮于棕色小瓶中防潮备用。

3.8 定氮混合指示剂：分别称取0.1g甲基红和0.5g溴甲酚绿指示剂，放入玛瑙研钵中，并用100mL 95%酒精研磨溶解。此溶液应用稀盐酸或稀氢氧化钠调节pH到4.5。

3.9 纳氏试剂（定性检查用）：称氢氧化钾134g，溶于460mL蒸馏水中，为第一溶液，称取碘化钾20g，溶于50mL蒸馏水中，加碘化汞使溶液至饱和状态（大约42g），为第二溶液。然后将两溶液混合而成。

3.10 pH10缓冲液：称氯化铵33.75g溶于水中，加比重0.90的氨水285mL，最后稀释至500mL。

3.11 液状石蜡或固体石蜡。

4 试验步骤

4.1 称取通过0.25mm的风干样品1.0g（精确到0.01g）。有机质少的土样可称2~5g，将其小心放入100mL离心管中。

4.2 沿管壁加入少量EDTA—醋酸铵混合液，用橡皮头玻璃棒充分搅拌，使样品与交换剂混合,直到整个样品呈均匀的泥浆状态,再加交换剂使总体积达 80mL 左右,再搅拌 1 ~2min,然后洗净橡皮头玻璃棒。

4.3 将离心管在粗天平上成对平衡,对称放入离心机中离心 3 ~5min,转速3 000r/min 左右,弃去离心管中的清液。酸性及中性土测定盐基组成时,则将清液收集在 100mL 容量瓶中,用提取剂定容到刻度,作为交换性盐基待测液,具体测定方法详见有关资料。

4.4 将载土的离心管管口向下用自来水冲洗外部,然后再用不含铵离子的 95% 酒精如前搅拌样品,洗去过量的醋酸铵,洗至无铵离子反应为止。

附:检查铵离子方法——滴少量离心液于白瓷板上,加 1 滴纳氏试剂,无黄色产生即可,并用酒精作空白对照。

4.5 最后用自来水冲洗管外壁后,在管内放入少量自来水,以橡皮头玻璃棒搅成糊状,并洗入 150mL 凯氏瓶中,洗入体积控制在 80 ~100mL,其中加 2mL 液状石蜡(或 2g 固体石蜡)、1g 左右氧化镁,然后在定氮仪上进行蒸馏,蒸馏方法同土壤全氮的测定。

4.6 以装有 2% 硼酸溶液 25mL 和 3 滴混合指示剂的三角瓶来接收馏出液,若没有蒸气蒸馏设备,可改为直接加热凯氏瓶蒸馏,但在空白试验时,凯氏瓶内另加入玻璃珠 30 ~50 粒,加热时电炉上须加石棉网,以减少凯氏瓶内溶液的剧烈跳动。

4.7 接收液用 0.05mol/L 盐酸标准溶液滴定至微红色为终点,记录消耗盐酸标准溶液的体积(mL)。

4.8 与上述试验同步做空白试验,即取未经交换剂提取的土样。同样蒸馏滴定,记录滴定消耗盐酸标准溶液的体积(mL)。

5 结果整理

5.1 阳离子交换量按下式计算:

$$\text{阳离子交换量(mmol/kg)} = \frac{C \times (V - V_0)}{m} \times 1\,000 \qquad \text{(T 0163-1)}$$

式中:C——盐酸标准溶液的浓度(mol/L);

V——滴定待测液所消耗盐酸量(mL);

V_0——空白试验时消耗盐酸量(mL);

m——试验所用的土样质量(g)。

5.2 本试验记录格式如表 T 0163-1。

表 T 0163-1　阳离子交换量试验记录（EDTA—铵盐快速法）

工程名称________________　　试验计算者________________

土样编号________________　　校　核　者________________

土样说明________________　　试 验 日 期________________

盐酸标准液的浓度		(mol/L)		
试验次数			1	2
试验土样的质量 m		(g)		
空白试验	滴定消耗 HCl 标准液的量	(mL)		
	平均值 V_0	(mL)		
土样试验时消耗 HCl 标准溶液的量 V		(mL)		
阳离子交换量		(mmol/kg)		
阳离子交换量平均值		(mmol/kg)		

5.3　精密度和允许差。

阳离子交换量试验结果的精度应符合表 T 0163-2 的规定。

表 T 0163-2　阳离子交换量测定结果允许偏差

测定值(mmol/kg)	绝对偏差(mmol/kg)	相对偏差(%)
300～200	<10	3～4
200～100	<8.0	4～5
100～50	<5.0	5～6
50～10	<3.0	6～9
<10	<1.0	9～15

6　报告

6.1　试验方法。

6.2　土的鉴别分类和代号。

6.3　土的阳离子交换量(mmol/kg)。

条文说明

碱化度较高的土,用该交换剂一次提取交换不完全,因为钠盐同 EDTA 易形成稳定常数极小的 EDTA 二钠盐,在这种情况下要提取 2～3 次。

T 0164—1993　阳离子交换量试验——草酸铵—氯化铵法

1　目的和适用范围

本试验法适用于有机质含量在5%以下的石灰性土及中度盐渍化的土(须预先用95%酒精洗去盐分)。

2　仪器设备

2.1　天平:感量0.000 1g。

2.2　滴定管、三角瓶、移液管、漏斗、吸耳球。

2.3　振荡器。

3　试剂

3.1　草酸铵—氯化铵交换剂:称取3.55g分析纯草酸铵及1.34g分析纯氯化铵,共溶于蒸馏水中,稀释至1 000mL,pH为7.0左右。

3.2　0.05mol/L NaOH标准溶液:称取2.0g固体NaOH(分析纯)溶于除去CO_2的冷水中,定溶至1 000mL,贮于塑料瓶中,精确浓度用基准草酸标定。

3.3　0.05mol/L HCl标准溶液:量取4.1mL浓HCl稀释至1 000mL。准确浓度以0.05mol/L标准NaOH溶液标定。

3.4　甲醛溶液:取市售甲醛溶液(37%)的上层澄清液,临用①前加入甲基红指示剂,用0.05mol/L NaOH调至橙黄色。

3.5　1%酚酞指示剂:1g酚酞溶于100mL 80%的酒精溶液中。

4　0.05mol/L NaOH溶液浓度的标定步骤

4.1　称取基准结晶草酸0.200 0g左右($m_{H_2C_2O_4 \cdot 2H_2O}$),共称取三份。

4.2　将每份草酸溶于50mL热水中,冷却后滴入1%酚酞指示剂1~2滴。

4.3　以待标定浓度的NaOH溶液滴定至粉红色,记录所消耗NaOH溶液的体积(mL)。

4.4 浓度计算按下式进行。取三次结果的算术平均值。

$$C_{NaOH}=\frac{m_{H_2C_2O_4\cdot 2H_2O}}{\frac{126.07}{2\ 000}\times V_{NaOH}} \tag{T 0164-1}$$

式中：$m_{H_2C_2O_4\cdot 2H_2O}$——称取草酸的质量(g)；

V_{NaOH}——滴定所消耗 NaOH 溶液的体积(mL)；

$\frac{126.07}{2\ 000}$——$\frac{1}{2}H_2C_2O_4\cdot 2H_2O$ 的摩尔质量(kg/mol)。

5 试验步骤[②]

5.1 称取通过孔径为0.5mm筛的烘干土样2.0g，放入200mL三角瓶中。用移液管加入草酸铵—氯化铵交换剂25.0mL，振荡2min，放置10min，再振荡2min(或在振荡器上连续振荡10min)。用干滤纸过滤[③]，在振荡及过滤的过程中，三角瓶和漏斗均须加盖，以防氨的逸出而影响测定结果。

5.2 吸取10mL滤液，用0.05mol/L(或0.1mol/L)盐酸中和滤液至甲基红变红时，再加过量的酸(0.05mol/L HCl 10mL左右)，煮沸1～2min，除尽CO_2冷却后用0.05mol/L NaOH溶液中和过量的酸，至溶液成橙黄色为止。

5.3 然后加入中和好的37%甲醛溶液3.0mL及1%酚酞指示剂2滴，用0.05mL/L NaOH标准溶液滴定至明显的酚酞红色后，继续多加1～2mL，即用0.05mol/L盐酸标准溶液回滴至黄色后，再用NaOH标准溶液继续滴定至微红色为终点。记录消耗的NaOH标准溶液和盐酸标准溶液的体积(mL)，精确至0.01mL。

5.4 另用原交换剂10.0mL，按上述方法经过驱除CO_2、中和、滴定等手续，标定铵离子的含量。由标定和测定两者净消耗NaOH的体积之差，计算土的阳离子交换量。

6 结果整理

6.1 阳离子交换量按下式计算：

$$阳离子交换量(mmol/kg)=\frac{(V_0-V)\times C}{m_s} \tag{T 0164-2}$$

式中：V_0——标定时净用NaOH标准液的量(mL)；

V——测定土样时净用NaOH标准液的量(mL)；

C——NaOH标准液的浓度(mol/L)；

m_s——与吸取滤液相应的干土重(g)。

注：①：甲醛溶液与空气接触时，易被氧化成甲酸。因此，宜在临用时中和较为可靠。甲醛有毒，切勿用嘴直接吸取。

注②:操作要严格,因为本法是根据交换剂的铵浓度与浸提液的铵浓度之差来计算土的交换量,由两大值之差所得的小值,其误差容易变大,同时土浸出液的 pH 值常在 8.0 以上,容易导致氨的损失。但实验证明,只要严格按照操作规程进行,完全能够获得满意的结果。

注③:土样浸提液经过滤后,如果不清,必须再行过滤。

6.2 本试验记录格式如表 T 0164-1。

表 T 0164-1 阳离子交换量试验记录(草酸铵—氯化铵法)

工程名称＿＿＿＿＿＿＿＿　试验计算者＿＿＿＿＿＿＿＿
土样编号＿＿＿＿＿＿＿＿　校　核　者＿＿＿＿＿＿＿＿
土样说明＿＿＿＿＿＿＿＿　试 验 日 期＿＿＿＿＿＿＿＿

项目		单位		
盐酸标准液的浓度	C_{HCl}	(mol/L)		
氢氧化钠标准液的浓度	C_{NaOH}	(mol/L)		
试验次数			1	2
土样质量		(g)		
空白标定试验	C_{HCl}的用量	(mL)		
	C_{NaOH}的用量	(mL)		
	C_{NaOH}的净用量	(mL)		
	平均消耗C_{NaOH}的用量	(mL)		
土样	C_{HCl}的用量	(mL)		
	C_{NaOH}的用量	(mL)		
	C_{NaOH}的净用量	(mL)		
校正空白标定后C_{NaOH}的净用量		(mL)		
阳离子交换量		(mmol/kg)		
阳离子交换量平均值		(mmol/kg)		

6.3 精密度和允许差。

阳离子交换量试验结果的精度应符合表 T 0164-2 的规定。

表 T 0164-2 阳离子交换量测定结果允许偏差

测定值(mmol/kg)	绝对偏差(mmol/kg)	相对偏差(%)
300～200	<10	3～4
200～100	<8.0	4～5
100～50	<5.0	5～6
50～10	<3.0	6～9
<10	<1.0	9～15

7 报告

7.1 试验方法。

7.2 土的鉴别分类和代号。

7.3 土的阳离子交换量(mmol/kg)。

条文说明

对于石灰土的阳离子交换量的测定,目前尚未有十分理想的方法。本法是测定一定量铵盐交换剂与土交换后所剩余的铵盐量。铵盐能与中性甲醛溶液很快化合为六次甲基四胺,同时放出一定量的酸,然后用标准碱液滴定放出的酸,即可求出铵盐量。可由此间接测定阳离子交换总量。

经采用三种不同试验方法对36个黄土样品的比较试验表明,该法所测定的结果稳定,平行试验误差小,操作也较简便,故本规程采用此法。

31 土中矿物成分试验

T 0165—1993 硅的测定

1 目的和适用范围

本试验适用各类土。如遇盐渍土时,在进行矿物成分测定前,应先用酒精将盐分淋洗除去后,再烘干测定。

2 仪器设备

2.1 高温电炉(或称马福炉)。

2.2 铂坩埚、瓷坩埚(100mL)。

2.3 附有铂头的长柄坩埚钳。

2.4 分析天平:感量0.000 1g。

2.5 烧杯、表皿、容量瓶等玻璃仪器。

2.6 水浴锅。

2.7 滤纸(快速、无灰)。

3 试剂

3.1 无水碳酸钠:分析纯试剂须在120℃烘干并磨细。

3.2 1%动物胶溶液:0.5g动物胶溶于50mL沸水,加热并搅动至全部溶解。

3.3 1∶5盐酸溶液:1份浓盐酸用5份水稀释。

3.4 浓盐酸:分析纯,比重1.19。

3.5 1% 的硝酸银溶液:1g 硝酸银溶于 100mL 蒸馏水,贮于棕色瓶中。

4 试验步骤

4.1 于铂坩埚内预先加大约 2.5g 的无水碳酸钠,用分析天平精确称入通过 0.1mm 筛孔的烘干土样 0.500 0g。用细的圆头玻璃棒仔细搅拌均匀,在试验台面上轻轻敲击,使坩埚中物质紧实后,再往坩埚内铺上一层碳酸钠(约 0.5g)。加上铂坩埚盖。

4.2 置此铂坩埚于底部已铺有石棉丝(已灼烧过)的大瓷坩埚内。然后用长柄坩埚钳夹住坩埚,送入已升温至 950℃的高温炉门口,合上炉门,先热 2min;打开炉门,将坩埚移入炉中央,继续灼烧 6 ~8min 取出坩埚,立即用附铂头钳子夹起铂坩埚,将其下部浸入冷水,上下移动几次,使熔融物急速凝固而脱离坩埚壁。

4.3 待完全冷却后,用少量沸水浸取熔块,倾入 200mL 烧杯内,继续以热水洗净坩埚,最后用 1∶5 HCl 洗涤 3 次,每次用量不宜太多。溅到盖上的溶融物也须以热水及 1∶5 HCl 洗入杯内。最好总的洗液体积不要超过 25mL。

4.4 将杯子加盖表皿,从杯口逐滴滴入 1∶1 HCl,并连续摇动杯子,使其充分作用。待不再发生气泡后,停止加酸,并用蒸馏水吹洗杯壁及表面。移烧杯于电炉上,煮沸片刻(注意:勿使溅出),然后加入 1 倍其体积的浓盐酸(过量一点)搅拌均匀。

4.5 将杯移入 70℃的热水浴内,温热几分钟。使杯内外温度一致后,用移液管缓缓滴入热的新配制的动物胶溶液 10mL,随滴随加搅拌。加完动物胶须继续搅拌 4min,并继续保温 15min。

4.6 取出烧杯 ,稍冷,过滤于快速无灰滤纸上。先以 1∶5热盐酸洗涤 3 次,再以热水洗涤至无 Cl^- 反应为止(用硝酸银溶液检验),但洗涤次数不宜过多(一般 6 ~8 次)。接滤液及洗涤液于 250mL 容量瓶中,冷却后加水至刻度,此为 A 溶液,供下列各试验之用。

4.7 沉淀放入已经烧至恒量的瓷坩埚中,经烘干、灰化、灼烧(900 ~950℃,0.5h)称量,并重复灼烧至恒量为止(前后两次称量之差不超过 0.3mg 即可)。同时必须按本试验 4.1 ~4.7 步骤做空白试验,以减去空白质量,得二氧化硅实量。

5 结果整理

5.1 二氧化硅含量按下式计算:

$$SiO_2(\%) = \frac{m_2 - m_1 - m_0}{m} \times 100 \qquad (T\ 0165\text{-}1)$$

式中：m_2——灼烧后坩埚加二氧化硅质量(g)；

m_1——空坩埚质量(g)；

m_0——空白质量(g)；

m——烘干土样质量(g)。

5.2 本试验记录格式如表 T 0165-1。

表 T 0165-1 二氧化硅含量试验记录

工程名称＿＿＿＿＿＿＿＿ 试验计算者＿＿＿＿＿＿＿＿

土样编号＿＿＿＿＿＿＿＿ 校 核 者＿＿＿＿＿＿＿＿

土样说明＿＿＿＿＿＿＿＿ 试 验 日 期＿＿＿＿＿＿＿＿

试验次数		1	2	3
烘干土样质量 m(g)				
坩埚＋沉淀质量 m_2(g)	第一次称量			
	第二次称量			
空坩埚质量 m_1(g)				
沉淀质量 m_2-m_1(g)				
空白试验 SiO_2 质量 m_0(g)				
$SiO_2=\frac{m_2-m_1-m_0}{m}\times100(\%)$				
SiO_2 平均值(%)				

6 报告

6.1 土的鉴别分类和代号。

6.2 土中二氧化硅含量(%)。

条文说明

3 1%动物胶溶液应在即将加入前配制。因动物胶在70℃时活力最强，高于80℃和低于60℃均会降低其活力。

4 铂坩埚是贵重仪器，试验者必须在使用前了解其使用规则。

沉淀在瓷坩埚中进行烘干、灰化时，不能启动抽风，避免碳粒的飞失，低温灰化时温度不能太高，以免滤纸着火，致使 SiO_2 被带出，造成损失。

沉淀经灼烧后，移入干燥器中平衡的时间要尽量保持一致，称量的速度应越快越好。因为 SiO_2 吸湿性很强，称量者不可用手直接放取坩埚，而应戴上洁净的汗布手套进行。

T 0166—1993 倍半氧化物(R_2O_3)总量的测定

1 目的和适用范围

本测定采用质量法,适用于各类土。

2 仪器设备

2.1 高温电炉。

2.2 分析天平:感量 0.000 1。

2.3 铂坩埚及铂金包头的坩埚钳。

2.4 水浴锅及调压变压器。

2.5 普通电炉。

2.6 通风橱。

2.7 烧杯等玻璃仪器。

3 试剂

3.1 2%硝酸铵溶液:称固体硝酸铵(分析纯)20g 溶于蒸馏水中,然后稀释至1 000mL,以硝酸和氢氧化铵调至 pH7。

3.2 硝酸银溶液:称硝酸银(化学纯)1.7g 溶于蒸馏水中,然后定容至 100mL,贮于棕色瓶中。

3.3 1:1氢氧化铵:1 份浓氢氧化铵(分析纯)加 1 份蒸馏水。

3.4 1:1 HCl 溶液;浓硝酸;浓盐酸。

3.5 0.1%甲基红指示剂:溶解 0.1g 甲基红于 100mL 99%酒精中。

4 试验步骤

4.1 吸取 A 溶液 100mL,放入 300mL 烧杯内,加盖表皿后移往电炉上加热至沸。滴加浓硝酸3滴,继续煮沸10min。从电炉上取下烧杯,缓缓地逐滴加入氨水,边滴边搅拌,至有沉淀出现而搅动又溶解时,加入甲基红指示剂2滴,此时溶液呈红色。继续滴加氨水至有大量沉淀出现,并且溶液由红色变为黄色后,再多加2滴,重新煮沸0.5h,移至温处,静置片刻。

4.2 待溶液澄清,即趁热过滤于快速定量滤纸上。过滤时不使漏斗内溶液流尽,而必须连续倾入,直至杯内溶液全部倾完为止。以热至近沸的中性硝酸铵溶液洗涤烧杯及滤纸3次。

4.3 取下漏斗,斜放于原沉淀之烧杯内,用蒸馏水流将沉淀吹洗入烧杯内(注意:勿使损失)。加入浓HCl 5mL,加热沸腾,使沉淀溶解。再如前用氨水重新沉淀,过滤于原来的滤纸上,并以热的中性硝酸铵溶液洗涤6~8次。将前后两次滤液及洗液承接于500mL容量瓶中,加水定容后为B溶液,供钙镁测定之用。

4.4 沉淀及滤纸移入已经恒量的瓷坩埚中,烘干、灰化,并在950℃的高温炉中灼烧0.5h。在浓H_2SO_4干燥器中冷却,称量,并重复灼烧至前后两次质量之差不超过0.000 5g为止。

5 结果整理

5.1 倍半氧化物总量按下式计算:

$$R_2O_3(\%) = \frac{m_2 - m_1}{m} \times t_s \times 100 \tag{T 0166-1}$$

式中:m_2——瓷坩埚 + R_2O_3 的质量(g);

m_1——瓷坩埚的质量(g);

m——烘干土样的质量(g);

t_s——分取倍数(mL),t_s = 待测液(A)总体积(mL)/吸取待测液的体积(mL)。

5.2 本试验记录格式如表T 0166-1。

表T 0166-1 倍半氧化物总量试验记录

工程名称__________ 试验计算者__________

土样编号__________ 校 核 者__________

土样说明__________ 试 验 日 期__________

试验次数		1	2	3
烘干土样质量 m(g)				
坩埚+沉淀质量 m_2(g)	第一次称量			
	第二次称量			

续上表

空坩埚质量 m_1(g)			
沉淀质量 m_2-m_1(g))			
$R_2O_3(\%)=\frac{m_2-m_1}{m}\times t_s\times 100$			
R_2O_3 平均值(%)			

5.3 精密度和允许差。

倍半氧化物总量测定结果的精度应符合表 T 0166-2 的规定。

表 T 0166-2　矿质全量分析及烧失量测定结果允许偏差

测定值 (%)	绝对偏差 (%)	相对偏差 (%)
>50	<0.9	1.0~1.5
50~30	<0.7	1.5~2.0
30~10	<0.5	2.0~3.0
10~5	<0.3	3.0~4.0
5~1	<0.2	4.0~5.0
1~0.1	<0.05	5.0~6.0
0.1~0.05	<0.006	6.0~8.0
0.05~0.01	<0.004	8.0~10.0
0.01~0.005	<0.001	10.0~12.0
0.005~0.001	<0.000 6	12.0~15.0
<0.001	<0.000 15	15.0~20.0

6 报告

6.1 土的鉴别分类和代号。

6.2 土中倍半氧化物总量(%)。

条文说明

4　沉淀完成时,氨水必须慢慢滴入,以免过量氨水致使氢氧化铝溶解。沉淀完毕后煮沸时间不能太久,煮沸目的促使胶体凝聚,并驱逐出过量的氨水;如煮沸过久,反使凝聚的沉淀重新分散,以致过滤洗涤时发生困难。

煮沸后应趁热过滤,不宜放置过久,以防吸收空气中的 CO_2,使钙变为 $CaCO_3$ 而共沉,造成试验误差。但溶液是碱性,容易吸收空气中的 CO_2,所以必须重沉淀一次,所用氨水也应重新配制,并且整个沉淀与过滤、洗涤过程的时间要越短越好。

氧化铝具有强烈的吸水性,因此,必须在浓硫酸干燥器内冷却后,迅速称量。

T 0167—1993　铁和铝的测定

1　目的和适用范围

铁与铝的测定采用 EDTA 连续滴定法。它适用于各类土。

2　仪器设备

2.1　酸式滴定管:50mL,精确至 0.1mL。

2.2　移液管(大肚型)50mL。

2.3　烧杯,200mL。

2.4　调温电炉。

3　试剂

3.1　10% 磺基水杨酸钠溶液:称取 10g 固体磺基水杨酸钠先溶于 90mL 蒸馏水中,再加入 3mL 20% 氢氧化钠溶液。

3.2　二甲酚橙干燥指示剂:0.5g 固体二甲酚橙与 50g 干燥氯化钠研磨均匀,贮于试制瓶中。

3.3　醋酸铵—醋酸缓冲溶液:60g 结晶醋酸铵与 5mL 冰醋酸混合,以蒸馏水稀释至 100mL。

3.4　0.01mol/L 醋酸锌标准溶液:称取 2.2g 醋酸锌溶于 1L 蒸馏水中,如溶液水解变成胶状,可滴入几滴醋酸(30%)充分摇匀,直至清亮为止。

3.5　0.01mol/L EDTA 二钠盐标准溶液。

3.5.1　0.01mol/L EDTA 标准溶液:先将乙二胺四乙酸二钠(Na_2EDTA,$Na_2H_2C_{10}H_{12}O_8N_2 \cdot 2H_2O$,相对分子质量 372.1,分析纯)在 80℃ 干燥约 2h,保存于干燥器中。将3.72g Na_2EDTA,溶于 1L 水中,充分摇动,贮于塑料试制瓶中。EDTA 二钠盐在水中溶解缓慢,在配制溶液时须常摇动促溶,最好放置过夜后备用。

3.5.2　EDTA 溶液的标定。

(1)用分析天平称取经110℃干燥的$CaCO_3$(优级纯或一级)约0.40g,称准至0.000 1g,放在400mL烧杯内,用少量蒸馏水润湿,慢慢加入1∶1的盐酸约10mL,盖上表皿,小心地加热促溶,并驱尽CO_2,冷却后定量地转移入500mL容量瓶中用蒸馏水定容。

(2)用移液管吸取本试验3.5.2(1)的溶液25.00mL于250mL三角瓶中,加20mL pH10的氨缓冲溶液和少许K—B指示剂(或铬黑T指示剂),用配好的EDTA溶液滴定至溶液由酒红色变为蓝绿色为终点。同时做空白试验。按下式计算EDTA溶液的浓度(mol/L)取三次标定结果的平均值。

$$C_{EDTA}=\frac{m}{0.100\,1\times(V-V_0)} \tag{T 0167-1}$$

式中:0.100 1——$CaCO_3$的摩尔质量(g/mmol);

m——每份滴定所用$CaCO_3$的质量(g);

V——标定时所用EDTA溶液的体积(mL);

V_0——空白标定所用EDTA溶液的体积(mL)。

4 试验步骤

4.1 用50mL移液管吸取A液50.0mL,放入200mL烧杯中,加入浓硝酸0.5mL后加热并煮沸5min,放冷后,加入磺基水杨酸钠溶液2.0mL。慢慢滴入20%氢氧化钠溶液,边加边搅,至溶液呈现葡萄酒红色(如含铁量多,即成暗红色)。此时溶液的pH即为2.5左右,加热至45~55℃,即用EDTA二钠盐标准溶液滴定至亮黄色。当滴定近终点时,一定要放慢滴定速度,每滴一滴后都要充分搅动,待溶液颜色稳定后,再滴加第二滴。

4.2 于滴定完毕的溶液中再继续放入EDTA二钠盐标准溶液25.00mL,投入刚果红试纸一片,若变为蓝色或紫色,则须滴入1∶1氨水至试纸略显红色。然后加入醋酸铵—醋酸缓冲溶液8mL,并煮沸3min,放冷至60℃。再加入二甲酚橙粉末指示剂少许,使溶液显橙黄色,即以醋酸锌标准溶液滴定至红色为终点。

4.3 同时 必须做空白标定试验。即从滴定管放出25.00mL EDTA二钠盐标准溶液于烧杯中,加入25.00mL蒸馏水,用1∶1氨水调pH为4~5之间,仍以刚果红试纸检验,再加入缓冲液、煮沸,冷至60℃滴定。

5 结果整理

5.1 铁和铝氧化物含量按下式计算:

$$Fe_2O_3(\%)=\frac{c\times V\times 0.079\,85}{m\times\frac{50}{250}}\times 100 \tag{T 0167-2}$$

$$Al_2O_3(\%)=\frac{c(V_2-V_1)\frac{25}{V_2}\times 0.050\,98}{m\times\frac{50}{250}}\times 100 \tag{T 0167-3}$$

式中：c——EDTA 二钠盐标准溶液的浓度(mol/L)；

V——第一次滴定消耗 EDTA 二钠盐标准液的体积(mL)；

V_2——空白标定试验时滴定消耗醋酸锌标准液的体积(mL)；

V_1——第二次滴定消耗醋酸锌标准液的体积(mL)；

$\frac{25}{V_2}$——EDTA 二钠盐标准液对醋酸锌标准液的换算率；

m——烘干土样的质量(g)；

$\frac{50}{250}$——试验时分取 A 液的体积/A 液总体积；

0.079 85——Fe_2O_3 的摩尔质量(g/mmol)；

0.050 98——Al_2O_3 的摩尔质量(g/mmol)。

5.2 本试验记录格式如表 T 0167-1。

表 T 0167-1 铁、铝试验记录

工程名称______________ 试验计算者______________

土样编号______________ 校 核 者______________

土样说明______________ 试 验 日 期______________

EDTA 二钠盐标准溶液浓度(mol/L)			
试验次数	1	2	3
土样质量 m (g)			
滴定铁消耗 EDTA 二钠盐标准溶液的体积 V(mL)			
滴定铝消耗 $ZnAc_2$ 标准液的体积 V_1(mL)			
滴定 EDTA 二钠盐消耗 $ZnAc_2$ 标准液的体积 V_2(mL)			
$Fe_2O_3(\%)=\dfrac{c\times V\times 0.07985}{\frac{1}{5}m}\times 100$			
Fe_2O_3平均值(%)			
$Al_2O_3(\%)=\dfrac{e(V_2-V_1)\frac{25}{V_2}\times 0.05098}{\frac{1}{5}m}\times 100$			
Al_2O_3平均值(%)			

6 报告

6.1 土的鉴别分类和代号。

6.2 土中铁氧化物含量(%)。

6.3 土中铝氧化物含量(%)。

条文说明

1 铁、铝的测定，采用 EDTA 连续滴定法。该法比较简捷，铁、铝都能和 EDTA 结合生成稳定的配位物质，但它们的稳定常数不同，EDTA 与铁离子的 $\lg K_{稳}$ 为 25.1，而与铝离子的 $\lg K_{稳}$ 为 16.13；它们配位时对 pH 的要求也不同，铁离子在 pH 值为 2～3 之间与 EDTA 配位，而铝离子在 pH 值为 4～5 时与 EDTA 配位。利用这些性能，便可对铁铝离子分步连续滴定。但在 pH 值为 4～5 时，开始生成氢氧化铝沉淀，使测定结果偏低，因此须先加入过量的 EDTA，使之与铝离子充分配位后，多余的 EDTA 再用醋酸锌回滴，按净消耗的 EDTA 量分别计算出 Fe_2O_3 和 Al_2O_3 的百分含量。

T 0168—1993 钙和镁的测定

1 目的和适用范围

本试验方法适用各类土。

2 仪器设备

2.1 酸式滴定管，50mL，准确至 0.01mL。

2.2 移液管（大肚型），50mL 或 100mL。

2.3 烧杯，150mL、200mL。

2.4 试剂瓶、量筒等。

3 试剂

3.1 20% 氢氧化钠溶液。

3.2 20% 三乙醇胺溶液：20mL 三乙醇胺溶于 80mL 水中。

3.3 5% 盐酸羟胺溶液；5g 盐酸羟胺溶于 100mL 水中。

3.4 0.01mol/L EDTA 二钠盐标准溶液。

3.4.1 0.01mol/L EDTA 标准溶液：先将乙二胺四乙酸二钠（Na_2EDTA，$Na_2H_2C_{10}H_{12}O_8N_2 \cdot 2H_2O$，相对分子质量372.1，分析纯）在 80℃ 干燥约 2h，保存于干燥器中。将 3.72gNa_2EDTA，溶于 1L 水中，充分摇动，贮于塑料试制瓶中。EDTA 二钠盐在水中溶解缓

慢,在配制溶液时须常摇动促溶,最好放置过夜后备用。

3.4.2 EDTA溶液的标定

(1)用分析天平称取经110℃干燥的$CaCO_3$(优级纯或一级)约0.40g,称准至0.000 1g,放在400mL烧杯内,用少量蒸馏水润湿,慢慢加入1:1的盐酸约10mL,盖上表皿,小心地加热促溶,并驱尽CO_2,冷却后定量地转移入500mL容量瓶中用蒸馏水定容。

(2)用移液管吸取本试验3.4.2(1)的溶液25.00mL于250mL三角瓶中,加20mL pH10的氨缓冲溶液和少许K—B指示剂(或铬黑T指示剂),用配好的EDTA溶液滴定至溶液由酒红色变为蓝绿色为终点。同时做空白试验。按下式计算EDTA溶液的浓度(mol/L)取三次标定结果的平均值。

$$C_{EDTA}=\frac{m}{0.100\,1\times(V-V_0)} \tag{T 0168-1}$$

式中:0.100 1——$CaCO_3$的摩尔质量(g/mmol);

m——每份滴定所用$CaCO_3$的质量(g);

V——标定时所用EDTA溶液的体积(mL);

V_0——空白标定所用EDTA溶液的体积(mL)。

3.5 钙红指示剂:0.5g钙指示剂[2—羟基(2—羟基—4磺酸—1—萘偶氮基)—3—萘甲酸,$C_{21}H_{14}O_7N_2S$]与50g NaCl(需经烘焙)研细混匀,贮于棕色瓶中,放在干燥器中保存。

3.6 K—B指示剂:0.5g酸性铬蓝K和0.1g萘酚绿B,与100g、105℃烘过的NaCl一同研细磨匀,越细越好,贮于棕色瓶中。

3.7 pH试纸:1~14。

4 试验步骤

4.1 用移液管数吸取B溶液100mL两份,分别放入150mL烧杯中,加入三乙醇胺溶液及盐酸羟胺溶液各1mL,充分搅匀,放置数分钟。

4.2 取其一份测定钙。用20% NaOH溶液调节待测溶液的pH至13~13.5(约6~8mL,用pH试验检验)。加入钙红指示剂少许(约0.1g)。若pH及指示剂均合乎要求,此时溶液呈红色。立即用0.01mol/L EDTA二钠盐标准溶液滴定,当溶液由红色突变为纯蓝色时,即为滴定终点。

4.3 另取1份测定钙、镁总量。加入浓氨水调节待测液的pH为10(用pH试纸检验),加入K—B混合指示剂约0.2g,即以0.01mol/L EDTA二钠盐标准溶液滴定,当溶液由玫瑰红色突变为纯蓝色时即为滴定终点。

5 结果整理

5.1 氧化钙和氧化镁含量按下式计算：

$$CaO(\%)=\frac{c\times V_1\times 0.0561}{m\times\frac{100}{250}\times\frac{100}{500}}\times 100 \qquad (T\ 0168\text{-}2)$$

$$MgO(\%)=\frac{c(V_2-V_1)\times 0.0403}{m\times\frac{100}{250}\times\frac{100}{500}}\times 100 \qquad (T\ 0168\text{-}3)$$

式中：c——EDTA 二钠盐标准溶液的浓度(mol/L)；

V_1——滴定钙时消耗 EDTA 的体积(mL)；

V_2——滴定钙、镁总量时消耗 EDTA 的体积(mL)；

m——烘干土样的质量(g)；

$\frac{100}{250}$——测钙时分取 A 液的体积/A 液总体积；

$\frac{100}{500}$——测钙、镁时分取 B 液的体积/B 液总体积；

0.056 1——CaO 的摩尔质量(g/mmol)；

0.040 3——MgO 的摩尔质量(g/mmol)。

5.2 本试验记录格式如表 T 0168-1。

表 T 0168-1 钙、镁试验记录

工程名称＿＿＿＿＿＿＿＿ 试验计算者＿＿＿＿＿＿＿＿

土样编号＿＿＿＿＿＿＿＿ 校 核 者＿＿＿＿＿＿＿＿

土样说明＿＿＿＿＿＿＿＿ 试 验 日 期＿＿＿＿＿＿＿＿

EDTA 二钠盐标准溶液浓度(mol/L)			
试验次数	1	2	3
土样质量 m(g)			
滴定钙、镁总量消耗 EDTA 二钠盐标准溶液体积 V_2(mL)			
滴定钙消耗 EDTA 二钠盐标准溶液体积 V_1(mL)			
$CaO(\%)=\frac{c\times V_1\times 0.056\ 1}{m\times\frac{2}{5}\times\frac{1}{5}}\times 100$			
CaO(%)平均值			
$MgO(\%)=\frac{c(V_2-V_1)\times 0.040\ 3}{m\times\frac{2}{5}\times\frac{1}{5}}\times 100$			
MgO(%)平均值			

6 报告

6.1 土样的鉴别分类和代号。

6.2 土中氧化钙含量(%)。

6.3 土中氧化镁含量(%)。

条文说明

4 加入三乙醇胺及盐酸羟胺可以消除锰等元素存在时的干扰。

用本法测定钙时省去了蒸干、分解铵盐的步骤,缩短了测定时间。但有大量铵盐存在时,致使终点不甚明显,此时只要加入足量的氢氧化钠溶液,使溶液的 pH 达 13 以上,就能容易识别滴定终点。如仍不易辨别终点时,可以采用加水稀释,并改用 0.02mol/L 的 EDTA 二钠盐标准溶液进行滴定,即可提高终点的灵敏度。必要时还可加氢氧化钠溶液煮沸至没有氨味,冷却后调 pH 至 13.5 后,便能容易判定滴定终点,顺利完成滴定。

附录 A 试验成果的分析整理方法

在进行试验成果的分析整理时，必须坚持理论与实际统一的原则，以现场和工程的具体条件为依据，以测试所得的实际成果为基础，以数理统计分析为手段，以土力学的基本理论为指导，区别不同条件，针对不同要求，采取不同方法。

土工试验测得的土性指标，可按其在工程设计中的实际作用区分为一般特性指标和主要计算指标。前者如土的天然密度、天然含水率、颗粒比重、颗粒组成、液限、塑限、有机质、水溶盐等，系指作为对土分类定名和阐明其物理化学特性的土性指标；后者如土的凝聚力、内摩擦角、压缩系数、回弹模量或承载比、渗透系数等，系指在设计计算中直接用以确定土体对于强度、变形和强度稳定性的土性指标。

对于一般特性指标的成果整理，通常可采用多次测定值 x_i 的算术平均值 $\bar{x}$，并计算相应的标准差 S 与变异系数 C_v，或绝对误差 m_x 与精度指标 P_x，以反映实际测定值对于算术平均值的变化程度，从而判别其采用算术平均值时的可靠性。算术平均值、变异系数、绝对误差和精度指标按下列各式确定：

$$\bar{x} = \frac{\sum_{i=1}^{N} x_i}{N} \tag{A1}$$

$$S = \pm\sqrt{\frac{\sum_{i=1}^{N}(x_i - \bar{x})^2}{N-1}} \tag{A2}$$

$$C_v = \pm\frac{S}{\bar{x}} \times 100\% \tag{A3}$$

$$m_x = \pm\frac{S}{\sqrt{N}} \tag{A4}$$

$$P_x = \pm\frac{m_x}{\bar{x}} \times 100\% \tag{A5}$$

式中：$\sum_{i=1}^{N} x_i$——指标各测定值的总和；

N——指标测定的总次数。

对于试验成果中那些明显不合理的数据，应通过仔细的调查研究，分析原因，或有条件时，进行一定的补充试验，以便决定对可疑数据的取舍或改正。当最后舍弃试验数据时，应根据误差分析的概念，按 3 倍标准差（即 $\pm 3S$）作为舍弃标准，即在资料分析中，应该舍弃那些在 $x \pm 3S$ 范围以外的测定值，然后再重新计算整理。

对于主要计算指标，在进行成果整理时，如果测定的组数较多，此时指标的最佳值接近于诸测值的算术平均值，仍可按上述对于一般特性指标的方法确定其设计计算值，即采

用算术平均值。但通常由于试验的数据较少,考虑到测定误差的影响、土体本身不均匀的影响、施工质量的影响以及构造物的规模和设计阶段,为安全计,除对于初步设计和次要的构造物仍可采用算术平均值作为计算指标外,一般均应区别不同指标在设计计算中的不利影响,采用一个略高于(或略低于)算术平均值的数值,作为计算指标。其高于(或低于)算术平均值的幅度,应视测定次数的多少、土体的不均匀性和构造物的重要程度等,或采用标准差平均值,即对算术平均值加(或减)一个标准差的绝对值,如 $\bar{x} \pm |S|$;或采用保证率平均值,即对算术平均值加(或减)一个按要求的保证率 α 所确定的保证值,如 $\bar{x} \pm t_{\alpha} \cdot S\sqrt{N}$,式中,$S$ 为标准差;N 为测定次数;t_{α} 可按要求的保证率 α 和自由度 $(N-1)$ 由 t 分布表查得,$t/\sqrt{N}$ 值见表 A-1。在上述取值法中,建议优先考虑保证率平均值。大平均值(或小平均值)和标准差平均值,因其较为方便,可直接使用于一般构造物的初步设计。例如,抗剪强度取小值平均值,压缩变形取大值平均值,渗透系数在计算渗量时取大值平均值,计算渗透变形时取小值平均值等。

表 A-1 $t_{\alpha}/\sqrt{N}$

N \ α	0.10	0.05	0.025
2	2.177	4.465	8.986
3	1.089	1.686	2.484
4	0.819	1.177	1.591
5	0.688	0.953	1.242
6	0.603	0.823	1.050
7	0.544	0.743	0.925
8	0.500	0.670	0.836
9	0.466	0.620	0.769
10	0.437	0.580	0.715
11	0.414	0.546	0.672
12	0.393	0.518	0.635
13	0.376	0.494	0.604
14	0.361	0.473	0.577
15	0.347	0.455	0.554
16	0.355	0.438	0.533
17	0.324	0.423	0.514
18	0.314	0.410	0.497
19	0.310	0.398	0.482
20	0.297	0.387	0.468
21	0.289	0.376	0.455
22	0.282	0.367	0.443
23	0.275	0.358	0.432
24	0.269	0.350	0.422
25	0.264	0.342	0.413
26	0.258	0.335	0.404
27	0.253	0.328	0.396
28	0.248	0.322	0.388
29	0.244	0.316	0.380
30	0.239	0.310	0.373

土工试验中，有些计算指标（如内摩擦角 φ、凝聚力 c 和压缩系数 α 等）需要由不同垂直压力下测得的某种指标（如抗剪强度和孔隙比等）经过综合整理求取。在有些情况下，尚需求出不同土体单元综合使用时的计算指标。这种综合性的土性指标，一般可按图解法或最小二乘分析法确定。

G_s 或 G、ρ 和 w 为基本指标，由这 3 个指标可求出任一其他指标。根据 2～3 个指标，可求算另一指标。土工常用指标的换算见表 A-2，计算公式中的含水率 w 值均以小数计。

根据送样者提出的要求，说明采用的试验方法和仪器，通过数据分析，提出推荐的数据。对于试验成果中土的基本物理、力学、化学性质指标可根据需要汇列总表，以便了解各个试样之间的差别和分析各项指标之间的相互联系。提出使用的试验报告，必须经过审核手续，建立必要的责任制度。

表 A-2　土的常用物理性质指标换算公式表

含水率 w(%)	$\left[\frac{\rho(1+e)}{G\rho_w}-1\right]100$	$\left(\frac{\rho}{\rho_d}-1\right)100$	$\left[\frac{S_r(G\rho_w-\rho_d)}{G\rho_d}\right]100$	$\left(\frac{eS_r}{G}\right)100$	$\left(\frac{nS_r\rho_w}{\rho-nS_r\rho_w}\right)100$	$\left[\frac{eS_r\rho_w}{(1+e)\rho_d}\right]100$	$\left(\frac{w_{max}\rho}{n\rho_w}-1\right)100$	$\left[\frac{\rho}{\rho'+(1-n)\rho_w}-1\right]100$
$\frac{(1+e)\rho}{\rho_w(1+w)}$	土粒比重 G	$\frac{S_r\rho}{S_r\rho_w(1+w)-w\rho}$	$\frac{S_r\rho_d}{S_r\rho_w-w\rho}$	$\frac{(1+e)\rho_d}{\rho_w}$	$\frac{\rho-nS_r\rho_w}{(1-n)\rho_w}$	$\frac{eS_r}{w}$	$\frac{e}{w_{max}}$	$1+\frac{\rho'(1+e)}{\rho_w}$
$\frac{G\rho_w(1+w)}{1+e}$	$\frac{S_rG\rho_w(1+w)}{wG+S_r}$	密度 ρ(g/cm³)	$\rho_d(1+w)$	$\frac{G+eS_r}{1+e}\rho_w$	$\rho_d+nS_r\rho_w$	$\frac{eS_r(1+w)\rho_w}{(1+e)w}$	$\frac{G(1+w)}{1+Gw_{max}}\rho_w$	$\frac{G\rho'(1+w)}{G-1}$
$\frac{\rho}{1+0.01w}$	$\frac{G\rho_w}{1+e}$	$\frac{G(\rho-S_r\rho_w)}{G-S_r}$	干密度 ρ_d (g/cm³)	$\frac{eS_r\rho_w}{(1+e)w}$	$\rho-nS_r\rho_w$	$\frac{S_rG\rho_w}{wG+S_r}$	$\frac{e\rho_w}{(1+e)w_{max}}$	$\frac{G\rho'}{G-1}$
$\frac{G\rho_w(1+w)}{\rho}-1$	$\frac{wG}{S_r}$	$\frac{w\rho}{S_r\rho_w(1+w)-w\rho}$	$\frac{\rho-\rho_d}{S_r\rho_w-(\rho-\rho_d)}$	孔隙比 e	$\frac{n}{1-n}$	$\frac{G\rho_w-\rho}{\rho-S_r\rho_w}$	$w_{max}G$	$\frac{\rho_w(G-1)}{\rho'}-1$
$\left[1-\frac{\rho}{G\rho_w(1+w)}\right]100$	$\left(\frac{wG}{S_r+wG}\right)100$	$\left(\frac{\rho-\rho_d}{S_r\rho_d}\right)100$	$\left(\frac{w\rho_d}{S_r\rho_w}\right)100$	$\frac{e}{(1+e)}100$	孔隙率 n (%)	$\left[\frac{G\rho_w-\rho}{(G-S_r)\rho_w}\right]100$	$\left(\frac{w_{max}G}{1+Gw_{max}}\right)100$	$\left(1+\frac{\rho_d-\rho'}{\rho_w}\right)100$
$\left[\frac{wG\rho}{G\rho_w(1+w)-\rho}\right]100$	$\left(\frac{wG}{e}\right)100$	$\left[\frac{(\rho-\rho_d)G}{G\rho_w-\rho_d}\right]100$	$\left[\frac{w(1-e)\rho_d}{e\rho_w}\right]100$	$\left[\frac{\rho(1+e)-G\rho_w}{e\rho_w}\right]100$	$\left[\frac{w\rho}{n(1+w)\rho_w}\right]100$	饱和度 S_r(%)	$\left(\frac{w}{w_{max}}\right)100$	$\left[\frac{(\rho'+\rho_w)w}{n\rho_w}-w\right]100$
$\left[\frac{G\rho_w(1+w)-\rho}{G\rho}\right]100$	$\left(\frac{e}{G}\right)100$	$\left[\frac{\rho_w(1+w)n}{\rho}\right]100$	$\left(\frac{\rho-\rho_d}{S_r\rho_d}\right)100$	$\left[\frac{\rho_we}{\rho_d(1+e)}\right]100$	$\left(\frac{n\rho_w}{\rho-nS_r\rho_w}\right)100$	$\left(\frac{w}{S_r}\right)100$	饱和含水率 w_{max}(%)	$\left[\frac{(G-1)n\rho_w}{G\rho'}\right]100$
$\frac{\rho(G-1)}{G(1+w)}$	$\frac{\rho_w(G-1)}{1+e}$	$\frac{\rho}{1+0.01w}-\frac{\rho_w}{1+e}$	$\rho_d-(1-n)\rho_w$	$\frac{eS_r-w}{(1+e)w}\rho_w$	$\rho-[1-n(1-S_r)]\rho_w$	$\frac{\rho_d(S_r+w)}{S_r}-\rho_w$	$\frac{(G-1)n\rho_w}{Gw_{max}}$	水下密度 ρ' (g/cm³)

注:①表中方框内为欲求指标,同一横行内的式子,为其计算式。

②ρ_w——水的密度(g/m³)。

附录B　二氧化碳密度表

表B　二氧化碳密度表(μg/mL)

温度(℃) \ 气压(mmHg)	742	744.5	747	749	751	753.5	756	758	760	762.5	765	767	769	711	774
28	1 778	1 784	1 791	1 797	1 804	1 810	1 817	1 820	1 829	1 833	1 837	1 842	1 847	1 852	1 856
27	1 784	1 790	1 797	1 803	1 810	1 816	1 823	1 823	1 834	1 839	1 843	1 848	1 853	1 858	1 863
26	1 991	1 797	1 803	1 809	1 816	1 822	1 829	1 835	1 840	1 845	1 840	1 845	1 859	1 864	1 869
25	1 797	1 803	1 810	1 816	1 823	1 829	1 836	1 842	1 847	1 852	1 856	1 861	1 866	1 871	1 876
24	1 803	1 809	1 816	1 822	1 829	1 837	1 842	1 848	1 853	1 858	1 862	1 867	1 872	1 877	1 882
23	1 809	1 815	1 822	1 828	1 835	1 841	1 848	1 854	1 859	1 864	1 868	1 873	1 878	1 883	1 888
22	1 815	1 821	1 828	1 834	1 841	1 847	1 854	1 860	1 865	1 870	1 875	1 880	1 885	1 890	1 895
21	1 822	1 828	1 835	1 841	1 848	1 854	1 861	1 867	1 872	1 877	1 882	1 887	1 892	1 897	1 902
20	1 828	1 834	1 841	1 847	1 854	1 860	1 867	1 873	1 878	1 883	1 888	1 893	1 898	1 903	1 908
19	1 834	1 840	1 847	1 853	1 860	1 866	1 873	1 879	1 884	1 889	1 894	1 899	1 904	1 909	1 914
18	1 840	1 846	1 853	1 859	1 866	1 872	1 879	1 885	1 890	1 895	1 900	1 905	1 910	1 915	1 920
17	1 846	1 853	1 860	1 866	1 873	1 879	1 886	1 892	1 897	1 902	1 907	1 912	1 917	1 922	1 927
16	1 853	1 860	1 866	1 873	1 879	1 886	1 892	1 898	1 903	1 908	1 913	1 918	1 923	1 928	1 933
15	1 869	1 866	1 872	1 879	1 886	1 892	1 899	1 905	1 910	1 915	1 920	1 925	1 930	1 935	1 940
14	1 855	1 872	1 878	1 885	1 892	1 899	1 906	1 912	1 917	1 922	1 927	1 932	1 937	1 942	1 947
13	1 872	1 878	1 885	1 892	1 899	1 906	1 913	1 919	1 924	1 929	1 934	1 939	1 944	1 949	1 954
12	1 878	1 885	1 892	1 899	1 906	1 912	1 919	1 925	1 930	1 935	1 940	1 945	1 950	1 955	1 960
11	1 885	1 892	1 899	1 906	1 913	1 919	1 926	1 932	1 937	1 942	1 947	1 952	1 957	1 962	1 967
10	1 892	1 899	1 906	1 913	1 920	1 926	1 933	1 939	1 944	1 949	1 954	1 959	1 964	1 969	1 974

注：1mmHg = 133.322Pa。

公路工程现行标准、规范、规程、指南一览表

（2017年5月版）

序号	类别		编　　号	书名（书号）	定价（元）
1	基础		JTG A02—2013	公路工程行业标准制修订管理导则（10544）	15.00
2			JTG A04—2013	公路工程标准编写导则（10538）	20.00
3			JTJ 002—87	公路工程名词术语（0346）	22.00
4			JTJ 003—86	公路自然区划标准（0348）	16.00
5			JTG B01—2014	★公路工程技术标准（活页夹版，11814）	98.00
6			JTG B01—2014	★公路工程技术标准（平装版，11829）	68.00
7			JTG B02—2013	公路工程抗震规范（11120）	45.00
8			JTG/T B02-01—2008	公路桥梁抗震设计细则（13318）	45.00
9			JTG B03—2006	公路建设项目环境影响评价规范（0927）	26.00
10			JTG B04—2010	公路环境保护设计规范（08473）	28.00
11			JTG B05—2015	★公路项目安全性评价规范（12806）	45.00
12			JTG B05-01—2013	公路护栏安全性能评价标准（10992）	30.00
13			JTG B06—2007	公路工程基本建设项目概算预算编制办法（06903）	26.00
14			JTG/T B06-01—2007	★公路工程概算定额（06901）	110.00
15			JTG/T B06-02—2007	★公路工程预算定额（06902）	138.00
16			JTG/T B06-03—2007	★公路工程机械台班费用定额（06900）	24.00
17			交通部定额站2009版	公路工程施工定额（07864）	78.00
18			JTG/T B07-01—2006	公路工程混凝土结构防腐蚀技术规范（13592）	30.00
19			交通部2007年第30号	国家高速公路网相关标志更换工作实施技术指南（1124）	58.00
20			交通部2007年第35号	收费公路联网收费技术要求（1126）	62.00
21			交通运输部2015年第40号	★收费公路联网收费多义性路径识别技术要求（12484）	40.00
22			JTG B10-01—2014	公路电子不停车收费联网运营和服务规范（11566）	30.00
23			交通运输部2011年	公路工程项目建设用地指标（09402）	36.00
24	勘测		JTG C10—2007	★公路勘测规范（06570）	28.00
25			JTG/T C10—2007	★公路勘测细则（06572）	42.00
26			JTG C20—2011	公路工程地质勘察规范（09507）	65.00
27			JTG/T C21-01—2005	公路工程地质遥感勘察规范（0839）	17.00
28			JTG/T C21-02—2014	公路工程卫星图像测绘技术规程（11540）	25.00
29			JTG/T C22—2009	公路工程物探规程（1311）	28.00
30			JTG C30—2015	★公路工程水文勘测设计规范（12063）	70.00
31	设计	公路	JTG D20—2006	★公路路线设计规范（0996）	38.00
32			JTG/T D21—2014	公路立体交叉设计细则（11761）	60.00
33			JTG D30—2015	★公路路基设计规范（12147）	98.00
34			JTG/T D31—2008	沙漠地区公路设计与施工指南（1206）	32.00
35			JTG/T D31-02—2013	★公路软土地基路堤设计与施工技术细则（10449）	40.00
36			JTG/T D31-03—2011	★采空区公路设计与施工技术细则（09181）	40.00
37			JTG/T D31-04—2012	多年冻土地区公路设计与施工技术细则（10260）	40.00
38			JTG/T D32—2012	★公路土工合成材料应用技术规范（09908）	42.00
39			JTG D40—2011	★公路水泥混凝土路面设计规范（09463）	40.00
40			JTG D50—2017	★公路沥青路面设计规范（13760）	50.00
41			JTG/T D33—2012	公路排水设计规范（10337）	40.00
42		桥隧	JTG D60—2015	★公路桥涵设计通用规范（12506）	40.00
43			JTG/T D60-01—2004	公路桥梁抗风设计规范（0814）	28.00
44			JTG D61—2005	公路圬工桥涵设计规范（13355）	30.00
45			JTG D62—2004	公路钢筋混凝土及预应力混凝土桥涵设计规范（05052）	48.00
46			JTG D63—2007	公路桥涵地基与基础设计规范（06892）	48.00
47			JTG D64—2015	★公路钢结构桥梁设计规范（12507）	80.00
48			JTG D64-01—2015	公路钢混组合桥梁设计与施工规范（12682）	45.00
49			JTG/T D65-01—2007	公路斜拉桥设计细则（1125）	28.00
50			JTG/T D65-04—2007	公路涵洞设计细则（06628）	26.00
51			JTG/T D65-05—2015	公路悬索桥设计规范（12674）	55.00
52			JTG/T D65-06—2015	公路钢管混凝土拱桥设计规范（12514）	40.00
53			JTG D70—2004	公路隧道设计规范（05180）	50.00
54			JTG/T D70—2010	★公路隧道设计细则（08478）	66.00
55			JTG D70/2—2014	公路隧道设计规范　第二册　交通工程与附属设施（11543）	50.00
56			JTG/T D70/2-01—2014	公路隧道照明设计细则（11541）	35.00
57			JTG/T D70/2-02—2014	公路隧道通风设计细则（11546）	70.00

续上表

序号	类别		编　　号	书名(书号)	定价(元)
58	设计	交通工程	JTG D80—2006	高速公路交通工程及沿线设施设计通用规范(0998)	25.00
59			JTG D81—2006	★公路交通安全设施设计规范(0977)	25.00
60			JTG/T D81—2006	★公路交通安全设施设计细则(12609)	50.00
61			JTG D82—2009	公路交通标志和标线设置规范(07947)	116.00
62		综合	交公路发〔2007〕358 号	公路工程基本建设项目设计文件编制办法(06746)	26.00
63			交公路发〔2007〕358 号	公路工程基本建设项目设计文件图表示例(06770)	600.00
64			交公路发〔2015〕69 号	公路工程特殊结构桥梁项目设计文件编制办法(12455)	30.00
65	检测		JTG E20—2011	公路工程沥青及沥青混合料试验规程(09468)	106.00
66			JTG E30—2005	公路工程水泥及水泥混凝土试验规程(13319)	55.00
67			JTG E40—2007	★公路土工试验规程(06794)	79.00
68			JTG E41—2005	公路工程岩石试验规程(0828)	18.00
69			JTG E42—2005	公路工程集料试验规程(13353)	50.00
70			JTG E50—2006	★公路工程土工合成材料试验规程(0982)	28.00
71			JTG E51—2009	公路工程无机结合料稳定材料试验规程(08046)	48.00
72			JTG E60—2008	公路路基路面现场测试规程(07296)	38.00
73			JTG/T E61—2014	公路路面技术状况自动化检测规程(11830)	25.00
74	施工	公路	JTG F10—2006	公路路基施工技术规范(06221)	40.00
75			JTG/T F20—2015	★公路路面基层施工技术细则(12367)	45.00
76			JTG/T F30—2014	公路水泥混凝土路面施工技术细则(11244)	60.00
77			JTG/T F31—2014	公路水泥混凝土路面再生利用技术细则(11360)	30.00
78			JTG F40—2004	★公路沥青路面施工技术规范(05328)	38.00
79			JTG F41—2008	公路沥青路面再生技术规范(07105)	25.00
80		桥隧	JTG/T F50—2011	★公路桥涵施工技术规范(09224)	110.00
81			JTG/T F81-01—2004	公路工程基桩动测技术规程(0783)	20.00
82			JTG F60—2009	公路隧道施工技术规范(07992)	42.00
83			JTG/T F60—2009	公路隧道施工技术细则(07991)	58.00
84		交通	JTG F71—2006	★公路交通安全设施施工技术规范(0976)	20.00
85			JTG/T F72—2011	公路隧道交通工程与附属设施施工技术规范(09509)	35.00
86	质检安全		JTG F80/1—2004	公路工程质量检验评定标准　第一册　土建工程(05327)	46.00
87			JTG F80/2—2004	公路工程质量检验评定标准　第二册　机电工程(05325)	26.00
88			JTG G10—2016	公路工程施工监理规范(13275)	40.00
89			JTG F90—2015	★公路工程施工安全技术规范(12138)	68.00
90	养护管理		JTG H10—2009	公路养护技术规范(08071)	49.00
91			JTJ 073.1—2001	公路水泥混凝土路面养护技术规范(13658)	20.00
92			JTJ 073.2—2001	公路沥青路面养护技术规范(13677)	20.00
93			JTG H11—2004	公路桥涵养护规范(05025)	30.00
94			JTG H12—2015	公路隧道养护技术规范(12062)	60.00
95			JTG H20—2007	公路技术状况评定标准(13399)	25.00
96			JTG/T H21—2011	★公路桥梁技术状况评定标准(09324)	46.00
97			JTG H30—2015	公路养护安全作业规程(12234)	90.00
98			JTG H40—2002	公路养护工程预算编制导则(0641)	9.00
99	加固设计与施工		JTG/T J21—2011	公路桥梁承载能力检测评定规程(09480)	20.00
100			JTG/T J21-01—2015	公路桥梁荷载试验规程(12751)	40.00
101			JTG/T J22—2008	公路桥梁加固设计规范(07380)	52.00
102			JTG/T J23—2008	公路桥梁加固施工技术规范(07378)	30.00
103	改扩建		JTG/T L11—2014	高速公路改扩建设计细则(11998)	45.00
104			JTG/T L80—2014	高速公路改扩建交通工程及沿线设施设计细则(11999)	30.00
105	造价		JTG M20—2011	公路工程基本建设项目投资估算编制办法(09557)	30.00
106			JTG/T M21—2011	公路工程估算指标(09531)	110.00
1	技术指南		交公便字〔2006〕02 号	公路工程水泥混凝土外加剂与掺合料应用技术指南(0925)	50.00
2			厅公路字〔2006〕418 号	公路安全保障工程实施技术指南(1034)	40.00
3			交公便字〔2009〕145 号	公路交通标志和标线设置手册(07990)	165.00

注:JTG——公路工程行业标准体系;JTG/T——公路工程行业推荐性标准体系;JTJ——仍在执行的公路工程原行业标准体系。

带“★”的表示有勘误,详见中国交通运输标准服务平台 www.yuetong.cn/bzfw。